Andrew Welburn

Am Ursprung des Christentums

ANDREW WELBURN

AM URSPRUNG DES CHRISTENTUMS

Essenisches Mysterium, gnostische Offenbarung und die christliche Vision

VERLAG FREIES GEISTESLEBEN

Aus dem Englischen
von Teresa Reinhardt

CIP-Titelaufnahme der Deutschen Bibliothek

Welburn, Andrew:
Am Ursprung des Christentums: essenisches Mysterium, gnostische Offenbarung und christliche Vision / Andrew Welburn. [Aus dem Engl. von Teresa Reinhardt]. – Stuttgart : Verlag Freies Geistesleben, 1992

Einheitssacht.: The beginnings of christianity ‹dt.›

ISBN 3-7725-0836-7

Die englische Originalausgabe ist 1991
unter dem Titel «The Beginnings of Christianity.
Essene mystery, Gnostic revelation and the Christian vision»
im Verlag Floris Books, Edinburgh erschienen.

Einband: Walter Schneider, Bildmotiv: «Die Taufe Jesu»,
Kuppelmosaik im Baptisterium der Arianer, S. Maria in Cosmedin,
Ravenna. Foto: © Scala, Florenz
Druck: Offizin Chr. Scheufele, Stuttgart

Für Sophia

Das Christentum wurde in seiner abstrakten Reinheit
zum exoterischen Ausdruck der esoterischen
Dichtungs- und Weisheitslehren des Altertums.
Percy Bysshe Shelley

Das Kreuz auf Golgatha ist der in eine Tatsache
zusammengezogene Mysterienkult des Altertums.
Rudolf Steiner

INHALT

VORBEMERKUNG

Wenn ich auch hoffe, daß das vorliegende Buch weitgehend für sich selbst zu sprechen vermag, so bleibt doch im Rahmen des Vorworts und der Danksagung – wenigstens in aller Kürze – zu erläutern, was dieses Buch nicht sein will.

Wieviel ich den Werken der Wissenschaft und geistigen Einsicht verdanke, zeigen die zahlreichen Anmerkungen und Literaturhinweise. Und ich kann nur um Verzeihung bitten, falls ich es gelegentlich versäumt oder vergessen haben sollte, einen wichtigen Autor zu zitieren. Was jedoch wesentlicher ist: Ich muß gestehen, daß ich mich häufig der wissenschaftlichen Informationen bediene, um Synthesen zu finden, die sich nicht wenig von demjenigen unterscheiden, was für die betreffenden Wissenschaftler selbst in ihren Untersuchungen maßgebend ist. Es ist durchaus nicht mein Ziel, eine übereinstimmend anerkannte Sicht der Dinge vorzustellen; vielmehr wollte ich einsehbar machen, daß die Forschungsergebnisse überzeugender zusammenstimmen, wenn man sie auf eine neue Weise miteinander in Verbindung bringt – zumindest in einigen wichtigen Punkten. Es ist wohl nicht unbillig festzustellen, daß die Aufnahme neuer Ideen in den Kreisen der christlichen Theologie im großen und ganzen von dem Bemühen bestimmt wird, deren mögliche Auswirkung auf liebgewordene traditionelle Standpunkte in Schranken zu halten beziehungsweise im besten Falle sie jenen festgelegten Ansichten so bruchlos wie möglich zu assimilieren. Sogar ein Großteil der radikalen historischen Schule innerhalb der protestantischen Theologie ist bezeichnenderweise in unserem Jahrhundert in die

Defensive gegangen: mit dem angestrengten Versuch, in einer von der modernen Naturwissenschaft bestimmten Welt Raum für den traditionellen Glauben zu finden – und sei es um den Preis, daß der «Mythos» über Bord geworfen werden mußte, der in früheren Zeiten jenen Glauben umkleidet hatte.

Das vorliegende Buch ist aus dem Empfinden der Einschränkung entstanden, die ein solcher Ansatz in sich birgt, und aus dem Wunsch, einen freieren Blick zu gewinnen. Der Versuch schien lohnend, dem nachzuspüren, was die Mythen zu jener Zeit bedeuteten, als die Menschen an sie glaubten, und nachzuvollziehen, inwiefern die Geschichte – einschließlich der Ereignisse, die dem Neuen Testament zugrunde liegen –, die Geschichte also, welche die Mythen übernahm, einen Einfluß auf diese hatte. Die Möglichkeit einer solchen Betrachtung ist einerseits durch die Schriftfunde aus frühchristlicher und vorchristlicher Zeit in unserem Jahrhundert entstanden, die unser Wissen weit über jenen Stand hinausgeführt haben, der in der kirchlichen Überlieferung erhalten und durch sie verfestigt worden war; und andererseits durch Rudolf Steiners Gedanken zur Geschichte des menschlichen Bewußtseins. Anstatt danach zu fragen, wie wir als Bewohner der modernen Begriffswelt gleichwohl an einigen alten Begriffen festhalten könnten, führte Rudolf Steiner eine echte historische Dimension in die Naturwissenschaft und die Erkenntnistheorie allgemein ein. Wir können sowohl den Mythos als auch die moderne Erkenntnis als der Bewußtseinsentwicklung der Menschheit jeweils entsprechende Stufen begreifen, wobei diese Entwicklung noch nicht abgeschlossen ist. Der verteidigende Ton muß nicht vorherrschend sein; es könnte sich herausstellen, daß das Ganze darum keine geringere Bedeutung für das christliche Denken hat. Aber ebensogut mögen diese zugrunde gelegten Gedanken aus dem Verlauf der vielfältigen Untersuchungen hervorgehen. Ich stelle lediglich fest, daß vieles von der anerkannten Information hier in einem anderen Kontext betrachtet werden wird; und da es unangemessen schien, sich auf eine unvermeidlich lange Argumentation gegen rivalisierende Interpretationen einzulassen, mögen meine Schlußfolgerungen gelegentlich für die Autoren überraschend sein, die ich zur Stützung dieser Ergebnisse zitiere. Gleichzeitig mag es sie überraschen, in welchem Ausmaß Rudolf Steiner – der bisweilen, bezogen auf den Hauptstrom der christlichen Überlieferung, als Außenseiter dargestellt wird – tatsächlich die großen Themen christlichen Denkens rehabilitiert hat. So mag die Überraschung auf beiden Seiten nur ein Vorspiel zu der beginnenden Wiederversöhnung sein.

Das Buch behandelt ein weites Feld. Sofern es sich auf neue Interpretationen des in Nag Hammadi oder andernorts entdeckten Materials stützt, habe ich dazu detailliertere wissenschaftliche Berichte veröffentlicht, in denen ich meinen Standpunkt begründe. Das Material aus der *Adamapokalypse* habe ich in einem Artikel untersucht, der in W. Haase und H. Temporini (Hg.), *Aufstieg und Niedergang der römischen Welt*, Teil II, Bd. 25.4, Berlin/New York 1988 veröffentlicht ist; eine Rekonstruktion der Details gnostischer Kosmologie enthalten meine Artikel in den Zeitschriften *Vigiliae Christianae* (1978) und *Novum Testamentum* (1981); der Hintergrund des *Philippusevangeliums* ist das Thema eines weiteren Beitrags zu *Aufstieg und Niedergang der römischen Welt,* Teil II, Bd. 22 (in Vorbereitung).

Zu danken habe ich Robin Lane Fox für Rat und Hilfe in den verschiedenen Phasen der Arbeit und für die Ermutigung bei meinen Gnosis-Studien; Mary Boyce für ihre unschätzbare Hilfe bei den iranischen Quellen; Sebastian Brock für die freundliche Beantwortung der Fragen, die der nicht syrisch Sprechende ihm stellte; Rudolf Köhler für seine positive Einschätzung der vorliegenden Arbeit in ihrer frühesten Form, Michael Tapp und Tony Brown für die Durchsicht einer späteren Fassung mit dem prüfenden Auge des Historikers und des Theologen; Jonathan Westphal für sein anteilnehmendes Erstaunen aus philosophischer Sicht über die Teile zur Gnosis und für sein Empfinden, welche wesentlichen Fragen in dem Ganzen verborgen sind; Jon Michael Ebersole für die Übersendung seiner Kommentare zu den ersten Kapiteln; Julia Wedgwood für die begeisterte Lektüre und sorgfältige Korrektur des Typoskripts und Mona Bradley dafür, daß sie das Manuskript tippte und in jedem Stadium die richtigen Fragen stellte.

Obwohl sein Name und seine Arbeiten im folgenden oft erwähnt werden, spielt Oscar Cullmann mit seinem Werk für meine Ansicht des fraglichen Gebietes eine weit größere Rolle, als die Bezugnahmen allein vermuten lassen. Sein Gespür für die Einbettung des frühen Christentums in die Welt der esoterischen jüdischen Sekten hat mich zuerst in dem Gedanken ermutigt, daß ein Überblick, wie ich ihn in diesem Buch gegeben habe, ernsthaft unternommen werden könne. Ich erwähne seine Leistung mit einem Gefühl der Dankbarkeit und Demut.

A. Welburn

I
WEISHEIT UNTER DEN EINGEWEIHTEN

Was für eine Religion ist das Christentum? Es scheint nie zu spät zu sein, diese Frage zu stellen, auch wenn die Antworten natürlich je nach Standpunkt des Antwortenden unterschiedlich ausfallen werden.

Das Christentum ist zu verschiedenen Zeiten und an verschiedenen Orten in so vielen unterschiedlichen Formen aufgetreten, daß die Annahme verzeihlich ist, es gebe keine einzig richtige Antwort. Jesus selbst ist auf so viele verschiedene Weisen gesehen worden, daß er – wie Don Cupitt aufzeigt[1] – als Vorbild für Einsiedler, Bauern, Edelleute, Revolutionäre, Pazifisten, Feudalherren, Soldaten und andere diente. Es scheint so viele Christusgestalten wie Formen des Christentums zu geben. Aber das ist eine oberflächliche Sichtweise. Oscar Wildes Bemerkung, daß nach der Darstellung der Evangelien in der Gegenwart Jesu alle Menschen zu sich selbst finden[2], zeugt von mehr Einsicht. Das Christentum hat in der gesamten abendländischen Geschichte eine Rolle bei der Selbstfindung des Menschen gespielt, bei der Entwicklung des Selbstbewußtseins und des Individualismus – jener Züge, die das Christentum von den kosmischen Religionen des Orients unterscheiden. Oberflächlich gesehen besteht das Christentum aus einem definierbaren Korpus von Doktrinen, die von einer Kirche aufrechterhalten werden. Doch in gewisser Hinsicht hat es die Entwicklung des abendländischen Menschen auf einer ganz anderen Ebene gefördert und ihn zur Selbstfindung in der modernen Welt geführt.

Hatte dies mit den Hinweisen auf eine eher «esoterische», ja geheime Seite des Christentums zu tun, auf die wir bereits im Neuen Testament stoßen? Der Menge gab Jesus Gleichnisse; seine Jünger hingegen lehrte er oft «beiseite», oder er bezog sich auf «die draußen» und «die drinnen» und die Kluft zwischen ihnen. Kann man genauere Aussagen zum Thema esoterischer Lehren im frühen Christentum machen? Ich glaube, ja. Man kann es teilweise auf der Grundlage einer Untersuchung des Neuen Testaments selbst, obwohl wir gleich zu Beginn zugeben müssen, daß wir dort kaum mehr als verlockende Hinweise und verschleierte Andeutungen finden. Mehr sollten wir auch nicht erwarten, da wir ja per definitionem nach Lehren suchen, die über das hinausgehen, wovon man offen sprach – Lehren, die in gewisser Hinsicht, um einen Ausdruck des Paulus zu benutzen, eine «Weisheit unter den Eingeweihten» waren.[3] Weiterhin müssen wir eine Anzahl wichtiger Dokumente untersuchen, die – wie die Schriften des Neuen Testaments – in frühchristlichen Kreisen oder in der unmittelbaren Umgebung des frühen Christentums entstanden sind. Das zwanzigste Jahrhundert hat nämlich eine große Vielfalt archäologischer Entdeckungen erlebt, die uns eine ganze Reihe aufschlußreicher Schriften aus frühchristlicher Zeit an die Hand gegeben haben. Wir wollen einige von ihnen im nächsten Kapitel untersuchen. Mit ihrer Hilfe werden wir nach und nach viele der Fragen beantworten können, die wir zur Lebens- und Denkweise der ersten Christen haben. Außerdem gewähren sie uns so manchen überraschenden Einblick in die tieferen Geheimnisse der frühchristlichen Welt. Als womöglich noch bedeutender erscheint die Tatsache, daß sich auch im zwanzigsten Jahrhundert wichtige Geistesströmungen entwickelt haben, die ein neues und einzigartiges Licht auf die Evangelien und das historische Mysterium, das ihnen zugrunde liegt, geworfen haben. Dort können wir gleichfalls wichtiges Material für unsere Untersuchung finden. Es ist die Absicht dieses Buches, ein Bild des Christentums und seiner Ursprünge zu umreißen, wie es sich aus den genannten Entwicklungen ergibt, ein Bild, in dem, wie wir sehen werden, das Element der Esoterik – Esoterik nicht in einem elitären Sinn, sondern als eine Ebene tieferen Verstehens begriffen – einen natürlichen und in der Tat höchst wichtigen Platz im lebendigen Herzen der Christenheit einnimmt.

Wir müssen damit rechnen, daß das Thema «esoterisches Christentum» umfangreiche und oft verwirrende Fragen aufwirft. Es wird zwangsläufig gewisse entscheidende Fragen des christlichen Glaubens in den Brennpunkt rücken. Wenn Christus für alle Menschen gekommen ist, ist es dann mit seinem Evangelium vereinbar, daß höhere Lehren nur wenigen Eingeweihten zuteil werden? Wenn bestimmte Einzelpersonen spirituellere Interpretationen oder ein tieferes Wissen um das christliche Mysterium haben, was sollen wir dann von der Angemessenheit des christlichen Glaubens in seinen verschiedenen historischen Erscheinungsformen halten? Kann die esoterische Weisheit des Christentums grundsätzlich weiter verbreitet werden; könnte sie, kurz gesagt, das Christentum der Zukunft werden? Dies sind grundlegende Fragen, denen wir nicht ausweichen dürfen und die wir unter all den Details der historischen Untersuchungen nicht aus den Augen verlieren dürfen. Die Antworten, die wir darauf geben, werden unser Verständnis der Geschichte verändern. Die Fähigkeit, in der Geschichte Bedeutung zu finden, ist in der Tat bereits ein zentraler Bestandteil der christlichen Weltanschauung.

Unter den Stellen im Neuen Testament, die auf eindrückliche Weise zu unserem Thema beitragen, sind mehrere Darstellungen Jesu in den Evangelien, in denen er die Jünger etwas lehrt, das der Menge vorenthalten wird – «denen draußen», wie er sie nennt. Solche Stellen scheinen im Markusevangelium eine besondere Bedeutung zu haben, und keine ist wohl bemerkenswerter oder auch beunruhigender als die folgende:

> Und als er allein war, fragten ihn, die um ihn waren, samt den Zwölfen, nach den Gleichnissen. Und er sprach zu ihnen: Euch ist das Geheimnis des Reiches Gottes gegeben; denen aber draußen wird es alles in Gleichnissen zuteil, damit sie es mit sehenden Augen sehen und doch nicht erkennen, und mit hörenden Ohren hören und doch nicht verstehen, damit sie sich nicht etwa bekehren und ihnen vergeben werde.[4]

Hier bestätigt Jesus, daß er zu Außenstehenden in Gleichnissen spricht, deren volle Bedeutung gewöhnlichen Menschen verborgen und nur dem inneren Kreis bekannt ist, dem das «Geheimnis des Reiches Gottes» gegeben ist. Letzteres ist eine Anspielung auf ein Wort des Propheten Jesaja darüber, daß das sündige Israel der Gnade Gottes nicht mehr für wert erachtet wird. Es scheint daher, als spreche Jesus zum «wahren Israel», das nicht nur hört und sieht, sondern die spirituelle Bedeutung der Symbole in den Gleichnissen versteht. Wir dürfen diese Worte Jesu bei Markus als eine der unmißverständlichsten Äußerungen über Esoterik im Neuen Testament betrachten. Der schockierende Ausdruck «*damit* sie nicht erkennen» schließt diejenigen absichtlich und wirksam aus, die von draußen zuschauen und das Mysterium von außen beurteilen wollen. Diese Worte verlangen einen Sprung von einer «Außen-» zu der «Innenansicht», die allein die wahre Interpretation enthüllt; es gibt kein dazwischen. Für die Außenseiter geschieht alles in Gleichnissen, «aber wenn sie allein waren, legte er seinen Jüngern alles aus.»[5]

Wir entdecken mehr über die Natur des Esoterischen im Markusevangelium, wenn wir diese schwerverständlichen Worte Jesu mit den vielen Fällen bei Markus verbinden, in denen Jesus zur Geheimhaltung ermahnt. Oft erlegt Jesus nach einer Heilung oder nach der Offenbarung eines Mysteriums seinen Jüngern, den geheilten Kranken oder den ausgetriebenen Dämonen ein feierliches Gelöbnis des Schweigens auf. Das beste Beispiel dafür ist wohl das Bekenntnis des Petrus, in dem er Jesus als den Christus anerkennt: Jesus reagiert darauf, indem er die Jünger sofort anweist, niemandem von ihm zu erzählen. Das Markusevangelium ist als «das Buch der geheimen Epiphanien» bezeichnet worden.[6]

Im weiteren Verlaufe dieses Evangeliums begreifen wir allmählich, daß alle Ereignisse im Leben Jesu und seine Gleichnisse vom «Geheimnis des Reiches Gottes» nur im Lichte seines Todes und seiner Auferstehung verständlich werden – im Lichte der Tatsache, daß er der Christus ist. Weil sie das begriffen, konnten die Jünger die Bedeutung der Gleichnisse erfassen, während dies «denen draußen» nicht möglich war. Der Schlüssel zu all seinem irdischen Wirken liegt in seinem Tod und seiner Auferstehung, die «denen draußen» noch verborgen sind. Wir erkennen die prophetische Bedeutung der Gleichnisse, die vor dem Ereignis von Golgatha sogar für die Jünger so schwer zu verstehen waren; und wir verstehen, warum die Lehren geheim sein mußten – damit nämlich der Messias sein nahendes Schicksal würde erleiden und seine Bestimmung erfüllen können.

Das Markusevangelium ist also ein gutes Beispiel dafür, wie «esoterische» Lehren zur gegebenen Zeit in weiteren Kreisen verbreitet und verstanden werden können. Nachdem der Tod und die Auferstehung im Evangelium beschrieben worden sind – wenn auch auf geheimnisvolle Weise und mit seltsamen Lücken in der Erzählung, die mit dem Gefühl der Furcht und einem leeren Grab endet –, ist nun jeder christliche Leser im Besitz des Schlüssels. Er weiß jetzt, was zuvor nur eine Handvoll Menschen, die engsten Jünger Jesu, wußten.

Hatte es mit der Geheimhaltung mehr auf sich als das? Liegen in den Evangelien vielleicht noch mehr Geheimnisse verborgen, die wiederum nur diejenigen verstehen können, denen Offenbarungen einer noch höheren Stufe zuteil wurden? Das ist sehr gut möglich. Tatsächlich werden wir später sehen, daß eine neue Entdeckung bezüglich des Markusevangeliums vermuten läßt, daß wir in der Ergründung seines Mysteriencharakters noch ganz am Anfang stehen. Für den Augenblick wollen wir jedoch im Bereich des Neuen Testaments in seiner uns überlieferten Form bleiben.

Vergleichen wir einmal die Diskrepanz zwischen Jesu Lehre für «die draußen» und der für seine Jünger mit einer weiteren Diskrepanz, nämlich der zwischen den Lehren Jesu in den sogenannten synoptischen Evangelien (Matthäus, Markus, Lukas) und denen im Johannesevangelium. Es ist einfach nicht zu übersehen, daß Jesus in den drei ersten Evangelien in kurzen Gleichnissen oder in kurzen, einprägsamen Sprüchen lehrt, während wir im vierten Evangelium lange Diskurse von großer theologischer Gründlichkeit finden, die beträchtlich ins Detail gehen. Im Johannesevangelium spricht Jesus auch mit beispielloser Offenheit von seinem göttlichen Ursprung und Wirken:

> Es kann niemand zu mir kommen, es sei denn, ihn ziehe der Vater, der mich gesandt hat, und ich werde ihn auferwecken am Jüngsten Tage. Es steht geschrieben in den Propheten: ‹Sie werden alle von Gott gelehrt sein.› Wer vom Vater hört und lernt, der

> kommt zu mir. Nicht als ob jemand den Vater gesehen hätte außer dem, der von Gott gekommen ist; der hat den Vater gesehen.[7]

Moderne Bibelkritiker, die diesem Evangelium nicht wohlgesinnt waren, konnten leicht die sprachlichen Unterschiede zwischen dem Evangelium des Johannes und den synoptischen Evangelien als Beweis dafür benutzen, daß Johannes kein authentischer Augenzeuge der Ereignisse in Palästina gewesen sein könne. In der Tat hatten sich schon in der frühen Geschichte der Kirche auch Einwände gegen das Johannesevangelium erhoben, weil es in der Art nicht zu den anderen dreien paßte. Schon im zweiten Jahrhundert gab es einen Versuch, das Evangelium des Johannes einem Häretiker namens Kerinthos zuzuschreiben und damit seine Autorität zu diskreditieren. Die besondere Nähe des Johannes zu einigen gnostischen Lehren hat auch moderne Forscher beunruhigt. Einer ist sogar so weit gegangen, das Johannesevangelium als sozusagen offenkundig häretisch zu bezeichnen.[8]

Eine viel interessantere Forschungsrichtung tut sich jedoch auf, wenn wir die Möglichkeit in Betracht ziehen, daß Jesus auf mehr als eine Weise gelehrt haben könnte. Mit anderen Worten, wir haben im Johannesevangelium vielleicht eine Aufzeichnung der eher esoterischen Lehre Jesu vor uns, die er dem «Lieblingsjünger» und möglicherweise auch anderen vermittelte. Der Stil seiner Rede wäre dann natürlich anders als der, in dem er zu größeren Gruppen seiner Anhänger und selbst zu den Zwölfen sprach. Mehrere moderne Forscher neigen zu einer solchen Ansicht, obwohl die sich daraus ergebende Annahme, daß es eine «Geheimlehre» gab, ihnen Unbehagen bereitet.[9] Der Gedanke wird plausibler durch die gelegentlichen Hinweise in der Sprache der synoptischen Evangelien darauf, daß Jesus in der Tat manchmal anders sprach. Ein ausgezeichnetes Beispiel dafür ist der Hymnus Jesu an den Vater, der plötzlich mitten im Matthäus- und Lukasevangelium die Sprache des Johannesevangeliums heraufbeschwört, einen «johanneischen Donnerschlag». Die Fassung des Matthäus lautet:

> Alles ist mir übergeben von meinem Vater; und niemand erkennt den Sohn als nur der Vater; und

> niemand erkennt den Vater als nur der Sohn und wem es der Sohn offenbaren will.[10]

Bemerkenswert ist, daß Jesus direkt vor dieser Stelle darüber spricht, wie Gott seine Weisheit vor den vermeintlich «Weisen und Klugen» verborgen hat und sie den «Unmündigen» offenbart. Es ist also gut möglich, daß wir hier ein Bruchstück der Lehre mithören, die jene erhalten, die «wie Kinder» werden, die wiedergeboren werden müssen, um in das Himmelreich zu gelangen.

Einige von den meist umstrittenen Beispielen esoterischer Sprache im Neuen Testament stammen jedoch nicht aus den Evangelien, sondern aus den Briefen des Paulus. In bestimmten Fällen finden sich dort Ausdrücke, die offensichtlich direkt von Esoterik und Theosophie («Gottesweisheit») handeln. Dies tritt um so deutlicher zutage, wenn wir sie etwas freier übersetzen als gewohnt:

> Denn wir verkünden eine Weisheit unter den Eingeweihten, eine Weisheit, die nicht diesem Äon eigen ist noch den Herrschern über die Welt in diesem Äon, welche vergehen. Wir verkündigen Gottesweisheit als ein Mysterium, eine okkulte Weisheit, die Gott vor aller Zeit zu unserer Herrlichkeit vorherbestimmt hat und die keiner der Herrscher über die Welt in diesem Äon kennt.[11]

Man möchte meinen, die Behauptung, esoterisches Wissen zu besitzen, sei klar genug zum Ausdruck gebracht.

Und doch lohnt es, sich mit den Argumenten der modernen neutestamentlichen Forschung zu dieser außergewöhnlichen Stelle zu befassen. Die Forscher betonen nämlich zu Recht, daß wir Paulus im Kontext verstehen müssen. Jeder hat wahrscheinlich schon einmal die Erfahrung gemacht, daß seine Worte von jemandem übernommen wurden, jedoch um etwas der ursprünglichen Bedeutung völlig Entgegengesetztes auszudrücken; oder, was noch wahrscheinlicher ist, er hat gehört, wie jemand seine eigenen Worte in einem anderen Zusammenhang zitierte, wodurch sich ein feiner Unterschied in ihrer Bedeutung oder im Ton ergab. Etwas Entsprechendes soll hier bei Paulus vorliegen. Er schreibe an eine Gruppe in Korinth, die das Christentum in ein exklusives Mysterium «für Wissende» (*gnostikoi*,

Gnostiker) verwandelt habe. Zur Kommunikation mit ihnen benutze Paulus eine «Mysteriensprache», um ihnen nur soviel mitzuteilen, daß die christliche Verkündigung bereits alles enthalte, was sie von einem exklusiven Mysterium zu gewinnen hofften. Darüber wird in der Kirche bereits offen gesprochen.[12]

Nun liegt zweifellos viel Wahres in dieser Interpretation, die das sehr ungewöhnliche Vokabular des Paulus in diesem einmaligen Fall zu erklären hilft. Und dennoch kann die Stelle nicht wegerklärt werden. Paulus scheint immer noch zu sagen, daß das Christentum seine «Eingeweihten», ein kosmisches Wissen und eine «Gottesweisheit» hat, die der Weisheit der Heiden oder der heidnisch-christlichen Mischung der Korinther ebenbürtig und doch nicht von der gleichen exklusiven, «geschlossenen» Art ist. Wir werden diesen Unterschied nach unseren weiteren Studien besser verstehen – die Vorstellung von einem Mysterium, das von allen Dächern widerhallt, von einem Geheimnis, das allen zugänglich ist.

Dieses Beispiel zeigt auch, wie sehr wir uns davor hüten müssen, auf unserer Suche nach der Natur der christlichen Esoterik vorschnelle Schlüsse zu ziehen. Wir müssen der gefährlichen Verlokkung widerstehen, das Christentum zu nichts weiter als einer der vielen Mysterienreligionen zu machen, die im heidnischen Altertum in seiner Umgebung blühten. Paulus hatte dennoch zweifellos mystische Erfahrungen von einer Art, die er Uneingeweihten nur teilweise mitteilen konnte. Denn dieser Paulus schrieb in denselben Korintherbriefen über sich folgendes:

> Ich kenne einen Menschen in Christus; vor vierzehn Jahren – ist er im Leib gewesen? ich weiß es nicht; oder ist er außer dem Leib gewesen? ich weiß es auch nicht; Gott weiß es –, da wurde derselbe entrückt bis in den dritten Himmel. Und ich kenne denselben Menschen – ob er im Leib oder außer dem Leib gewesen ist, weiß ich nicht; Gott weiß es –, der wurde entrückt ins Paradies und hörte unaussprechliche Worte, die ein Mensch nicht sagen darf.[13]

Er brüstet sich weder mit seiner Erfahrung, noch beansprucht er einen besonderen «spirituellen» Status, was er seinen Gegnern in

Korinth vorwirft. Er betont jedoch, daß Christen damit rechnen können, die geistige Welt und die Mysterien des Göttlichen direkt zu erfahren.

Im Neuen Testament gibt es weitere «esoterische» Stellen, auf die wir uns später beziehen werden. Mögen die zitierten Beispiele ausreichen, den Charakter der neutestamentlichen Beweise zum Thema esoterischer Lehren zu belegen, und außerdem zeigen, wie wenig faßlich dieses Thema ist.

Es ist ein Grundzug esoterischen Wissens, daß es für den Eingeweihten unmittelbar offen ist, während es für diejenigen draußen nur in Gleichnisform dargestellt werden kann und darf.

Ein Weg, auf dem wir versuchen können, zur «Innenansicht» der christlichen Esoterik vorzudringen, ist paradoxerweise, uns der allgemeinen religiösen Landschaft zuzuwenden, in der das Christentum entstand. Das frühe Christentum verließ sich zweifellos in seinen Versuchen, das überwältigende und alles verwandelnde Mysterium des Christus zu verstehen, bis zu einem gewissen Grad auf die Weisheit früherer religiöser Überlieferungen oder benutzte ähnliche Methoden wie diese. Und wir wissen, daß Esoterik ein wichtiger Aspekt vieler religiöser Lehren in frühchristlicher Zeit war.

Im zeitgenössischen Judentum beispielsweise waren die Rabbiner dazu ermächtigt, die meisten Stellen der Schrift öffentlich auszulegen. Es gab jedoch zwei Gebiete, die als esoterisch betrachtet wurden und daher nicht in der Öffentlichkeit diskutiert werden durften. Das eine Gebiet betraf alles, was sich auf die Schöpfung der Welt bezog, insbesondere auf deren Darstellung im 1. Kapitel der Genesis. Das andere war ein Teil des Buches Hesekiel, in dem der Prophet eine mystische Vision des Thronwagens Gottes (*Merkaba*) und der ihn umgebenden Lebewesen beschreibt. Diese Vision und alles sich darauf Beziehende wurden als höchst esoterisch betrachtet. Die große Sammlung jüdischen Rechts, bekannt als *Mischna*, legt folgendes fest:

> Es ist verboten, über die Schöpfung der Welt vor zweien und über die Merkaba vor einem Menschen zu reden; es sei denn, er wäre ein Weiser und habe das Verständnis.[14]

Ein Rabbiner durfte also offenbar die Mysterien der Schöpfung nur einem einzigen Schüler unter vier Augen erklären, und die Erläuterung der mystischen Vision Hesekiels vom Thronwagen war im Prinzip völlig verboten, obwohl diejenigen sie privatim diskutieren konnten, die den zu ihrem Verständnis notwendigen Grad der geistigen Reife selbst erreicht hatten.

Die rabbinische Literatur betont das mit dem unerlaubten Eindringen in diese Mysterien verbundene Wagnis für Leib und Seele; eine Anzahl zur Warnung dienender Geschichten beschreibt diese Gefahren. So kam zum Beispiel ein Jude aus Galiläa nach Babylon und wurde von den Leuten dort gebeten, über die *Merkaba* zu sprechen. Er tat es, wurde aber bald krank und starb. Und dann gab es auch den Fall der jungen, unerfahrenen Studenten, die über das Wort *chaschmal* (das eine Art Engel bezeichnet) sprachen, das in der Vision Hesekiels vorkommt. Ein Feuer kam auf und verschlang sie. Einige der bedeutenden Rabbiner der Frühzeit waren jedoch berühmt für ihre spirituellen Kräfte und schienen Gott und ihren Zeitgenossen geeignet, in diese Geheimnisse einzudringen.

Daher wäre es nicht einmal vom Standpunkt des Judentums aus ungewöhnlich gewesen, daß Jesus seine Jünger privat esoterische Dinge lehrte. Außerdem ähnelte die Art spiritueller Erfahrungen, von denen die frühen Mystiker des Judentums berichteten, wenigstens bis zu einem gewissen Grade der Auffahrt des Paulus ins Paradies im Himmelreich. Es gehörte zu den vertrauten Vorstellungen, daß das Paradies, das ursprünglich auf der Erde gewesen war, nach dem Sündenfall in den Himmel verlegt worden war. Dort war es für den Mystiker mit erhöhter Wahrnehmungsgabe noch sichtbar. Die bekannte Geschichte von den vier Rabbinern, die das Paradies betraten, veranschaulicht diese Auffassung und betont wieder die der mystischen Erfahrung innewohnenden Gefahren. Einer der Rabbiner starb, ein zweiter wurde wahnsinnig, der dritte wurde zum Ketzer, und nur der verehrte Rabbi Akiba unternahm den Aufstieg und kehrte mit Ruhe und Frieden in seiner Seele zurück.[15]

Trotzdem gab es auch tiefe Differenzen zwischen dem Judentum der Rabbiner und dem Christentum. Um den Hintergrund der christlichen Esoterik besser zu verstehen, müssen wir außerdem die

Geheimlehren der heidnischen Welt des Altertums betrachten, wie sie in der Institution der Mysterien verkörpert waren.

Mysterien und Initiationsriten kennt die Menschheit seit Beginn ihrer religiösen Entwicklung; das heißt, es hat immer Riten und Lehrmethoden gegeben, die den Menschen innerlich verwandeln und sein Bewußtsein zu der Erfahrung des Göttlichen erheben konnten. Die von diesen Prozeduren bewirkte Veränderung im Menschen war und ist so drastisch, daß man von dem Initiierten sagte, er gehe aus ihnen als ein neuer Mensch hervor, wiedergeboren oder wiedererschaffen nach dem Bild der Götter – genau wie Saulus aus seiner Vision in Damaskus als neuer Mensch hervorging und zum Paulus mit seiner göttlichen Mission wurde. Manchmal waren die Initiationstechniken psychologischer und spiritueller Art, ein andermal schlossen sie körperliche Proben des Mutes und der Furchtlosigkeit ein, in manchen Fällen benutzten sie anscheinend dramatisierte Szenen und Darstellungen des Mysterienkultes, so in der griechischen Antike im Fall der Mysterien von Eleusis bei Athen, wo von prähistorischer Zeit an bis in die christliche Ära hinein Riten abgehalten wurden. Der große Mythos, der dort benutzt wurde, um den Initiierten neue Ziele und die Hoffnung auf Unsterblichkeit zu geben, war die Geschichte vom Raub der Persephone durch Hades, den Gott der Unterwelt. Jeden Frühling durfte sie jedoch wieder auf die Erde zurückkehren, und sie gebar das kosmische Kind, das mit dem Gott Dionysos gleichgesetzt wurde. Wir wissen sehr wenig über Einzelheiten der Riten, weil in Eleusis – wie bei allen Mysterien – ein feierlicher Schweigeeid auferlegt wurde, den nur sehr wenige Initiierte brachen. Es war ein gefährliches Vergehen, das zu tun.

In der griechischen Antike gab es weitere Mysterien, besonders die des legendären thrakischen Poeten Orpheus, der in die Unterwelt hinabstieg, um seine geliebte Eurydike zu retten. Aber wir wissen aus klassischen Quellen über diese orphischen Mysterien wenig mehr als über die eleusinischen. Eng verbunden mit den orphischen Mysterien war jedoch der frühe Philosoph Pythagoras, bekannt für sein mathematisches Theorem und seine Theorien der kosmischen Harmonie. Er steht in jener Tradition der Philosophie, die später den großen Platon einschloß, der selbst seine engsten Schüler gewisse geheime Doktrinen gelehrt haben soll. Bei den Nachfolgern

Platons, den Neuplatonikern, wurde Esoterik zu einem zentralen Charakteristikum ihrer philosophischen Lehre, die völlig von einer Atmosphäre mystischer Bestrebungen durchdrungen war. Einige der rätselvolleren Lehren Platons handelten offenbar von den Geheimnissen der Schöpfung der Welt. Er wies auf die Bedeutung des Denkers Timaios zu diesem Thema hin und beschreibt in seinem gleichnamigen Dialog, wie ein Demiurg oder kosmischer Handwerker die niedere Welt nach dem Muster der geistigen Ideenwelt schafft. Hier berichtet er auch von dem Kontinent Atlantis und seinem schrecklichen Untergang. Spätere philosophische Richtungen im antiken Griechenland blieben im allgemeinen esoterisch in ihrem Charakter, wie wir aus einem Vorfall zwischen Aristoteles und seinem berühmtesten Schüler, Alexander dem Großen, sehen. Plutarch, der selbst Priester des delphischen Orakels war und viel über solche Dinge wußte, bemerkte in seinem Werk *Alexander* :

> Ohne Zweifel wurde Alexander von diesem Lehrer nicht nur in Ethik und Politik unterrichtet. Er durfte auch in die dunkleren und tieferen Wissenschaften eindringen, welche von solchen Männern im engeren Sinne «gelehrte Wissenschaften für die Eingeweihten» genannt und ebendeshalb nicht vor das große Publikum gebracht wurden. Als nämlich Alexander in späterer Zeit bereits nach Asien gegangen war und erfuhr, daß Aristoteles mehrere Abhandlungen über diese esoterischen Themen veröffentlicht hatte, so schrieb Alexander ihm aus Besorgnis um das Prestige der Wissenschaft einen sehr direkten Brief, in dem er ihn deswegen schalt.

Aristoteles antwortete, man könne die Werke, auf die er sich beziehe, sowohl als veröffentlicht als auch als nicht veröffentlicht betrachten, das heißt, sie seien so geschrieben, daß nur jene sie verstehen könnten, die die geheime Lehre kannten.[16]

Als sich das Reich Alexanders des Großen ausdehnte, vereinigten sich die Ströme griechischer Weisheit mit den Mysterien der alten Kulturen des Orients: mit den iranischen Mysterien des Mithra oder Mithras, den ägyptischen Überlieferungen im Namen des dreifachgrößten Hermes oder Thoth, den asiatischen Mysterien der Großen Muttergottheit. Und dann gab es noch die ägyptischen Mysterien des Serapis, eine Art universeller Bruderschaft, deren Charakter immer unbestimmter wurde, als das alte Wissen verblaßte, das sie einmal ausgefüllt hatte, und die erhabenen Mysterien der Isis, der wichtigsten und bekanntesten ägyptischen Göttin. Die Isismysterien sind von besonderem Interesse, da sie einen der wenigen literarischen Berichte einer Initiationserfahrung hervorgebracht haben – wenn auch in rätselhaften Worten, die es dem Initiierten, Apuleius, erlauben, ein reines Gewissen zu behalten:

> Ich bin an die Grenze des Todes gekommen und habe die Schwelle der Proserpina betreten; durch alle Elemente bin ich gefahren und dann zurückgekehrt; um Mitternacht habe ich die Sonne in blendend weißem Licht leuchten sehen; den Göttern droben und drunten bin ich von Angesicht zu Angesicht genaht und habe sie aus nächster Nähe angebetet.[17]

Durch solche Erfahrungen befriedigten die Mysterien jahrtausendelang die religiösen Bedürfnisse der Menschen in der Antike.

Trat das Christentum in gewisser Weise das Erbe dieser esoterischen Weisheit der Mysterien an? Daß es sich so verhalten haben mag, lassen die gnostischen Schriften vermuten, in denen Jesus als göttlicher Hierophant auftritt, das heißt als Initiator, der den Aposteln die Mysterien des *pleroma*, der Welt der Fülle, öffnen kann. Diese gnostische Literatur war schon immer ein Pfahl im Fleische der modernen, rationalen Bibelkritik. Ein Buch, das seit geraumer Zeit bekannt ist, die *Pistis Sophia* (wörtlich: Glauben Weisheit, der Name für ein göttliches Wesen), spricht im Detail von Jesu Einweihungshandlungen nach seiner Auferstehung. Aber das Buch ist offensichtlich zu einer späten Zeit aus vielen verschiedenen Traditionen zusammengestellt worden, von denen einige zuverlässiger sind als andere. Das Interesse daran wird nun fast ganz von der Entdekkung vieler bedeutend älterer und zusammenhängender gnostischer Texte überschattet. Wir werden in Kürze beschreiben, wie diese höchst esoterische gnostische Literatur entstand. Im Augenblick sei nur gesagt, daß die Schriften der Gnostiker sehr direkt und herausfordernd die Frage nach dem Verhältnis des Christentums zu den esoterischen Lehren der Mysterien stellen. Gleichzeitig illustrieren sie noch einmal die Gefahren, die eine Verbindung zur Esoterik für die Ganzheit des christlichen Mysteriums selbst darstellen könnte. Denn es scheint auf viele der Gnostiker zuzutreffen, daß sie in ihrem Streben nach esoterischer Erleuchtung die Verbindung mit einigen der zentralen Wahrheiten der christlichen Lehre verloren haben, besonders was das irdische Wirken und das historische Amt Christi angeht.

Wir haben also zur Zeit des Ursprungs des Christentums drei Strömungen religiöser Weisheit: das Christentum selbst, wie wir es aus dem Neuen Testament mit seinen Spuren esoterischer Lehren kennen; das Judentum, wie es von den Rabbinern entwickelt wurde, und die unverhohlen esoterische Welt der heidnischen Mysterien und der Gnostiker. Und doch schien es bis vor kurzem schwierig, diese drei in einen einzigen Rahmen einzupassen. Der große Durchbruch kam mit einigen neuen Funden, zusammen mit einer neuen Betrachtungsweise einiger alter Dokumente; und wir können, wie ich zeigen werde, das Bild vervollständigen, indem wir unsere Aufmerksamkeit auf die geisteswissenschaftlichen Forschungen Rudolf Steiners lenken.

2

NEUE ENTDECKUNGEN – NEUE PERSPEKTIVEN

Die Schriftrollen und die Codices

Vielen Forschern erschien die Frage nach den Ursprüngen des Christentums genau wie ein Puzzle, bei dem viele Stücke fehlten. In der ersten Hälfte des zwanzigsten Jahrhunderts haben wir jedoch einigen Fortschritt beim Füllen der Lücken gemacht – zum Teil durch eine Serie recht spektakulärer archäologischer Funde. Eine Flut neuer Beweisstücke wurde zugänglich, die nicht nur neue Informationen brachte, sondern die vorherige Sehweise völlig veränderte. Die drei – wie es schien – getrennten Realitäten des Judentums, des frühen Christentums und der heidnischen Mysterien gaben allmählich auf unerwartete Weise ihre festen Grenzen auf und begannen sich in der Geschichte zu vermischen und einander wechselseitig zu beeinflussen.

Einige Forscher und Historiker hatten schon früher versucht, die anscheinend scharfen Grenzen zu durchbrechen, aber ihre Ergebnisse waren von wenig Wert. Exzentrische Professoren des neunzehnten Jahrhunderts hatten versucht, das Christentum wegzuerklären und es in reine Mythologie zu verwandeln, indem sie behaupteten, Christus habe nie gelebt, sondern sei ein «sterbender Gott» wie die orientalischen Gottheiten Osiris, Attis, Adonis und andere (sie haben auch in der Neuzeit ihre Nachfolger gehabt). Aber den meisten war es als unmöglich erschienen, daß der Einfluß der Mysterien bis ins Herz Palästinas vorgedrungen sein sollte, in das Land des Judentums, das so energisch darauf bestand, nur einen einzigen, transzendenten Gott zu verehren. Ganz bestimmt, so argumentierten die konventionellen Gelehrten, müsse das Christentum ursprünglich viel einfacher gewesen sein als in späteren Zeiten – und viel jüdischer.

Da brachte ein Beduinenhirte die Situation im Jahre 1947 unabsichtlich einen entscheidenden Schritt vorwärts, als er über eine verlassene Höhle in den steilen Klippen von Qumran am Toten Meer stolperte. Die Höhle barg mehrere Gefäße, in denen man eine Anzahl alter Manuskripte erhalten fand – lange Schriftrollen, einige davon sieben Meter und länger, die biblische und andere hebräische Texte enthielten. Es dauerte eine geraume Zeit, bis die Schriften die Hände von Händlern, untergeordneten Beamten, Museen, Philologieprofessoren und Übersetzern passiert hatten. Dann hörte die ganze Welt von der außergewöhnlichen Bedeutung der «Schriftrollen vom Toten Meer».

Es stellte sich heraus, daß die Schriften von Qumran die Bibliothek oder Sammlung heiliger Bücher einer Essenersiedlung aus dem ersten und zweiten Jahrhundert vor Christus gebildet hatten. Einige der Texte waren bekannte Bücher des Alten Testaments, wie zum Beispiel Jesaja und Habakuk, andere aber waren esoterischer Natur und enthielten die besonderen Lehren der essenischen *illuminati*. Vor der Entdeckung von Qumran war schon ein wenig über die Essener bekannt gewesen, und zwar durch Geschichtsschreiber der Antike wie Flavius Josephus und Plinius den Älteren sowie aus den Werken des Philon, der zu der griechisch sprechenden jüdischen Bevölkerungsgruppe in Alexandria, dem größten internationalen Gelehrtenzentrum der Spätantike, gehörte. Von diesen Autoren wissen wir, daß es innerhalb des Judentums der letzten Jahrhunderte vor Christus und in der frühchristlichen Zeit eine mystische, esoterische Bewegung gab. Dies erschien jedoch so obskur, und die Äußerungen darüber waren so zweifelhaft, daß gelehrte Forscher dem bei der Betrachtung der Ursprünge des Christentums kaum Beachtung schenkten. Das ganze Thema der Essener bestand in kaum mehr als ein paar schwach begründeten Vermutungen über eine kleine religiöse Bewegung, die praktisch ohne Hinterlassung irgendwelcher Spuren aus den Annalen der Geschichte verschwunden war. Die «Schriftrollen vom Toten Meer» sollten das alles ändern.

Die Entdeckung von Qumran machte es mit einem Schlag klar, daß in der judäischen Wüste eine Gemeinschaft von vielleicht einigen hundert essenischen Initiierten gelebt hatte, die das Alte Testament studiert und in einem mystischen Sinne ausgelegt hatten. Sie widersprachen in ihrem Verständnis des Alten Testaments dem der beiden anderen bedeutenden religiösen Fraktionen im Judentum, den Sadduzäern (der aristokratischen Priesterpartei) und den Pharisäern (den Repräsentanten des rabbinischen Judentums). Sie waren der Auffassung, die älteren Schriften hätten eine verborgene, esoterische Bedeutung, die «Erleuchtete», das heißt Eingeweihte, verstehen konnten. In den Schriftrollen sind uns mehrere Beispiele solcher erleuchteten Interpretationen erhalten. Erleuchtung erforderte jedoch eine lange Zeit spiritueller Bewährung, gefolgt von Initiationsriten der Taufe und des Unterrichts in geheimem Wissen. Die Taufe war nicht die symbolische Angelegenheit, die heute in den Kirchen üblich ist, sondern ein richtiges Untertauchen, das als Sterben und Wiedergeburt zu einem höheren Leben erfahren wurde. Der Initiierte lernte sich als «Sohn des Lichtes» kennen, der in einem kosmischen Krieg mit den Mächten der Finsternis lag – in einem Krieg, der in der Vorzeit begonnen hatte und erst in den «Letzten Tagen» des Universums enden würde. Das der esoterischen Bibelauslegung der Essener zugrundeliegende Prinzip war die Fähigkeit, diesen kosmischen Kampf in allen dort dargestellten Ereignissen sowie in den Prophezeiungen und Psalmen zu erkennen. Ihre Bibliothek enthielt auch nicht-kanonische Literatur von oft «apokalyptischer» Natur, beispielsweise das *Henochbuch*, in dem der kosmische Kampf ausführlich beschrieben wird, zusammen mit Visionen der himmlischen Sphären und der Welt der Engel. Es ist auch bemerkenswert, daß ihr Kalender (ein Sonnenkalender im Gegensatz zu dem im regulären Judentum verwendeten Mondkalender) identisch ist mit dem, der im *Henoch-* und im *Jubiläenbuch* beschrieben wird, einem weiteren essenischen Werk, das eine esoterische Deutung alttestamentlicher Geschichte enthält.

Die essenische Einweihung verlieh *gnosis* oder göttliches Wissen. Der Gott der Essener war der «Gott des Wissens»; nur er erweckte das Licht spirituellen Sehens und Verstehens im Herzen des Eingeweihten. Ein Hymnus aus der *Gemeinderegel** bringt dies gut zum Ausdruck:

> Denn aus der Quelle seiner Gerechtigkeit kommt meine Rechtfertigung, und aus seinen wunderbaren Mysterien ist das Licht in meinem Herzen. Meine Augen haben das erblickt, was ewig ist, Weisheit, die vor den Menschen verborgen ist, Wissen und weise Planung, (verborgen) vor den Menschensöhnen ... Gott hat sie seinen Auserwählten gegeben als ewigen Besitz und hat sie das Los der Heiligen erben lassen. Er hat ihre Versammlung verbunden mit den Söhnen des Himmels, damit sie ein Rat der Gemeinschaft sei, ein Fundament des Gebäudes der Heiligkeit, eine immerwährende Pflanzung für alle künftigen Zeiten.[1]

Eine höhere Stufe der Initiation war offensichtlich die Zulassung zum «Rat der Gemeinschaft», welche das Recht einschloß, am heiligen Mahl teilzunehmen. Dieses verstanden die Essener als eine rituelle Vorwegnahme des Mahls aus Brot und Wein, das der Messias halten würde – oder vielmehr die zwei Messiasse, welche die Gemeinschaft erwartete. Es war ihnen so außerordentlich heilig, daß sogar viele der «Söhne des Lichts» ausgeschlossen werden mußten, weil ihre Herzen noch nicht rein genug waren.

In dem Essenismus, der mit den «Schriftrollen vom Toten Meer» ans Licht gekommen ist, haben wir also ein erstaunliches Phänomen vor uns: ein Mysterium, das mitten in Judäa gedieh, eine *gnosis*[2] mit ihr eigenen Initiationsriten, einem sakramentalen Mahl und einem esoterischen Verständnis der jüdischen Schrift; sie verlieh eine Erfahrung der «Erleuchtung» und der Vision des Ewigen, lehrte eine Doktrin von kosmischen Geistern des Lichts und der Finsternis und derart esoterische Gegenstände wie Astrologie und Physiognomie. Man mußte die Vorstellung völlig aufgeben, Palästina zur Zeit Jesu

* Auch unter der Bezeichnung «Sektenkanon», «Sektenregel» «Gemeinschaftsregel». Übersetzt wurde bei den Texten aus Qumran jeweils die von A. Welburn angegebene englische Fassung. Hinweise auf deutsche Übersetzungen sind in den Anmerkungen zu finden.

oder kurz davor habe außerhalb der Einflußsphäre der Mysterien gelegen.[3]

Wenn die Schriften von Qumran einerseits sehr deutlich in die Richtung der Mysterien wiesen, so deuteten sie andererseits aber auch auf das Christentum hin. Es existiert zum Beispiel in der jüdischen Literatur nichts, was der *Gemeinderegel* von Qumran ähnlich wäre, die in verschiedener Hinsicht genau beschreibt, wie die Essener ihr Leben führen sollen. Ihr sehr ähnlich ist jedoch das als *Didache (Lehren der 12 Apostel)* bekannte frühchristliche Dokument. Was die Essener und die frühen Christen in ihrer Lehre miteinander verbindet – und was sie voneinander unterscheidet –, wird später in diesem Buch zu erörtern sein.

Neben der *Gemeinderegel* und den Bibeltexten und -kommentaren enthielt die Bibliothek von Qumran auch eine *Damaskusregel*, die ein interessantes Licht auf die Geschichte der Essener und den «Neuen Bund» wirft, der offensichtlich «im Land Damaskus» geschlossen wurde; es existieren außerdem eine *Messianische Regel** und eine *Kriegsregel*, die von den Ereignissen der Letzten Tage handelt; ferner eine Sammlung von Hymnen und neuen Psalmen; die sogenannte *Engelsliturgie*, die Gottes Verehrung im Himmel und eine Vision des Thronwagens, der *Merkaba*, beschreibt; die *Messianischen Testimonia*, eine Sammlung biblischer Texte, die von den Messiassen handeln soll; sowie ein fragmentarisches Werk zu *Melchisedek*, dem engelgleichen Priester-König. Weitere bruchstückhafte und vermischte Schriften bringen die Gesamtzahl der gefundenen Texte auf etwa 45, von denen einige noch nicht veröffentlicht sind.

Man kann den Einfluß der «Schriftrollen vom Toten Meer» auf die Forschung und auf die Aufmerksamkeit des gebildeten Publikums kaum zu hoch einschätzen. Weniger bekannt – obwohl vielleicht genauso bedeutend für die Erforschung des frühen Christentums – ist ein weiterer archäologischer Fund zu fast der gleichen Zeit. Zwei Bauern brachten – dieses Mal in Oberägypten – diese Entdeckung im Jahr 1945 beim Graben nach Dünger ins Rollen. Sie zerbrachen

* Übersetzung der Bezeichnung, die G. Vermes im Englischen gebraucht. In deutschsprachigen Veröffentlichungen findet sich die Schrift unter den Bezeichnungen «Regelbuch», «Zusatzregel», «Gemeinschaftsregel» und weiteren.

ein altes Gefäß und fanden die koptisch-gnostische Bibliothek des antiken Chenoboskion, des heutigen Nag Hammadi. Während die Schriften von Qumran aus dem ersten und zweiten Jahrhundert vor Christus stammen und auf den älteren Typ Manuskript, die lange Rolle, geschrieben sind, bestand die gnostische Bibliothek aus Codices, Büchern mit einzelnen Seiten, in diesem Falle aus Papyrus. Sie stammen aus den frühen Jahrhunderten der christlichen Zeit und umfassen im ganzen etwa 1500 Seiten. Viele der Schriften sind christlicher Natur oder, genauer gesagt, gingen aus derjenigen gnostischen Gedankenwelt hervor, die Christus völlig im Sinne der antiken Mysterien verstand und die dem Judentum und dem jüdischen Gesetz feindlich gegenüberstand. Beziehungsweise – der Fall ist etwas komplizierter.

Die in der Bibliothek von Nag Hammadi enthaltenen Schriften scheinen aus verschiedenen Quellen zu stammen. Viele sind durch und durch gnostischer Natur, andere stammen aus der ägyptischen magischen Religion des Hermes Trismegistos. Weiterhin gibt es eine Passage aus Platons *Staat*, eine Sammlung bekannter ethischer Grundsätze, die *Sentenzen des Sextus*, die in frühchristlichen Kreisen populär waren, sowie eine Anzahl von Werken, deren Ursprung unklar oder umstritten ist. Eine Vermutung war, die Bibliothek habe keineswegs einer gnostischen Gruppe gehört, sondern repräsentiere die vielseitigen Interessen der Mönche des nahegelegenen Klosters des St. Pachomios (eines Begründers des Mönchstums, der nicht sehr orthodox gewesen sein soll). Wie dem auch sei, was die in dieser Bibliothek angesammelten Werke ganz offensichtlich verbindet, ist ihre Relevanz für gnostisches Ideengut. Die Bibliothek mag eine bunte Geschichte gehabt haben – die Annahme, sie habe ihre vorliegende Form in einer gnostischen Umgebung erhalten, darf aber als ziemlich gesichert gelten.

So finden wir zum Beispiel an verschiedenen Stellen interessante kleine Änderungen und Hinzufügungen. In der bedeutenden *Abhandlung über die Auferstehung* hat die Hand eines Gnostikers – genauer gesagt, eines Gnostikers, welcher der Lehre des Valentinos anhing – einen Satz eingefügt, der den Text auf äußerst gnostische Weise interpretiert, was nicht unbedingt in der Absicht des Autors gelegen hatte. Und im *Thomasevangelium*, das bis dahin nur in

Form von einigen nicht identifizierten Fragmenten bekannt gewesen war, wurde ein gnostischen Ohren nicht genehmer Satz ausgelassen. Dies zeigt, daß die Bibliothek anscheinend etwas bearbeitet wurde, um alle Texte für den Gebrauch in einer gnostischen Gemeinde geeignet zu machen.[4]

Von allen Büchern der Bibliothek von Nag Hammadi hat das *Thomasevangelium* das größte Aufsehen erregt. Es beansprucht, eine Sammlung «geheimer Worte» zu sein, die Jesus dem Apostel Thomas mitgeteilt und die Matthias niedergeschrieben habe. Wer sie zusammenstellte, benutzte offensichtlich eine Reihe gnostischer und judenchristlicher Quellen; einige der Sprüche (Logien) sind mit ebensolchen in den Evangelien des Neuen Testaments identisch, andere haben zumindest weit zurückliegende Wurzeln in der christlichen Überlieferung und mögen authentisch sein. Nach Feststellung eines prominenten neutestamentlichen Gelehrten «weist ein Vergleich der Sprüche im *Thomasevangelium* mit den Parallelen in den synoptischen Evangelien darauf hin, daß diese Sprüche im *Thomasevangelium* entweder in einer primitiveren Form vorliegen oder aus einer primitiveren Form solcher Sprüche entwickelt worden sind». Die Forschungsarbeiten an der Unterscheidung der verschiedenen Schichten der Überlieferung bei Thomas sind noch im Gange.[5]

Zu den wichtigen Werken der Bibliothek gehört des weiteren das *Apokryphon des Johannes*, eine grundlegende Darstellung gnostischer Kosmologie, die von den frühesten, rein spirituellen Phasen der Weltentwicklung berichtet, vom Ursprung der materiellen Welt und davon, wie der physische Leib des Menschen gebildet wurde. Sie beschreibt ferner die kosmischen Engelskräfte, die sein Leben regeln, sowie das Herabsteigen des spirituellen Christus zur Erlösung des Menschen. Ähnliche Themen werden in dem *Wesen der Archonten* und in dem eher exoterischen Buch *Vom Ursprung der Welt* behandelt. In allen diesen Werken wird der biblische Schöpfer der jüdischen Überlieferung heftig abgelehnt.

Bestimmte Werke repräsentieren speziell das gnostische Denken der Schule des Valentinos. Hier wäre vor allem das *Evangelium Veritatis* (*Evangelium der Wahrheit*) zu erwähnen, eine Meditation über die Tat Christi von einem Standpunkt aus, der eine detaillierte

Kenntnis der esoterischen Kosmologie vorauszusetzen scheint. Des weiteren finden wir das *Philippusevangelium*, das eine Mysterienform des Christentums aus Syrien darstellt und das viel über ein hochentwickeltes System von Sakramenten zu sagen hat. Valentinos und seine Anhänger sind anscheinend sehr von dieser Art Mysterienchristentum beeinflußt gewesen. Das *Philippusevangelium* enthält möglicherweise, ebenso wie das *Thomasevangelium*, älteres Material, wenn auch wahrscheinlich in einem geringeren Ausmaß.

Zu den ältesten Schriften der Entdeckung von Nag Hammadi muß die höchst interessante *Adamapokalypse* gerechnet werden. Dieses Werk besitzt viele Züge des Gnostizismus, ist aber wahrscheinlich vorchristlichen Ursprungs. Wie wir später sehen werden, kann es dabei helfen, den esoterischen Hintergrund des Gnostizismus zu erhellen. In einem ähnlichen Zusammenhang werden wir auch über das *Heilige Buch des Großen Unsichtbaren Geistes* zu sprechen haben.

Andere Bücher und Fragmente bringen die Gesamtzahl der Abhandlungen in den Codices von Nag Hammadi auf 52.

In den Schriften dieser gnostischen Bibliothek erscheinen Christus und die Apostel als Repräsentanten einer esoterischen Wissenstradition, wie sie in den Mysterien gepflegt wurde. Wir haben schon erwähnt, daß einige Wesenszüge dieser Überlieferung authentisch auf die Anfänge des Christentums zurückgehen; andere verraten den Einfluß besonderer Interessen: Der Christus, wie ihn der tiefgründige Mystizismus der Gnostik verstand, herrscht über den Christus vor, der in menschlicher Gestalt auf der historischen Bühne erschien. Andere Dokumente, wie die *Adamapokalypse*, scheinen hingegen in vorchristliche Zeiten zurückzureichen.

Die essenischen Schriften von Qumran zeigten eine Annäherung zwischen dem Judentum und den Mysterien. Nag Hammadi zeigt eine mysterienorientierte Christenheit, die aber in heftigem Gegensatz zur jüdischen Spiritualität steht. Immer noch Widersprüche! Ein vollständiges Bild verlangt offensichtlich eine noch breiter angelegte Perspektive.

Die apokryphen Evangelien

Ein *Evangelium des Philippus*, *des Thomas*, der *Ägypter*, der *Wahrheit* – aber es gibt doch nur vier richtige Evangelien, die des Matthäus, Markus, Lukas und Johannes?

Es ist äußerst wichtig, hier eine korrekte Unterscheidung zu treffen: Evangelien wie die aus dem Nag-Hammadi-Fund sind sogenannte apokryphe Evangelien, während die wohlbekannten vier des Neuen Testaments die kanonischen sind. Als das Christentum sich im Verlauf der ersten Jahrhunderte zu organisieren begann und aus einer Ansammlung kleiner Gemeinden zu einer großen Bewegung heranwuchs, fingen die Kirchen an, einen angenommenen «Kanon» (wörtlich: Maßstab) von Büchern aufzustellen, die als heilig betrachtet werden sollten. Das Ergebnis war unser kanonisches Neues Testament. In diesem Prozeß gab es viele Streitfälle. Wir haben schon erwähnt, daß bestimmte Fraktionen laufend versuchten, das Johannesevangelium auszuschließen, und ähnliche Bemühungen wurden gegen die Offenbarung des Johannes, die Apostelgeschichte und manchmal gegen andere Bücher gerichtet. Umgekehrt waren Schriften wie die *Offenbarung des Petrus* und der *Barnabasbrief* lange Zeit ernsthafte Kandidaten für eine Aufnahme in den Kanon.

Die Zeit für solche Auseinandersetzungen ist lange vorbei. Ich möchte gewiß nicht über den Status dieser frühen christlichen Bücher streiten. Im Falle der vier kanonischen Evangelien können wir froh sein, daß diese Erzählungen mit ihren unterschiedlichen und doch spirituell komplementären Sichtweisen erhalten blieben und im Neuen Testament vereinigt wurden. Wir dürfen nur vor lauter Vertrautheit mit den berühmten vier Evangelien nicht vergessen, daß in den frühchristlichen Gemeinden viele Bücher – und Überlieferungen – kursierten, aus denen unser Kanon im Lauf der Zeit ausgewählt wurde, weil er die besten und tiefgründigsten Schilderungen des Wirkens Christi repräsentierte. Die Verfasser des Neuen Testaments setzten sogar Vertrautheit mit dem Hintergrund der Überlieferungen und geschriebenen Berichte voraus. Daher beginnt Lukas sein Evangelium folgendermaßen:

> Viele haben es schon unternommen, Bericht zu geben von den Ereignissen, die unter uns geschehen sind …[6]

Wie tiefgründig die kanonischen Evangelien auch zweifellos sind, so erhalten wir doch ein falsches Bild vom frühen Christentum, wenn wir nicht die lebendige Verschiedenheit der Überlieferungen und Schriften im Gedächtnis behalten, die vor der Bildung des Kanons existierte und die in den Werken zum Ausdruck kam, die wir jetzt (seit der Bildung des Kanons) «apokryph» nennen. Rudolf Steiner hat einmal gesagt, mangelndes Bewußtsein von der Welt, in der das Neue Testament entstand, habe die Theologen und Historiker seiner Zeit zu allen möglichen Illusionen verführt. Und einen der Hauptgründe für ihre Kurzsichtigkeit fand er – wie wir nun sehen, sehr sensibel – in der Tatsache, «daß die außerchristlichen Urkunden, das heißt die nicht offiziell als christlich anerkannten Urkunden, sehr wenig bekannt sind und namentlich von christlichen Theologen wenig berücksichtig werden».[7]

Einige der von besonderen Gruppen und Gemeinden innerhalb der frühesten Christenheit benutzten Bücher waren nie für die Öffentlichkeit bestimmt; sie waren Bücher für die Kreise der Eingeweihten, und ihr Inhalt sollte im Geheimen bewahrt werden. Diesen Büchern verdanken wir den Begriff apokryph, denn *apocryphon* bedeutet ursprünglich «ein geheimes Buch». Die gnostische Literatur liefert viele Beispiele – so das *Geheime Buch* (*Apokryphon*) *des Johannes* aus Nag Hammadi. Das *Thomasevangelium* enthält ebenfalls geheime Lehren; so nimmt etwa Jesus Thomas beiseite und sagt drei Worte zu ihm:

> Als Thomas aber zu seinen Gefährten kam, fragten sie ihn: Was hat Jesus dir gesagt? Thomas sagte zu ihnen: Wenn ich euch eines von den Worten sage, die er mir gesagt hat, werdet ihr Steine nehmen und auf mich werfen. Und Feuer wird aus den Steinen fahren und euch verbrennen.[8]

Die Gefahr, die hier dem unrechten Besitz esoterischen Wissens zugeschrieben wird, erinnert uns an das Schicksal jener Studenten, die in Hesekiels Vision der *Merkaba* über *Chaschmal* sprachen, und deutet auf eine enge Verbindung zur jüdischen Esoterik hin.

Andere Bücher waren hingegen nicht dazu bestimmt, Geheimdokumente zu sein. Der Begriff «apokryph» wurde im Lauf der Zeit einfach dazu benutzt, jedes Evangelium oder ähnliche Werk zu bezeichnen, das nicht Teil des neutestamentlichen Kanons wurde. Oder vielleicht sollten wir sagen: des biblischen Kanons, denn es gibt auch eine Anzahl von Büchern, die mit dem Alten Testament verbunden sind und vor allem von den griechischsprechenden Juden der Antike viel gelesen wurden. Von diesen Büchern gibt es keine hebräischen Originale. Diese nicht-hebräischen Werke wurden selbstverständlich aus dem Kanon der hebräischen Bibel ausgeschlossen, der erst um die Zeit des frühen Christentums festgelegt wurde, und sie werden heute in Bibelübersetzungen oft weggelassen. Wenn sie mit enthalten sind, trägt die Bibel im Titel normalerweise den Zusatz «mit Apokryphen». Zu den alttestamentlichen Apokryphen gehören das *Erste* und *Zweite Buch der Makkabäer*, das *Buch Tobias, die Weisheit Salomos, Jesus Sirach (Ecclesiasticus)* und andere.

Zusätzlich zu den alttestamentlichen Apokryphen existierten verschiedene Schriften, die sich an Personen oder Ereignisse des Alten Testaments anlehnten, deren Authentizität aber nie so weithin anerkannt wurde. Für diese mußte ein weiterer Name gefunden werden, und die Gelehrten kamen auf den Begriff «Pseudepigraphen» – wörtlich: «falsche Schriften». Sie sind wenigstens so zahlreich wie die neutestamentlichen Apokryphen; unter ihnen finden sich das *Leben Adams und Evas*, Literatur wie das *Henochbuch* und das *Jubiläenbuch*, von dem wir jetzt wissen, daß es mit den Essenern verbunden war; die bemerkenswerten Bücher, die den Titel *Testamente der zwölf Patriarchen* tragen, und viele andere.[9]

Ein großer Teil der apokryphen und pseudepigraphischen Literatur ist, abgesehen von einigen der erwähnten bedeutenderen Werke, von geringem religiösem oder spirituellem Wert. Vor allem die neutestamentlichen Apokryphen späteren Datums stellen oft nur die Ausweitung von Episoden – oder deren Umgestaltung zu Legenden – aus den kanonischen Evangelien dar. Es gibt ein regelrechtes Genre von Kindheitsevangelien, welche die im Neuen Testament so auffällig ausgelassene Kindheit und Jugend Jesu ausführlich behandeln. Gelegentlich findet man hier interessante Auffassungen, aber auch viel Phantastisches und nicht Authentisches. In ähnlicher Weise gibt es auch viele Berichte über das Leben – und noch mehr über den Tod – der Jungfrau Maria, die oft mittelalterlich anmuten und dazu bestimmt sind, die Lücken der Evangeliengeschichten mit entsprechend erbaulichem Material auszufüllen, wobei sie nur selten auf echte frühe Überlieferung zurückgehen.

Wenn wir nun zum wirklich interessanten Material aus dem Bereich der neutestamentlichen Apokryphen kommen, können wir mehrere große Gruppen von Schriften unterscheiden. Als erstes sind die änigmatischen judenchristlichen Evangelien zu nennen, die von verschiedenen Kirchenvätern diskutiert und manchmal zitiert werden: das *Evangelium der Hebräer* oder *Nazaräer* und – was auch nur eine spätere Fassung desselben grundlegenden Werkes sein mag – das *Evangelium der Ebionäer.* Über diese und ihre enge Verwandtschaft mit dem kanonischen Matthäusevangelium wird später mehr zu sagen sein. Eine zweite Gruppe von Materialien beinhaltet gnostische und andere Schilderungen des Lebens, der Äußerungen, des Todes und der Auferstehung Christi. Viele waren schon vor der Entdeckung von Nag Hammadi bekannt, die ihre Zahl nun erheblich vermehrt hat. Im Gegensatz zu den kanonischen und den judenchristlichen Evangelien wurden diese Werke im allgemeinen von Gruppen benutzt, die von der sich entwickelnden orthodoxen Kirche als «häretisch» betrachtet wurden, obwohl in vielen Fällen die Unterschiede alles andere als klar waren. Wir haben einige der Titel genannt, als wir über den Nag-Hammadi-Fund sprachen; das einzige Buch, das wir hier vielleicht hervorheben sollten, um es der weiteren Liste hinzuzufügen, ist das Fragment des *Petrusevangeliums*, da dieses unseren frühesten Bericht von der Passion darstellt, der außerhalb der kanonischen Evangelien existiert.

Eine dritte Hauptgruppe der überlieferten neutestamentlichen Apokryphen besteht aus Überlieferungen und Legenden im Namen der verschiedenen einzelnen Apostel. In vielerlei Hinsicht bietet dieses Corpus das interessanteste Material. Denn wenn man von der modernen neutestamentlichen Forschung sagen kann, daß sie in bezug auf die Interpretation der frühesten Periode des Christentums auch nur ein grundlegendes Prinzip aufgestellt hat, so ist es dieses, daß das früheste Christentum eine lebendige Tradition war, bevor es zum Inhalt eines oder mehrerer als Autorität geltender Bücher wurde. C. H. Dodd schreibt: «Es wird nun weithin als zutreffend anerkannt, daß der Hauptfaktor bei der Aufrechterhaltung und Verbreitung des christlichen Glaubens und des Evangeliums die mündliche Überlieferung in ihren verschiedenen Formen war.»[10] Diese Überlieferungen zirkulierten normalerweise im Namen eines Apostels, welcher der betreffenden Gemeinde die christliche Botschaft brachte und dessen Nachfolger seine Lehren ausweiteten und bewahrten und in seinem Namen sprachen. Überlieferungen dieser Art stehen auch hinter den Evangelien – sowohl hinter denjenigen des Neuen Testaments als auch hinter den früheren apokryphen Evangelien wie denjenigen des Thomas und Philippus. Nun verstand jeder Apostel das einzigartige und unergründliche Christuserlebnis auf seine eigene Weise: Jeder machte seine eigene Erfahrung, und jeder beschrieb die Bedeutung des tiefgehenden, von Christus bewirkten Wandels aus seiner eigenen, besonderen Perspektive. Als die Überlieferungen zu einem späteren Zeitpunkt niedergeschrieben wurden, blieb einiges von der Verschiedenheit der Standpunkte erhalten, wie wir beim Lesen der umfangreichen *Akten* sehen, die aus ihnen zusammengestellt wurden: die *Johannes-*, die *Thomas-*, die *Andreasakten* und so weiter. Wir besitzen auch wertvolle Informationen von frühen Kirchenvätern, welche die apostolischen Überlieferungen einem besonderen Studium unterzogen. Papias, Bischof des kleinasiatischen Hieropolis im zweiten Jahrhundert, sammelte so viele Überlieferungen wie möglich von jedem, der Schüler bei einem Apostel gewesen war. Sein Werk ist verlorengegangen, aber der Kirchenhistoriker Eusebios berichtete später – im Ton der Mißbilligung – von dem esoterischen Charakter vieler dieser Überlieferungen. Papias zitierte «unbekannte Gleichnisse und Lehren des Erlösers und außerdem noch einige sonderbare Berichte».[11]

Etwas später stellte Clemens von Alexandria viele der Überlieferungen zusammen, die im Namen der Apostel kursierten; und wieder ist es auffällig, daß viele davon esoterischen Charakters sind.

Die Verschiedenheit der Blickpunkte in den Überlieferungen der Apostel rührt zweifellos teilweise daher, daß sie lange Zeit mündlich weitergegeben wurden, bevor man sie schriftlich festhielt. Sie weist aber auch auf die ursprüngliche Erfahrung des einzelnen Apostels hin und darauf, wie unterschiedlich jeder von ihnen Jesus nach lebenslanger Lehrtätigkeit und Meditation verstanden hat. Obwohl wir nicht mit Sicherheit ohne weiteres annehmen können, daß eine spätere Überlieferung repräsentativ für die Lehre eines Apostels ist, so ist es doch manchmal möglich, wenigstens einiger Einzelheiten gewiß zu sein. Ein Beispiel wird dies verdeutlichen und auch zeigen, warum die Kirche einige von ihnen zum Schweigen bringen mußte. Ein Charakteristikum der in der gnostischen Literatur und in Clemens' Schriften unter dem Namen des Johannes zirkulierenden Überlieferungen ist die Erwähnung der physischen Natur Jesu. Nach Johannes war er nicht immer in einem greifbaren Körper gegenwärtig.

> Es wird daher in den (esoterischen) Überlieferungen berichtet, Johannes habe, als er seinen (Jesu) äußerlichen Leib berührte, seine Hand in die Tiefe geführt, und die Festigkeit des Fleisches habe sich ihm nicht widersetzt, sondern der Hand des Jüngers Raum gegeben.

So berichtet Clemens, und sowohl im *Apokryphon des Johannes* als auch in den *Johannesakten* finden wir ähnliche Vorstellungen. Johannes und seine Anhänger haben die physische Inkarnation Christi wegen dieser Art Erfahrungen sicher nicht verneint; denn in den *Akten* sagt Johannes bei anderen Gelegenheiten: «Wenn ich ihn anfassen wollte, stieß ich auf einen materiellen, festen Körper.»[12] Man kann aber verstehen, daß die Kirche es sich in ihrer gewaltigen Propagandakampagne nicht leisten konnte, das Problem zu verwischen.

Das aufgrund der neuen Entdeckungen vorgenommene gründliche Studium der in den apokryphen Akten enthaltenen Überlieferungen der Apostel hat viel zur Bestätigung von Rudolf Steiners Charakterisierung der frühchristlichen Zeit beigetragen. «Auf die mannigfaltigste Art», schrieb er, «suchen die Persönlichkeiten den Weg von den antiken Anschauungen zu den christlichen zu finden … In den ersten Jahrhunderten des Christentums war das Suchen des göttlichen Weges viel mehr persönliche Angelegenheit als in den späteren.»[13] In den Jahrzehnten nach Steiners Tod kamen – als hätten sie die Wahrheit seiner Erkenntnisse nachträglich eingesehen – mehrere Gelehrte auf der Basis detaillierter historischer Untersuchungen zu ähnlichen Schlußfolgerungen. Der Gipfelpunkt wurde in dem brillanten und noch immer umstrittenen Werk Walter Bauers erreicht. Er griff die grundsätzliche Auffassung an, die auf die Pioniere der katholischen Orthodoxie wie Irenäus von Lyon zurückgeht, daß die ursprünglichen christlichen Lehren einfach und einheitlich und alle Variationen und mystischen Interpretationen spätere Perversionen des ursprünglichen Glaubens (das heißt «Häresien») gewesen seien. Bauer kam wie Steiner zu dem Schluß, das früheste Christentum habe ein ganzes Spektrum von Einstellungen und Verstehensweisen Christi in mehr oder weniger friedlicher Koexistenz enthalten. Die Auferlegung eines «orthodoxen» Standardglaubens kam erst später mit der Konzentration der Autorität in den Händen der römischen Kirche.[14] Und man kann in der Tat verfolgen, wie die Kirche ihre eigene Literatur einführte und der Verschiedenheit der apostolischen Überlieferungen ein farbloses Gemisch im Namen der «zwölf Apostel» entgegenstellte. Dies hatte zwei Konsequenzen: Einerseits einigte und stärkte es den kollektiven Glauben der organisierten Kirche und half dadurch der Verbreitung des katholischen Christentums; andererseits vertrieb es diejenigen, die an den älteren apostolischen Überlieferungen festhielten, aus der Kirche und machte sie schließlich zu «Häretikern».[15]

Es dauerte eine beträchtliche Zeit, bis sich die katholische «Orthodoxie» auskristallisiert hatte und als Folge davon alle anderen Überlieferungen als «Häresien» angesehen wurden. So war zum Beispiel im zweiten Jahrhundert der bedeutende gnostische Lehrer Valentinos lange in christlichen Kreisen anerkannt, und erst später kam es zum entscheidenden Bruch mit der Kirche; im dritten Jahrhundert genoß Origenes, der «erste unter den Orthodoxen und der größte Häretiker», weitverbreitet Unterstützung unter denkenden Christen, und er wurde erst später für theologisch unannehmbar erklärt. Dies führte zu dem Paradox, daß sich der Mann, der so viele der Grundlagen der orthodoxen Theologie gelegt hatte (wie zum

Beispiel zur Frage der Dreieinigkeit), dem Geist der Kirche so völlig entfremdet sehen sollte. Im vierten Jahrhundert beobachten wir den Triumph der Orthodoxie, als Augustinus rundheraus erklären kann, er erkenne Christus und die Evangelien nur deshalb als wahr an, weil ihn die katholische Kirche vom rechten Glauben in Kenntnis setze – oder wie Cyprianus es sogar schon etwas früher formuliert hatte: «Niemand kann Gott zum Vater haben, der nicht die Kirche zur Mutter hat.»

Die vergangenen Seiten haben ihren Zweck erfüllt, wenn sie einen flüchtigen Eindruck vom Reichtum der Ideen und Überlieferungen vermitteln konnten, der in den drei Welten lebendig war, die im antiken Palästina aufeinandertrafen und zusammen die Menschheit mit einer ersten Erklärung des sublimen Ereignisses des Christus versahen. Da war die Welt des Judentums, einschließlich der vorchristlichen Esoterik der Essener, die wir nun in den Schriftrollen vom Toten Meer und teilweise in anderen Apokryphen und Pseudepigraphen des Alten Testaments studieren können. Dann die Welt der orientalischen und heidnischen Mysterien, die sich mit dem Geist der Essener berührte und die in der esoterischen Literatur des Gnostizismus innerhalb des frühen Christentums kraftvoll in Erscheinung trat. Und da war die Welt des entstehenden Christentums selbst, eine komplexe Entwicklung von Ansichten, die sich in ihren Versuchen, den Christus zu verstehen, auf einen ungeheuren Reichtum von Ideen stützte, wie es im Neuen Testament und der frühen apokryphen christlichen Literatur belegt ist.

Die Verschiedenheit dieser Quellen mag in der Tat zunächst verwirren und wie ein Labyrinth erscheinen. Ein zusätzliches und außerordentlich helles Licht ist jedoch von einer anderen Quelle auf die gesamte Bedeutung und Wichtigkeit der Ursprünge des Christentums geworfen worden; diese kann, zusammen mit dem Studium literarischer Zeugnisse, zu wichtigen neuen Erkenntnissen über die Geschichte und die wahre Natur des Christentums führen.

Die Geistesforschung Rudolf Steiners

Wir hatten bereits Gelegenheit, Bemerkungen Rudolf Steiners zur Bedeutung der neutestamentlichen Apokryphen und über die anfängliche Verschiedenheit der Versuche des frühen Christentums, Jesus zu verstehen, zu zitieren. Es wäre jedoch irreführend, Steiners Bemerkungen als isolierte Forschungsbeiträge zur Geschichte des frühen Christentums zu betrachten. Sie sind vielmehr Bestandteil der erstaunlich umfangreichen «geisteswissenschaftlichen Forschungen» Steiners, in denen er die Bedeutung und Wichtigkeit des Christentums vor dem Hintergrund des ständig in Entwicklung befindlichen menschlichen Bewußtseins, seiner sich wandelnden Beziehung zum Göttlichen in historischer Zeit und seiner spirituellen Aussichten oder Möglichkeiten für die Zukunft gezeichnet hat.

Natürlich hat es andere gegeben, die visionäre oder mystische Interpretationen des Christentums vorgeschlagen haben, manchmal von beträchtlicher Tiefe und Einsicht. Was im Falle Steiners bemerkenswert ist, ist die wissenschaftliche Exaktheit und das tiefergehende, evolutionäre Verständnis der Geistesgeschichte, die seine Untersuchungen enthüllten. Die außergewöhnliche Genauigkeit seiner Ergebnisse tritt in bezug auf die neuen textlichen und archäologischen Entdeckungen, die wir gerade betrachtet haben, derartig frappierend zutage, vor allem, was die Essener und die Gnostiker betrifft, und, wie wir sehen werden, die Beschreibung der Evangelien des Markus und Johannes gemäß ihrer ursprünglichen Fassung, daß diese Ergebnisse kaum mehr ignoriert werden können. Es ist nur schade, daß die bereits unternommenen Versuche zur Beurteilung von Steiners Genauigkeit sich auf einige weniger klare und in der Tat fragwürdige Beispiele konzentriert haben.[16]

Steiner verstand das Wesen des Christentums unter anderem so, daß es keinen Rückzug in einen Mystizismus nebulöser Gefühle oder zusammenhangloser Intuitionen bedeuten konnte. Was auch immer das eigentliche Wesen des Christentums ausmacht, es enthält wenigstens die Forderung nach tiefer und liebevollerer Wahrnehmung der Welt um uns sowie nach tieferer Einsicht in unser eigenes Selbst. Insoweit stimmten Steiners Aussagen mit der Atmosphäre der ganzen christlichen Tradition überein, so daß es sehr seltsam ist, ihn in weithin gelesenen Nachschlagewerken so dargestellt zu finden, als habe er praktisch nichts mit der Theologie und den Wesensformen gemein, die von Jahrhunderten des Christentums geprägt sind.[17] Es trifft zwar zu, daß er eine rigorose philosophische Kritik des bestehenden Wissens und bestehender Religionen verlangte. Er war überzeugt, daß im modernen Zeitalter nichts anderes Überzeugungskraft habe. Der Umfang des Vorhabens war schließlich der weiteste, den man sich vorstellen konnte. Aber er sah gerade in den tieferen Implikationen des Christentums die Prinzipien, die dem modernen Bewußtsein des Menschen – seinem sich entwickelnden Selbst – Sinn geben konnten. Er sah, daß das Christentum eine neue Beziehung zwischen den inneren Welten der religiösen Erfahrung und dem äußeren Kosmos, der Welt der Geschichte, hergestellt hat. Es war zugleich ein Mysterium und eine Tatsache.

Die erste größere Veröffentlichung seiner Ergebnisse unternahm Steiner 1902 mit seinem Buch *Das Christentum als mystische Tatsache und die Mysterien des Altertums.* Später sollte er diesem viele Vortragszyklen folgen lassen, in denen er das weiter ausführte und vertiefte, was er dort gesagt hatte. Er gab nicht nur Kurse über die Evangelien, die Briefe des Paulus und die Apokalypse (Offenbarung des Johannes), sondern auch Vortragszyklen, deren Horizont sehr viel weiter gespannt war, so die *Bausteine zu einer Erkenntnis des Mysteriums von Golgatha,* worin er ausführliche Parallelen zwischen dem frühen christlichen und modernem Gedankengut zog, und *Das fünfte Evangelium.* Letzteres ist nicht, wie es manchmal fälschlich dargestellt wird, das «Evangelium nach Steiner», sondern seine Fassung des *ewigen Evangeliums,* des «spirituellen Evangeliums», dessen Offenbarung an Pfingsten begann, als die Apostel, überzeugt von der geistigen Wirklichkeit und Wahrheit dessen, was sie zu verkünden hatten, in die Welt hinaus gesandt wurden. Solch eine Überzeugung – auch wenn sie von der Überlieferung gefördert und unterstützt werden mag – kann nur als Antwort des menschlichen Geistes auf den Ruf zu einer höheren Wahrheit, als sie äußerlich überliefert wird, entstehen. Steiners Forschungen folgten seiner geisteswissenschaftlichen Methode (und er hat die methodologischen Implikationen für diejenigen erörtert, die sich mit ihnen befassen wollen), aber es wäre falsch anzunehmen, er habe die Anstrengungen der «nur» historischen Forschung auf einem so wichtigen Gebiet abgelehnt. Er sagte einmal ausdrücklich: «Auch die äußere historische Forschung wird durchaus einmal dasjenige rechtfertigen, was ja aus ganz anderen, nämlich aus rein geistigen Quellen heraus die Grundlage meines Buches *Das Christentum als mystische Tatsache* bildet.»[18]

Er benutzte manchmal eine Analogie zur Mathematik: Ein Forscher kann zu der Einsicht gelangen, daß gewisse Annahmen wahr sind, und die Bedingungen für ihren Beweis beschreiben; aber er wird nur zu froh sein, von einem Historiker darüber zu hören, wie sie zuerst entdeckt und von Euklid oder Pythagoras dokumentiert wurden. So gibt es also keinen Widerspruch zwischen Steiners Forschung und der Methode des Historikers. Beide sollten einander ergänzen und wechselseitig bereichern.

Um einem möglichen Mißverständnis vorzubeugen: Steiner wollte nicht sagen, daß historische Ereignisse nach einer voraussagbaren Logik eintreten, die durch eine Art innerer Mathematik – ohne Bezugnahme auf äußere Tatsachen – erfaßt werden kann. Seine Philosophie war einem solchen metaphysischen Determinismus gerade entgegengesetzt. Geschichte war für Steiner vielmehr die Dimension der Freiheit und daher auch der Entwicklung der Menschheit. Sie hat eine organische, komplexe Dynamik, die wie das biologische Wachstum gewisse Rhythmen erkennen läßt, aber auch neue Anpassungen und Arten, neue Entdeckungen und neues Begreifen von Bedeutung in der Vergangenheit. Ein Gebiet, auf dem sich R. Steiners Ideen als erhellend erwiesen haben, ist das Studium der Sprache als Ausdruck des sich wandelnden Bewußtseins des Menschen und der Bedeutung seiner Welt. Owen Barfield hat ganz im Geist der von R. Steiner entwickelten Anthroposophie (oder «Weisheit vom Menschen») dessen Entdeckung glänzend fortgeführt zu einer Geschichte des Denkens über die uns umgebende Welt, wobei es ihm ein Anliegen ist, der Tendenz, Idole von unabänderlich physischer Natur zu errichten, entgegenzuwirken.[19] Ich habe hier nicht die Absicht zu beschreiben, auf wievielerlei Weise sich Steiners Ideen als fruchtbar erwiesen haben. Ich möchte lediglich auf den Gesichtspunkt der Entwicklung hinweisen, wie er ihn dargestellt hat. Hiernach folgen in der Geschichte nicht einfach die Generationen aufeinander, um sich gesonderten Partikeln gleich zu akkumulieren und eine geschlossene Reihe von Ereignissen zu bilden. Jede Generation wird nur aus dem Ganzen der ihr vorausgegangenen Geschichte verständlich, genauso wie unsere Sprache nur dadurch erklärt werden kann, daß wir auf Sprachformen zurückgehen, die vor vielen Jahrtausenden entstanden sind und sich dann zu Sanskrit, Awestisch, Griechisch, Latein, Deutsch und vielen anderen Sprachen entwickelt haben. Diese Geschichte ist ein Teil von uns, wann immer wir sprechen. Es sollte uns daher nicht überraschen, daß wir die Vergangenheit, wenn überhaupt, so im wesentlichen eher durch ein innerliches denn durch ein äußerliches Bemühen wiederentdecken. Jedes historische Verständnis – worauf es auch gegründet sein mag – erfordert jene uns eigene, überraschende Fähigkeit, uns in die Lebenserfahrungen eines fernen Zeitalters hineinzuversetzen.

Wie werden wir uns nun hier Steiners Erkenntnisse zunutze machen? Sicherlich nicht, indem wir versuchen, alles zu »beweisen», was Steiner gesagt hat. Damit würden wir ihn als einen «Intuitiven» behandeln, als einen geschickten Vorausahner von Ergebnissen, die nach «konventionellen», das heißt auf kritischer Textanalyse beruhenden Methoden gewonnen wurden – was ganz und gar nicht der Sinn der Sache ist. Steiners Forschungen erweisen gerade dann am meisten ihren Wert, wenn sie als Rahmen zur Interpretation der alten und neuen Fakten benutzt werden, die ihnen aus den Texten und der Archäologie entgegenkommen; und das nirgends mehr als bei den Funden aus den Anfängen des Christentums. Die Bedeutung der Texte und die der Vision Steiners wird gleichermaßen in einem lebendigen Prozeß überprüft – in dem einen Bemühen, sowohl etwas von dem christlichen Mysterium als auch von den gnostischen Evangelien zu verstehen. Ich glaube, der Wert beider wird bestätigt und vertieft.

Steiners theologische Zeitgenossen erkannten im allgemeinen die Bedeutung seines Werkes nicht, und es ist interessant, einen Augenblick lang zu fragen, warum das so war. Es soll natürlich gleich festgestellt werden, daß es rühmliche Ausnahmen gab, Männer vom Rang eines Rittelmeyer und Emil Bock. Aber in ihrer Mehrzahl hatten die Theologen seltsam wenig Verständnis für die Geistesgeschichte, die den christlichen Ursprüngen zugrunde lag. Wie viele ihrer heutigen Nachfolger analysierten sie wie besessen das Neue Testament oder die Bibel, indem sie diese als Puzzle betrachteten, dessen Antworten alle in ihm selbst verborgen seien, und indem sie die Schrift von ihrem lebendigen Kontext getrennt sahen: dem Bemühen der ersten Christen, die überwältigende Erfahrung des Christus zu verarbeiten. Heute wird ihnen endlich allmählich durch die historischen Entdeckungen aus der frühchristlichen Welt eine andere Sichtweise aufgezwungen. In dieser Situation erweist sich Steiners Forschung tatsächlich als außerordentlich erhellend, wie wir im weiteren Verlauf dieses Buches entdecken werden.

3
ESOTERISCHE GESCHICHTE: EX ORIENTE LUX

Mit Hilfe der apokryphen Literatur (neu entdeckt oder kürzlich wieder untersucht), der Schriften von Nag Hammadi, der Schriftrollen vom Toten Meer und Steiners geisteswissenschaftlicher Forschungen wollen wir versuchen, die okkulte Geschichte nachzuzeichnen, die vor den Anfängen des Christentums liegt. Wir wollen versuchen, uns in der Vorstellung in die komplexe Welt der geheimen Lehren und Riten bei den Essenern zurückzuversetzen und uns unter den Vorläufern der Gnostiker, ja sogar in den Kreisen um Jesus selbst und seine Jünger zu bewegen. Schildern wir kurz den tiefgehenden historischen Prozeß, der durch jene Welt von den Mysterien bis zum Christentum führt.

Zunächst aber, als Prolog, wollen wir auf den alten Orient ungefähr eintausend Jahre vor der Zeit Christi zurückblicken.

Die Eingeweihten-Könige

Dies ist die Zeit der ersten Könige Israels: Saul, David und Salomo, deren Königreich seinen Mittelpunkt in der alten jebusitischen Hauptstadt Salem hat – oder Jerusalem, wie es nun heißt. Und wenn wir auf die mächtigen Nachbarkulturen schauen, finden wir auch sie von Königen regiert. Es waren die großen Eingeweihten-Könige Ägyptens und des alten Mesopotamiens, deren Dynastien «seit der Zeit der Götter» regiert hatten.

Die Eingeweihten-Könige (oder «Gottkönige», wie sie öfter genannt werden) waren göttliche Gestalten, sie verkörperten die Götter ihrer Völker und waren selbst von göttlicher Macht erfüllt. Wie es in der alten sumerischen «Königsliste» heißt, «kam das Königtum vom Himmel herab», und der Mensch, der es empfing, mußte daher in die Geheimnisse der himmlischen Welt eingeweiht werden. In Ägypten, Sumer, Babylon und Iran war die Zeremonie der Königskrönung gleichzeitig ein Einweihungsritual, und obwohl sie öffentlich stattfand, war sie im strengsten Sinne ein Mysterium – das heißt ein innerer Eintritt in die göttliche Welt, welcher der gewöhnlichen Masse entschieden verwehrt war. Denn in jenen alten Zeiten war es der König allein, der in die Gegenwart der Götter eingeweiht werden konnte; nur der König konnte emporgehoben werden, um ein direktes Wissen vom Göttlichen zu erhalten, und alle seine Untertanen empfingen nicht durch ihre persönliche religiöse Erfahrung Gnade, sondern durch seine Verkörperung des Heiligen. Der Ritus war ein Mysterium, in dem der König allein letzten Zugang zur Welt des Heiligen hatte – «eine privilegierte Form der Initiation», wie ein moderner Gelehrter sagt.[1]

In Babylon folgte die Königseinweihung dem Vorbild der Einweihungen, wie sie seit archaischen Zeiten praktiziert wurden: Leiden, rituelle Erniedrigung, Qualen, das Zerbrechen jeglichen Ichgefühls kulminierten in einer taufähnlichen Prüfung, in welcher der König gegen die Mächte der «Tiefe» kämpfte – all dies mußte der Investitur und Thronbesteigung vorangehen. Überdies wurden die Riten als der Brennpunkt eines großen mythischen Kampfes erfahren, als ein Ereignis der Vorzeit und zugleich als eine immer gegenwärtige Realität, wobei der König mit dem herrschenden Gott Marduk identifiziert wurde und an dem Schöpfungskampf gegen das Chaosungeheuer Tiamat teilnahm, aus dessen totem Körper die Welt gemacht war. Die königlichen Initiationsriten wurden jedes Jahr bei einem großen Fest wiederholt, das man als Wiedererschaffung des Universums erlebte. Bei der Inthronisierung wurden dem König die Embleme der sieben Planetengottheiten verliehen, da er nun nicht mehr nur ein gewöhnlicher Mensch, sondern Träger kosmischer Mächte war. Und doch mußte der König jedes Jahr wieder erniedrigt werden. Das erhaltene «Tempelprogramm für das Neujahrsfest in Babylon» schildert, wie der Priester «das Szepter, den Ring und das Schwert wegnehmen ... und den König auf die Wange schlagen sollte. Wenn er des Königs Wange schlägt und die Tränen fließen, dann ist der Gott Bel-Marduk freundlich gesinnt.»[2] Der König widersprach, er habe in seinem Amt nicht gefehlt, habe nicht gegen die Götter gesündigt. Es scheint fast, als ob das Allzumenschliche in den vergöttlichten König zurückzuschleichen pflegte, so daß es jedes Jahr aufs neue ausgemerzt werden mußte. Der König büßt mit seinem Leiden für seine Unzulänglichkeiten und wird wieder in göttlicher Herrlichkeit inthronisiert. Er wird «der König, Sohn seiner Götter» und oft Gott selbst genannt.

Ähnliche Riten und Auffassungen existierten, oft mit ihren eigenen besonderen Formen und nationalen Charakterzügen, in Ägypten, Iran und bei vielen anderen antiken Völkern. Der König war ein Eingeweihter, «einer, der Visionen schauen konnte», ja sogar ein Gott auf Erden. In Tyros wurde der König eingeweiht und inthronisiert: Er wurde als Sonnengottheit verehrt und erschien in glänzenden Gewändern der Auferstehung wie die ersten Strahlen der Sonne, die über dem heiligen Berg aufgeht. Er wandelte inmitten der «Steine von Feuer», der Himmelssterne, als Baal-Shamem. Er beherrschte die Erde vom «heiligen Berg Gottes» wie der ersterschaffene Mensch im vorzeitlichen Garten Eden. Durch das Ritual erlebten die Menschen tatsächlich aufs neue den Einklang mit dem Kosmos, den paradiesischen Urzustand des Menschen. Wieder gab es ein jährliches Ritual, das vom zehnten Jahrhundert vor Christus bis fast in die neutestamentliche Zeit hinein gefeiert wurde.

Auch im Iran gab es eine große Feier, bei welcher der König den Vorsitz hatte. Seine Initiation wurde als «zweite Geburt» betrachtet und war sowohl mit dem Anfang als auch dem Ende der Welt verbunden, die mit Beginn des neuen Zyklus, des neuen Jahres oder der neuen Herrschaft aufeinandertrafen. Der kosmische Aspekt des Königtums wurde noch mehr betont als in Mesopotamien und Phönizien, und die mit dem König verbundenen Mythen und Rituale lassen sich in längst vergangene Zeiten zurückverfolgen, bevor die Iraner ihre indischen Verwandten verlassen hatten, um nach Westen zu ziehen. Ein iranischer Monarch erklärte sich zum «Schapur, König der Könige, Partner der Sterne, Bruder der Sonne und des

Mondes». Eine eindrückliche Erfahrung in früher iranischer Zeit waren die göttlichen Sonnenstrahlen, welche die Aura des Königs füllten und deren blendendes Licht ihn den Blicken gewöhnlicher Sterblicher entzog. Der griechische Historiker Herodot teilt uns mit, der Große König im Iran sei «unsichtbar»; er erschien vor seinen Untertanen nur bei großen rituellen Feiern, und seine Gemächer waren sogar bei Festmahlen verhangen. Manchmal wurden seine Edelleute vorbereitet und in seine strahlende Gegenwart gebracht, aber auch das war eine Ausnahme. In späteren Zeiten erlebte der König dieses *chvarenah*, den Lichtschein um seinen Kopf oder Körper noch, die Volksmenge aber, die an den Neujahrsriten teilnahm, sah sie nicht immer.

Ein sehr ähnliches Bild bietet sich uns, wenn wir das königliche Neujahrsfest in Israel zur Zeit der ersten Könige untersuchen. Wiederum wird selbstverständlich der König in sein Amt eingeweiht, und aus den bei dieser Gelegenheit rezitierten Psalmen ahnen wir das Ausmaß des Mysteriums, das aufgeführt wurde. Psalm 110 bewahrt sehr altes Material, das die mythische Geburt des Priesterkönigs ankündigt:

> In heiliger Ordnung schreite hervor aus dem Leib der Dämmerung, als Tag habe ich dich gezeugt.

D. H. Borsch kommentiert in seinem faszinierenden und sehr ausführlichen Werk zu diesem Thema: «Wenn diese oder eine ähnliche Übersetzung eines zugegeben schwierigen Textes korrekt ist, haben wir das Bild eines Königs vor uns, der wie die Sonne geboren wird und aufsteigt. Der Tag seiner Geburt wäre nicht nur der des Festes, sondern auch derjenige der Schöpfung.»[3] Er fügt hinzu, daß der Psalm den König auch zu einem Priester «nach der Ordnung des Melchisedek» erklärt, was auf eine Kontinuität zwischen den königlichen Riten der israelitischen Könige und den mit Melchisedek – dem alten König und Priester des kanaanitischen Sonnengottes El-Elyon in Salem – verbundenen alten Mysterienhandlungen hinweist.

Andere Psalmen Davids handeln von Initiationsqualen, Erniedrigung, Kampf mit dem Wasser, gefolgt von sonnengleicher Erleuchtung und Inthronisierung, Wiedererschaffung und so weiter. Diese «Mysterien»psalmen stellen in der Tat unsere echtesten Belege aus der Zeit dar, als Israel – wie seine vorderorientalischen Nachbarn – von Eingeweihten-Königen regiert wurde, die als nahezu göttlich betrachtet wurden. Salomo, der höchst weise Herrscher, dessen Namen Könige, Priester, Propheten und Zauberer seit Jahrhunderten im Munde führen, erreichte eine Vereinigung der besten Elemente von Israel und Tyros, von wo er die Handwerker des Königs Hiram brachte, die den Tempel bauen halfen. Deshalb wurden die späteren Könige von Juda nach einem etwas anderen Vorbild eingeweiht, dessen deutliche Spuren wir in anderen Teilen des Alten Testaments finden. Die in Tyros praktizierte phönizische Religion war, wie viele Religionshistoriker festgestellt haben, materieller ausgerichtet als die transzendente Spiritualität der Israeliten. Der phönizische Schöpfer oder Demiurg wird – nach ihrer Mythologie – aus dem dunklen Chaos geboren und existiert nicht von Ewigkeit an in der Höhe wie der Jahwe der Israeliten. Es ist kein Zufall, daß die Phönizier im Altertum als Erfinder und Verbreiter von Kultur geschätzt waren, da ihre innere Einstellung sie zur Beschäftigung mit der materiellen Welt und zum Triumph über deren Gegebenheiten führte. In der Verschmelzung tyrischer und israelitischer Kräfte beim Bau des Tempels und in den Riten der königlichen Initiation kann man zu Recht eine Vereinigung der eher irdischen, praktischen Mysterien mit der himmlischen, transzendenten Richtung sehen, die in Israel immer stark blieb.[4] Rudolf Steiner hat darauf hingewiesen, wie wichtig diese Verschmelzung für die religiöse Entwicklung war, die schließlich zum Christentum geführt hat und die wir im folgenden nachzuzeichnen versuchen werden.

Dennoch wurde sogar zur Zeit Davids und Salomos die israelitische Auffassung vom König im Vergleich mit den Vorstellungen im Iran, in Ägypten oder Babylonien etwas verändert. Der König war ein Eingeweihter und Priester, konnte aber mit Jahwe, dem Gott Abrahams – dem unsichtbaren Gott, der alle Dinge machte, aber nicht unmittelbar in einer äußerlichen Form gegenwärtig war – nicht direkt gleichgesetzt werden. Die anderen Völker des Vorderen Orients lebten in einer mythischen Welt, in der göttliche Mächte, vermittelt durch den König, noch als überall im Kosmos und im Leben aktiv empfunden wurden. Aber obwohl der israelitische König eine gottähnliche Gestalt auf einem Thron zur Rechten des Gottes und ein Priester des Melchisedek war, wurde er nicht als Gott auf Erden verehrt.

Hier bietet wiederum die von Rudolf Steiner vorgeschlagene Sichtweise eine Erklärung, sowohl für die Art der Erfahrung, die der Weltsicht des antiken Orients zugrunde liegt und die Israel zunächst weitgehend teilte, als auch für die einmalige Richtung, in welche die folgende Entwicklung des Judentums ging, die sich hier schon in der anderen Einstellung zum sakralen König abzeichnet. Steiners Forschungen führten ihn zu dem Schluß, daß sich das menschliche Bewußtsein durch die Jahrtausende der Kulturgeschichte geändert und entwickelt hat und daß die Art von individuellem Selbstverständnis, die wir heute als selbstverständlich betrachten, in der Antike nicht existierte. Der einzelne hatte kein Gefühl von einem Mittelpunkt seines Seins, einem Ich; er fühlte sich stattdessen als Teil seines Volkes und konnte sich nicht einmal vorstellen, anders als an seinem Platz im Stamm oder im Volk zu leben. Soweit er überhaupt so etwas wie ein Zentrum der Identität, ein Ich, besaß, lag es in der zentralen Figur der Gesellschaft, dem König. Erst später wurde der Mensch mehr zum Individuum, verlangte geistige Autonomie und etablierte seine eigene persönliche Beziehung zum Göttlichen. In der Frühzeit reichte es aus, wenn der König in die göttlichen Geheimnisse eingeweiht war, denn er war jedermanns Identität. All dies wird klar, wenn wir das anders geartete Bewußtsein jener Tage begreifen, und es beseitigt eine ganze Reihe fruchtloser Debatten darüber, ob die Mythen ursprünglich von einem Urmenschen sprachen, der König wurde, oder ob der Begriff des Königs die Vorstellung von einem «ersten Menschen» hervorbrachte. Als König war auch er Mensch – nicht symbolisch oder in «körperlicher Repräsentation», sondern in der Erfahrung seines Volkes.[5]

Man muß sich auch darüber im klaren sein, daß dies ein völlig anderes Verständnis des äußeren Kosmos bedeutete: ein mythisches Zusammenleben mit den tiefen Rhythmen der natürlichen Welt und den ihr innewohnenden Mächten. Das Bewußtsein befand sich mehr auf der Ebene eines lebhaften Traums als auf der eines hellen Wachens, aber dementsprechend im Einklang mit den verborgenen Tiefen der Seele.

Schrittweise entwickelte sich der Mensch auf ein Gefühl größeren

Bewußtseins als Individuum hin. Wir sehen, daß dies in verschiedenen Teilen des alten Orients und auf verschiedene Weise vor sich geht. Und mit dieser Entwicklung kommt die Forderung nach einer persönlicheren spirituellen Erfahrung. Die einst nur für den König bestimmten Initiationsriten werden «demokratisiert», obwohl sie immer noch für die Hochentwickelten, die wenigen Esoteriker reserviert sind.

In Israel nahmen die Dinge jedoch einen anderen Verlauf, der zu einem entscheidenden, völligen Bruch mit dem Prinzip der Einweihung führte. Das Ergebnis war von höchster Bedeutung für das moralische Bewußtsein der späteren Menschheit. Wir müssen dieses Geschehen im Detail untersuchen.

Freiheit und Innerlichkeit: Die Entwicklung zum Judentum hin

Den Religionen Ägyptens und Mesopotamiens gelang die Anpassung an die zunehmende Individualisierung des menschlichen Bewußtseins auf eine solche Weise, daß sie die Menschen immer noch erfolgreich in eine Erfahrung des Überpersönlichen, des Spirituellen, einweihen konnten. Sie fanden sich mit den sich verändernden Bedingungen der kulturellen und religiösen Entwicklung ab, und zwar auf eine Art, die es ihnen erlaubte, ihre alten Ideale fast ohne Änderungen beizubehalten. Die Religion Israels wählte jedoch den anderen Weg: Sie fing an, in der Individualität selbst nach den Grundlagen ihrer geistigen Werte zu suchen.

Die Folgen waren immens, sowohl für das innere Leben des Menschen als auch dafür, wie er den äußeren Kosmos erlebte. Zunächst wird das Spirituelle auf neue Weise wahrgenommen – als Innerlichkeit. Denn der Form des Bewußtseins, die hier den Anfang ihrer Entwicklung nimmt, enthüllt sich Gott in der inneren Dimension anstatt in kosmisch-mythischen Vorbildern, die in einem Neujahrsfest wiederverwirklicht wurden, wenn die Welt wiedergeschaffen wurde. Die den älteren Mysterien eigene Art von Erfahrung, in welcher der Mensch über sich selbst erhöht wurde und sich als Teil des gesamten Kosmos fühlte, wird allmählich von einer inneren Scheu vor der Gegenwart des Göttlichen ersetzt. In den älteren Teilen des Alten Testaments zeigt sich Jahwe daher in der Macht des Sturmes und gewaltiger Naturkräfte, die den Sehern einer früheren Bewußtseinform als unmittelbare Enthüllungen spiritueller Energien erschienen. In den späteren Teilen zeigt er sich jedoch nicht mehr auf diese Art, sondern als «eine ruhige, leise Stimme» im Inneren.

Das Buch Samuel sagt: «Kommt, laßt uns zu einem Seher gehen! Denn die man jetzt Propheten nennt, die nannte man vorzeiten Seher.»[6] Der Übergang zur Vorherrschaft des «Propheten» (*nabi*) im religiösen Leben war in Wirklichkeit kompliziert; das Ergebnis aber war etwas, das ganz zu der neuen Bewußtseinsrichtung in Israel paßte. Der Prophet ist kein eingeweihter, sondern ein von Geburt her in spirituellen Dingen begabter Mensch, der die Stimme Jahwes hört und den Menschen das Gehörte verkündet. Es gab anscheinend eine große Anzahl von Propheten neben denen, deren Verkündigungen in die Heilige Schrift aufgenommen wurden. Was sie gemeinsam hatten, war die Überzeugung, daß jeder einzelne von ihnen als Werkzeug des Geistes Jahwes auserwählt war – sie waren nicht durch Teilnahme an einem Ritual oder durch Einweihung zu Sehern gemacht, sondern direkt von Gott dazu auserwählt worden. Daher sagt Jeremias:

> Des Herrn Wort geschah zu mir: ‹Ich kannte dich, ehe ich dich im Mutterleib bereitete, und sonderte dich aus, ehe du von der Mutter geboren wurdest, und bestellte dich zum Propheten für die Völker.›[7]

Solch ein Gefühl der individuellen Erwähltheit war für das vorindividuelle Bewußtsein des Umfeldes im antiken Vorderen Orient einfach nicht möglich gewesen.

Die göttlichen Gebote – die von den Propheten verkündeten Worte Jahwes – richten sich an ein Publikum, das auch aus bewußten Individuen besteht. Als das alte Mythenbewußtsein noch vorherrschte, nahmen die Menschen an den großen kollektiven Riten und Festen teil; eine individuelle Reaktion wurde kaum von ihnen verlangt, weil der König für alle handelte: Er war das Zentrum des

Bewußtseins für alle seine Untertanen. Nun aber, wenn der Wille der spirituellen Welt sich nicht mehr in der Teilnahme an Riten findet, sondern von den *nabiim* gehört und ausgesprochen wird, müssen die Menschen moralisch auf der Basis einer bedeutend erweiterten individuellen Freiheit reagieren. Persönliche Freiheit und moralische Verantwortung erweisen sich, zusammen mit Innerlichkeit, als die kennzeichnenden Züge des neuen Bewußtseins. Der Mensch findet die Erfüllung seines Wesens nicht mehr in kollektiven Ritualen, in denen er die großen Mythen von Schöpfung und Weltordnung Jahr um Jahr auslebt, sondern er reagiert als moralisches Individuum auf die Herausforderung des Göttlichen. Die großen Mythen treten zunehmend in den Hintergrund. Was der Mensch nun braucht, sind Lehren – Unterweisung darin, wie er sich in der Welt zurechtfinden soll. Und genau das sehen wir in der Zeit der Propheten im Alten Testament entstehen. Rudolf Steiner sagt: «Alles, was sich gewissermaßen abgesetzt hat an Vorstellungen in der ägyptischen, in der griechischen Götterlehre, Götteranschauung besser gesagt, das ist mit dem moralischen Grundton eben als eigentliche Lehre im Alten Testament zu finden.»[8] Die Propheten werden zu Vermittlern der moralischen Lehre der israelitischen Religion.

Ihre Aufgabe ist es auch, die Sündhaftigkeit derjenigen zu tadeln, die Jahwes Forderungen nicht erfüllen. Und mit der zunehmenden moralischen Freiheit des Einzelnen entsteht das Schuldgefühl in einem Ausmaß, wie es im Rahmen des mythischen Bewußtseins nicht erfahrbar war. In der Tat, wenn der Mensch mit den hohen Ansprüchen der spirituellen Welt und seinem nur beschränkten individuellen moralischen Rückhalt konfrontiert wird, so muß er unweigerlich wegen seiner Unzulänglichkeiten Schuld empfinden.

Diese ganze radikal neue Entwicklung des Bewußtseins ist von größter Bedeutung für das Verständnis des heutigen Lebens. Hier im antiken Israel sehen wir die Menschheit nämlich den langen Weg beschreiten, der zu unserem modernen Freiheitsgefühl und unserer Forderung nach Autonomie als geistig Handelnde in der Welt führt. Dort sehen wir auch die Anfänge der großen Barriere aus Schuld errichtet, deren Überwindung Teil der Bedeutung und Mission des Christentums ist.

Nicht nur der Charakter des Innenlebens wurde von dieser neuen

Bewußtseinsrichtung umgeformt; sie veränderte auch die Erfahrung der äußeren Welt durch den Menschen beträchtlich.

Der Weltraum war im alten mythischen Bewußtsein eine konkrete Dimension der Offenbarung des Geistigen gewesen. Die königlichen Einweihungsriten hatten vor allem den urzeitlichen Raum wiederbelebt – den Raum, in dem Götter handelnd die Ordnung und Harmonie des Universums begründeten. Babylon wurde das Universum, das Zentrum all dessen, wovon kosmische Herrschaft abgeleitet wurde; und das gleiche geschah in Ägypten und im Iran und auch im antiken Israel, denn der Tempel wurde als im Mittelpunkt des Kosmos stehend betrachtet und als der Ort, der die Wasser des Chaos und der Flut unter Kontrolle hielt. Ursprünglich war der Weltraum also ein unmittelbarer Kanal göttlichen Handelns.

Als das Bewußtsein aber eine neue Entwicklungsrichtung nahm, fand sich der Mensch in einer ganz anderen Art von Universum. Er konnte sich nicht mehr der Erfahrung der kosmischen Mythen hingeben, und er mußte deshalb anfangen, den Raum vom Standpunkt der Erfüllung seiner individuellen moralischen Bestimmung zu betrachten. Er konnte die ihn umgebende Welt nicht mehr als vom göttlichen Handeln durchdrungen erfahren. Sie wurde eher zu einer feststehenden, trägen Bühne, auf der sich das Göttliche durch die Taten der Menschen darstellte. Daraus entstand die zentrale Vorstellung von der «Schöpfung»: Gott offenbart sich nicht in der Welt, sondern die Welt ist mit dem Göttlichen dadurch verbunden, daß sie seine Schöpfung ist. Für das mythische Bewußtsein hatte es keine Vorstellung von einer «Schöpfung» der Welt gegeben, sondern eine «Kosmogonie» – wörtlich: eine «Geburt des Kosmos». In Babylon beispielsweise wurde das Ungeheuer Tiamat auf einer Ebene als großer Foetus im kosmischen Leib dargestellt. Daher wurde der epische Neujahrsmythos auch rezitiert, um bei schwierigen Geburten zu helfen! Für die Israeliten jedoch war die Welt nicht mehr der Körper geistiger Wesen. Es war die größte Sünde – Götzenverehrung – geistige Wesen in irgendeinem Teil der Natur anzubeten. Trotzdem sollte die Welt als das vollendete Werk des Schöpfers bewundert werden. Die Schöpfungslehre wurde zu einem der Eckpfeiler der Religion Israels.

In einer Welt, die nicht mehr voller Geister war, konnte der

Mensch seinen Weg voran selbst in einem neuen Gefühl von Freiheit finden. Diese Freiheit wurde aber mit dem Verlust des mythischen Gefühls erkauft, daß der Weltraum eine Dimension unmittelbarer göttlicher Aktivität sei, in der urtümliche Handlungen der Götter immerdar aufgeführt würden. Als Ersatz dafür entdeckte der hebräische Mensch jedoch ein völlig neues Verhältnis zur Zeit.

Unter der Herrschaft mythischer Mächte war sich der antike Mensch der Zeit und der Geschichte wenig bewußt gewesen. Er sah die Welt indessen ständig erneuert, wiedereingetaucht in die urzeitliche Raum-Zeit der Götter. Es war wenig wahrscheinlich, daß ein Mensch seine persönliche Geschichte oder die seines Volkes formen konnte, wenn er Zeit nicht als fortlaufendes Fließen erfuhr, sondern sozusagen immer wieder zu den Ereignissen des Anfangs zurückgeleitet wurde, in das immergegenwärtige «Jetzt» des Mythos. Als die großen mythischen Realitäten im Bewußtsein der Hebräer zu verblassen begannen, machten diese jedoch eine verblüffende Entdekkung: die Geschichte. Die Schöpfung war geschehen – sie war vorüber; aber der Geist konnte in den seither geschehenen wechselnden Ereignissen eine Bedeutung erkennen. Der Mensch konnte durch seine moralischen Handlungen nicht nur seine eigene, einzigartige Biographie herausarbeiten, sondern Gott selbst war auch offenbar in den großen Zügen der Weltgeschichte und derjenigen des einen Volkes auf Erden, das Geschichte verstehen konnte, des Volkes Israel.

Die Ereignisse eines Mythos waren zeitlos wiederaufführbar; Geschichte geschieht nur einmal. Wir können das Buch Genesis verstehen, wenn wir begreifen, daß es weder Mythos (trotz all seiner Ähnlichkeit mit den wahren Schöpfungsmythen Babylons, die an Neujahr rezitiert wurden) noch «wissenschaftliche» Kosmologie ist: Es will eine «Geschichte der Schöpfung» sein, der Anfang göttlicher Offenbarung in der Zeit, die bis in die Menschheitsgeschichte andauert. Mythen konnten endlos wiedererzählt werden, wobei sie unterschiedliche Bedeutungen und Betonungen entfalteten, je nachdem, wer sie auf seine eigene Art erzählte. Geschichte verlangte einen definitiven Bericht: Israel begann, seine historischen Überlieferungen in einem heiligen Buch zu sammeln, dessen Worte der Nachwelt alle unverändert überliefert werden mußten – als autoritativer Bericht der historischen Vorgänge zwischen Gott und den Menschen.

Die Phase, die den Höhepunkt in der Herausbildung des Judentums aus einem Typus vorderorientalischer Religion im archaischen Israel ausmachte, war die großartige Leistung Esras, des «Schriftgelehrten». Er war es, der nach der Katastrophe der babylonischen Gefangenschaft wie ein neuer Moses in seinem Volk das Studium der Schrift einführte, welche die heilige Geschichte Israels enthielt, die moralische Lehre der Thora und die Doktrin von der Schöpfung, welche die Juden religiös von ihren «götzenverehrenden» Nachbarn unterschied. Das Judentum war geboren, und es sollte Jahrtausende überdauern.

Es war ein langer Prozeß gewesen: Die ersten Könige Israels herrschten um 1000 vor Christus; mit der Mission Esras erreichen wir das fünfte Jahrhundert vor Christus. Im Verlauf jener Jahrhunderte hatte sich das Bewußtsein eines kleinen Teils der Menschheit in eine einzigartige Richtung entwickelt. Es war eine Art geistiger Wahrnehmung ausgebildet worden, die mit dem antiken Prinzip der Einweihung brach. Anstatt den Menschen zum Wissen von seiner Teilnahme am umfassenden kosmischen Prozeß emporzuheben, hatte das Judentum ihn dazu gezwungen, sich in sich selbst zurückzuziehen, um das Wort der Wahrheit zu hören. Der Weltraum war seiner ihm innewohnenden Göttlichkeit beraubt worden und erschien nun wie das Endergebnis einer längst beendeten Schöpfertätigkeit Gottes. Er war ein einsamerer Ort geworden, und viele sehnten sich weiterhin nach den alten Mythen. Das Alte Testament stellt in der Tat hauptsächlich dar, wie die Propheten der individuellen moralischen Wahrnehmung vergeblich die fortgesetzten Rückfälle des Volkes in das atavistische mythische Bewußtsein zu verhindern suchten. Aber für diejenigen, die sowohl die Bürde als auch die Freuden der Individualität akzeptierten, eröffnete sich eine neue Dimension der Freiheit. Und Jahwe sorgte noch wie ein großer Vater für sein Volk und dessen Geschichte, gab ihm seine Gebote und versprach ihm ein Ende aller Prüfungen in der Zukunft, wenn sich alle Geschichte erfüllen würde.

Was aber sollte aus dem menschlichen Verlangen nach spiritueller Vision wie derjenigen der antiken Mythen werden? Mußte es ganz und gar für die vom Judentum entwickelte Innerlichkeit und individuelle Autonomie geopfert werden?

Auf den ersten Blick mag es scheinen, als ob die jüdische Entwicklung einer selbstbewußten moralischen Religion zu einem deutlichen und andauernden Bruch mit der Welt der Mysterien führen würde. Das war jedoch, wie sich herausstellte, nicht der Fall.

Der Aufstieg der Essener

Die Geschichte der Juden während der Zeit des Alten Testaments ist aufregend und dramatisch, sowohl innerlich als auch äußerlich. Das Volk erlitt Gefangenschaft und Unterdrückung unter der Herrschaft der Assyrer, der Babylonier und der achämenidischen Könige des Iran; das neue moralische Bewußtsein sah sich in einer schwierigen Zeit vielen Problemen gegenüber und mußte viele Versuchungen überwinden. Außerdem bereiteten sich unter der Oberfläche der religiösen Geschichte weitere Veränderungen vor. Ein weiterer Schritt in der Evolution des Bewußtseins scheint geschehen zu sollen – genau zu der Zeit, als das Alte Testament endet.

Um jenen Schritt in seiner Entstehung zu beobachten, müssen wir uns den Apokryphen zuwenden, den Büchern der «zwischen-testamentlichen» Zeit. Wir müssen insbesondere die *Bücher der Makkabäer* betrachten, die, wie Rudolf Steiner sagt, den wichtigen dramatischen Höhepunkt der alttestamentlichen Erzählung darstellen.[9] Unsere Geschichte ist nun im frühen zweiten Jahrhundert vor Christus angelangt. Israel steht, nachdem es an einen weiteren Reichsgründer, Alexander, gefallen ist, unter der Herrschaft der syrisch-griechischen Armeen von dessen Nachfolgern, den Seleukiden. Aber bald breitete sich Unruhe unter der jüdischen Bevölkerung aus, als nämlich der syrische König Antiochos IV. «Epiphanes» die unverständliche Religion zu unterdrücken versuchte, die er bei seinen Untertanen fand – eine Religion, die so verschieden war von dem Gemisch orientalischen und griechischen Heidentums, in dem er aufgewachsen war. Er kam 196 vor Christus nach Jerusalem und plünderte den Tempel, betrat respektlos das Allerheiligste, zu dem nur Hohepriester Zutritt hatten, und versuchte zwei Jahre später, das Judentum ganz zu verbieten. Eine bewaffnete Revolte brach aus, angeführt von den Makkabäern, den Söhnen des Priesters Mattathias. Ihr Erfolg war enorm. Es gelang ihnen nicht nur, das Judentum wieder einzusetzen, sondern sie vertrieben die seleukidischen Armeen völlig und machten Israel zu einem souveränen Staat, der von den Makkabäern und ihren Nachkommen regiert wurde, die nach Hasmon, dem Großvater der makkabäischen Brüder, Hasmonäer genannt wurden. Als Priester und Könige in einer Person schienen die Hasmonäer einen Traum wiederhergestellt zu haben, der seit den Tagen Salomos fruchtlos gewesen war. Auf dem Thron Israels saßen wieder Eingeweihte, sakrale Herrscher.

Die politische Realität war düsterer. Unter der Herrschaft der Hasmonäer waren interne Kämpfe, Streitigkeiten und Blutvergießen ein nur zu vertrauter Bestandteil des Lebens. Und doch war eine neue Richtung des spirituellen Lebens begründet worden, wie unvollendet seine Verwirklichung auch sein mochte. In den beiden nächsten Jahrhunderten sollte das Ideal des «Königs der Juden» eine bemerkenswerte spirituelle Entwicklung erfahren.

Im *Testament des Levi*, einem der *Testamente der zwölf Patriarchen*, finden wir höchst interessante Zeugnisse über die königlichen Einweihungspraktiken der Hasmonäer. Levi steht hier für den archetypischen Priester; aber er erhält – wieder mit Assoziationen, die auf Melchisedek weisen – auch die Insignien der Königswürde. Eine Stelle ganz besonders erlaubt es uns, in unserer Vorstellung bei einer hasmonäischen Initiation gegenwärtig zu sein. In der Beschreibung der Vision sind physische Vorgänge und übersinnliche Erfahrungen vermischt. Levi sieht sieben weißgekleidete Gestalten, die zu ihm sprechen und verschiedene Handlungen vornehmen. Sie sprechen zu ihm:

> ‹Von nun an werde ein Priester des Herrn,
> du und deine Nachkommen für immer.›
> Und der erste salbte mich mit heiligem Öl
> und gab mir den Stab des Urteils.
> Und der zweite taufte mich mit reinem Wasser,
> gab mir Brot und heiligen Wein
> und kleidete mich in ein heiliges und
> herrliches Gewand.

> Der dritte kleidete mich mit einem Leinengewand
> wie einen Efod.
> Der vierte umschlang mich mit einem Gürtel
> wie aus (königlichem) Purpur.
> Der fünfte gab mir einen reichen Olivenzweig.
> Der sechste setzte eine Krone auf mein Haupt.
> Der siebte setzte ein priesterliches Diadem auf
> mein Haupt und füllte meine Hände mit Weihrauch,
> auf daß ich Gott dem Herrn als Priester dienen möge.[10]

Taufe, Investitur, Krönung und so weiter waren zweifellos physische Ereignisse. Die sieben weißgekleideten Gestalten erinnern aber an die Königseinweihungen des Orients – an die sieben Planetengötter, die den Vorsitz über den babylonischen König hatten und ihm kosmische Macht verliehen; man mag auch eine Analogie mit dem iranischen König bemerken, der manchmal mit seinen sechs Hauptadligen gezeigt wird, einem irdischen Bild des Gottes Ohrmazd und der sechs anderen göttlichen *Amesha Spentas*, der «wohltätigen Unsterblichen».

Welches war dann die Quelle der spirituellen Weisheit, die den Praktiken der Hasmonäer zugrunde lag? Und worin bestand ihre Verbindung mit dem Osten?

Eine Antwort auf die erste Frage ist äußerst schwierig, kann aber mit Sicherheit in irgendeiner Verbindung zu den Essenern gefunden werden. Die Tatsache, daß die essenische Bibliothek von Qumran Kopien des *Testaments des Levi* und bestimmter anderer aus den *Zwölf Testamenten* enthielt, bestätigt dies.[11] Eine Antwort auf die zweite Frage schließt wieder die Essener ein, aber auch ein weiter verbreitetes Phänomen, an dem sie in gewisser Hinsicht Anteil hatten, nämlich das bemerkenswerte Auftreten der esoterischen Taufsekten im Jordantal Nord- und Ostisraels.

Wir haben die Essener bereits erwähnt und kurz über ihre Taufriten, die Erfahrung der «Erleuchtung», die sie verliehen, und die weiteren Stadien der Initiation in das Mitgliedern ihrer Gemeinschaft zugängliche Mysterium gesprochen. Wir sind nun in der Lage, ihr Erscheinen historisch zu verstehen – als einen Teil der Rückkehr der Mysterien nach Palästina. Sie boten jedoch etwas spirituell Neues, nicht nur eine Rückkehr zu den alten Mysterien. Sie erlaubten keinen Rückzug aus der moralischen Verantwortung des Judentums mit seinem intensiven Gefühl der ethischen Individualität in die Bequemlichkeit archaischer Mythologien. Sie hielten sich mit kompromißloser Strenge an die Befolgung des Gesetzes. Sie strebten eine höhere Synthese an, eine Weiterentwicklung des Judentums, in dem Glauben, daß die apokalyptischen Veränderungen in nächster Zukunft geschehen würden. Für die Essener lebten die Eingeweihten ja bereits in einer neuen Welt.

Viele der anderen esoterischen Sekten unternahmen in unterschiedlichem Ausmaß und auf verschiedene Arten einen ähnlichen geistigen Schritt. Viele von ihnen hatten wie die Essener Initiationsriten, die auf der Erfahrung des Sterbens und der Wiedergeburt in der Taufe beruhten. Die alten königlichen Riten waren «demokratisiert»: Gemäß dem nachjüdischen Bewußtsein moralischer Autonomie konnte nun jedes Individuum zum König und Priester gemacht werden in der eigenen, einzigartigen Beziehung, die es zu Gott hatte. Eine gewisse Kontinuität zu den antiken Riten ist deutlich. Das Erleben der leuchtenden Aura oder des göttlichen Lichtscheines, des *chvarenah,* scheint besonders kultiviert worden zu sein. Sogar der späte Neuplatoniker Iamblichos hatte Riten beobachtet, in denen der Kandidat mit einer spirituellen Kraft vereinigt wurde; und, wie er in seinem Werk *Über die Mysterien* schreibt, ist das astrale Leuchten, die «Form aus Feuer»,

> dem Empfänger des Ritus sichtbar, kurz bevor er
> den wirklichen Geist in sich empfängt – und manchmal
> wird er allen Zuschauern sichtbar, entweder
> wenn der Gott herabsteigt oder wenn er sich zurückzieht.

Auf ähnliche Erfahrungen weist die Sprache der Taufsekten hin. Bei der Sekte der Mandäer zum Beispiel, die heute noch auf wunderbare Weise unverändert in Teilen des Irans und Iraks besteht, erhalten alle Eingeweihten die visionäre «Krone des Lichts» und königliche Titel. Die Essener erhielten nach der *Gemeinderegel* ebenfalls die «Krone der Herrlichkeit», und es gibt viele weitere Übereinstimmungen mit dem, was wir von den Taufsekten und ihren mandäischen Nachfolgern wissen.[12]

In den zwei Jahrhunderten nach der Befreiung Israels durch die Makkabäer beobachten wir eine zunehmende Aktivität unter diesen esoterischen Sekten am Rande des Judentums und bei den Essenern, die in die Wüsten und Städte Judäas vordrangen. Eine neue spirituelle Strömung entwickelt sich, die auf einer Art Initiation beruht, die eine viel höhere Achtung vor dem individuellen Ich hat – obwohl sie noch in den Grenzen der Befolgung des väterlichen Gesetzes bleibt. Wir werden im nächsten Abschnitt die essenische Theologie unter diesem Gesichtspunkt genauer untersuchen. Es bleibt aber immer noch zu erklären, warum die Zunahme dieser Aktivität in den letzten beiden Jahrhunderten vor Christus so lange und beständig anhielt. Die Träume der hasmonäischen Priesterkönige waren ja verblaßt. Spätestens um 100 vor Christus hatten ihnen die Essener ihre Unterstützung entzogen, und die Ankunft des Pompejus im Jahre 63 vor Christus machte Palästina zu einer römischen Provinz. Und doch blieb der Impuls der spirituellen Bewegung ungebrochen. Warum?

Diese Frage hängt zusammen mit der Frage nach der Verbindung der Essener und anderer zum Osten.

Die Wiederkehr Zarathustras

Die Funde in Qumran und Nag Hammadi führten viele bekannte Forscher zu dem Schluß, zu dem Rudolf Steiner bereits in seinen geisteswissenschaftlichen Untersuchungen gekommen war: daß wir nämlich in den esoterischen Taufsekten einen Einfluß der spirituellen Gedankenwelt des Iran zu sehen haben.[13] Dies hatte Steiner bereits ausführlich in seinen Vorträgen über *Das Matthäusevangelium* (1910) erforscht, Jahrzehnte bevor die Archäologen die überraschenden Beweise zur Bestätigung seiner Ideen beibrachten. Wir mußten auf die Entdeckung von Nag Hammadi warten, um eine vergleichbare Einsicht in die motivierenden Kräfte der geistigen Bewegung der essenischen Täufer zu erhalten. An vielen entscheidenden Stellen in diesen Schriften ‹lauert› an oder gleich unter der Oberfläche die Erwartung, daß Zarathustra, der große spirituelle

Meister des Iran und Begründer der zoroastrischen Religion, als großer «Erleuchter» nacheinander in verschiedenen Völkern – und zuletzt in Palästina – wiedergeboren wird.

Die Anfänge dieser Vorstellung von den zwölf Inkarnationen finden sich schon in der iranischen Tradition selbst. Überdies war es weithin bekannt, daß der *Saoshyant* oder Erlöser, der am Ende des Weltenzeitalters kommen würde, in gewisser Hinsicht eine Wiederkehr des Begründers Zarathustra war. In den Werken der Bibliothek von Nag Hammadi finden wir weitere Entwicklungen im esoterischen Denken. Wie Jack Lindsay sagt, finden wir «Überlieferungen, nach denen Zoroaster seine Erscheinung verändert, damit er für den Propheten Seth, Adams Sohn, gehalten würde ... und daß der Saoshyant die Form von Jesus annehmen würde».[14] Dieser Seth ist bei den Essenern, Gnostikern und frühen Christen eine wichtige Gestalt, und er ist eng mit Sem und Melchisedek sowie mit Jesus verbunden. Er kann, wie wir sehen werden, einen wertvollen Hinweis auf die geheime Geschichte der Essener und Gnostiker in Palästina liefern.

Am fesselndsten von allen Texten aus Nag Hammadi ist von unserem gegenwärtigen Standpunkt aus gesehen zweifellos die *Adamapokalypse*. Alexander Böhlig hat gezeigt, daß sie grundsätzlich das Werk einer Taufsekte ist, die irgendwo im palästinisch-syrischen Grenzland zu Hause war und mit iranischer Spiritualität in Berührung gekommen war.[15] Diese Apokalypse hat die Form einer Offenbarung an Adam, den ersten Menschen, die sich auf seinen Sohn Seth bezieht. Die Ereignisse der Sintflut spielen eine Hauptrolle, und danach wird die Erde von Noah unter seinen Söhnen Sem, Ham und Japhet aufgeteilt, deren Nachkommen die Erde bevölkern. Wir dürfen jedoch nicht vergessen, daß es auch noch die spirituellen Nachkommen Seths gibt, die alle diese Ereignisse durch die ihnen gegebene Offenbarung verstehen; aber ihr Königreich ist nicht von dieser Welt. Die Nachkommen Hams und Japhets gedeihen und bilden zwölf Königreiche, die sich über die Erde ausbreiten und die Geister der Planeten (die Archonten des späteren Gnostizismus) verehren.

Adam offenbart, daß die Religion der kosmischen Kräfte nicht die höchste ist, die der Mensch erstreben kann. Er berichtet weiter prophetisch vom Wirken des Erleuchters unter den verschiedenen Völkern. Dann wird die Perspektive plötzlich umgekehrt – wir hören nun, was jedes der Königreiche über den Erleuchter – Zarathustra – in seinen aufeinanderfolgenden Inkarnationen zu sagen hat. Es handelt sich um die Art von Geschichten, die uns in allen religiösen Traditionen über Eingeweihte und Heilige wiederbegegnen: eine wunderbare Geburt, Vögel oder andere Tiere, die den Menschen in der Wüste nähren, Engel, die ihn schützen, und so weiter. Es ist nicht leicht, die Inkarnationen genau zu identifizieren. Einige sind jedoch sicherlich iranisch. Man würde erwarten, das erste Königreich beziehe sich auf Zarathustra selbst, und das ist in der Tat auch der Fall, wenn auch ohne Details seines irdischen Lebens. Es weist in Übereinstimmung mit der zoroastrischen Tradition auf seinen himmlischen Ursprung hin, wonach der *Fravashi* oder vorexistente Geist des Zarathustra von Ohrmazd geschaffen und seit Urzeiten «im Himmel genährt» wurde. Dann sagt das zweite Königreich von ihm:

> Er entstand aus einem großen Propheten. Und
> ein Vogel kam, nahm das Kind, das geboren worden
> war, und nahm es in einen hohen Berg; und es wurde
> von dem Vogel des Himmels ernährt. Ein Engel kam
> dort heraus und sprach zu ihm: ‹Erhebe dich, Gott
> hat dich geehrt!›
> Er empfing Herrlichkeit und Stärke,
> und so kam er auf das Wasser.

Hier finden wir mehrere iranische Motive. Tatsächlich ist die Geschichte diejenige vom Helden Zal (oder Dastan), der auf den Gipfeln des Elbursgebirges von dem mythischen Vogel Simurgh aufgezogen und später mit göttlicher Hilfe der Welt wiedergegeben wurde, wo er große Taten vollbrachte.

Oder nehmen wir das achte Königreich:

> Eine Wolke kam auf die Erde. Sie hüllte
> einen Felsen ein. Er entstand aus ihm. Die
> Engel, die über der Wolke sind, ernährten ihn.
> Er empfing Herrlichkeit und Kraft an jenem Ort,
> und so kam er auf das Wasser.

Dies ist die berühmte Geschichte der Geburt des Mithra aus einem Felsen, die so manches Relief in den Mithras-Tempeln darstellt. Sie gilt insofern archetypisch auch für jeden der initiierten «Väter» im Kult, welche die göttlichen Eigenschaften des Mithra selbst verkörperten. Und wirklich bestätigt die Legende die Quellen, die auf einen Zaratas verweisen – die Wiedererscheinung des Propheten Zarathustra in Babylon im sechsten Jahrhundert vor Christus als Begründer des Mithrazismus. Die Magier, die nach Mesopotamien und Babylonien im Westen gewandert waren, waren in der Tat vor allem dem Mithra geweiht, und der Mithrazismus hat sich sicher von dort in die Welt des Mittelmeers ausgebreitet.

Die festgelegten Verse des «Refrains», welche die Geburt des Erleuchters beschreiben, sind ebenfalls aufschlußreich. Böhlig hat aufgezeigt, daß sie sich auf die Legende von der Geburt der Saoshyanten beziehen. Nach dieser Legende war die spirituelle Saat Zarathustras im Kasaoyasee – physisch im Hamunsee, an der heutigen Grenze zwischen Iran und Afghanistan – verborgen. Zu vorherbestimmten Augenblicken im Lauf der Zeiten werde, so sagte man, eine Jungfrau zum Baden in das Wasser des Sees hinabsteigen und das Erlöserkind, den Saoshyanten, empfangen haben, wenn sie herauskommt, von dem man deshalb hier sagt, er «komme auf das Wasser» in Erfüllung der Prophezeiung.

Wir können einige weitere Identifikationen vornehmen. Im vierten Königreich erscheint der Erleuchter als Zeitgenosse Salomos, der als großer Zauberer gezeigt wird, der ein «Heer von Dämonen» befehligt. Die erzählte Geschichte ist in genau dieser Form nirgendwo anders bekannt, ist aber erkenntlich als eine Version der Geschichte der Königin von Saba, der von Salomo verfolgten «Jungfrau» und späteren Mutter seines Sohnes. Die Apokalypse macht ihn nicht zu seinem leiblichen, sondern zu seinem geistigen Sohn und zum Sohn der noch jungfräulichen Königin – wahrscheinlich auf ihrer Rückkehr nach Äthiopien, woher sie kam. Dort müssen wir die vierte Inkarnation ansiedeln. Im neunten Königreich haben wir eine griechische Inkarnation vor uns:

> Von den neun Musen trennte sich eine ab. Sie kam auf einen hohen Berg. Sie verbrachte Zeit, indem sie

> dort saß. Daher begehrte sie sich selbst, um mannweiblich zu werden. Sie vollendete ihre Begierde, wurde von ihrer Begierde schwanger, und er wurde geboren. Die Engel, die über der Begierde waren, ernährten ihn.
> Und er empfing Herrlichkeit an jenem Ort und Kraft, und so kam er auf das Wasser.

Diese Inkarnation geschah wahrscheinlich in orphischen Mysterienkreisen: Orpheus wurde in der griechischen Mythologie als Sohn der Muse Kalliope dargestellt. Die Lehren der Orphik sind aus den wenigen überlieferten Belegen nur sehr schwer zu erschließen, aber die Pythagoräer waren eng damit verbunden und entwickelten ihre Mysterienlehren in eine mehr philosophische Richtung; und unter den Pythagoräern finden wir mit Sicherheit das Streben nach einem Zustand der «Ganzheit», der im seelischen Bereich als «Androgynie» dargestellt ist.

Ein weiteres Bild für seelische Ganzheit wird im Falle des zehnten Königreiches gezeigt, das eine ägyptische Inkarnation darstellt.

> Sein Gott liebte eine Wolke der Begierde. Er erzeugte ihn in seine Hand, und er warf von dem Tropfen auf die Wolke, die ihm nahe war, und er wurde geboren. Er empfing Herrlichkeit und Kraft an jenem Ort, und so kam er auf das Wasser.

Der Akt göttlicher Masturbation ist im Kontext der orientalischen Symbolik nicht schockierend, wo sexuelle Bilder ganz selbstverständlich zur Darstellung spiritueller Ereignisse benutzt werden. Er symbolisiert die Selbstgenügsamkeit und die dem Gott Atum in der ägyptischen Mythologie eigene Schöpferkraft, was auf Vorstellungen beruht, die sich bis zu den Pyramidentexten zurückverfolgen lassen. Jeder Pharao wurde – in den Augen der Priester – nicht durch einen Akt der menschlichen Empfängnis, sondern durch solch eine unabhängige sexuelle Handlung des Gottes gezeugt.

In dieser Weise berichtet der Text von den zwölf Königreichen und den zwölf Inkarnationen des Erleuchters.

Die Prophezeiung endet jedoch damit nicht. Nachdem die zwölf Königreiche, die Nachkommen Hams und Japhets, gesprochen haben, hören wir von dem dreizehnten Königreich – das sich auf die Nachkommen des Semiten Sem beziehen muß. Kurz gesagt, die *Adamapokalypse* fügt der alten iranischen Tradition der zwölf Inkarnationen die neue Prophezeiung einer dreizehnten Inkarnation in Judäa, im semitischen Volk der Juden, hinzu. Leider ist die Sprache der Prophezeiung dunkel, aber sie handelt von der «Bestätigung des Wortes», wiederum von dem «Empfangen von Herrlichkeit und Kraft» und von der Geburt des Erleuchters Zarathustra, «damit die Begierde der (kosmischen) Kräfte erfüllt werden möge».

Aber die Prophezeiung endet auch hier noch nicht! Wir hören als nächstes und letztes von dem «königlosen Geschlecht» (das heißt sie sind alle selbst «Könige»), was sich auf die spirituellen Nachkommen Seths bezieht, die Empfänger dieser urzeitlichen Prophezeiung. Bezeichnenderweise schaffen sie kein vierzehntes Königreich und keine vierzehnte Inkarnation; sie fügen stattdessen einen Blick aus der Perspektive der Ewigkeit hinzu, indem sie sagen, daß «Gott ihn aus allen Äonen erwählt» hat und daß durch ihn (vermutlich in seiner letzten, dreizehnten Inkarnation) Gott «eine Erkenntnis des Unbefleckten der Wahrheit entstehen lassen wird». Hier haben wir somit eine auffallende Prophezeiung über die Mission Zarathustras in einem Dokument ohne christlichen Einfluß, das in seiner Urform wahrscheinlich auf eine iranisch-jüdische Taufsekte zurückgeht!

In Anbetracht solcher Erwartungen wird die zunehmende Unruhe und Aktivität der esoterischen Sekten im zweiten und ersten Jahrhundert vor Christus allmählich verständlich.

Die Essener und Zarathustra

Die archaische Weisheit des Zarathustra, wie sie in der zoroastrischen Religion bewahrt ist, sprach von vorzeitlichen Geistern des Lichts und der Finsternis, Gut und Böse, Ohrmazd und Ahriman. Nach einigen der Anhänger Zarathustras gab es einen Hohen Gott jenseits von Licht und Finsternis, den sie unter dem Namen Zervan verehrten; und es war anscheinend die Anschauung der «Zervaniten», die in den Jahrhunderten vor Christus vorherrschte.[16] Der zoroastrische Mythos berichtete weiter von der Entstehung der gegenwärtigen Welt als Ergebnis einer «Mischung» aus Licht und Finsternis. Aus dieser unnatürlichen Vermischung der feindlichen kosmischen Prinzipien entstehen die Unvollkommenheit und der ruhelose Existenzkampf. Alle Nachfolger Zarathustras stellen sich in dem spirituellen Kampf, der alles durchzieht, auf die Seite des Lichtes und Ohrmazds.

«Der Körper des Ohrmazd ist das Licht und sein Geist ist die Wahrheit.» Ohrmazd ist im Licht körperlich gegenwärtig sowie in allem, was rein und unvermischt ist. Die Zoroastrier verehrten insbesondere die reinen Elemente Wasser und Feuer. Die sieben *Amesha Spentas* (oft als «Erzengel» bezeichnet, obwohl sie eher den Exousiai entsprechen, den Schöpfergeistern der christlichen Engellehre) sind von der gleichen Substanz wie Ohrmazd, und sie stehen in allen Bereichen des Universums gegen die sieben finsteren Mächte Ahrimans.

Die zoroastrische Weltsicht entsteht aus einer besonderen Art des antiken orientalischen Bewußtseins, die in vieler Hinsicht noch archaischer ist als die babylonische Auffassung von göttlicher Raum-Zeit. Sie steht daher in machtvollem Gegensatz zum jüdischen Verständnis von der «Welt als Schöpfung». Soweit die Welt leuchtend, rein und geistig durchsichtig oder schön erscheint, wird sie noch als unmittelbare Enthüllung der innewohnenden Göttlichkeit erfahren. Ihre Äußerlichkeit, ihre Unbeweglichkeit, ihre Undurchdringlichkeit für den Geist (was den Juden alles auf ihren Charakter als «Schöpfung» hindeutete, auf ihre Eigenschaft als «abgeschlossenes Werk») bedeutete für das zoroastrische Bewußtsein die Gegenwart Ahrimans, der unreinen Macht der Finsternis. Außerdem mißt das zoroastrische Bewußtsein der Innerlichkeit keine Bedeutung bei; der Kampf zwischen Licht und Finsternis findet sowohl im Menschen als auch im ganzen Universum statt, aber nichts weist darauf hin, daß das Ich des Menschen dabei eine besondere Rolle spielt. Im Gegenteil, gerade die kosmische Dimension wird wiederholt betont.

Rudolf Steiner verband die erneut aufkommenden Erwartungen unter den Schülern Zarathustras und ihr zunehmendes Interesse und ihren Einfluß in Palästina mit einer bestimmten Sekte: den Essenern. Dies war – wenigstens von einem exoterischen Standpunkt aus – beachtlich, da zu seiner Zeit fast nichts aus äußeren Quellen über die Essener bekannt war. Seit der Entdeckung der Schriftrollen vom Toten Meer bei Qumran wissen wir erheblich mehr von ihnen. Wir verstehen, in welcher Weise sie eine zentrale Rolle bei der «Rückkehr der Mysterien» nach Palästina spielten. Die Essener durchdrangen, im Gegensatz zu den Täufergruppen am Rande des judäischen Gebietes, das zentrale religiöse Leben der Juden – sie bildeten eine dritte Partei neben den Sadduzäern und Pharisäern.

Am überraschendsten war jedoch die Erkenntnis, daß die Schriften von Qumran eine Lehre enthielten, die stark von einem Dualismus von Licht und Finsternis beeinflußt war und offensichtlich identisch ist mit der Lehre, die den Kern des zoroastrischen Mythos darstellt! Einige Teile könnten fast von einem zervanitischen Anhänger Zarathustras geschrieben worden sein:

> Vom Gott der Erkenntnis kommt alles Sein und Geschehen ... Und er schuf den Menschen zur Herrschaft über den Erdkreis und bestimmte ihm zwei Geister, damit er in ihnen wandle bis zur vorherbestimmten Zeit seiner Heimsuchung. Das sind die Geister der Wahrheit und des Frevels. Jene, die aus der Wahrheit geboren sind, kommen aus der Quelle des Lichts, jene aber, die aus dem Frevel geboren sind, kommen aus der Quelle der Finsternis. In der Hand des Fürsten des Lichtes ist die Herrschaft über alle Söhne der Gerechtigkeit; auf Wegen des Lichtes wandeln sie. Die Söhne des Frevels aber werden vom Engel der Finsternis regiert, und auf Wegen der Finsternis wandeln sie. Der Engel der Finsternis führt alle Söhne der Gerechtigkeit in die Irre, und alle ihre Sünde, Missetat und Schuld und alle ihre gesetzlosen Taten werden bis an sein Ende von seiner Herrschaft gezeugt, gemäß den Geheimnissen Gottes.[17]

Hier finden sich viele der Elemente zoroastrischer Weisheit: die Polarität von Licht und Finsternis, Wahrheit und Falschheit, die zwei Geister. Zusätzlich gibt uns die ebenfalls in Qumran gefundene

Damaskusregel einen wertvollen Hinweis auf den Ursprung dieser Lehre, da sie berichtet, die Mitglieder der Essenerbewegung hätten einmal eine Zeit des Exils in Syrien verbracht. Ihr großer Führer, der «Lehrer der Gerechtigkeit», hatte dort offenbar auch ein entscheidendes religiöses Erlebnis. Wir finden also abermals – wie bei den Taufsekten – Beweise für einen Kontakt mit dem Osten und ein reges Interesse an der aus dem Iran stammenden Esoterik.

Eine genaue Untersuchung von Stellen wie der oben zitierten zeigt jedoch bald, daß die Lehre der Essener nicht nur ein wiederbelebter Zoroastrismus war. Das antike Initiationswissen hat eine Verwandlung durchgemacht, aus der es in einer vorwärts blickenden, stärker individualisierten Gestalt wieder auftaucht. Wir finden keine Rückkehr zu einem atavistischen mythischen Bewußtsein; das jüdische Gefühl der moralischen Innerlichkeit, der «Schöpfung» und der Geschichte bleibt unversehrt erhalten; aber es findet eine Ausweitung in die Welt der Mysterien statt. Die iranische Sichtweise von den zwei Prinzipien, Ohrmazd und Ahriman, Licht und Finsternis als kosmischen Wirklichkeiten wird in die Lehre von den «zwei Geistern des Menschen» verwandelt, womit der Ort des spirituellen Kampfes vom großen Kosmos in die Seele des Menschen verlegt wird. Der Mensch in seiner ethischen Individualität wird nun als das entscheidende Glied in der Kette betrachtet.

Keine Veränderung könnte wichtiger sein. Sie erlaubt es uns, direkt in das Herz des Prozesses zu schauen, durch den die Mysterien eine neue Form annahmen und den Weg zum Christentum wiesen. Der essenische Eingeweihte wurde nicht mehr nur in Ekstase aus sich selbst herausgehoben und in die Welt der kosmischen Realitäten hinübergeführt. Er mußte die Mächte der Finsternis mit den Mitteln des Lichtes, das in ihm erweckt worden war, ausbalancieren. Er war ein aktiv moralisch Handelnder, dem Gott die Verantwortung der «Herrschaft» über die Erde gegeben hatte. Er war – gemäß den «Geheimnissen Gottes» – Teil eines historischen Kampfes bis «zur Zeit seiner Heimsuchung», das heißt der Ankunft des Messias. Seine Verpflichtung auf die Mächte des Lichtes anstatt auf diejenigen der Finsternis war eine moralische Entscheidung, die durch den Akt bewußter Entscheidung ständig erneuert werden mußte und von welcher seine Fähigkeit abhing, in die geistige Welt vorzudringen.

Zur Hilfe bei der Unterscheidung von Licht und Finsternis wandte der essenische Eingeweihte esoterische Wissenschaften an, insbesondere Astrologie und eine Art okkulter Physiognomie. Die jüngeren Funde in Qumran haben uns Fragmente von Fachtexten über diese Themen gebracht, und die Essener waren in der Antike für ihre Prophezeiungskünste berühmt. Sie versuchten vor allem, «die Zeit von Gottes Heimsuchung» (die Geburt der Messiasgestalten, die sie erwarteten) astrologisch zu berechnen.

Wir sehen im Essenismus die Vorhut einer höchst bedeutenden Wandlung des religiösen Bewußtseins; ein Mysterium, das mit dem im Judentum entwickelten Selbstbewußtsein verschmolzen war; eine Art von Initiation, die mit dem Empfinden der Geschichte als Offenbarung der «Geheimnisse Gottes» verbunden werden konnte und eine Verantwortung für die Erde. Der innere Vorgang, der in den Tagen der ersten israelitischen Könige begonnen hatte und sich fortsetzte in der Verbindung des Judentums mit dem Einweihungswissen von Mysterien wie derjenigen von Tyros und dem übrigen Vorderen Orient, gipfelt in der Weisheit der Essener. Und die Mission Zarathustras, die mit der Konzeption von den zwölf Inkarnationen bereits universelle Wirkung hatte, drückt sich ein weiteres Mal in einer neuen und wichtigen Lehre aus.

Und doch gibt es noch offensichtliche Beschränkungen. Der Mensch mißt sich in der essenischen Theologie immer noch an dem Diktat des väterlichen Gesetzes, einer von außen gegebenen Verhaltensregel. Für die meisten bedeutete das unvermeidliche Unzulänglichkeit. Der Essenismus wies einigen wenigen den Weg zur Gerechtigkeit und überließ es der Mehrheit, die Bürde der unentrinnbaren Schuld zu tragen, die das Bewußtsein im Judentum hervorgebracht hatte. Sogar im Essenismus findet der Mensch die Quelle der Moralität und des geistigen Lebens immer noch nicht in seinem Inneren.

Die Wandlung in der sich verändernden historischen Beziehung des Menschen zur göttlichen Welt mußte noch einen Schritt weiter geführt werden – auf eine Ebene, die nicht von der Seite des Menschen allein erreicht werden konnte.

4
ESOTERISCHE GESCHICHTE: DIE WEGE TRENNEN SICH

Von Essenern zu Christen

Es schien, als sei mit der Entdeckung der Schriftrollen vom Toten Meer ein Teil des Schleiers gehoben worden, der über dem Leben Jesu und dem Hintergrund des Christentums lag. Einige dachten, Jesus könne sehr wohl bei den Essenern aufgewachsen sein – oder sogar, daß die Schriftrollen frühe judenchristliche Schriften seien. Man neigt nun aber zu der Ansicht, daß Jesus, obwohl er wahrscheinlich einen gewissen Kontakt mit den Essenern hatte, ihnen doch nicht angehörte. Auch diese fast sichere Wahrheit bestätigte die Darstellung, die Rudolf Steiner aufgrund seiner Geistesforschung geben konnte.

Nach Steiner waren die Essener von dem Ruf der Weisheit, der dem jungen Jesus vorausging, so beeindruckt, daß sie willens waren, in eine Art Dialog mit ihm zu treten. Sie nahmen ihn auf «wie einen Externisten in ihre Gemeinschaft – ich will nicht sagen in den Orden selbst», versichert Steiner. «In der Tat hörte in diesem Essäerorden der junge Jesus von Nazareth viel, viel Tieferes über die Geheimnisse, die vom Hebräertum bewahrt worden waren, als von den Schriftgelehrten im Hause seines Vaters.»[1] Das träfe natürlich zu – obwohl wir im Gedächtnis behalten sollten, daß Steiner den jungen Jesus auch als enthusiastischen Bewunderer des pharisäischen Meisters Hillel darstellt.[2] Die Schriften von Qumran haben nämlich bestätigt, daß die Essener esoterische Doktrinen über genau die Dinge lehrten, in denen die Rabbiner weitgehend eingeschränkt waren, zum

Beispiel die Interpretation von Hesekiels *Merkabamystik*. Wir erinnern uns vielleicht, daß die Pharisäer eine Erörterung dieses Themas nur mit einem erlaubten, der «das Verständnis» hatte. Offensichtlich hatten die Essener eine ähnliche Regel bezüglich ihrer «Weisheit der Eingeweihten» – und sie waren bereit, mit Jesus als einem zu sprechen, der offensichtlich «in der Lage war zu verstehen». Jesus wiederum lernte vieles aus dem Leben, das er bei den Essenern sah, und muß ihre geheimen Schriften studiert haben. Man kann den Einfluß ihrer Literatur auf seine Worte einige Male entdecken. So begann beispielsweise eine jüdische Hymne oder ein Gebet zu jener Zeit – zum Gebrauch im Tempel oder unter den Rabbinern bestimmt – auf die mehr oder weniger gleiche Weise: «Gelobt sei Gott ...» Auch die Essener benutzen gelegentlich diese Formel. Aber sie haben ihre eigene Art des Anfangs, die sie vorziehen: «Ich preise dich ...» Es gibt tatsächlich eine ganze Sammlung von Hymnen und Gebeten, die das bilden, was wir heute die *Hymnenrolle** nennen. Dies ist eine Besonderheit der Essener. Wenn nun Jesus eine Hymne komponiert, wie lautet sie?

> Ich preise dich, Vater, Herr des Himmels und der Erde,
> weil du dies den Weisen und Klugen verborgen hast,
> und hast es den Unmündigen offenbart.
> Ja, Vater; denn so hat es dir wohlgefallen.[3]

Ein jüdischer Wissenschaftler kommentiert: «Nicht nur der Anfang des Hymnus Jesu, sondern auch der freie Rhythmus des Textes und sein Inhalt zeigen Verwandtschaft mit den essenischen Dankeshymnen ... sowohl Jesus als auch der Autor der *Hymnenrolle* verkünden, daß sie den Einfältigen göttliche Dinge enthüllen, die anderen verborgen sind. Also kannte Jesus offenbar die essenischen Dankeshymnen und benutzte ihre Form, um seinen eigenen Platz in der göttlichen Ordnung zum Ausdruck zu bringen, obwohl er in seinen Hymnus das Motiv einführte, daß er der Sohn sei, was natürlich in der *Hymnenrolle* fehlt.»[4]

* Auch die Bezeichnungen *Loblieder*, *Danklieder* beziehungsweise die hebräische Form *Hodajoth* sind in der Qumran-Literatur hierfür geläufig. Englisch: *Thanksgiving Scroll*.

Die Verbindungen zwischen Jesus und der Welt der Schriftrollen von Qumran sind natürlich auf großes Interesse gestoßen. Wir haben aber auch gesehen, daß die Essener Verbindungen mit verschiedenen Arten esoterischer Täuferbewegungen in Syrien und Palästina (und vielleicht sogar Babylon) hatten; und der berühmteste Vertreter dieser Bewegungen im Neuen Testament ist eine Gestalt, die wir hier auch untersuchen müssen, nämlich Johannes der Täufer. Es wurde aufgezeigt, daß, «obwohl Johannes herumgezogen sein mag, das Hauptzentrum seines Predigt- und Täuferamtes mit großer Wahrscheinlichkeit nahe den Furten des Jordans gleich südlich von Jericho lag, weniger als 15 Kilometer nördlich von Qumran. Wir können unmöglich annehmen, daß Johannes die Siedlung der Essener/Sektierer in genau dem Gebiet, in dem er selbst lebte und arbeitete, nicht gekannt haben soll.»[5] Und wenn er von ihnen wußte, konnte er sie kaum ignorieren; die Essener erwarteten wie er die Ankunft des Messias oder Kommenden.

Es gab jedoch auch Unterschiede. Vor allem wirkte Johannes in der Öffentlichkeit und nahm, obwohl er nur Juden taufte, alle an, die kamen, ohne sie in eine besondere Sekte oder ein gemeinschaftliches Leben einzuführen. Sehr aufschlußreich sind daher die Ergebnisse, zu denen Steiner aufgrund seiner esoterischen Forschung kommt. Er beschreibt Johannes den Täufer als jemanden, der vorübergehend mit den Essenern verbunden war, «der aber trotzdem auch nicht ganz Essäer geworden ist». Er lebte bei den Essenern und übernahm gewisse Bräuche von ihnen, «aber er hatte niemals die Lehre des Judentums in sich auswechseln können mit der Lehre der Essäer».[6]

Er stand offensichtlich irgendwo zwischen den umgeformten Mysterien der eigentlichen Essener und dem allgemeinen Judentum seiner Zeit. Daher stammen seine Betonung der individuellen moralischen Entscheidung, die jeder treffen mußte, der dem «wahren Israel» angehören wollte, und die Beschränkung seines Interesses auf die Juden. Das war eine Seite seiner Lehre von der «Buße» (*metanoia*): die Betonung des einzigartigen moralischen Bewußtseins, das im Judentum entstanden war. Und doch deutet sein Ausruf *metanoiete* gleichzeitig auf ein «Ändert euren Sinn» hin. Mit anderen Worten, seine Taufe war mit einem Gefühl inneren

Erwachens und einer grundlegenden Umorientierung verbunden, was einer Initiation wie derjenigen in den Mysterien oder bei den Essenern nahekam. Nach Steiner erfuhren die von Johannes durch Untertauchen im Jordan Getauften einen inneren Schock, der dem Erlebnis des Todes glich, so daß ihnen ihr ganzes Leben in einem großen Bild vor Augen trat und sie mit der Absicht ins Alltagsleben zurückkehrten, einen neuen Anfang zu machen.

Die Mission des Johannes, öffentlich zu taufen und seine Botschaft von der Buße zu verbreiten, bedeutete – zusammen mit seiner Erwartung des Kommenden –, daß er nicht bei den Essenern bleiben konnte, wieviel er auch mit ihnen in mehrerlei Hinsicht gemeinsam hatte. Genauso verließ Jesus ihre klösterliche Siedlung, um sein Amt auf der offenen Bühne der Geschichte auszuüben, um durch Galiläa, Samaria und Judäa zu ziehen und zu lehren und um seinen Tod zu finden, dessen Bedeutung bei weitem die Botschaft jeglicher Lehre übertraf – den Tod am Kreuz. In gewisser Weise stellte der Aufbruch von Jesus und Johannes eine Niederlage für die Essener dar. Andererseits – was viel wichtiger ist – war dies ein Triumph für den Impuls, der den Essenismus ins Leben gerufen hatte. Johannes der Täufer öffnete den Juden einen Weg zur Annäherung an Dinge, die bis dahin nur wenige Eingeweihte verstanden hatten – die Essener, denen es gelungen war, die spirituelle Vision der Mysterien mit der Innerlichkeit des jüdischen Bewußtseins zu verschmelzen. Jesus von Nazareth spielte seine Rolle in einem Mysterium, das die essenischen *illuminati* teilweise und nur im Sinne einer Prophezeihung verstanden hatten. Keine Bewegung oder Sekte konnte jedoch das Mysterium von Golgatha für sich behalten; es war grundsätzlich ein Mysterium für die ganze Menschheit, ein mächtiger Impuls zur Verwandlung des Menschen und seiner Welt, dessen Kraft kaum erschöpft werden kann. Das Mysterium für wenige wurde ein allen zugängliches Ereignis.

Viele der Essener selbst erkannten dieses Ereignis bald; aber wir wissen nicht, wieviel Zeit zwischen ihrer Verbindung zu Jesus und dem Augenblick lag, als sie erkannten, daß er derjenige war, auf den sie gewartet hatten. Es ist sicher, daß sehr viele von ihnen ihn tatsächlich erkannten – wir werden bald sehen, warum. Vielleicht hatten sie von Anfang an ihre Vermutungen, wenn sie ihren Theorien von der okkulten Physiognomie und von den Charakteristika des physischen Körpers des Messias folgten, die in einigen der stärker esoterischen Werke von Qumran so sehr betont werden; oder aus ihren astrologischen Berechnungen, von denen einige jetzt entdeckt wurden, wenn sie auch leider nicht gut erhalten sind.

Wir wissen, daß viele Essener wirklich Christen wurden, weil wir ihre Spuren in unterschiedlichem Ausmaß bei der Prägung vieler frühchristlicher Gemeinden in Palästina und Syrien entdecken. Mit ihrer Erfahrung im Aufbau von Gemeinschaften in Qumran und an anderen Orten führten sie zweifellos die sozialen Formen der neuen Bewegung als erste ein. Die christlichen Gruppen benutzten in der Tat Handbücher, die der *Gemeinderegel* der Essener von Qumran sehr ähnelten; das beste Beispiel ist die *Didache* oder *Lehre des Herrn*, die weithin benutzt wurde und deren Regeln in Briefen an neue Gemeinden wiederholt und paraphrasiert wurden. Sie beginnt mit allgemeiner Information über die «Zwei Wege» – den des Lichtes und den der Finsternis, genau wie in dem im vorigen Kapitel zitierten essenischen Handbuch. Es liest sich tatsächlich in einem überraschenden Grade wörtlich wie eine im Lichte der Bergpredigt umgeschriebene *Gemeinderegel*! Man vergleiche die Lehre von Qumran über die «Kinder des Lichts», die Engel des Lichts und der Finsternis und so weiter mit dieser Fassung der *Didache* im Anhang zum *Barnabasbrief*:

> Zwei Wege der Lehre und Machtbefugnis gibt es, den des Lichtes und den der Finsternis; der Unterschied beider Wege aber ist groß. Denn über den einen sind lichtspendende Engel Gottes gesetzt, über den anderen aber Engel des Satans; und der eine ist Herr von Ewigkeit zu Ewigkeit, der andere aber Fürst der jetzigen Zeit der Gesetzlosigkeit.[7]

Der Autor dieser Zeilen war höchstwahrscheinlich ein Essener, der Christ geworden war; und es gab viele, die dieselben Ideen verbreiteten.

Trotzdem war der Schritt vom Essenismus zum Christentum nicht klein, auch wenn vieles von dem Gedankengut und der sozialen Organisation der frühen Judenchristen aus dem Mysterienwissen der

Essener stammte. Die Essener hatten nach strengen Reinheitsregeln gelebt – eine vergeistigte Auslegung der Thora. Der Christ lebt aus der Erfahrung und Überzeugung von Christus in seinem Inneren. An Qumran erinnernde Erwähnungen der Bestrafung von Abweichlern mußten daher in der *Didache* durch die Lehre Jesu vom Darbieten der anderen Wange ersetzt werden. Die Tatsache, daß so viele Essener übertraten, ist ein mächtiges Zeugnis des geistigen Ideals, dem sie folgten, welches über die Neigung zu strenger Gesetzlichkeit siegte und sie für die alles verändernde Bedeutung der Ereignisse offen sein ließ, die nur teilweise in der von ihnen erwarteten Weise abliefen.

Nach der Entdeckung der Schriftrollen vom Toten Meer und unter Benutzung der Ergebnisse von Rudolf Steiners Geistesforschung können wir eine Entwicklung des religiösen Lebens und Bewußtseins der Menschen von der Zeit der Eingeweihten-Könige an bis zu den Anfängen des Christentums verfolgen. Die im antiken Orient einschließlich Israels praktizierten königlichen Initiationsriten erhielten schrittweise eine neue Form. In Verbindung mit dem Gefühl der Innerlichkeit und moralischen Freiheit, das sich im Judentum entwickelte, führten sie zu einer neuen Verschmelzung von spiritueller Vision und individuellem Bewußtsein in der essenischen Bewegung, die einen direkten Weg zum Verständnis des Christus vorbereitete. Das Ideal vom Eingeweihten-König wird in seiner Bedeutung erhöht, die dann auf die ganze Menschheit ausgeweitet wird. Wir können sagen, daß man vom Standpunkt der spirituellen Geschichte das essenische und später das christliche Mysterium nicht nur auf dem Hintergrund der nationalen Hoffnungen des Judentums verstehen darf. Die Mysterien anderer großer Weltreligionen, besonders die des Iran, spielten eine Rolle bei der Entstehung der esoterischen Taufsekten, wie wir aus der *Adamapokalypse* und dem Denken der Essener sehen können.

Außerdem kann die Geschichte dieser vorchristlichen esoterischen Bewegungen, welche die Weisheit des Ostens und des Westens zusammenführten, auch den Schlüssel zum Verständnis eines weiteren geistigen Phänomens der frühchristlichen Jahrhunderte bergen: zum Gnostizismus.

Der moderne Bibelforscher R. M. Grant erkannte gerade nach dem Studium der Schriften von Qumran, wie er sagt, «daß im Leben und in der Literatur dieser Essener schon fast alle wesentlichen Bestandteile des späteren Gnostizismus vorhanden waren».[8] Wir wollen also ein wenig zurückgehen und den Weg nochmals untersuchen, dem wir gefolgt sind, um herauszufinden, ob wir vielleicht einen wichtigen Teil in dieser Geschichte übersehen haben. Wir müssen insbesondere jene Entwicklungsperiode betrachten, in der die orientalischen Mysterien begannen, ihren Weg in die Welt des Judentums zurückzufinden. Denn man darf sich kaum vorstellen, daß die Begegnung zweier sehr unterschiedlicher geistiger Strömungen immer reibungslos abliefe. Indem die Essener den jüdischen Sinn für Geschichte und die Verantwortung des Menschen für die Erde zusammen mit dem visionären Bewußtsein der iranischen Mysterien bewahrten, mag ihnen die Schaffung einer Synthese glänzend gelungen sein – aber betrachten wir dies einen Augenblick von der östlichen Seite: Gelang es allen, die der Mysterienströmung angehörten, diese neue Dimension zu begreifen? Das jüdische Bewußtsein von der «vollendeten Schöpfung», von Gottes Absicht in der Geschichte und von der Individualität des Menschen war das Ergebnis jahrhundertelanger Entwicklung. Können wir erwarten, daß sich alle, die sich diesem von der orientalischen Seite näherten, dem sofort würden anpassen können?

Wir sollten viel eher damit rechnen, daß nicht alle an der Begegnung Beteiligten sich als so vorausschauend wie die Essener erweisen würden. Einige, so können wir annehmen, würden ohne Zweifel bis zu einem gewissen Punkt gelangen, aber letzten Endes nicht in der Lage sein, sich ganz zu ändern, und würden wieder in ihre östlichen Ideen und Einstellungen zurückfallen. Es gab vieles in der Weltsicht der Juden, das für einen orientalischen Geist problematisch war, der natürlich entsetzt auf das intensivierte Selbstbewußtsein und die Auffassung von unbelebter Schöpfung als einem «Werk Gottes» reagieren würde. Wie wir uns erinnern, war nach zoroastrischem Glauben die materielle Welt das Werk Ahrimans.

Wenn die Begegnung zwischen dem Judentum und den orientalischen Mythen einerseits zu einer neuen Verschmelzung in der Spiritualität des Essenismus und der Taufsekten führen konnte, so konnte sie andererseits eine entgegengesetzte Reaktion hervorrufen – das entsetzte Beharren auf dem archaischen orientalischen Standpunkt. Und genau das finden wir im Gnostizismus. Viele der seltsamen Lehren in den gnostischen Schriften werden verständlich, wenn wir uns klarmachen, daß sie aus einer Wiederbestätigung der alten orientalischen Sichtweise stammen, aus einer nachdrücklichen Wiederbejahung durch Menschen, die bis zu einem gewissen Grade in die fremde Erfahrung eines Selbstbewußtseins eingedrungen sind und etwas über das entmythologisierte Universum des jüdischen Geistes wissen. Anstelle der essenischen Synthese starren einander in den gnostischen Schriften zwei unvereinbare Welten, zwei Bewußtseinsformen, unversöhnt an. Der Gnostizismus entwickelt sich in der Gestalt eines radikalen Dualismus, eines Konfliktes gegensätzlicher Realitäten. Denn genau das treffen wir in der gnostischen Weltsicht an. Die physische Welt, die materielle Schöpfung wird als träge und «abgeschlossen» empfunden, als «außerhalb», wie es bei den Juden war und für die Mehrheit der Menschen heute ist; gleichzeitig fühlen sie stark die visionäre Welt des Mysterienbewußtseins auf eine Weise, die nicht mit der physischen Wahrnehmung vereinbar ist. Der Gnostiker kann die «Realität» keiner dieser Wahrnehmungsarten verleugnen, denn er hat beide erfahren. Und dennoch kann er sich nicht wie der Essener als moralisch Handelnder zwischen Licht und Finsternis stellen; er fühlt sich zerrissen, in zwei Teile gespalten, wenn er eine physische Realität akzeptieren soll, die im Gegensatz zur spirituellen steht.

Der Gnostiker kann den Aspekt des Göttlichen, der die physische Welt schuf, nämlich nicht zusammen mit dem Gott der spirituellen Welt betrachten. Eine «gefallene» Gottheit muß die Täuschung, die *Maya* des wahrnehmbaren Universums geschaffen haben.

Die Gnostiker schraken nicht vor dieser Anerkennung eines gefallenen Gottes oder Demiurgen als Schöpfer des materiellen Universums zurück. Bevor wir die gnostische Weltsicht als Versagen oder Schwäche abtun, müssen wir über die gewaltige innere Stärke nachdenken, die zur Aufrechterhaltung einer doppelten Vision, einer

Anerkennung widerstreitender Realitäten, notwendig ist. Wieviel einfacher ist es, in Materialismus zu verfallen und die Wirklichkeit einer geistigen Welt zu verleugnen oder sich aus der äußeren Wirklichkeit zurückzuziehen in eine Art Quietismus, der sich von den Schwierigkeiten draußen abwendet! Die anderen Mysterien waren zu frühchristlicher Zeit alle in einen Zustand der Dekadenz geraten, gerade weil sie sich geweigert hatten, die volle Wahrheit der Situation des Menschen und seines sich ändernden Bewußtseins anzunehmen. Sie hatten sogar versucht, das Problem der sich wandelnden spirituellen Bedingungen zu ignorieren, die den Kontakt des Menschen mit der Geisteswelt immer schwieriger machten, während er ein irdischeres Bewußtsein entwickelte. Sie waren zu immer verzweifelteren Versuchen degeneriert, irgendeine Art visionärer Erfahrung hervorzurufen, was auch immer an groben Methoden notwendig sein mochte. Die zunehmende Unwirksamkeit der traditionellen Götter führte unterdes zur Übernahme von «Misch»-Religionen, in denen sich der einzelne an alle bekannten Götter wandte oder sie alle miteinander identifizierte, so daß das Mysterium sich in eine Mischung verwerflicher und grober Magie verwandelte oder in substanzlose Körper, die «universelle Wahrheiten» allgemeiner und langweiliger Natur lehrten.

Indem der Gnostiker die Realität der Außenwelt und das Selbstbewußtsein des Menschen kühn «ausklammerte», hielt er sich aus dieser Verwirrung heraus. Durch seine schützende «Doppelvision» konnte er das visionäre, archaische Bewußtsein, das die andere Seite der Gleichung bildete, in bemerkenswert authentischer Gestalt erhalten. Der Gnostizismus traf auf das modernere Bewußtsein in seiner fortgeschrittensten Form – im Judentum. Angesichts der erfahrenen Welt des jüdischen Bewußtseins hielt er an einem mythischen Bewußtsein fest, das immer noch die Verbindung mit den Realitäten der antiken Mysterienwelt auf eine Art herstellen konnte, welche die der Essener transzendierte, die sich ja schließlich in vielerlei Hinsicht an die jüdische Welt angepaßt hatten.

Hier erweisen sich Rudolf Steiners Beschreibungen der Gnostiker wieder als überraschend genau. Er charakterisierte sie als die «Nachfolger der alten Initiierten», welche die archaischen Einstellungen der Mysterien bis in spätere Zeiten bewahrten. Als solche muß man sie, so sagte er, von der durch die Essener und ihre Nachfolger repräsentierten vorausschauenden Synthese unterscheiden.[9] Solch eine Auffassung von den Gnostikern macht es uns vor allem möglich, den Widerspruch zwischen ihrer eingehenden Beschäftigung mit dem Geist des Judentums und der gleichzeitigen Feindlichkeit diesem gegenüber zu verstehen. Wir müssen die Gnostiker als die «Kehrseite» der gleichen Entwicklung verstehen, welche die Essener hervorbrachte – der Begegnung zwischen dem Judentum und dem orientalischen Bewußtsein. Die Essener auf der einen Seite übernahmen orientalische Mysterienelemente in eine neue Religion von individueller moralischer Wahrnehmung des Spirituellen. Andererseits fand ein archaisches mythisches Bewußtsein im schützenden Gerüst des gnostischen Dualismus (oder der Doppelvision) eine Zuflucht sogar innerhalb der Welt des neuen fremden Bewußtseins (vom orientalischen Standpunkt aus) von der materiellen Schöpfung.

Beide Seiten dieser Entwicklung sollten sich für das Verständnis des «christlichen Mysteriums» als unabdingbar erweisen.

Wir müssen damit rechnen, daß sich im Verlauf dieser Begegnung nach und nach viele Meinungsverschiedenheiten entwickelten, wobei einige Gruppen eher zur orientalisch-gnostischen und andere zur essenischen Einstellung neigten. Es muß viele Gelegenheiten für «Spaltungen» oder «Absonderungen» gegeben haben, wenn ein Teil der esoterischen Gemeinde die eine und ein anderer Teil die andere Seite wählte. Ja, es muß eine Bandbreite von «Zwischenstadien», ein Spektrum von Ansichten gegeben haben. Der neue Fund bei Nag Hammadi hat uns möglicherweise die verdeckt erzählte Geschichte einer solchen größeren Spaltung beschert, als ein Teil der Gemeinde sich abspaltete, die zur einen Hälfte aus Essenern, zur anderen aus Gnostikern bestand, obwohl diese Begriffe damals nicht gebraucht wurden. Der Bericht von ihrer Meinungsverschiedenheit ist in einer Schrift mit dem Titel *Das Heilige Buch des Großen Unsichtbaren Geistes* enthalten.

Es wird von der Seite erzählt, die zur gnostischen wurde; aber das Buch steht in einem engen Verhältnis zu der älteren *Adamapokalypse*, obwohl es in ein späteres, christliches Stadium der Entwicklung gehört. Seine Lehren haben in der Tat viel mit denen der *Adamapo-*

kalypse und mit anderen Zügen esoterischen Täuferdenkens gemein; so gibt es zum Beispiel ein geistiges Wesen, das den Vorsitz über die *metanoia* hat. Die Lehre neigt aber vorrangig dem Gnostizismus zu.

Um die mögliche Verbindung zu den Essenern – bevor die gnostische Neigung zu einer Spaltung führte – zu verstehen, müssen wir jedoch zwei Beweisstücke betrachten.

Das erste ist philologischer Art. Moderne Forscher sind von dem Namen «Qumran» und der Lage des Ortes in der tiefliegenden Region des Toten Meeres zu der Spekulation verleitet worden, «Qumran» sei eine spätere Schreibweise des antiken Ortsnamens «Gomorrha». Einige archäologische Ergebnisse deuten auf die Überreste von Mauern und Steinbauten, die jetzt unter dem Wasserspiegel des Toten Meeres liegen – genau unterhalb des heutigen Qumran. Es kann den Namen aber auch später erhalten haben, weil es damals für den Ort der älteren Stadt gehalten wurde. Die Küstenebene war sicher einmal fruchtbarer; man hat einige salzverkrustete Palmenstämme gefunden; einst könnte hier eine reiche Zivilisation gediehen sein, und sogar in historischer Zeit lebten die Essener wahrscheinlich hauptsächlich von Datteln aus den fruchtbaren Hainen, wie es der antike Historiker Plinius wirklich berichtete. Außerdem hatten sich zu frühchristlicher Zeit trotz der Verruchtheit Sodoms und Gomorrhas im Alten Testament die Verhältnisse völlig geändert. Wir wissen von dem Schriftsteller Synesios von Kyrene, daß beide Orte damals für ihre Frömmigkeit und vor allem für ihre Essenersiedlungen bekannt waren.[10] Wenn wir also in der Literatur Nennungen Qumrans erwarten, so müßten wir nach der älteren Form «Gomorrha» suchen.

Der Beweis ist überzeugend genug. Das heutige «Qumran» stellt den Namen Gomorrha dar, ob es genau identifiziert ist oder nicht. Dort sollten wir im letzten Jahrhundert vor Christus Essener (das heißt die Gemeinde von Qumran) und andere religiöse Gruppen erwarten können. Die früheren Städte waren zu dieser Zeit natürlich längst schon zerstört – die Geschichte davon wird in der Bibel erzählt.

Zweitens müssen wir etwas über eine Gestalt wissen, die sowohl für die Essener als auch für die Gnostiker wichtig war: den «großen Seth», Adams Sohn. Wir erinnern uns daran, daß die *Adam-*

apokalypse sich als Offenbarung Adams an seinen Sohn Seth darstellt. Schon im *Henochbuch*, das die Essener als heilige Schrift lasen, erscheint Seth als Repräsentant einer heiligen Rasse, eines «spirituellen Samens», nicht so sehr einer physischen Rasse als vielmehr einer spirituellen Bruderschaft, da die drei archetypischen Gestalten Seth, Abel und Kain nach der Sintflut durch die drei Söhne Noahs Sem, Ham und Japhet repräsentiert werden, die Begründer der physischen Rassen. Die Vorstellung vom «spirituellen Samen» ist eng mit den antiken vorderorientalischen Symbolen der Königseinweihung verbunden. In seiner Erhöhung zum Urmenschen ist der König der rituell wiedererschaffene Herrscher im Paradies. Sein Stab oder Szepter wird in den frühen Texten durch das Ideogramm des Lebensbaums dargestellt. Diese Vorstellungen sind in der Legende verwoben, die erzählt, daß Seth von Adam einen Stab erhielt, der an Moses weitergegeben wurde, oder daß er kurz ins Paradies zurückkehren durfte, um nach dem Sündenfall Samen vom Baum des Lebens zu holen. F. H. Borsch schreibt: «So hängt auch in Israel, wie anderswo, die Beschreibung des Herrschers als Sproß oder Zweig letztendlich von dieser Symbolik ab. Es heißt, die Könige werden vom Lebensbaum gesalbt, ihre Girlandenkrone sei aus ihm gemacht, und die rituelle Hütte wird aus seinen Zweigen gebaut.»[11] Es ist kein Zufall, daß wir diese Symbolik in einer Selbstbeschreibung der Gemeinde von Qumran in einem schon früher zitierten Lied finden:

> Er hat ihre Versammlung verbunden
> mit den Söhnen des Himmels,
> damit sie ein Rat der Gemeinschaft sei,
> ein Fundament des Gebäudes der Heiligkeit,
> eine immerwährende Pflanzung für alle künftigen Zeiten.[12]

Solche Worte kommen auch im *Heiligen Buch* von Nag Hammadi vor, dem wir uns nun zuwenden müssen.

Das *Heilige Buch* beschreibt Sodom und Gomorrha als heilige Orte und fügt hinzu, daß «der große Seth kam und seinen Samen … nach Sodom brachte». Es enthüllt außerdem, daß die Geschichte dieses Ereignisses sehr kompliziert war. Anscheinend gab es einen Streit zwischen zwei Parteien («Einige sagen … andere sagen»), die unterschiedlicher Meinung über die Interpretation der spirituellen

Lehre waren – mit anderen Worten darüber, welche Partei sich zu recht «der Samen Seths» nennen konnte.

> Manche sagen, daß Sodom der Ort der Amme (für den Samen) des großen Seth ist, welche (Amme) Gomorrha ist; manche dagegen (sagen), daß der große Seth seine Pflanzung aus Gomorrha entnahm und sie in den zweiten Ort einpflanzte, dem er den Namen Sodom gab.

Der Ablauf der Ereignisse könnte folgendermaßen rekonstruiert werden: Eine Gruppe, die sich als die «wahre Pflanze Seths» betrachtete, geriet in Streit mit den anderen Mitgliedern der ursprünglichen Gemeinde in Gomorrha-Qumran. Sie zogen schließlich nach Sodom, wo sie ihre eigene esoterische Siedlung gründeten. Währenddessen bestritt die ursprüngliche Gemeinde weiterhin heftig, daß Sodom ein Heimatort des großen Seth sei, und beharrte darauf, daß Gomorrha-Qumran dies sei.

Diejenigen, die daran festhielten, daß Gomorrha der Heimatort des Seth sei, waren wahrscheinlich die Essener, die dort lebten, bis die mit dem Aufstand der Juden zusammenhängenden Unruhen es zu unsicher machten. Gelehrte wie Jean Doresse und Hans Jonas haben darauf hingewiesen, daß die anderen, die behaupteten, Seth habe seine «Pflanze» genommen und nach Sodom überführt, Anhänger der Lehren des *Heiligen Buches* wurden, das heißt, sie entwickelten eine gnostische Denkweise! Hier haben wir also einen historischen Augenblick, an dem sich die Wege trennen; eine esoterische Gruppe, die die essenische Lehre nicht ganz akzeptieren konnte, läuft über und bildet die Reihen wenigstens einer der gnostischen Schulen. Die Ansichten der gnostischen Partei werden in einem weiteren, höchst symbolischen und doch klaren Abschnitt deutlich. Gomorrha mag die «Quelle» der Lehre des großen Seth gewesen sein, aber «Sodom ist … die Frucht der Quelle von Gomorrha».[13]

Die Essener waren selbstverständlich weiterhin anderer Meinung.

Die heidnischen Gnostiker: Hermes Trismegistos und seine Anhänger

Die im *Heiligen Buch* festgehaltene Meinungsverschiedenheit fand wahrscheinlich in vorchristlicher Zeit statt. Zweifellos gibt es Beweise aus verschiedenen Gegenden der vorchristlichen Welt – Syrien, Samaria, Mesopotamien – für die Ausbreitung der neuen Ideen, die aus der Begegnung zwischen jüdischem Bewußtsein und dem Orient erwuchsen. Und die Anzeichen lassen darauf schließen, daß auch an diesen anderen Orten die Bewegungen sowohl in essenische als auch gnostische Richtung gingen.

Aus Ägypten wird zum Beispiel von den Therapeuten berichtet, die auf uns ganz den Eindruck «ägyptischer Essener» machen. Wir müssen uns daran erinnern, daß es zu dieser Zeit in Ägypten, besonders in Alexandria, viele Juden gab.

Weit mehr Aufmerksamkeit zog jedoch eine Gruppe auf sich, welche die Ideen in ihrer gnostischen Form aufnahm: die Anhänger des Hermes Trismegistos, denen die berühmten Schriften des *Corpus Hermeticum* zugeschrieben wurden, die einen so erheblichen Einfluß auf die essenische Gedankenwelt gehabt haben. Hermes war der griechische Name des Gottes, den die Ägypter Thoth oder Tehuti nannten, den himmlischen Schriftgelehrten und Meister der Weisheit; der Titel «trismegistos» bedeutet «der Dreimalgrößte» und geht auf einen altägyptischen Brauch zur ehrenvollen Anrede der Götter zurück. Man kann esoterische astrologische Praktiken im Namen des Hermes-Thoth bis 150 vor Christus zurückverfolgen und zweifellos hatten die Priester vor dieser Zeit sie schon geübt, aber geheimgehalten. Irgendwann gegen Beginn der christlichen Ära sahen sich die Anhänger des Hermes offensichtlich genötigt, die ältere ägyptische Weisheit auf einen neuen Stand zu bringen; dies geschah möglicherweise zu der Regierungszeit von Ptolemaios II., als auch die große Aufgabe der Übersetzung des Alten Testaments ins Griechische in Ägypten unternommen wurde.[14] Die Hermetiker formulierten ihre Weisheit um, wobei sie viele Ideen aus der griechischen Philosophie – insbesondere aus der Platonik – benutzten. Vor allem aber übernahmen sie die Anschauungen und Praktiken der neuen jüdisch-iranischen Esoterik.

Die Ergebnisse erhielten endgültige Gestalt in dem Corpus von Schriften, das uns als *Corpus Hermeticum* überliefert ist; die letzte schriftliche Fassung stammt aus den ersten Jahrhunderten nach Christus. Die darin verkündeten Lehren sind für sich betrachtet von außerordentlichem Interesse. Es wird auch schon lange anerkannt, daß das *Corpus Hermeticum* einen wichtigen Beitrag zur Erhellung wenigstens von Teilen des Neuen Testaments leisten kann. Die hermetischen Gnostiker kannten eine Art von Taufe, und ihre Lehren enthielten den Aufruf zur *metanoia*, zur Bewußtseinswandlung. Die Taufe und der spezielle Wortschatz deuten auf den Essenern nahe Kreise und sogar auf Johannes den Täufer als die Quellen, aus denen die ägyptischen Mysterien erneuert wurden. (Man erinnere sich, daß die *Adamapokalypse* eine oder mehrere ägyptische Inkarnationen aufweist!) Bis vor kurzem herrschte jedoch ein verblüffender Mangel an Belegen für die Riten, welche die Hermetiker tatsächlich ausübten. Wieder war es der Nag-Hammadi-Fund, der mehr Details lieferte. Ein höchst interessantes Dokument, das man *Über die Achtheit und Neunheit* (= Stufen des Bewußtseins) betitelt hat, gibt uns eine Andeutung von dem gewaltigen Ritual, in dessen Verlauf das Bewußtsein des Neophyten durch die den Planetensphären entsprechenden Stufen empor- und über sie hinausgehoben wurde.

Hermes Trismegistos tritt als der Hierophant auf, als der «Vater», und der Neophyt ist der «Sohn». Es kommt zu einer «Wiedergeburt», die gleichzeitig Energie im Geist erweckt, der wie ein Brunnen überfließt. Es gibt eine Erfahrung von Licht. Und es entsteht ein starker Eindruck von der Unzulänglichkeit aller Sprache. Sinn teilt sich mit in einem Schweigen, das gleichwohl die Kraft eines Hymnus oder eines Gebetes hat, das von den Engelmächten der achten und neunten Stufe übersinnlich vermittelt wird. Der Schüler wird bis an die letzten Grenzen geführt, die ein Sterblicher noch zu schauen vermag; mehr kann er erst erlangen, wenn er im Tod seinen Körper zurückgelassen hat.

Die teilweise Wiederentdeckung der hermetischen Ritualpraktiken hat ein weiteres Problem deutlich werden lassen. Denn genauso klar wie die Praktiken selbst ist die Tatsache, daß sich die Hermetik allmählich vom Rituellen löste und mehr Gewicht auf rein innerliche Methoden legte – auf Meditation und Gebet.

Wenn wir einen Einfluß der Hermetik auf das frühe Christentum – besonders auf das *Thomasevangelium* und seine Überlieferung – feststellen können, so besteht er darin, daß das Christentum von äußeren Handlungen und Sakramenten weggeführt und auf ein Mysterium der «Interpretation» hingelenkt wird: auf eine innere Entdeckung, indem man die Bedeutung der Worte Jesu findet. Man kann aber die genauen Stadien dieser Entwicklung oder vielleicht auch das Entstehen verschiedener Richtungen innerhalb der Hermetik noch nicht tiefer erfassen.[15]

Über die Achtheit und Neunheit gibt uns einen Einblick in die religiöse Erfahrung der Hermetiker. Was hat es aber mit der ihr zugrundeliegenden kosmischen Vision auf sich? Um eine Antwort zu finden, müssen wir uns den Schriften zuwenden, die schon früher bekannt gewesen waren. Im ersten Buch beziehungsweise Traktat des *Corpus Hermeticum* mit dem Titel *Poimandres* (wie manchmal fälschlicherweise das ganze Corpus genannt wird) hat der Verfasser eine Vision. Darin erkennen wir viele Züge, die uns auch aus den essenischen Lehren vom Licht und von der Finsternis, von den Zwei Wegen und so weiter bekannt sind. Hier ist die zugrundeliegende Haltung gegenüber der Welt deutlich gnostisch. Dieser Vision zufolge gehört der Mensch grundsätzlich dem Reich des Lichts an und ist hier auf Erden ein Fremdling. Die materielle Welt wurde von einem Demiurgen – oder niederen Gott – geschaffen, der nicht der Gott jener entrückten Regionen sein kann, welche die ursprüngliche Heimat des Menschen sind. Nach der Schöpfung des kosmischen Systems, der Sterne und Planeten, die in Übereinstimmung mit dem jüdischen Genesisbericht geschieht, heißt es, daß der überhimmlische Mensch, der als Archetypus existierte, durch die Sphären hinabschaute und sein Bild in der Tiefe widergespiegelt sah. Die Natur, die hier die «nach unten gerichteten» Kräfte der materiellen Schöpfung darstellt, verliebte sich in den göttlichen Menschen; er verliebte sich ebenfalls in sein eigenes materielles Abbild in der Natur und war von da an in einem vergänglichen materiellen Körper gefangen und den astrologischen Mächten der Sphären unterworfen.

> Und deshalb ist der Mensch, wie kein anderes Lebewesen auf Erden, zweierlei. Er ist wegen seines

> Körpers sterblich; er ist wegen des Menschen aus ewiger Substanz unsterblich. Er ist unsterblich und beherrscht alle Dinge; und doch erleidet er das Schicksal eines Sterblichen, da er der Bestimmung unterworfen ist. Er steht über der Harmonie (der Sphären); und doch wird er als Sklave geboren. Er hat beide Geschlechter wie sein Vater, und er ist schlaflos wie sein Vater; und doch kontrollieren ihn fleischliche Begierde und das Vergessen.[16]

Ziel der hermetischen Gnosis ist es, den Menschen aus seiner irdischen Knechtschaft zu befreien und ihm den Wiederaufstieg in jene Sphären zu ermöglichen, denen er seinem Ursprung nach angehört.

Trotz gewisser Ähnlichkeiten mit essenischen Lehren ist die unterschiedliche Betonung klar. Die Essener zeigten, wie der Mensch durch einen moralischen Kampf, um dem Licht im historischen Prozeß der Überwindung der Finsternis zu dienen, als individuell Handelnder mit Verantwortung für seine Mitmenschen und auch die Erde tätig sein konnte. Für den Gnostiker gehört der Mensch nicht auf die Erde, seine Individualität ist eine Illusion, die von der Unterwerfung des archetypischen Menschen unter die «nach unten gerichteten» Kräfte der Natur und die Fortpflanzung des physischen Körpers, in dem er gefangen ist, verursacht wurde. Das Ziel des Menschen ist es, zu erkennen, daß er zum Leben und zum Licht gehört, so daß er die Finsternis zurücklassen kann. Denn es gibt keinen historischen Kampf: Die Finsternis kann nicht besiegt werden, sondern sie existiert ewig als zweites Prinzip neben dem Licht. Wenn er die Finsternis hinter sich gelassen hat, wird sich der Mensch schließlich mit dem unendlichen Licht vereinen.

Die samaritanischen Gnostiker: Simon Magus und seine Anhänger

Die Hermetiker benutzten die jüdisch-iranische Esoterik, um ihre eigene alte Weisheit neu zu interpretieren und ihr eine deutlich gnostische Form zu geben – obwohl es, wie wir gesehen haben, wahrscheinlich auch in ihrer Umgebung Siedlungen nach der Art der essenischen gab. Andere Gebiete am Rande Judäas förderten ebenfalls ähnliche Entwicklungen. In Samaria hören wir zum Beispiel von dem gefeierten Meister Simon, der als der Magus bekannt war.

Es scheint wieder direkte Verbindungen zu den Essenern zu geben. Wahrscheinlich zog es den Lehrer der Gerechtigkeit, den Führer der Essener, nach Damaskus, wo er wegen einer besonderen Verbindung eine seiner bedeutendsten Erfahrungen hatte. Damaskus galt als eine der von den Söhnen Seths gegründeten Städte, und wir wissen, wie wichtig die Gestalt Seths in der jüdischen Esoterik war. Der Lehrer wollte wahrscheinlich Kontakt mit anderen «Sethianern» aufnehmen. Ob es ihm gelang oder nicht – seine Ideen scheinen einen samaritanischen Lehrer namens Dositheos oder Dostai (nach jüdischen Quellen) beeinflußt zu haben; er gründete danach eine esoterische Bewegung unter den Samaritanern, und zu seinen wichtigsten Schülern zählte Simon. Diese Bewegung vertrat jedoch bald nicht mehr essenische Einstellungen, sondern wurde unter dem zusätzlichen direkten Einfluß orientalischer Ideen durch und durch gnostisch.

Der Forscher Jean Daniélou hat einige Details dieser dunklen und faszinierenden Geschichte zusammengetragen. Nach den jüdischen Geschichtsschreibern kam Dostai aus Kokaba; Daniélou setzt dieses gleich mit dem Ort «Kokaba bei Damaskus, dem Sitz einer essenischen Gemeinde». Er meint weiter, daß «Simon, ein Schüler des Dositheos, dort von zoroastrischen Magiern zum Dualismus bekehrt wurde (daher ist Simon ein ‹Magus›).»[17]

In den geheimen Lehren der samaritanischen Gnostiker können wir sofort bekannte Elemente identifizieren; der wiedererscheinende Prophet wie der Erleuchter (Zarathustra) aus der *Adamapokalypse* ist beispielsweise eine auffallende Doktrin, und sie haben Taufriten zur Initiation. Simon selbst wurde später eine Legendengestalt, ein Prototypus des mittelalterlichen Faust; daher ist es äußerst schwierig, Erfundenes und Wahrheit über sein tatsächliches Leben und seine Lehre zu entwirren, die wir jetzt durch einen Schleier mittelalterlicher Romantik sehen. Wir wissen aber, daß er im Namen der «Großen Kraft» sprach, was eine Umschreibung für Gott ist. Damit erhob er nicht den Anspruch, Gott zu sein oder, wie viele spätere christliche Schriftsteller dachten, sich als Rivalen Christi darzustellen. Er sprach auf orientalische Art aus einem Bewußtsein, das über die Individualität hinausging und in welchem individuelle Wahrnehmung aufgegeben wurde und eine universelle Kraft aus den Tiefen der Seele sprechen konnte. Simon scheint gelehrt zu haben, jeder könne diese Kraft in sich selbst finden.

Simons universalistische Lehren sind in einem bemerkenswerten Dokument mit dem Titel *Große Verkündigung (Megale Apophasis)* dargelegt, von dem Fragmente erhalten sind. Wahrscheinlich wurde es unter seinem Namen in einem frühen Stadium der Überlieferung von seinen Schülern niedergeschrieben. Nach Simon ist die grundlegende Energiesubstanz des Universums das Feuer, welches in zwei Formen existiert – einer «sichtbaren» und einer «verborgenen» oder okkulten. Weitere Formen werden wiederum auf der Grundlage der primären Polarität unterschieden, woraus sich im Ganzen sechs Formen sichtbarer und unsichtbarer kosmischer Kraft ergeben. Das eigentliche Interesse richtet sich aber auf die Siebte Kraft, denn diese ist noch nicht entfaltet, sondern schlummert in der unerweckten Menschheit, und sie schließt in sich das Wirken der anderen sechs Kräfte ein. Daher kennt der Mensch, dem es gelingt, die Siebte Kraft in sich zu erwecken, sich selbst als einen Mikrokosmos, eine «kleinere Welt», in der alle kosmischen Kräfte vereint sind. Die Siebte Kraft stellt tatsächlich die ursprüngliche Einheit und das ursprüngliche Zusammenwirken in der Gottheit wieder her, die in ihren kosmischen Manifestationen verloren und zersplittert ist, so daß es in Wirklichkeit nach Simon die Gottheit ist, die Große Kraft, die im Menschen zur vollen Selbsterkenntnis erwacht.

Hinter Simons Gedankengang steht eine Mythologie – der Mythos von einer Gottheit, die in einer urzeitlichen, vorkosmischen

Katastrophe ihre wesenhafte Einheit verlor und in Form von illusionären individuellen einzelnen über die untere Welt verstreut wurde. In einigen der Legenden über Simon heißt es, er habe den gefallenen Ersten Gedanken der Gottheit erkannt, der vor der Schöpfung der Welt existiert hatte und durch eine Reihe von Inkarnationen zu einer Prostituierten in einem Bordell von Tyros wurde. Früher war sie Helena gewesen, um deren Schönheit willen der Trojanische Krieg geführt worden war. Dies sind aber wahrscheinlich Verbrämungen der Wahrheit. Als wichtiger Punkt ist festzuhalten, daß der Vorgang der Erlösung für Simon die Selbstfindung der Gottheit war:

> Das ist das, was sie sagen: ‹Ich und du sind eins, vor mir bist du, nach dir bin ich.› Dies, sagt er, ist Eine Kraft, geteilt nach oben und unten, sich selbst zeugend, sich selbst vermehrend, sich selbst suchend, sich selbst findend, ihre eigene Mutter, ihr eigener Vater ... eins, Wurzel des Alls.[18]

Hier findet sich der Mensch – wie bei allen gnostischen Vorstellungen – in einem göttlichen Vorgang gefangen, der nicht nur für ihn selbst von Bedeutung ist, sondern auch für das ganze Universum und Gott. In einem späteren gnostischen Mythos wird dies als die Selbsterlösung des Erlösers ausgedrückt, die Geschichte des göttlichen Menschen, der kommt, um sein eigenes verlorenes Selbst zu retten.

Das Bild vom göttlichen Menschen und seiner ursprünglichen Herrlichkeit, das mit der Vorstellung vom kosmischen Königtum verbunden ist, gelangte zweifellos von seinen zoroastrischen Lehrern zu Simon und konnte mit bereits existierenden Vorstellungen über Adam aus der jüdischen Esoterik kombiniert werden. Im iranischen Mythos erscheint der Lichtgott Ohrmazd manchmal als Urmensch, und die Vorstellung von den sieben Kräften mag die Lehre davon darstellen, daß Ohrmazd sich mit seinen sechs Schöpfergeistern (Amesha Spentas) zeigt, während er selbst der siebte und gleichzeitig auch die Ganzheit ist – eine tiefgründige Idee, der wir wiederbegegnen werden.

Die Lehre von der Schaffung des materiellen Kosmos gründet aber eindeutig im Judentum und insbesondere in der Schilderung aus der Genesis. Simons Haltung ist im wesentlichen gnostisch; die geschaffene Welt offenbart nur die zersplitterten, geteilten Kräfte; die ursprüngliche, in der siebten Kraft wiederentdeckte Einheit erwacht auf einer rein spirituellen Ebene. Außerdem muß der Mensch die Illusion von seiner Individualität aufgeben, um als «Wissender» – als Gnostiker – an dem göttlichen Prozeß teilzunehmen. Der wirkliche Mensch existierte am Anfang und kann durch ein spirituelles Erwachen als die universelle Kraft – die Ganzheit der Kräfte – wiedergefunden werden; für Simon ist das Selbst, die moralische Individualität, eine Illusion.

Trotzdem drückte der Mythos hinter der gnostischen Lehre Simons vielleicht eine Wahrheit aus, die man aus christlicher Sicht interpretieren könnte. Denn sie sprach von einem göttlich-kosmischen Vorgang, bei dem der Mensch genau wie Gott eine zentrale Rolle spielte; auf die Ebene der Geschichte übertragen, könnte dieser Mythos eine Wahrheit von universalerer Bedeutung als der ihm von Simon oder irgendeinem anderen Gnostiker beigemessenen verkörpern.

Gnostische Kosmologie : Das Diagramm der Ophiten

Eine Gruppe, die gnostische Lehren und deren Betonung der Gespaltenheit des menschlichen Seins auf besonders radikale Weise repräsentiert und sich daher wohl sehr früh heraustrennte, waren die sogenannten Ophiten. Das griechische Wort *ophis* bedeutet Schlange; die Sekte leitete ihren Namen von der Tatsache ab, daß sie sich die Weltseele als Leviathan oder kosmische Schlange vorstellte, die sich selbst in den Schwanz beißt, Symbol der endlosen Kreise des Werdens.

Ein Hauptzug der ophitischen *gnosis* war die Behauptung, der in der Genesis beschriebene Schöpfungsvorgang sei nicht der wahre Anfang aller Dinge. Er stelle vielmehr ein relativ spätes Stadium im Vorgang der Weltwerdung dar. Der Bildung der physischen Welt seien drei spirituelle und psychische Phasen der Existenz voraus-

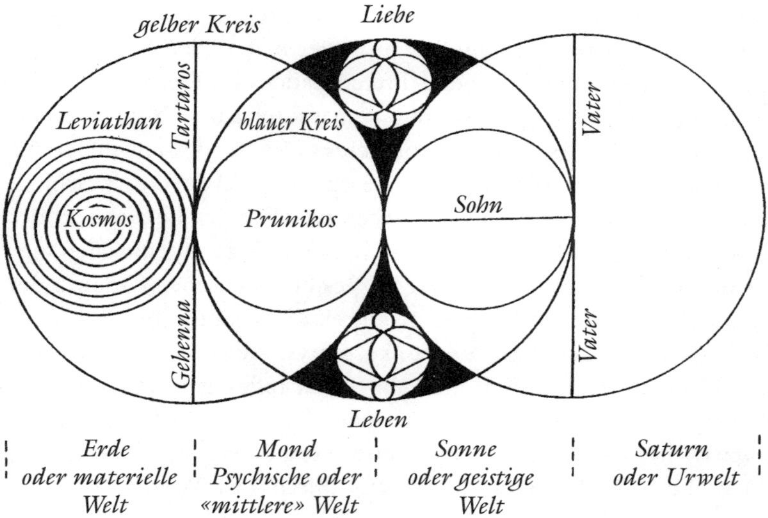

Abb. 1: Das Diagramm der Ophiten: gnostische Kosmologie

Das Diagramm war eine Art Mandala, das die Gnostiker zur Meditation gebrauchten. Mit seiner Hilfe erlebten sie die kosmischen Mächte und ihre Beziehungen untereinander, die unserer gefallenen oder materiellen Welt die Gestalt gegeben haben. In den Grundzügen zeigt es, von rechts nach links gelesen, den vierstufigen Prozeß der Weltwerdung durch die Stadien hindurch, die traditionell Saturn, Sonne, Mond und Erde genannt werden, obwohl die zu diesen Namen gehörigen physischen («archontischen») Planetenkörper erst dem vierten Stadium, dem der Erde, angehören.

In der Meditation konnte der Gnostiker durch das Wissen, das die verschiedenen Sphären und Zahlenverhältnisse im Diagramm darstellten, Bewußtseinszustände erreichen, die ihn zu übersinnlicher Erkenntnis befähigten.

Prunikos in der mittleren Sphäre ist ein Aspekt der göttlichen Sophia, der ersten Weisheit Gottes, hier in ihrer niederen Manifestation als «Begierde», aus der Geburt und Tod entstehen – die in den ersten geistigen Zuständen der Erde noch unbekannt sind.

Die drei großen Kreise stellen die Prinzipien allen Seins dar: Gott, Geist, Finsternis; diese und das Diagramm als Ganzes erinnern an iranische Vorstellungen und weisen zugleich auf den kabbalistischen «Baum des Lebens» voraus.

gegangen. Außerdem sei der Mensch als archetypisches Wesen in jenen früheren Welten – und nicht in der materiellen Schöpfung – entstanden. Die Ophiten betrachteten daher den Weltschöpfer der jüdischen Tradition, den sie mit dem esoterischen Namen Jaldabaoth bezeichneten, als ein niederes Wesen, dessen materielle Schöpfung sich unvorteilhaft von den geistigen Welten unterschied, die vor ihm existiert hatten. Er habe eine Welt der Leiden und der Entfremdung geschaffen, die in der höheren Welt ohnegleichen war. Er und seine Engel schufen den Körper des Menschen (Adam); der aber habe erst stehen können, als durch die Voraussicht der himmlischen Sophia der göttliche Funke des Geistes und Denkens ihm eingehaucht worden sei. Dann habe Adam aufrecht gestanden, «und er bedankte sich sogleich beim Urmenschen und ließ seine (materiellen) Schöpfer im Stich». Dieser Funke des Geistes und Denkens im Menschen könne gerettet werden: durch das Wissen, daß der Mensch grundsätzlich den höheren Welten – und nicht der materiellen Erde – angehört.

Hier haben wir eine kompromißlose Interpretation der physisch-materiellen Schöpfung vom Standpunkt des archaischen orientalischen Geistes vor uns! Die Ophiten waren mit der jüdischen Schöpfungsgeschichte vertraut und gehörten der jüdischen Bewußtseinsart so weit an, daß sie zugaben, diese sei in gewisser Weise «wahr»; ihre Einschätzung der materiellen Welt und ihres Schöpfers aber war der des orthodoxen Judentums genau entgegengesetzt. Ihnen schienen die spirituellen Welten weit bedeutender, die vor den physischen existierten und in welchen der Mensch die Grundlage seines Seins – den Archetypus des Menschenwesens – findet. Und wieder kommen die Lehren über jene Welten aus den iranischen Mysterien. Die Ophiten stellten den vierfachen Weltprozeß in einem Diagramm dar, einem Prototypus des kabbalistischen Lebensbaums.[19]

Die Ophiten entstanden wahrscheinlich als jüdisch-iranische Sekte in vorchristlicher Zeit. Ihre radikalen Ideen von der Trennung zwischen Geist und Materie fanden aber offensichtlich bald in einigen frühchristlichen Kreisen bei denen Anklang, die verstanden, daß Christus gekommen war, um den Menschen vom «Fall in die Materie» zu retten und ihn auf eine rein spirituelle Ebene des Daseins zurückzuführen. Paulus entdeckte, daß sich in der christlichen Gemeinde von Korinth Ideen festgesetzt hatten, die denen der Ophiten sehr ähnelten, wenn sie nicht gar mit ihnen identisch waren. Er mußte sie bekämpfen, indem er seine eigene Auffassung in Fragen der Esoterik äußerte, seine Vorstellung vom Ersten Menschen, von der Natur des physischen Körpers und so weiter. Er tat dies in seinen Briefen an die Gemeinde in Korinth, von denen zwei noch im Neuen Testament erhalten sind.[20]

Wir sind nun in der Lage, wenigstens einige der Schwierigkeiten zu erklären, denen wir uns beim Anblick der neuen Entdeckungen von Qumran und Nag Hammadi gegenübersahen.

Das verwirrende Nebeneinander jüdischer und antijüdischer Züge in diesen Dokumenten, die zweifelhafte Einstellung zu den Mysterien – all dieses ergibt in bezug auf das frühe Christentum nur einen Sinn, wenn wir verstehen, daß vor den Anfängen des Christentums bereits eine komplexe Entwicklung stattgefunden hatte; die Mysterienreligionen und das Judentum waren nicht mehr reine, isolierte und einander feindliche religiöse Bewegungen, sondern sie waren miteinander in Verbindung getreten und hatten die tiefgründigen Lehren der Essener und die mythologische «Doppelsicht» der Gnostiker hervorgebracht.

Es gab bereits das essenische Mysterium von der moralischen Individualität des Menschen in seiner fürsorglichen Rolle für die Erde. Es gab auch die gnostische Offenbarung des Menschen und seiner kosmischen Bedeutung für Reiche jenseits der Erde. Es ist an der Zeit, daß wir uns auf diesem reichen spirituellen Hintergrund einigen Schriften des Neuen Testaments selbst zuwenden.

5
JESUS UND ZARATHUSTRA – ODER DAS HEBRÄEREVANGELIUM

Das Matthäusevangelium

Das Matthäusevangelium wurde von den vier kanonischen Evangelien schon immer als das dem Judentum am nächsten stehende betrachtet. Es ist nicht nur voller Bezüge auf das Alte Testament, vor allem auf die Worte der Propheten, die Jesus, der Messias, erfüllt hat; viele der von Matthäus aufgezeichneten Gespräche zwischen Jesus und den Jüngern haben Lebens- und Religionsfragen zum Thema, die auch unter zeitgenössischen Juden die Diskussion beherrschten. Wie Rudolf Steiner aufzeigt, konnten jüdische Gelehrte daher sogar gelegentlich dieses Evangelium zitieren, wenn es um ein spezielles Problem bei der Auslegung der Thora ging, so in der Geschichte des Rabbi Gamaliel. Hier wurde ein diffiziler Streit darüber, ob das jüdische Gesetz weiterhin gültig sei, von einem Richter damit entschieden, daß er die Worte des Evangeliums zitierte, die da sagen, Christus «sei nicht gekommen das Gesetz des Moses zu zerstören, sondern es zu erfüllen».[1]

Wie sich noch herausstellen wird, deuten auch andere Züge des Evangeliums auf einen spezifisch jüdischen Hintergrund, obwohl die genaue Herkunft und Umgebung des Matthäusevangeliums – wenigstens bis vor kurzem – im dunkeln lagen. Die umfassende Bildung, die in den Details zum Ausdruck kommt, und die zahlreichen Verweise auf das Alte Testament und die jüdische Überlieferung ließen es als unmöglich erscheinen, daß ein einzelner die Überlieferung der «prophetischen» Auslegung gestaltet haben könnte, aus der es hervorging. Außerdem zeigt das Evangelium auch ein starkes Interesse an der «Gemeinde» (es ist das einzige Evangelium in dem explizit auf die *ekklesia*, die Gemeinde, Bezug genommen wird), was ebenfalls vermuten läßt, daß eine Art organisierter Bewegung dahinter stand.

Nachdem wir gesehen haben, daß die Nachfolger der Essener mit fester Hand die in Syrien und Palästina entstandenen judenchristlichen Gemeinden organisierten, fällt es wohl nicht mehr so schwer zu entscheiden, in welcher Richtung wir zu suchen haben. Und in der Tat ist es auch seit der Entdeckung der Schriftrollen in Qumran, trotz des langen Widerstrebens gegenüber diesem Gedanken in manchen Lagern, für viele Forscher ganz offensichtlich, daß wir im Matthäusevangelium in Wirklichkeit das «Evangelium der Essener»[2] vor uns haben. An zahlreichen Stellen des Evangeliums, wie zum Beispiel in den als «Gemeindereden Jesu» bekannten in Kapitel 10 und 18, hören wir genau die Art von Vorschriften für eine lebendige Gemeinschaft im Geiste, die in der Gemeinderegel von Qumran so vorherrschte. In einigen Fällen sehen wir Matthäus Jesus so darstellen, daß er fast Wort für Wort die fortschrittliche Sozialphilosophie des Essenerordens vertritt. Hier ein Beispiel aus der Gemeinderegel:

> So weise einer den andern zurecht in Wahrheit, Demut und liebevoller Verbundenheit untereinander. Keiner soll zum andern sprechen in Zorn oder Murren oder Halsstarrigkeit oder im Eifer gottlosen Geistes. Und er soll ihn nicht hassen wegen seines verderbten Herzens, sondern am gleichen Tag soll er ihn zurechtweisen, damit er nicht seinetwegen Schuld auf sich lade. Ferner soll niemand gegen seinen Nächsten vor der Gemeinde eine Sache vorbringen, ohne ihn zuvor in der Gegenwart von Zeugen zurechtgewiesen zu haben.[3]

Und so spricht Jesus im Matthäusevangelium:

> Sündigt aber dein Bruder an dir, so geh hin und weise ihn zurecht zwischen dir und ihm allein. Hört er auf dich, so hast du deinen Bruder gewonnen. Hört er

> nicht auf dich, so nimm noch einen oder zwei mit dir, damit ‹jede Sache durch den Mund von zwei oder drei Zeugen bestätigt werde›. Hört er auf die nicht, so sage es der Gemeinde. Hört er auch auf die Gemeinde nicht, so sei er für dich wie ein Heide und Zöllner.[4]

Es scheint, als habe der Verfasser des Matthäusevangeliums, als er die Aspekte darstellte, die ihm an der Mission und der Lehre Jesu am wesentlichsten waren, gerade solche zusammengetragen, die uns das Interesse der Essener an der Organisation des geistigen und sozialen Lebens in Erinnerung rufen. Vielleicht hören wir in diesen Zitaten einen Widerhall aus jener Zeit, zu der sich Jesus selbst bei den Essenern aufhielt und mit ihnen ihre Lehre vom neuen Zeitalter erörterte.

In gewisser Hinsicht ist das Matthäusevangelium also eine christliche Gemeinderegel wie die von späteren christlichen Essenern verfaßte *Didache* – jedoch mit der zusätzlichen Dimension, daß das Evangelium auf eine weit umfassendere Weise im Leben und in der Lehre Jesu begründet ist. Leicht könnten noch viele weitere Parallelen zwischen dem Evangelium und den Schriftrollen von Qumran aufgeführt werden. Es mag aber an dieser Stelle angebracht sein, darauf hinzuweisen, daß man Jesus nicht einfach als Essenerprediger beschreiben kann, auch wenn wir ihn die spirituelle Lehre der Essener Wort für Wort wiedergeben sehen. Der Kontext hat sich bedeutend gewandelt. Eine Angelegenheit war es für eine esoterisch gesinnte Gruppe von Menschen, sich von der jüdischen Gesellschaft abzusondern, um nach einem höheren geistigen Ideal zu leben; sie konnten ihre eigene «Alternative» organisieren, einen religiösen Orden mit Gemeinschaftseigentum und Sozialleistungen für die Kranken und Alten (und die Essener waren auch die einzige religiöse Gruppe, von der wir das kennen). Eine andere Angelegenheit aber war es für Jesus, diese Ideen ganz Israel zu verkünden und sogar willens zu sein, mit Ungläubigen zu verkehren! Das muß sowohl vielen Essenern als auch den leitenden Personen der engverflochtenen traditionellen jüdischen Gesellschaft äußerst befremdlich erschienen sein. Jesus griff die letzte Waffe der Gesellschaft gegen den einzelnen an: die Drohung mit dem Ausschluß, wenn er die Anpassung verweigerte.

Außerdem sind die Reden Jesu im Matthäusevangelium ganz und gar nicht frei von gutgezielter Kritik an gewissen Eigenschaften des älteren Essenertums. Wenn Jesus sagt:

> Ihr habt gehört, daß gesagt ist: ‹Du sollst deinen Nächsten lieben und deinen Feind hassen›. Ich aber sage euch: Liebet eure Feinde und bittet für sie, die euch verfolgen, damit ihr Kinder seid eures Vaters im Himmel …,

so bezieht er sich dabei natürlich darauf, daß die Essener die Menschheit in «Söhne des Lichtes» und «Söhne der Finsternis» unterscheiden und lehren, daß wir die Söhne des Lichtes lieben und die der Finsternis hassen sollen. Dies wird in den Schriften von Qumran ausdrücklich gesagt, obwohl es nirgends im Alten Testament vorkommt. Der Dualismus der Essener war einem bestimmten Augenblick in der Geschichte angemessen, einer Zeit der Entscheidung und des Wartens auf eine neue Verkündigung, dem Augenblick der Apokalypse – aber auf längere Sicht mußte die Lehre von der Liebe die Oberhand behalten.[5] Es war notwendig, die Lehren der Essener einen Schritt weiter zum Universalismus zu führen; dies hat Matthäus in seinem Evangelium dargestellt.

Der essenische Einfluß ist trotzdem noch stark spürbar. Die etwas stereotype Beschreibung Jerusalems als desjenigen Ortes, an dem Gottes Propheten verleugnet und ihre Worte nicht befolgt werden, beruht auf der Erfahrung der Essener. Historisch gesehen war ihr «Lehrer der Gerechtigkeit» gezwungen worden, den Jerusalemer Tempel zu verlassen, und er predigte seinen «Neuen Bund» in der Wüste. Matthäus betrachtet Jerusalem und die Ablehnung Jesu durch den Hohenpriester offensichtlich als Gipfel in einer langen Kette negativer Erfahrungen.

Auch die Art, wie Matthäus Stellen aus dem Alten Testament interpretiert, ist im Lichte der von den Essenern hochentwickelten Kunst esoterisch «erleuchteter» Auslegung untersucht worden. So ist den Auswahlkriterien und der spirituellen Auslegungsweise, die wir bei Matthäus beobachten können, zum Beispiel bereits im

Habakuk-Kommentar aus Qumran der Weg gebahnt. Auch die Essener waren besonders an jenen Texten interessiert, die das Kommen eines Messias oder eines bedeutenden Priester-Propheten der Thora zu versprechen schienen, der alles erklären würde. All dies erscheint in einem besonders faszinierenden Licht angesichts der Tatsache, daß Rudolf Steiner auf dem Wege der Geistesforschung schon 1910 entdeckt hatte, daß sich das Matthäusevangelium stark auf essenische Überlieferungen stützte. Er ging sogar recht ins Detail, was die spezifischen Berührungspunkte zwischen den Essenern und dem Evangelium betrifft – der Fund der Schriftrollen vom Toten Meer hat seine Beobachtungen in erstaunlicher Weise bestätigt.

Steiner wies besonders auf die ersten Kapitel des Matthäusevangeliums hin, die Kindheitskapitel, und versicherte, daß diese fast ganz in die Sphäre des Essenismus und dessen Erwartungen an einen Messias gehörten. Seine Bemerkungen sind durch die Schriftrollen gestützt worden, insofern als diese das Rätsel der «Prophezeiungen» lösen, die sich durch Jesu wunderbare Geburt erfüllen. Matthäus betrachtet dies als «Beweis» der messianischen Würde Jesu, was seltsam ist, da die jüdische Erwartung des Messias keinen Hinweis auf ein auf wunderbare Weise geborenes Wesen enthielt. In der Bibliothek von Qumran fand sich jedoch eine apokryphe Ergänzung zu den alttestamentlichen Stellen über die Geburt des Patriarchen (die sogenannte *Genesis Apocryphon*). Noah wird auf wunderbare Weise geboren, was seinen Vater Lamech zu falschem Verdacht verleitet; es wird von prophetischen Träumen berichtet und von Erscheinungen Gottes in Visionen, in denen er seine Absichten ankündigt. Teile hiervon scheinen aus dem *Jubiläenbuch* entwickelt worden zu sein. Viel interessanter ist jedoch der Vergleich mit den Erfüllungsgeschichten des Matthäus. Wissenschaftler haben aufgezeigt, daß Matthäus' Schilderung der Geburt identisch ist mit der einer essenischen Legende. Er zeigt Jesus als neuen Noah oder Melchisedek. Doch dies ist noch nicht alles, was Steiners Perspektive bestätigt.

Steiner erklärte zum Beispiel, daß die Essener besonders an der leiblichen Abstammung Jesu interessiert waren. Wir sehen dies natürlich im Evangelium an den langen Stammbaumtafeln am Anfang, in denen die Abstammung Jesu bis zurück zu Abraham, dem Vater der Juden, verfolgt wird. Daß diese Beschäftigung mit der leiblichen

Abstammung und der vorhergesagten äußerlichen Erscheinung des Messias essenischer Natur war, ist durch die physiognomischen und astrologischen Fragmente in Qumran bestätigt worden. Es wird klar, daß das Ziel vieler der von einem okkulten Standpunkt aus unternommenen astrologischen und physiognomischen Studien der Essener eben darin bestand, den Zeitpunkt der Geburt und die physischen Züge des erwarteten Messias vorauszusagen. Spätere Höhlenfunde haben uns sogar das Horoskop eines königlichen Messias beschert, das es wert ist, hier zitiert zu werden, obwohl es ziemlich verdorben und bruchstückhaft ist:

> … von seiner Hand: zwei … ein Muttermal. Und seine Haare werden rot sein. Und es werden Linsen auf … und kleine Geburtsmale auf seinem Oberschenkel sein. (Nach zwei Jahren) wird er Dinge voneinander unterscheiden können. In seiner Jugend wird er wie … sein …(wie) ein Mann, der nichts weiß bis zur Zeit des Geheimnisses der Erkenntnis der drei Bücher. Und dann wird er Weisheit erlangen und Verständnis lernen … Vision wird zu ihm kommen auf seinen Knien. Und mit seinem Vater und seinen Vorfahren … Leben und hohes Alter. Guten Rat und Klugheit wird er haben, und er wird die Geheimnisse der Menschen kennen. Seine Weisheit wird alle Völker erreichen, und er wird die Geheimnisse aller Lebenden kennen. Und alle ihre Pläne gegen ihn werden zunichte werden, und seine Herrschaft über alle Lebenden wird großartig sein. Seine Pläne (werden gelingen), denn er ist der Erwählte Gottes. Seine Geburt und der Atem seines Geistes … und seine Pläne werden ewig dauern …[6]

Astrologische Berechnungen und physiognomische Eignung wurden anscheinend auch bei der Auswahl von Kandidaten für die Mitgliedschaft im Orden in Betracht gezogen.

Andere Aussagen Steiners ahnten nicht nur die archäologischen Beweise voraus, sondern widersprachen auch völlig den Annahmen der Historiker und Bibelkritiker seiner Tage. Er sagte zum Beispiel, das Matthäusevangelium sei ursprünglich in Hebräisch geschrieben (wie die Schriften von Qumran), wie man es von einem Werk mit esoterisch-jüdischem (essenischem) Hintergrund erwarten würde. Die griechische Fassung, die älteste uns überlieferte und die Basis aller folgenden Fassungen, sei eine Übersetzung des Originals. Nach Meinung der Gelehrten zu Steiners Zeit (und noch vieler heutiger Forscher) ist die griechische Fassung des Matthäusevangeliums das Original; sie nehmen an, es basiere teilweise auf dem griechischen Text des Markusevangeliums, mit dem es viel Material gemeinsam hat, und teilweise auf anderen Überlieferungen.

Diese Gelehrten mußten sich jedoch auf irgendeine Weise mit einer Reihe von Zeugnissen früher christlicher Autoren auseinandersetzen, die viel eher einen Sachverhalt nach Steiners Darstellung unterstützen. Der frühe Schriftsteller Papias, dem wir bereits begegnet sind und der uns vielleicht noch als Sammler zahlreicher «esoterischer» oder «mythischer» Traditionen über den Herrn in Erinnerung ist, berichtet, daß der Autor des Matthäusevangeliums die Sprüche des Herrn «in hebräischer Sprache» zusammengestellt habe. Sogar zur Zeit des Hieronymus (etwa 390 nach Christus) war das Evangelium offenbar noch in seinem hebräischen Original zugänglich. Hieronymus schreibt:

> Matthäus hat als erster in Judäa wegen der aus dem Judentum zum Glauben Gekommenen das Evangelium von Christus in hebräischer Schrift und Sprache abgefaßt. Wer es später ins Griechische übersetzt hat, ist nicht mehr sicher. Weiter befindet sich der hebräische Text selbst noch heute in der Bibliothek zu Cäsarea ... Auch haben mir die Nazaräer in Beröa, einer syrischen Stadt, die dies Buch benutzen, es abzuschreiben erlaubt. Darin ist zu bemerken, daß der Evangelist überall, wo er Zeugnisse aus dem Alten Testament – sei es von sich aus, sei es vom Herrn und Heiland – anführt, nicht der Septuagintaübersetzung, sondern dem hebräischen Urtext folgt.[7]

An anderer Stelle behauptet Hieronymus, er habe dieses semitische Evangelium «übersetzt»; aber hier ist sein eigenes Zeugnis so voller

Widersprüche wie das einiger anderer früher Autoren, die es erwähnen. Bei Hieronymus finden wir aber eine andere wichtige Information, und zwar, daß es im Original als das *Hebräerevangelium* bekannt war.

Die Ungereimtheiten in Hieronymus' und anderer Zeugnis führten die moderne Forschung dazu, es fast ganz zu ignorieren; besonders, da es ihren Lieblingstheorien über den Text der griechischen Evangelien widersprach.

Nun hat jedoch der Jerusalemer Hebraist David Flusser versucht, die Untersuchung des Matthäusevangeliums auf eine solidere historische Grundlage zu stellen, indem er die neuen Belege zum jüdischen Hintergrund berücksichtigte. Ein Hindernis für die Wissenschaftler, ein hebräisches Original des Matthäusevangeliums anzunehmen, bestand in dem naheliegenden Einwand, daß zur Zeit Jesu die in Palästina gesprochenen Sprachen Aramäisch und Griechisch – und nicht Hebräisch – waren. Einige der späteren Teile des Alten Testaments sind sogar auf Aramäisch geschrieben. Flusser hat aber gezeigt, daß die Sprache, in der Matthäus schrieb, das gelehrte Hebräisch war, das von den Rabbinern als Sprache der Gebildeten weiter verwendet wurde (ähnlich wie Latein bis vor einiger Zeit in Europa als Gelehrtensprache diente). Dies würde gut zu Steiners Kommentar passen, der eine Bemerkung des Hieronymus erweitert, wonach das Matthäusevangelium in hebräischer Schrift geschrieben war, «obwohl seine Sprache nicht das gebräuchliche Hebräisch seiner Zeit war», das heißt, es war nicht Aramäisch. Andere Belege aus Schriften und Inschriften stützen ebenfalls die Auffassung, daß Hebräisch – zumindest in religiösen Angelegenheiten – noch zu dieser späteren Zeit benutzt wurde. So scheinen Rudolf Steiners Forschungen ein weiteres Mal auf geniale Weise die Richtung späterer Interpretationen vorausgesagt zu haben.

Die verbliebenen Schwierigkeiten sind ihrer Lösung einen Schritt nähergerückt durch eine Entdeckung, die G. Howard in jüngster Zeit auf diesem Gebiet gemacht hat. Er nahm eine der hebräischen Fassungen des Matthäusevangeliums genauer in Augenschein, die im Mittelalter von Juden zum Zwecke der Polemik gegen die Christen verwendet wurden. Das Werk *Even Bohan* von Shem-Tov ben-Isaac ben Shaprut gibt das ganze Evangelium in hebräischer

Sprache wieder, Vers um Vers mit einem Kommentar versehen, der vorführt, wie die Worte gegen das Christentum gewendet und als Zeugnis für das Judentum gebraucht werden können. «So wird jeder Jude Ruhm ernten, der mit ihnen streitet, wann immer er sie in ihrer eigenen Grube fängt.» Die geistige Nähe des Evangeliums zum Judentum, auf die wir bereits hingewiesen haben, wird hier auf die Ebene unerbittlicher Verfolgungen und Rivalitäten aus einer späteren Zeit herabgezogen. Howards Interesse galt indes dem eigentlichen hebräischen Text des Matthäusevangeliums, der in dieses Handbuch der Polemik eingebettet ist. Dieser war stets für eine Übersetzung aus dem Griechischen gehalten worden, die von Christen benutzt wurde – und tatsächlich folgt er in den meisten Lesarten dem Griechischen. Es gab jedoch sonderbare Anzeichen dafür, daß der Jude zugunsten seiner Polemik kleinere Änderungen vorgenommen hatte, und dann waren da noch einige Züge, in denen der hebräische Text eigenständig zu sein schien. Nach gründlicher Prüfung kam der Forscher zu dem Schluß, daß es sich gar nicht um eine Übersetzung handele, sondern daß sich der Text von einem «hebräischen Urtext» herleite: von dem hebräischen Original des Matthäusevangeliums.

So stellte er zum Beispiel viele Fälle echohafter Wiederholung von Worten fest, bei denen im Hebräischen eine scharfe Bedeutungsdifferenz auftritt, wenn man dem Aussehen oder dem Laut nach ähnliche Wörter, die jedoch entgegengesetzte Dinge bezeichnen, zusammenstellt (ein beliebtes Stilmittel in der hebräischen Literatur). Konnten so scharfsinnige Wortspiele wirklich bei der Übersetzung aus dem Griechischen entstanden sein? Und warum hätte dem feindseligen Übersetzer daran gelegen sein sollen, das christliche Evangelium zu einem brillanten literarischen Werk zu gestalten? Wahrscheinlicher war, daß im griechischen Text die volle Wirkung des hebräischen Originaltextes nicht hatte wiedergegeben werden können. Darüber hinaus fielen Besonderheiten des Hebräischen auf, die einfach nicht aus dem Griechischen abgeleitet sein konnten, zum Beispiel die erstaunliche Tatsache, daß die Form des Namens Jesus (im Hebräischen ist sowohl Jeschua wie Jehoschua möglich) in den Kindheitskapiteln anders lautet als in den Berichten von seinem späteren Wirken. Die griechische Fassung des Evangeliums kennt in diesem Punkt keine Unterscheidung. Warum hätte der Übersetzer aus dem Griechischen im Hebräischen diesen Unterschied einführen sollen? Abermals ist es wahrscheinlicher, daß die beiden Namensformen das Charakteristikum eines hebräischen Originaltextes waren. Hierin liegt ein weiteres Geheimnis, das offenbar bei der Übersetzung ins Griechische zugedeckt worden ist.

Der hebräische Text ist zweifellos in vieler Hinsicht für die christliche Theologie von Bedeutung, nicht zuletzt deshalb, weil er uns, wenn er echt ist, den Worten, die Jesus wirklich gesprochen hat, näherbringt. Interessanterweise stimmt die hebräische Version einiger Sprüche – zum Beispiel desjenigen im 12. Kapitel über die Sünde wider den Vater und den Sohn – eher mit dem *Thomasevangelium* als mit dem kanonischen griechischen Matthäusevangelium überein. Der Spruch über die fortdauernde Geltung des Gesetzes, die Rabbi Gamaliel zitiert, wird ebenfalls in einer ungewohnten Form angeführt, die nichtsdestoweniger den Anspruch auf Priorität haben mag.

Kapitel 5, Vers 17–18 des hebräischen Matthäusevangeliums zufolge ist Christus gekommen, «weder um etwas von dem Gesetz des Moses wegzunehmen noch um ihm etwas hinzuzufügen» – eine Ausdrucksweise also, die im Vergleich zu dem griechischen Bezug auf «Erfüllung» subtiler und mehrdeutiger ist. Howard vermutet, daß die letztere Bedeutung durch ein Mißverständnis der hebräischen Worte zustande gekommen ist: Das Wort «hinzufügen» konnte leicht als «beenden» mißgedeutet werden und dadurch den Begriff des Zu-Ende-Bringens und seine Antithese: Bestätigung oder Erfüllung ins Spiel bringen. Es ist beachtenswert, daß der Gamaliel betreffende Abschnitt im Talmud, den Rudolf Steiner zitiert, den Ausspruch in demselben Wortlaut wiedergibt. Nach christlichem Prinzip könnte der Rabbi also bejahen, daß das Gesetz hinsichtlich der Angelegenheiten, die unter die mosaische Verfügung fielen, nach wie vor gut war – aber gleichzeitig öffnet der Spruch das Tor zu Angelegenheiten, die nicht unter das Gesetz fallen, zu Gebieten, die speziell christliche Domäne waren. Abermals ist es wahrscheinlicher, daß eine komplexe ursprüngliche Aussage später mit dem Ziel abgewandelt wurde, sie hinsichtlich des Gesetzes für Judenchristen zu einer eindeutig positiven zu machen. Die hebräische Form scheint eher die authentische zu sein.

Es gibt zahlreiche bezeichnende Varianten in dem hebräischen Matthäusevangelium, das wir im *Even Bohan* eingebettet besitzen oder vielmehr durch wissenschaftliche Sorgfalt nun herausgelöst vor uns haben. Noch vieles wird daraus für die Bedeutung des Evangeliums zu erkennen sein. In anderer Beziehung wiederum scheint es, als seien wir noch in der Hoffnung betrogen, den Text in jener Form zu besitzen, in der er ursprünglich in Umlauf war. Denn Howard hat auch Anzeichen dafür gefunden, daß bereits der hebräische Text in vielerlei Hinsicht abgewandelt worden ist, um ihn dem Griechischen näher zu bringen, als er es ursprünglich war. Das Motiv hierfür können wir verstehen. Was hätte es für einen Nutzen gehabt, den Christen zur Verteidigung des Judentums aus ihrem eigenen Buch zu zitieren, wenn die zitierte Fassung nicht diejenige war, die sie als autoritativ anerkannten? Kleinere Varianten konnten von Nutzen sein, aber jede größere Abweichung vom kanonischen Matthäusevangelium hätte lediglich dazu geführt, daß man den Autor der Fälschung bezichtigt hätte. Mit anderen Worten: Alle größeren Unterschiede, die sehr wohl zunächst zwischen dem *Hebräerevangelium* und dem Matthäusevangelium der Kirche bestanden haben mögen, sind für uns nicht greifbar. Denn letzteres hat mit Gewißheit erheblichen Einfluß auf den übriggebliebenen Text des ersteren ausgeübt, ungeachtet der Varianten, die wir erwähnt haben. Die Beunruhigung, die aus den Bemerkungen des Hieronymus spricht, ist nur eines von mehreren Anzeichen dafür, daß noch größere Diskrepanzen zwischen dem ursprünglichen hebräischen und dem für die Kirche annehmbaren griechischen Text bestanden als diejenigen, die im Rahmen des *Even Bohan* ans Licht gekommen sind.[8]

Aber wenn trotz alledem die ursprüngliche Form des hebräischen Matthäusevangeliums für uns verloren ist, so verfügen wir doch zum Glück noch über viele Zitate, die Autoren des Altertums und des Mittelalters, denen es noch zugänglich war, aus ihm entnommen haben. Wir entdecken auch sogleich den Grund, warum Hieronymus so beunruhigt war und offensichtlich beschloß, den Inhalt des *Hebräerevangeliums* letztendlich doch nicht zu publizieren. Offensichtlich enthielt nämlich die Originalversion des Matthäusevangeliums «esoterische» Stellen, die sich auf Mysterien bezogen, die zwar den Essenern verständlich waren, die jedoch als ungeeignet für

Uneingeweihte betrachtet wurden. Diese Passagen waren daher aus der griechischen (und später aus Hieronymus' lateinischer) Übersetzung ausgelassen worden.

Einige dieser Stellen bezogen sich auf die inneren Erfahrungen Jesu zur Zeit der Versuchung in der Wüste; sie enthüllen auch eine esoterische Auffassung des Christus. In unserem vom Griechischen abgeleiteten Matthäusevangelium heißt es: «Jesus wurde vom Geist in die Wüste geführt.» Im hebräischen Original sagte Jesus aber anscheinend:

> Sogleich ergriff mich meine Mutter, der Heilige Geist, an einem meiner Haare und trug mich weg auf den großen Berg Tabor.[9]

«Beim Haar genommen werden» ist ein Ausdruck, der in mystischen Kreisen für innere Verzückung steht (er wird zum Beispiel von Hesekiel benutzt), und die Auffassung vom Heiligen Geist als weiblich und als die «wahre» Mutter Jesu spiegelt esoterische Lehren wider, die sowohl in judenchristlichen als auch in gnostischen Kreisen bekannt waren. Die Erwähnung des Berges Tabor ist ebenfalls äußerst wichtig. Er ist mit seiner außergewöhnlichen gerundeten Form ein heiliger und feierlicher Ort, der seit archaischen Zeiten ein Zentrum von Mysterien und religiöser Erfahrung gewesen war, was ihn zu einem der bedeutendsten spirituellen Orte in Israel macht.

Das *Hebräerevangelium* enthielt weiterhin Worte Jesu über die Stadien innerer Wahrnehmung, einschließlich eines berühmten Spruches über «das Staunen», der sich auch im *Thomasevangelium* findet. Da er aus mehreren verschiedenen Quellen bekannt ist, ist es sehr wahrscheinlich, daß er auf einen authentischen Spruch Jesu zurückgeht, und es gibt daher guten Grund zu der Annahme, daß er auch in der ursprünglichen Fassung des Matthäusevangeliums stand. Er stellt nämlich eine Ausweitung gewisser Aspekte der Lehre Jesu dar, die wir dort bereits angetroffen haben. In dem uns vertrauten Matthäusevangelium sagt Jesus:

> Bittet, so wird euch gegeben;
> suchet, so werdet ihr finden …

Es ist offensichtlich, daß dies Teil einer weiter und tiefer gehenden

Lehre war; etwas später im Evangelium findet sich noch eine Stelle, in der Jesus das Thema «Suchen» und «Ruhe finden» entwickelt. Sie gehört jenem Abschnitt im Matthäusevangelium an, in dem Jesus mit beispielloser Direktheit von sich als dem Sohn im Verhältnis zu dem himmlischen Vater spricht. Ähnlich wie in Teilen des Johannesevangeliums hören wir Jesus in einer Mysteriensprache zu seinen engsten Jüngern sprechen:

> Kommt zu mir alle, die ihr mühselig seid und beladen, und ich will euch Ruhe geben. Nehmt mein Joch auf euch und lernt von mir … und ihr werdet Ruhe finden für eure Seelen.

Es heißt, im *Hebräerevangelium* habe Jesus seine Lehre ausführlicher entwickelt:

> Nicht ruhen wird, wer sucht, bis daß er findet; wer aber gefunden hat, wird staunen, wer aber erstaunt ist, wird zur Herrschaft gelangen; wer aber zur Herrschaft gelangt ist, wird ruhen.[10]

Ähnliche Stufen schildert die hermetische Gnosis, die sich, wie wir schon festgestellt haben, auf die neuen Vorstellungen der jüdisch-iranischen Esoterik der Taufsekten stützte, die den Essenern verwandt waren. Jesus scheint daher hier wieder Vorstellungen aus der esoterischen Welt Syriens und Palästinas aufzunehmen und weiter zu entwickeln. Auf dem Weg der inneren Wahrnehmung folgt der Phase erhöhter «Offenheit» für die kosmische Wirklichkeit und des Staunens ein Wiedererlangen des psychischen Gleichgewichts, «Selbstherrschaft» und mystische «Ruhe».

Wieder geben die Lehren Jesu den älteren mystischen Vorstellungen jedoch eine neue Dimension, und der Begriff der «Ruhe», die das höchste Stadium der Vision kennzeichnet, besaß unter den Benutzern des *Hebräerevangeliums* eine besondere Bedeutung, über die wir bald mehr zu sagen haben werden.

Vor esoterische Fragen wie diese gestellt, die anscheinend weder er noch seine Gemeinde verstehen konnten, beschloß Hieronymus, Schwierigkeiten zu vermeiden und die kürzere, rein exoterische Fassung des Matthäus zu überliefern.

«Erstens», so Rudolf Steiner, «meinte er, es wäre gefährlich, dieses Matthäus-Evangelium so zu übersetzen, wie es war, denn es ständen Dinge darin, welche diejenigen, die es bisher als ihre heilige Schrift besessen hatten, vor der profanen Welt verbergen wollten. Und weiter meinte er, daß dieses Evangelium, wenn er es so übersetzen würde, statt Erbauung nur Zerstörung anrichten würde.»[11]

Die Ankunft der Magier

> Als Jesus geboren war in Bethlehem in Judäa zur Zeit des Königs Herodes, siehe, da kamen Magier aus dem Morgenland und sprachen: ‹Wo ist der neugeborene König der Juden? Wir haben seinen Stern im Aufgang gesehen und sind gekommen, um ihn anzubeten.›[12]

Das Wort Magier stammt von dem alten iranischen Wort *magu* ab, das «Priester» bedeutet; und die Männer, die es bezeichnete, gehörten zu einer Sippe beziehungsweise Kaste von Priestern im zoroastrischen Iran. Ihre Anwesenheit war bei allen Ritualen der alten iranischen Religion notwendig, um diesen Gültigkeit zu verleihen; sie waren die Hüter sowohl des spirituellen Wissens als auch der rituellen Verrichtungen, die zur «Guten Religion» gehörten, und brachten auf ihrer Wanderung westwärts aus ihrer Heimat Iran die großen Symbole und mythologischen Bilder der Lehre Zarathustras nach Syrien und Kleinasien. Daher waren sie in der antiken Welt wohlbekannte Gestalten, und sie beeindruckten sowohl Heiden wie Christen mit ihrer hohen Verehrung der reinen Elemente Feuer und Wasser und mit ihrer Kenntnis der Sterne. Einige griechische Philosophen der Frühzeit – vor allem Pythagoras, aber auch der Begründer der Atomlehre, Demokrit – hatten sich auf lange Pilgerfahrten begeben, um zu ihren Füßen zu sitzen.

Ihre recht unerwartete Anwesenheit im Neuen Testament stellte vor allem die ersten Übersetzer vor ein Rätsel, aus dem sie nicht klug wurden. Martin Luther zum Beispiel löste das Rätsel, indem er die Magier in unauffällige «Weise» verwandelte und damit das Problem dem Blick entzog. Aufgrund der neueren Funde ist es uns aber nun möglich, eine bessere Lösung zu finden, und wir können wenigstens, insbesondere mit Hilfe der Einsichten Rudolf Steiners, die Frage direkt angehen, was es mit diesen zoroastrischen Priestern im Matthäusevangelium auf sich hat.

Das Rätsel hat zunehmend eine tiefgründige und interessante Bedeutung bekommen. Zunächst finden wir, daß sich in der christlichen Überlieferung eine Anzahl von Legenden und Vorstellungen mit den Magiern verbinden, die ein zusätzliches Licht auf ihre Reise nach Bethlehem werfen – auch wenn wir zugeben müssen, daß uns diese nur in Formen bekannt sind, die einige Jahrhunderte jünger sind als das Matthäusevangelium. Da sind zum Beispiel die bemerkenswerten Geschichten, die in der alten syrischen *Chronik von Zuqnin* berichtet werden. Und eng mit diesen verbunden sind die Überlieferungen, die man in einer höchst interessanten Homilie zum Matthäusevangelium findet, die fälschlicherweise Johannes Chrysostomos zugeschrieben wurde (und die daher in wissenschaftlichen Kreisen als Pseudo-Chrysostomos bekannt ist). In diesen Überlieferungen begegnen wir einer mythischen Gestalt aus den Anfängen der Geschichte der Menschheit wieder: Seth, dem Sohn Adams und Begründer eines geistigen «Geschlechts».

Dem Pseudo-Chrysostomos zufolge bestand eine wesentliche Vorstellung darin, daß Seth das prophetische Wissen, das ihm der Begründer der menschlichen Rasse, Adam selbst, anvertraut hatte, in Form gewisser Bücher niederschrieb. Dies geschah lange vor der Sintflut. Die Bücher wurden dann auf einem hohen Berg verborgen – auf dem *Mons Victorialis* oder «Siegesberg», der irgendwo im Iran liegen soll. Die *Chronik von Zuqnin* behauptet Ähnliches, und vergleichbare Hinweise sind auch in verschiedenen alttestamentlichen Pseudepigraphen enthalten. A. F. J. Klijn lenkt in seiner Studie zur Gestalt des Seth die Aufmerksamkeit auf mehrere jüdische und samaritanische Quellen, die verwandte Auffassungen enthalten. Er weist darauf hin, daß Seth nach der apokryphen Schrift *Das Leben Adams und Evas* «Information über die Zeit vor Adams Vertreibung aus dem Paradies hatte und diese auf Tafeln schreiben mußte. Nach Josephus waren Seth und die Sethianer Experten in Astrologie, und dieses Wissen mußte auch für eine spätere Generation bewahrt werden.»[13]

Die Überlieferung besagt weiterhin, nach der Sintflut seien diese Bücher von den Vorfahren der Magier auf dem *Mons Victorialis* gefunden worden. Es stellte sich heraus, daß sie Prophezeiungen des Kommens Christi am Ende des Zeitalters enthielten; und auf der Grundlage genau dieser Vorhersagen berechneten die Magier astrologisch die Zeit der Geburt und machten sich auf den Weg nach Judäa.

Nach der *Chronik von Zuqnin* pilgerten die Magier der Antike jedes Jahr zu diesem Berg. Sie erwarteten, daß eines Tages ein Stern in Erfüllung ihrer Voraussagen aus dem Himmel herabsteigen, in die heilige Höhle auf dem Gipfel des Berges eingehen und die Gestalt eines königlichen Kindes annehmen werde. Nachdem die Magier generationenlang gewartet hatten, sahen sie schließlich eine große Lichtsäule mit einem leuchtenden Stern an der Spitze, die auf dem Berggipfel niederging. Der Stern führte die Magier jedoch weiter auf ihre lange Pilgerfahrt nach Bethlehem, wo sie das in einer Höhle geborene Kind fanden und ihm ihre Geschenke gaben.

Die Erforschung des Hintergrundes dieser schönen und anschaulichen Legenden zeigte, daß sie tatsächlich viele echte iranische Züge enthielten. Vor allem gab es im alten Iran verschiedene Überlieferungen von einem König, der am Ende der Zeiten aus den himmlischen Höhen erscheinen und in der äußeren Form eines Sterns herabsteigen würde. Geo Widengren, ein hervorragender Kenner der jüdischen und iranischen Religion (eine seltene Kombination), hat sie untersucht. Er stellt fest, daß man oft sagte, der «messianische» König werde geboren, wenn ein Stern zur Erde fiel, beispielsweise ein Meteor oder ein Blitz. Geschichten von solchen Ereignissen werden in Verbindung mit einer Anzahl iranischer Könige erzählt, die selbst – wie wir uns vielleicht erinnern – «göttliche» Erlöser ihres Volkes waren. Die Prophezeiungen waren aber vor allem mit der Endzeit verbunden, und man erwartete, daß der Erlöserkönig vom Gipfel eines heiligen Berges herab erscheinen werde, des gewaltigen Berges Hukairya im Elbursgebirge südlich des Kaspischen Meers. Widengren ist sehr dazu geneigt, den Elburs (Alburz) mit dem *Mons Victorialis* der christlichen Überlieferungen gleichzusetzen. Die Geburt in einer Höhle entspricht auch den iranischen Mythen über den zukünftigen Erlöser.[14]

Der Erlöserkönig sollte aus dem Samen des Zarathustra geboren werden. In esoterischen Kreisen verstand man ihn oft als Reinkarnation des vorzeitlichen Propheten. Wie zur Bestätigung ihrer inneren Identität erzählte man auch von dem ursprünglichen Zarathustra die Geschichte einer Geburt aus einem Blitzstrahl oder einem Meteor; der königliche Knabe werde jedoch etwas Bedeutenderes als der Prophet verkörpern, denn er werde ein *Avatar* oder eine Verkörperung des Sonnengottes Mithra sein.

Man hatte die Legenden des Pseudo-Chrysostomos und der *Chronik von Zuqnin* bis dahin für zu jung gehalten, als daß sie entscheidende Belege für den Hintergrund des Neuen Testaments hätten liefern können. Nun sind wir jedoch zum ersten Mal imstande, sie mit Dokumenten und Vorstellungen aus viel älteren Stadien der Überlieferung in Verbindung zu bringen. Denn in den Geschichten vom herabsteigenden Stern und der Geburt des Kindes in der Berghöhle erkennen wir weitere Fassungen der Voraussagen, die über die Reinkarnationen Zarathustras kursierten, der am Ende aller Zeiten als Saoshyant erscheinen soll. Wir besitzen nun detailliertes Wissen über diese Prophezeiungen aus der *Adamapokalypse*, dem vorchristlichen Dokument, das von einigen jüdisch-iranischen Taufsekten benutzt wurde, die in irgendeiner Form mit den Essenern verwandt waren. Wir haben ja schon aus verschiedenen Blickwinkeln gesehen, wie iranische Mysterienauffassungen in den letzten Jahrhunderten vor der christlichen Zeit in die Welt der jüdischen Esoterik einflossen. Schon damals hatte die Prophezeiung von der letzten, dreizehnten Reinkarnation, in der Zarathustra das Gefäß für ein bedeutenderes Wesen sein sollte, den Blick westwärts auf Judäa gelenkt. In der *Chronik von Zuqnin* wird in den schönen Bildern der iranischen Mythologie eine Wahrheit über die Geburt des Erleuchters in Judäa ausgeschmückt, die der Autor der seltsamen Apokalypse schon in frühchristlicher Zeit ausgedrückt hatte – mit nur der kleinen Änderung im Pseudo-Chrysostomos, wonach die Magier auf dem Berg nicht das göttliche Kind selbst oder den leuchtenden Stern, sondern die prophetischen Bücher fanden.

Eine erstaunliche Bestätigung der Kontinuität in den Überlieferungen finden wir, wenn wir die Form der *Adamapokalypse* betrachten: Sie ist ein Buch der Weisheit, die Adam seinem Sohn Seth vor der Flut prophezeit hat, genau wie in den späteren Geschichten! Außerdem ist ein weiteres Dokument von Nag Hammadi eng mit der *Adamapokalypse* verbunden (wenn es auch etwas später datiert ist) – das *Heilige Buch des Großen Unsichtbaren Geistes*, das auch das Alter der iranischen Überlieferungen bestätigt, die der neutestamentlichen Szene vom Kommen der Weisen zugrunde liegen. Dort nahmen Seth und sein Wissen wiederum eine vorherrschende Stellung ein, und das *Heilige Buch* scheint stark anzudeuten, daß die Voraussagen der *Adamapokalypse* in Jesus erfüllt worden seien. Das *Heilige Buch* endet wie folgt:

> Dieses Buch hat der große Seth schriftlich niedergelegt in hundertunddreißig Jahren und hat es auf dem Berge, der genannt wird Charaxio, hinterlegt, damit es am Ende der Zeiten und Zeitläufe nach dem Willen des göttlichen Selbstentstandenen und des ganzen Pleroma (der geistigen Welt) hervorkomme durch die Gabe der unerforschlichen, unausdenkbaren väterlichen Liebe und damit es offenbare dieses unverderbliche heilige Geschlecht des großen Heilandes.[15]

«Der Berg, der Charaxio heißt» könnte sehr wohl ein Versuch sein, den Namen des heiligen Berges Hukairya zu transkribieren, den wir dann auch mit dem christlichen *Mons Victorialis* gleichsetzen dürfen. Hier finden wir alle die in den Legenden bewahrten Elemente, vor allem das auf dem Berggipfel hinterlassene Buch des Seth, welches das Kommen des Erlösers in einer vom antiken Iran abgeleiteten Sprache vorhersagt. In Anbetracht der Tatsache, daß diese Schriften so viel authentisch Iranisches enthalten, können wir es tatsächlich als sehr wahrscheinlich betrachten, daß solche Voraussagen auf Berggipfeln im Iran gefunden wurden – sie waren natürlich nicht von Adams Sohn Seth vor der Flut dort gelassen worden, sondern es handelte sich um Prophezeiungsbücher, die aus der von uns beschriebenen großen Begegnung zwischen der jüdischen Welt und den Mysterien des antiken Zoroastrismus entstanden. Man glaubte, sie enthielten Wissen, das Seth bereits in der Vorzeit offenbart worden sei und welches die zwölf Inkarnationen des Erleuchters und als Höhepunkt eine dreizehnte Inkarnation vorhersagte. Dies waren Bücher, die der *Adamapokalypse* oder vergleichbaren Vorgängern des *Heiligen Buches* ähnelten, wenn sie nicht gar mit ihnen identisch waren. Und sie enthielten in der Tat gewisse Prophezeiungen von der Wiedergeburt Zarathustras als Saoshyant in Palästina, wo er das Gefäß des «Unbefleckten der Wahrheit» oder des «großen Erlösers» werden sollte.

Die Ausbreitung neuen prophetischen Wissens war nämlich in der esoterischen Begegnung zwischen dem Judentum und den Mysterien kaum eine reine Einbahnstraße, und sie muß im Iran selbst auch beträchtliche Folgen gehabt haben. Wir können sogar die an den neuen Voraussagen am meisten interessierten Kreise im Iran genauer identifizieren.

Das *Hebräerevangelium* enthielt in der von einem späteren Schriftsteller zitierten Form eine längere Version vom Kommen der Magier, die – von Joseph erzählt – ein lebhaftes Bild von ihrer Ankunft in der «Höhle» malt. Er sieht eine Menge Wanderer näherkommen und sagt zu einem Gefährten:

> Mir scheint es, als ob die Kommenden Wahrsager seien; denn siehe, jeden Augenblick schauen sie zum Himmel auf und unterreden sich untereinander. Aber sie scheinen auch Fremde zu sein, da ihr Aussehen sich von unserem unterscheidet; denn ihre Kleidung ist sehr reich und ihre Hautfarbe ganz dunkel, sie haben Mützen auf dem Kopf, und ihre Gewänder scheinen mir weich zu sein, und an ihren Beinen haben sie Beinkleider.[16]

Hosen waren seit frühen Zeiten ein Zeichen iranischer Kleidung gewesen. Sie waren Teil der iranischen Priestergewänder. Im Mittelmeerraum, welcher der Toga und der Tunika so ergeben war, riefen sie jedoch ungläubiges Erstaunen und offene Münder hervor. Die Schüler des Mani sollten später im Westen wegen ihrer weiten Hosen mit ähnlich starren Blicken empfangen werden. Die Mützen beziehungsweise Hüte sind jedoch ein interessantes zusätzliches

Detail; denn sie kennzeichnen die Weissager genauer als Schüler eines besonderen Gottes aus dem iranischen Pantheon: Mithras, des Mittlers und Genius des Lichts. Sein Kult sollte im Westen – besonders unter den römischen Armeen – populär werden, und er muß in seiner älteren Form zu den religiösen Bewegungen gezählt werden, die dem Christentum den Weg bereiteten. Dieser Kult besaß eine Reihe von Sakramenten, die denen des Christentums so sehr ähnelten, daß die Kirchenväter die Theorie erfinden mußten, der Teufel habe das Christentum im voraus parodiert, um es mit heidnischen Riten zu bekämpfen. Es muß jedoch auf einer aufgeklärteren Ebene bestimmt wirkliche Kontakte zwischen Christen und Anhängern des Mithraskults und besonders zwischen den Esoterikern auf beiden Seiten gegeben haben. Und sogar noch davor könnte die überraschende Prophezeiung von der Wiedergeburt des Zarathustra gerade bei den Magiern, den Priestern des Mithra zuerst auf offene Ohren gestoßen sein. Denn die Magier erwarteten, daß ihr sternengeborener Prinz als ruhmreiche Verkörperung Mithras vom heiligen Berg herabsteigen würde, ein *Avatar* der Kraft des Lichtes selbst. Ihr Weg führte sie schließlich fern der heiligen Berggipfel Irans nach langer Reise zum Anblick einer solchen glanzvollen Verkörperung in eine Höhle in Palästina. Das ursprüngliche, tief in der iranisch-jüdischen Esoterik der Essener und verwandter Gruppen verwurzelte Matthäusevangelium bewahrte noch in überraschender Deutlichkeit die Identität der orientalischen Priester, die so weit gereist waren, um die Geburt dessen zu sehen, der «zum König geboren war».[17]

Die Ebionim

Wenn wir erst einmal um den ursprünglich esoterischen Charakter des Matthäusevangeliums wissen, sagt Rudolf Steiner, dann können wir verstehen, warum es nicht einfach jedem beliebigen ohne weitere Vorbereitung zugänglich gemacht werden sollte. «Diejenigen, welche ursprünglich im Besitze dieser Mitteilungen waren, die Ebioniter, haben deshalb diese Dinge nicht einfach mitgeteilt, weil, von Unreifen aufgenommen, diese Dinge so verkehrt worden wären, daß sie eben zu dem hätten führen müssen, was der Kirchenvater Hieronymus nennt: es diene nicht der Erbauung, sondern zur Zerstörung.»[18]

Wer sind diese «Ebioniten»? Und wie paßt die Tatsache, daß sie das ursprüngliche Matthäusevangelium besaßen, zu dessen essenischem Hintergrund? Wir stoßen hier anscheinend auf Widersprüche.

Die Kirchenväter beschreiben die Ebioniten als häretische Sekte, was sie sicher nicht waren – oder zumindest erst, als die spätere Kirche ihnen diese Rolle aufzwang. Sie waren eine Bewegung unter den Judenchristen, die sich *Ebionim* nannten, das heißt «die Armen», die «Bettler des Geistes», die in der Seligpreisung (Matth. 5,3) beschrieben sind. Diesen Namen übernahm auch der Autor des Jakobusbriefes, der im Namen des Bruders Jesu, Jakobus, geschrieben war, der Haupt der Jerusalemer Gemeinde geworden war und im *Hebräerevangelium* zu den Hauptzeugen der Auferstehung gezählt wird.[19] Wenn wir aber nach der Art und den Besonderheiten des Glaubens der *Ebionim* fragen, finden wir nicht viel Information. Unser fast einziges sicheres Wissen stammt von einem späteren Experten in Ketzerfragen, von Epiphanios. Er schreibt:

> Außer einem täglichen rituellen Bad haben sie eine Initiationstaufe, und jedes Jahr feiern sie bestimmte Mysterien, die denen der christlichen Kirche ähneln (das heißt den Sakramenten der katholischen Kirche). In diesen Mysterien benutzen sie ungesäuertes Brot und nur reines Wasser dazu. Sie sagen, Gott habe zwei Wesen geschaffen, Christus und den Teufel. Ersterer hat die Macht über das kommende Zeitalter erhalten und letzterer die über das jetzige. Sie sagen, Jesus sei aus menschlichem Samen erzeugt und erwählt und daher durch Wahl Sohn Gottes genannt; der Christus sei in der Form einer Taube von oben auf ihn gekommen. Sie sagen, er sei nicht von Gott dem Vater gezeugt, sondern erschaffen – wie einer der Erzengel, aber größer als sie.

Bemerkenswert ist auch die folgende Stelle seines Berichts:

> Auch sie akzeptieren zwar das Evangelium nach Matthäus. Denn auch sie gebrauchen ... dieses allein. Sie nennen es aber «Evangelium nach den Hebräern», weil, um es wahrheitsgemäß zu sagen, Matthäus allein im Neuen Testament auf Hebräisch und mit hebräischer Schrift das Evangelium dargestellt und verkündigt hat.[20]

Die *Ebionim* benutzten also die ursprüngliche Fassung des Matthäus. Was ihre Lehren betrifft, so scheinen wir den Kommentar von Jean Daniélou kaum noch zu benötigen:

«Viele Züge erinnern hier an den Essenismus. Da ist zunächst das rituelle Bad. Wir wissen, daß dies ein wichtiger Ritus der Essener war ... Nun folgt die Lehre im eigentlichen Sinne. Gott hat im Urbeginn ein gutes und ein böses Prinzip geschaffen: das ist reinste essenische Lehre. Die Gegenüberstellung der beiden Zeitalter, des gegenwärtigen, vom Teufel beherrschten, und des zukünftigen, über das Christus herrschen wird, ist ebenfalls essenischen Ursprungs.»[21] Dem dürfen wir hinzufügen, daß die Bezeichnung *Ebionim*, «Arme», wie man herausgefunden hat, auch von den Essenern in Qumran benutzt wurde.

In den *Ebionim* erkennen wir daher eine vom Essenismus abgeleitete Bewegung, die einen Großteil des judenchristlichen Denkens beherrscht zu haben scheint und die esoterische Version des Matthäusevangeliums als maßgebliche Autorität für das Leben und die Lehren Jesu benutzte – und zwar ausschließlich. Sie faßten Jesus als Propheten auf, auf den der Christus – ein Engelwesen höherer Ordnung – bei der Taufe herabgekommen war. In späterer ebionitischer Literatur wird Jesus der «wahre Prophet» genannt, und in der Beschreibung seiner vielen Inkarnationen hören wir ein letztes Mal das Echo der mit Zarathustra verbundenen esoterischen Überlieferung. Oscar Cullmann faßt die Vorstellung zusammen: «Seit der Erschaffung der Welt durcheilt nun der wahre Prophet die Jahrhunderte, indem er Namen und Erscheinungsform wechselt; immer wieder hat er sich inkarniert ... Jesus ist die wahre Inkarnation dieses Propheten.»[22] Erst in seiner letzten Inkarnation als Jesus erhält der «wahre Prophet» die vollständige Offenbarung der Gottheit.

Im *Hebräerevangelium* wies der Bericht über die Taufe auf den Unterschied zwischen den früheren Propheten, den *nabiim*, die im Heiligen Geist über das Kommen des Messias gesprochen hatten, und der jetzt erreichten Erfüllung hin:

> Es geschah aber, als der Herr aus dem Wasser heraufgestiegen war, stieg die ganze Quelle des Heiligen Geistes auf ihn herab und ruhte auf ihm und sprach zu ihm: ‹Mein Sohn, in allen Propheten erwartete ich dich, daß du kämest und ich in dir ruhte. Denn du bist meine Ruhe; du bist mein erstgeborener Sohn, der du herrschest in Ewigkeit.›[23]

Von diesem Augenblick an wurde der Prophet zur Verkörperung, zur Inkarnation Christi und wurde mit dem Titel Sohn Gottes angeredet.[24]

Wir verstehen nun den früher zitierten Ausspruch über Staunen, Ruhe und die Stufen erhöhter Wahrnehmung besser. Die erwähnte Ruhe ist die Vollendung, die zur Vereinigung des Menschlichen und Göttlichen führt; sie wurde zum ersten Mal in ihrer höchsten Form durch Christus bei seiner Taufe enthüllt, womit er eine neue Etappe der Menschheitsgeschichte einleitete.

Jesus und Zarathustra

Die Geschichte von der Ankunft der Weisen in unserem kanonischen Matthäusevangelium steht fast symbolisch für eine tiefe Wahrheit über das Wesen des Christentums; eine Wahrheit, die man ursprünglich in esoterischen Kreisen wie denen der *Ebionim* in ihren konkreten Details verstand. Die iranischen Weisen, die ihre Geschenke mitten nach Judäa tragen, verkörpern die Wahrheit, daß das Christentum nicht nur zur Erfüllung des Geistes und der Hoffnungen des alten Judentums, sondern auch als Erfüllung der Weisheit der orientalischen Religion – insbesondere der alten Weisheit Zarathustras – kam. Christus verkündete als «eingeweihter König» auf einer höheren, universalen Bedeutungsebene eine neue Wahrheit in einer der wichtigsten Auffassungen des alten orientalischen Denkens: der Vorstellung vom archetypischen Menschen. «Die alten Vorstellungen vom Gottkönig», schreibt ein moderner Forscher, «werden das Material zur Ausformung der Christologie, schon im Neuen Testament. Es ist hier wichtig zu betonen, daß die ‹Erfüllung› im Neuen Testament darin besteht, daß der Leidensaspekt von Jes. 53 mit der Vorstellung vom Menschensohn aus dem Himmel verbunden wird, also daß Jesus alle Aspekte der Urmenschvorstellung wieder vereinigt hat und die ganze Mythologie des alten Orients in der Geschichte seiner Erniedrigung und Erhöhung wieder zur Geltung gebracht hat.»[25] Wie Rudolf Steiner aufgrund seiner Geistesforschungen so klar zeigte und wie es die Schriftfunde von Qumran und Nag Hammadi bestätigen, konnte Jesus als derjenige verstanden werden, in dem sich die altiranischen Prophezeiungen erfüllten, als ein wiedergeborener Zarathustra. «Das Christentum entstand in der parthischen Zeit», so schreibt eine weitere moderne Autorität, «aus einem Judentum, das durch fünfhundert Jahre Kontakt mit der zoroastrischen Religion bereichert war; als eine neue Religion, die also Wurzeln in zwei Religionen des Altertums hatte, einer semitischen und einer iranischen. Auf diesem Weg begannen Lehren, die vielleicht eineinhalb Jahrtausende zuvor von Zarathustra gelehrt worden waren, neue Hörer zu erreichen.»[26] In den heutigen Bemühungen um Verständigung zwischen den unterschiedlichen Religionen des Ostens und Westens sollte diese Beobachtung eine Quelle der Versöhnung darstellen. Sie sollte uns helfen, die Grenzen eines engen Glaubens zu sprengen und – indem wir der Geschichte treu bleiben – zu einer christlichen Vision der Wahrheit zu gelangen, die sowohl in der religiösen Erfahrung der orientalischen Religionen als auch in der Religion des Alten Testaments enthalten ist. Sie sollte es uns möglich machen, die Geschichte der Religionen als Ausdruck der Entwicklung des religiösen Bewußtseins des Menschen zu betrachten, seines sich wandelnden Verhältnisses zu Gott in der Vergangenheit und in der Zukunft, in der die Geburt Christi einen wichtigen Abschnitt markiert.

Wie die Geschichte zeigt, ist die Saat der universalen Verständigung, die wir in den esoterischen Kreisen der frühen Christenheit finden, nicht ihrer Möglichkeit entsprechend aufgegangen. Sie wurde von der sich entwickelnden Kirche nicht aufgenommen, da diese eine vereinfachte Lehre benötigte, um ihr eigenes Programm der Verbreitung des Christentums durchzuführen. Zudem fehlen dem von uns in Zusammenhang mit den *Ebionim* untersuchten essenischen Christentum einige wesentliche Züge zu einer vollkommenen Auffassung des christlichen Mysteriums. Wir haben gesehen, daß Jesus die Gesichtspunkte der Essener in seiner Bergpredigt als zu eng kritisierte und daß diese einem bestimmten geschichtlichen Augenblick eigenen Züge essenischer Esoterik in der größeren Universalität des christlichen Glaubens transzendiert werden mußten. Die ebionitischen Christen faßten die Weisheit und die innere Erwartung des Menschen während seiner ganzen früheren Geschichte in der Gestalt des «wahren Propheten» zusammen; und in der Lehre von dem auf Jesus herabsinkenden hohen Engelwesen zeigte sich ihre Offenheit für eine neue Dimension des Göttlichen. Sie lehnten jedoch die weitergehenden Einsichten in diese Dimension, welche in die anderen Evangelien aufgenommen wurden, ab und hielten sich ausschließlich an das Matthäusevangelium. Und noch entschiedener lehnten sie den Pioniergeist des Apostels Paulus ab.

Wenn wir weiter in die vielfältige, komplexe Realität hinter den Ereignissen in Palästina eindringen wollen, müssen wir bereit sein, uns ein noch größeres Spektrum von Auffassungen anzuschauen. Wir müssen mehr über das wissen, was hinter der alles-bedeutenden Erfahrung der Taufe für die Eingeweihten der Antike und für Jesus selbst stand. Die *Ebionim* konzentrierten sich vor allem auf die historische Vorbereitung auf die Ankunft Christi; aber wir müssen verstehen, wie die frühen Christen sein Kommen sogar mit kosmischen Veränderungen verbunden sahen. Und wir müssen über ihren besonderen Standpunkt hinausgehen und weiter umherschauen – auch wenn dies bedeutet, daß wir dem Gnostizismus näher kommen.

6

CHRISTLICHE UND GNOSTISCHE EINWEIHUNG

Der Strudel des Täufers

Wenn wir die Taufe sehen, wie sie heute in den meisten größeren Kirchen durch das Sprengen von Wassertropfen ausgeführt wird, fällt es schwer sich vorzustellen, daß die Taufe in der alten Kirche eine völlig andere Angelegenheit war. Es wurden hauptsächlich Erwachsene getauft anstelle von Kindern – obwohl die Kindertaufe anscheinend von Anfang an auch erlaubt war –, und die Taufe war ihren wesentlichen Zügen nach ein Initiationsritus. Man bereitete sich durch geistige Übungen und Unterweisung in der christlichen Lehre, durch Fasten und so weiter vor in der Hoffnung, daß die Erfahrung eine wirkliche *metanoia* sein möge, der Durchbruch zu einer neuen Stufe im Leben. Es war ein so furchteinflößendes Unternehmen, daß viele Menschen zu bestimmten Zeiten in der frühen Kirche ihre Initiation verschoben, bis sie sich innerlich für einen so ernsten Schritt reif fühlten – manchmal erst ganz am Ende ihres Lebens.

Die Taufinitiation stand auch in einer höchst bedeutungsvollen Beziehung zum zentralen Mysterium des Osterfestes. Sie fand oft als Teil der Gemeindefeiern zu Ostern statt, wobei eine besondere österliche Wache zum Höhepunkt der Einweihung in den Tod und die Auferstehung des Christus hinführte. Außerdem war die Taufe selbst ein komplexer ritueller Vorgang: Er schloß richtiges Untertauchen ein anstelle des nur symbolischen Besprengens; ferner waren Riten der Salbung, des «Siegelns» im Zeichen Christi, des

Einkleidens in weiße Gewänder und sogar Inthronisierung damit verbunden. Wir haben schon gesehen, daß viele dieser Elemente im Ritual auf antike Mysterienpraktiken zurückgehen, die in einem der Entwicklungsstränge durch die Essener und andere esoterische Taufsekten überliefert wurden, die sich im judäischen Grenzland herausgebildet hatten. Manchmal schrieben die frühchristlichen Schriften sogar vor, die Taufe müsse genau wie in vielen der geheimen Täufergruppen in «lebendigem» – das heißt fließendem – Wasser durchgeführt werden.[1]

Der Einfluß der Essener ist besonders deutlich im Erbe der Judenchristen Palästinas und Syriens zu erkennen. Diese wählten in den auf den Kreuzestod folgenden Jahren Jakobus, den Bruder Jesu, zu ihrem Stellvertreter; er wurde Leiter der Jerusalemer Gemeinde. Einige Bruchstücke apostolischer Lehre wurden später in seinem Namen überliefert – obwohl die spätere Kirche sie weitgehend im Interesse dessen unterdrückte, was sie für «orthodox» erklärt hatte. Die Entdeckung der Bibliothek von Nag Hammadi hat jedoch weitere Aspekte des Jakobus und seiner Überlieferung ans Licht gebracht, und es ist besonders bemerkenswert, daß vieles davon den Lehren nahesteht, die uns in den bekannten Fragmenten des *Hebräerevangeliums* erhalten sind. Diese Überlieferung lehrte offensichtlich, man werde durch die Taufe ein «Sohn des Heiligen Geistes» – eine gewaltige Erfahrung, über die wir noch etwas mehr Information sammeln können.[2]

Der *Dialog des Erlösers* ist ein weiteres Werk aus Nag Hammadi, das eindeutig esoterische Vorstellungen enthält. Es beruht teilweise auf der mystischen Abfolge von Suchen – Finden – Staunen – Herrschen – Ruhen, die Jesus im *Hebräerevangelium* und im *Thomasevangelium* lehrt: Die Jünger stellen Fragen zu den verschiedenen Stufen, werden schrittweise vom Verstehen (Suchen und Finden) bis hin zu richtigen Visionen (Staunen) geleitet und sehen dem Erreichen höherer Stufen (Herrschen, Ruhen) entgegen. Der Übergang ist mit einer Einweihung verbunden – das heißt einem Taufritus, der inneren Tod und innere Wiedergeburt herbeiführt. Die Jünger müssen vor der Kraft der «Furcht» bestehen, die sie zu verschlingen droht; aber wenn sie die notwendige innere Stärke aufzubringen vermögen, werden sie hindurchgehen, ohne sich aufzulösen. Drei ausgewählte Jünger – Judas Thomas, Matthäus und Miriam – nehmen dies auf sich, und der Rest des Werkes beschreibt ihre Erfahrungen. Es bezeugt offensichtlich die Art von Erfahrungen, die jene durchmachten, die in dieser besonderen Strömung der christlichen Initiation eingeweiht wurden.

Die Jünger werden untergetaucht, und wenn sie wieder auftauchen, folgt das Auflegen der Hände. Dieser Vorgang löst in den Jüngern sofort kosmische Visionen aus – «den ganzen Himmel und die ganze Erde». Darin liegt zumindest eine Quelle der Gefahren für die Seele, die in dem Abschnitt über die Furcht betont wurde. Die gewohnten Grenzen der Persönlichkeit werden aufgelöst, im kosmischen Ausmaß der Visionen hinweggeschwemmt, und wenn die Seele nicht innerlich auf die Bedingungen des visionären Zustands vorbereitet wäre, könnte sie ihren Zusammenhalt, das Zentrum ihrer Identität, verlieren. Sie würde sich dann in Bewußtlosigkeit auflösen, in der «Macht der Finsternis», welche der Ursprung der «Furcht» ist.[3] Die Gefahren für die Seele sind schrecklich, und nur diejenigen, die den «Weg» des Suchens und Findens gegangen sind, gelangen wohlvorbereitet zu diesen Erfahrungen.

Jene, die bereit sind, den kosmischen Visionen zu folgen, betreten den «Ort des Lebens», das geistige Reich, in dem sie den «Einen, der für immer ist» sehen. Sie besitzen die innere Stärke, die durch die Taufinitiation freigesetzten gewaltigen Energien zu kontrollieren, und sie erreichen eine tiefere Ganzheitlichkeit der Seele, die vieles einschließt, was beim gewöhnlichen Menschen in der Tiefe des Unbewußten verborgen liegt.

Auch in anderen Beschreibungen der Taufe werden diese psychischen Energien erwähnt. Das *Hebräerevangelium* berichtet beispielsweise von kosmischen Bewegungen und Lichterscheinungen bei der Taufe Jesu, wobei letztere an die Aura oder «Krone aus Licht» erinnern, die von dem essenischen Eingeweihten und ursprünglich von dem Eingeweihten-König ausging. Noch eindrucksvollere Beschreibungen finden wir jedoch, wenn wir uns von der durch die Essener und ihre christlichen Nachfolger vertretenen Esoterik derjenigen zuwenden, die aus gnostischen Kreisen stammt.

Während die Essener vor allem ein starkes inneres Bewußtsein entwickeln wollten, das dem Menschen sowohl ein Gefühl der historischen Identität gab als auch eine kosmische Mission zuwies, herrschten bei den Gnostikern die kosmischen Bestrebungen vor. Die Gnostiker bezogen ihr Gefühl der Stärke nicht aus einem inneren «Ich» oder Zentrum der Identität, sondern aus ihrer Vision des Menschen in seiner kosmischen Rolle. Wie wir daher erwarten dürfen, stellen die gnostischen Schriften die Erfahrung, daß sich die Persönlichkeit auflöst und von der erweckten psychischen Energie in den Makrokosmos hinweggeschwemmt wird, noch eindrucksvoller dar. Erhaltene Berichte erzählen, wie der ruhig dahinströmende Fluß, in den der Kandidat getaucht wurde, aufgewühlt und strudelnd und reißend zu werden schien, wie er sich in einen einzigen Wasserwirbel verwandelte, in dem der Kandidat gegen die zerstörerischen Kräfte der Elemente kämpfen mußte. Am dramatischsten ist die Beschreibung, die der Erlöser von seiner Taufe in der gnostischen Abhandlung *Die Paraphrase des Sem* gibt, welche in der Form einer Vision und Prophezeiung gehalten ist:

> Dann werde ich herabkommen ... zum Wasser. Und Wasserwirbel und Feuerflammen werden sich gegen mich erheben. Dann werde ich aus dem Wasser kommen, nachdem ich das Licht des Glaubens und das unauslöschliche (das heißt geistige) Feuer angelegt habe, damit durch meine Hilfe der Geist hinübertrete.[4]

Wie für eine gnostische Schrift üblich, folgt die Darstellung des Erlösers dem Muster einer kosmischen Initiation. Der Initiierte ist hier derjenige, der hinüberschreiten, das heißt die Qual bewältigen kann, indem er sich mit der kosmischen Mission des Erlösers vereinigt.

Eine Gruppe von Gnostikern, die sich «Hinüberschreiter» (Peraten, nach dem griechischen *peras*, «über» oder «jenseits») nannten, bewahrten diese Vorstellungen und beschrieben eine «Wiedergeburt» in der Vereinigung mit dem kosmischen Vater durch Initiation. Sie betonen den überirdischen Ursprung des Menschen und die Möglichkeit, durch Initiation wieder zu diesen kosmischen Ursprüngen aufzusteigen. Auch weisen sie wieder nachdrücklich auf die damit verbundenen Gefahren hin:

> Denn sie sagen, daß, wenn irgendeiner hier unten die Kraft hat, auch nur zu verstehen, daß er ein ‹Abdruck› des Vaters ist, der von oben herabgebracht wurde und in einen Körper in dieser Welt gestellt wurde, dann wird er ... im wesentlichen in jeder Hinsicht wie der Vater im Himmel, und er steigt zu diesem Ort auf. Aber wenn er seine Lehre nicht gewinnt und die Notwendigkeit seiner Schaffung nicht einsieht, dann ist er wie eine Fehlgeburt in der Nacht geboren, und in der Nacht soll er vergehen.[5]

Die Berichte von der Erweckung mächtiger und manchmal gefährlicher kosmischer Kräfte zeigen in Verbindung mit den Motiven von der Wiedergeburt und der kosmischen Vision, wie solche Erfahrungen unter den judenchristlichen Mystikern und den gnostischen Sehern in den frühen Jahrhunderten weiterlebten. Die Judenchristen legten mehr Gewicht auf die Stärkung des «Ego», des geistigen Zentrums des Menschen. Die Gnostiker andererseits bewahrten ihre alte kosmische Ausrichtung und strebten danach, sich mit dem archetypischen Vater zu vereinigen, in dessen Reich sie durch die Initiation in kosmische Sphären jenseits der Erde aufstiegen.

Diese gnostische Dimension war auch ein notwendiger Faktor in der vollen Entfaltung des christlichen Mysteriums, denn sie enthüllte die kosmische Bedeutung der Mission Christi, während die Essener vor allem ihre menschliche und soziale Bedeutung verstehen konnten. Sie fand sogar im frühchristlichen Denken einen Platz – wie wir sehen werden, wenn wir unsere Aufmerksamkeit einem weitaus bekannteren visionären Dokument aus frühchristlicher Zeit zuwenden, und zwar dem Markusevangelium. Rudolf Steiner gelangte durch seine Geistesforschung zu interessanten Ergebnissen über dieses Evangelium, die ihrerseits durch eine weitere Entdeckung aus jüngster Zeit überraschend erhellt worden sind.

Um die Bedeutung einer neuen Sicht zu erfassen, müssen wir uns die Zeit nehmen, kurz die traditionelle Auffassung von den Evangelien – und vom Markusevangelium im besonderen – zu betrachten.

Gegen Anfang des neunzehnten Jahrhunderts fiel einigen Gelehrten auf, daß die Evangelien des Markus, des Matthäus und des Lukas einen Großteil gemeinsam hatten. Sie ähnelten einander oft bis in die sprachlichen Feinheiten hinein, stimmten stellenweise Wort für Wort überein. Dann kam eine zweite Beobachtung hinzu: Obwohl es Unterschiede zwischen Matthäus und Lukas gab, schien es den Textkritikern, als sei das ihnen gemeinsame Material zum größten Teil genau das in Markus enthaltene. Aus ihren Beobachtungen schlossen die Forscher, daß die drei Evangelien eng verwandt seien, und nannten sie «synoptisch» – «vom gleichen Standpunkt gesehen»; und sie sagten, Matthäus und Lukas hätten beide Markus als Grundlage ihrer eigenen Darstellungen des Evangeliums benutzt. Diese Auffassung von der «synoptischen Tradition» wird heute noch gelehrt. Natürlich stellte sich bald heraus, daß die Theorie nicht ganz zutraf. Nicht alles Matthäus und Lukas gemeinsame Material findet sich tatsächlich auch bei Markus. Aber anstatt die Theorie zurückzuziehen, begannen die Forscher das Spiel von der Erfindung hypothetischer Dokumente, die Matthäus und Lukas zusätzlich zum Markusevangelium vorgelegen haben sollen. Die daraus folgenden Verwirrungen haben jedoch nichts mit der Feststellung zu tun, die wir hier treffen müssen; uns interessiert vielmehr die daraus resultierende Haltung gegenüber dem Evangelium des Markus.[6]

Das Markusevangelium wurde nun als das ursprüngliche Evangelium angesehen, und man nahm weithin an, es besitze folglich die größte Authentizität. Matthäus und Lukas seien natürlich von den Problemen und Interessen der sich entwickelnden Kirche ihrer Tage befangen gewesen und hätten ihre Darstellung Jesu und seiner Lehren dementsprechend gefiltert, aber Markus, so nahm man an, habe einfach die Tatsachen dargestellt. Die Forscher waren sich darin einig, daß das Markusevangelium das «einfachste», «am wenigsten theologische» der Evangelien sei und daher das historisch genaueste.

Man kann sich kaum vorstellen, wie akademische Theologen reagiert hätten, wenn sie zufällig Steiners ganz andere Ansicht gelesen hätten, wie er sie 1912 in seinen Vorträgen dargelegt hat!

Für Rudolf Steiner stellte jedes der Evangelien verschiedene Überlieferungen und unterschiedliche, jedoch im Kern wahre Verstehensweisen des Ereignisses von Golgatha und der Aspekte des Lebens und Lehrens Christi dar. Er sagte, Markus habe keinen direkten Zugang zu den historischen Ereignissen gehabt, sei aber Schüler des Jüngers Petrus gewesen. «Ein solcher Schüler des Petrus war der, welcher ursprünglich zusammengestellt hat – allerdings nur mündlich – das sogenannte Markusevangelium ... Längere Zeit war jener Markus Schüler des Petrus. Dann kam er, Markus, an einen Ort, wo er wahrhaftig sozusagen das äußere Milieu, die äußere Umgebung hatte, aus der heraus er seinem Evangelium jene Färbung geben konnte, die gerade dieses Evangelium brauchte ... Er wurde nach Alexandrien in Ägypten versetzt, lebte dort in einer Zeit, in welcher in einer gewissen Weise die jüdische theosophisch-philosophische Gelehrsamkeit in Alexandrien auf einer gewissen Höhe war, und konnte dort aufnehmen, was damals die besten Seiten der heidnischen Gnosis waren ... Er konnte alles das aus der heidnischen Gnosis aufnehmen, was ein Verständnis der Herkunft des Menschen aus dem Kosmos heraus beim Aufbau unseres Planeten gab.»[7] In Alexandria gediehen tatsächlich Mysterien, die auf der gnostisch-hermetischen Weisheit beruhten, und Markus schrieb sein Evangelium in ebendieser Atmosphäre.

Man muß zugeben, daß es zu der Zeit, als Rudolf Steiner diese Vorträge hielt, keine äußeren Beweise zur Stützung seiner Behauptungen gab.[8] Wie wir bereits gesehen haben, trifft es zu, daß Anhänger des Hermes Trismegistos im kosmopolitischen Ägypten Vorstellungen aus der Gnosis und von den jüdisch-iranischen esoterischen Sekten übernommen hatten; und es trifft auch vollkommen zu, daß solche Vorstellungen zu einer mystischen und theosophischen Interpretation des Judentums geführt hatten – besonders in den allegorischen und mystischen Werken Philons von Alexandria (der oft Philo Judäus genannt wird). Dieses Umfeld schien aber am wenigsten wahrscheinlich für das Markusevangelium zu sein, das «einfachste» und «am wenigsten theologische» der Evangelien!

Die Lage änderte sich erst 1958. Da entdeckte ein amerikanischer Forscher, der in einem Kloster in der judäischen Wüste arbeitete, einen Teil eines Briefes des Clemens, eines der Väter der alexandrinischen Kirche, der von der geheimen Geschichte des Markusevangeliums handelte. Es war bekannt, daß Clemens in seinem Studium der apostolischen Überlieferungen sorgfältig und hochintelligent vorzugehen pflegte und geradezu ein Experte auf diesem Gebiet war: Man mußte seinen Brief daher ernst nehmen. Die Enthüllungen erwiesen sich in vielerlei Hinsicht als erstaunlich; besonders bemerkenswert ist, was er über den Ursprung des Evangeliums erzählt. Der Brief des Clemens gibt folgenden Bericht:

> Markus schrieb damals, während des Aufenthalts des Petrus in Rom, einen Bericht über die Taten des Herrn, nicht jedoch gab er alle bekannt, noch machte er schon Andeutungen auf die geheimen, sondern wählte diejenigen aus, die er für die nützlichsten hielt, den Glauben jener zu stärken, die gerade unterwiesen wurden. Als aber Petrus als Märtyrer starb, kam Markus nach Alexandria herüber und brachte seine eigenen Aufzeichnungen wie auch die des Petrus mit, von denen er in sein früheres Buch diejenigen Dinge übertrug, die geeignet waren, irgendein Fortschreiten zur Erkenntnis (*gnosis*) zu fördern. So verfaßte er ein spirituelleres Evangelium zum Gebrauch für jene, die eingeweiht wurden ... Als er starb, hinterließ er sein Werk der Kirche in Alexandria, wo es noch heute höchst sorgfältig aufbewahrt und nur denen vorgelesen wird, die in die großen Mysterien eingeweiht werden.[9]

Der Brief enthielt auch Auszüge aus dem «geheimen Evangelium» einschließlich einer Geschichte, die derjenigen von der Erweckung des Lazarus ähnelte.

Hier haben wir also eine Entdeckung, die von Steiners geisteswissenschaftlichen Ergebnissen her betrachtet allmählich einen Sinn ergab. Nicht nur stimmte die Geschichte vom Ursprung des Evangeliums weitgehend mit derjenigen Steiners überein, sondern auch der eigentliche Charakter des Evangeliums wurde durch die Erkenntnis erhellt, daß – wie im Falle des Matthäusevangeliums und seiner Relation zum *Hebräerevangelium* – gewisse Stellen des ursprünglichen Markusevangeliums als esoterisch betrachtet worden waren. Die öffentlich kursierende Fassung des Markus enthielt die «geheimen» Taten des Herrn nicht, da die vollständige «gnostische» Fassung des Evangeliums «sorgfältig bewahrt» und nur denen vorgelesen wurde, die in die «großen Mysterien» eingeweiht wurden.

Was aber sind die «großen Mysterien»? Der entscheidende Schritt zum Verständnis des neuen Fragments gelang dem Theologen Cyril Richardson. Die Einweihung geschah natürlich in der Form der Taufe, und die «großen Mysterien», so sagt er, waren die Riten der Ostervigilie in der alexandrinischen Kirche – die große Feier in der Osternacht, zu der Einweihungen vorgenommen wurden.[10] Die esoterischen Stellen im Evangelium wurden als Teil des Unterrichts für die Neophyten gelesen. Verschiedene Züge des Dokuments ergaben durch diese Auslegung endlich einen Sinn; und wir können sie nun auch mit unseren früheren Untersuchungen zur Bedeutung und zum Charakter der christlichen Initiation verbinden – besonders ihre gnostischen Neigungen, die einen Teil ihres Hintergrundes darstellen. Dazu liefert das Fragment des «geheimen Evangeliums» zusätzliche Belege und macht es uns möglich, sofern wir willens sind, mehrere Aspekte des Markusevangeliums in neuem Licht zu sehen.

Im Gegensatz zu den Evangelien des Matthäus und Lukas zum Beispiel, die uns Kindheitsgeschichten und Stammbäume, Hintergrundgeschichte und Information über den Menschen geben, beginnt das Markusevangelium auf einmalig bezwingende Weise:

> Anfang des Evangeliums Jesu Christi, des Sohnes Gottes …

Unmittelbar darauf folgt – die Taufe durch Johannes. Der Himmel öffnet sich, und der Heilige Geist sinkt wie ein großer Vogel herab; eine himmlische Stimme verkündet das Orakel der Sohnschaft. Dies unterscheidet sich sehr von Matthäus' sorgfältiger Vorbereitung auf das Kommen des auserwählten Propheten, der bei seiner Geburt von den Magiern erkannt wird, wie auch von der Szene im Tempel, mit der Lukas beginnt. Der «Anfang des Evangeliums» bricht aus der himmlischen Welt hervor, der Geist sinkt herab, und der Sohn Gottes steht vor uns.

Es gibt nur eine einzige Stelle in der frühchristlichen Literatur, an der wir etwas Ähnliches finden: im Denken des Basilides, eines alexandrinischen Gnostikers. Obwohl er seine grundlegenden Auffassungen – wie es für die großen gnostischen Systeme des zweiten Jahrhunderts kennzeichnend ist – sorgfältig in allen Einzelheiten ausarbeitet, sind sie im wesentlichen dieselben, nämlich: das Evangelium als eine kosmische Kraft, die aus dem Himmel herabsteigt; Sohnschaft, die in der irdischen Welt enthüllt werden muß und zur kosmischen Wiederherstellung führt. Diese Vorstellungen können offensichtlich sehr wohl Bestandteil des gnostischen Erbes in Alexandria gewesen sein, und auch Markus mag sie in einem früheren Stadium benutzt haben.

Basilides stellt sie sehr bildhaft dar. Das Evangelium beginnt in den höheren kosmischen Regionen und sinkt wie eine brennende Lichtquelle durch die niedrigeren Sphären herab:

> Von der Siebenzahl (das heißt aus den Planetensphären) kam also das Licht … auf Jesus, den Sohn Marias, herab, und er war erleuchtet und durchglüht vom Lichte, das in ihm aufleuchtete.[11]

Der Augenblick, in dem das geschah, war, so folgern wir, die Taufe durch Johannes, und wir wissen, daß die Anhänger des Basilides Epiphanias, den Tag der Erscheinung (6. Januar), als das Fest feierten, an dem der Sohn Gottes auf «Jesus, den Sohn Marias» herabgekommen war. Es ist wohl kaum ein Zufall, daß an demselben Tag in Alexandria auch die Geburt Äons gefeiert wurde, des Gottes der kosmischen Ganzheit beziehungsweise des vollendeten Kreislaufs der Zeit. Der Hintergrund der Lehren des Basilides liegt also in der Gnosis und den Mysterien Alexandrias. Aber es ist besonders wichtig festzuhalten, daß er selbst für die spezifisch christlichen Teile seiner Lehre eine weitere Quelle nannte. Er war von einem gewissen Glaucias unterrichtet worden, einem «Erklärer des Petrus», das heißt jemandem, der mündlich auf der Grundlage der von Petrus überlieferten apostolischen Traditionen lehrte – jemandem also, der sich in einer sehr ähnlichen Lage wie Markus befand!

Hieraus scheint hervorzugehen, daß vor allem die Taufe für die frühe christliche Gemeinde von Alexandria am «Anfang des Evangeliums» stand und daß diese noch die stark gnostische Färbung einer kosmischen Initiation hat. Das Bild einer sich dort entwickelnden ausgeprägt gnostischen Form des Christentums wird nur noch überzeugender, wenn man ihm hinzufügt, daß es den «orthodoxen» Kirchengeschichtsschreibern absolut nicht gelungen ist, im frühen Christentum von Alexandria auch nur das Geringste zu finden, worüber sie beifällig berichten konnten, weshalb sie eine peinliche Lükke in ihrem Bericht lassen mußten.[12] Es scheint also, als habe schon zur Zeit des Markus eine Strömung des Christentums einflußreiche Mysterienelemente aus der Gnosis aufgenommen. Eine weitere Bestätigung dieser Sicht kann man auch aus den kärglichen Informationen über Alexandria im Neuen Testament erhalten. In der Apostelgeschichte, die von demselben Autor stammt wie das Lukasevangelium, stoßen wir auf «einen Juden mit Namen Apollos, aus Alexandria gebürtig». Von ihm werden seltsam widersprüchliche Dinge berichtet. Er besaß eine gründliche Kenntnis des Alten Testaments (wie man es von einem gebildeten Juden aus Alexandria erwarten würde), und er war auch «unterwiesen im Weg des Herrn und redete brennend im Geist und lehrte richtig von Jesus» – «wußte aber nur von der Taufe des Johannes». Was kann das bedeuten?

Es kann nicht bedeuten, daß er ein Schüler Johannes des Täufers war, da er «Richtiges» über Jesus und «den Weg» weiß. Vielmehr handelt es sich hier anscheinend um ein von Lukas gewähltes Mittel, von dem Standpunkt aus, den er als Verfasser der Apostelgeschichte vertrat, auf eine Unzulänglichkeit im Verständnis des Apollos aufmerksam zu machen. Er scheint tatsächlich sagen zu wollen, daß das Christentum des Apollos in dem Stadium von Jesu Taufe durch Johannes stehengeblieben sei und sich nicht weiterentwickelt habe, indem es die Bedeutung der späteren Ereignisse aufgenommen hätte – der Kreuzigung und der Auferstehung. An einer anderen Stelle in der Apostelgeschichte klärt Paulus die Situation sogleich, wenn er eine Gruppe von Jüngern befragt, welche die gleiche Vorstellung haben. Sie haben wie Jesus selbst die «Taufe des Johannes» erhalten. Für Paulus begann jedoch nach der Auferstehung und Himmelfahrt Christi eine neue Ära, denn damals wurde der Heilige Geist gestiftet, und in der von Paulus vertretenen Form der Taufe spielt dieses Nachauferstehungselement von der Stiftung des Heiligen Geistes eine zentrale Rolle. Diese Seite der christlichen Initiation wurzelte, wie wir gesehen haben, mehr in den von den Essenern abgeleiteten Strömungen des Christentums. Die Gruppe der Jünger hat noch nie von all dem gehört, und «sie wissen nichts von einem Heiligen Geist». – Den alexandrinischen Gnostikern erschien der bei der Taufe herabsteigende Geist, wie wir uns erinnern, als das kosmische Erlöserwesen, das auf den Menschen Jesus herabsank.

Apollos und die Gruppe von Jüngern, auf die Paulus traf, scheinen daher zu bestätigen, daß Alexandria der Nährboden für eine «gnostische» Richtung des Christentums war, in der die Taufe – das Erscheinen des kosmischen Christus – als wichtigstes Mysterium galt.[13]

Der Jüngling im Leinengewand

Die Betonung der Taufe in dem neuentdeckten «geheimen Evangelium» paßt daher gut zu den Versicherungen des Clemens Alexandrinus und Rudolf Steiners, das Markusevangelium sei in Alexandria verfaßt worden. Sie harmoniert mit der vorherrschenden Rolle, welche die Taufe Jesu am Anfang des Evangeliums einnimmt, mit den Resten der mit Apollos verbundenen Lehre, mit dem fast unbekannten Glaucias und mit ihrer späteren Ausarbeitung durch Basilides.

Genauso überraschend wie die Belege zur Taufe Jesu durch Johannes war die Information im «geheimen Evangelium» über Jesu eigene Taufhandlungen. Clemens betrachtet all dies als höchst esoterische und unter keinen Umständen Uneingeweihten preiszugebende Information, die nur denen vorgelesen werden darf, die in den «großen Mysterien» unterwiesen wurden – während der Ostervigilie, in der die Initiation stattfand. Erst dann wird den Aspiranten enthüllt, daß Christus, genauso wie er selbst in seine kosmische Mission, das himmlische Königreich auf Erden zu vertreten, getauft wurde, die Initiationsriten der Taufe einsetzte, der sie sich jetzt unterziehen. An keiner anderen Stelle im Neuen Testament wird gesagt, daß Jesus taufte – die Texte zu diesem Thema sehen indessen ganz so aus, als habe jemand sie verändert, und an einer Stelle fällt die Einfügung einer ausdrücklichen Verleugnung deutlich ins Auge.[14]

Wiederum werden Rudolf Steiners Kommentare zu gewissen Episoden im Markusevangelium uns dabei helfen, ein klares Bild zu gewinnen, besonders wenn wir sie zusammen mit dem esoterischen Material aus dem Fragment des «geheimen Evangeliums» benutzen. Vor allem erscheint die rätselhafte Geschichte vom Jüngling im Leinengewand in neuem Licht.

Der Jüngling tritt in dem tragischen Augenblick des Verrats an Jesus und seiner Gefangennahme im Garten Gethsemane auf. Jesus reagiert ruhig und würdevoll; als er ergriffen wird, folgen Verwirrung und Flucht, er wird von allen verlassen. Und dann eine seltsame Erscheinung:

> Ein junger Mann aber folgte ihm nach, der war mit einem Leinengewand bekleidet auf der bloßen Haut; und sie griffen nach ihm; er aber ließ das Gewand fahren und floh nackt davon.[15]

So geht Jesus in den Tod; der seltsame junge Mann aber entkommt unverletzt und läßt sein Gewand zurück. Befinden wir uns hier auf der Ebene äußerer, physischer Ereignisse? Oder ist die Erscheinung des Jünglings ein mystisches Element, eine Wahrheit über die Szene auf höherer Ebene? Steiner schlug das letztere vor. Er wies darauf hin, daß wir denselben Jüngling später im Evangelium wiedertreffen, und zwar wenn die Frauen zum Grab gehen:

> Und sie gingen hinein in das Grab und sahen einen Jüngling zur rechten Hand sitzen, der hatte ein langes weißes Gewand an.[16]

Der Jüngling verkündet ihnen die Auferstehung Christi und sagt ihnen, daß sie ihn in Galiläa sehen würden.

Steiner beschreibt den Jüngling als eine «Imagination» – kein Symbol, sondern eine bildhafte Form, die sowohl für diejenigen eine Realität war, die die Prüfungen und Prozeduren der Initiation durchmachten, als auch für diejenigen, die durch andere Umstände für spirituelle Vorgänge empfänglich geworden waren. Der Jüngling ist eine Imagination des «kosmischen Impulses» Christi. Der jugendliche kosmische Impuls erscheint gemeinsam mit dem Menschensohn, der in den Tod am Kreuz geht. Aber er kann von seinen irdischen Verfolgern nicht ergriffen werden, er läuft weg. Die Vision kommt nur bei Markus vor. «Daher sehen wir in keinem anderen Evangelium in bezug auf das Christus-Ereignis als kosmische Tatsache so prägnant die Tatsache zum Ausdruck gebracht, daß in demselben Moment, da sich die Menschen in ihrem Unverstande menschlich an dem Menschensohne vergreifen, das kosmische Element ihnen entwich. Das junge kosmische Element, das von jener Zeitenwende an als ein Impuls der Erdenevolution eingefügt wurde, es entwich.»[17] Der Jüngling erscheint wieder, nun in strahlendes Weiß gekleidet, im Glanz der Auferstehung am Ende des Evangeliums, als er das zukünftige Wirken Christi ankündigt. «Er wird vor euch hingehen nach Galiläa!»

Diese Art der Beschreibung trägt viel zur Erklärung der verblüffenden, unerklärt gebliebenen Erscheinung des Jünglings bei. Aber es bleibt die Frage, warum die Imagination gerade die Form eines Jünglings in einem Leinengewand oder in einem weißen Gewand wählen sollte. Die Gestalt eines Jünglings ist schließlich nicht gerade die naheliegende Darstellung eines «kosmischen Impulses». Hier erlaubt uns das «geheime Evangelium», die Lücke in der Interpretation zu schließen.

Zuvor können wir jedoch bemerken, daß die Gestalt des in einem mystischen und kosmischen Zusammenhang erscheinenden Jünglings nicht nur bei Markus und in seiner Überlieferung vorkommt. Und sie gehört auch nicht allein der gnostischen Seite des geistigen Spektrums im frühen Christentum zu. Es gibt etwas Ähnliches in einem uns überlieferten Werk, das seine Wurzeln anscheinend im essenisch-ebionitischen Flügel des Christentums mit zahlreichen uns wohlbekannten Lehren hat wie derjenigen von den zwei Geistern, vom kommenden neuen Äon und anderen. Der Titel des Werkes lautet jedoch *Der Hirte des Hermas*, was – zusammen mit einer Reihe von Szenen in diesem Buch, die an Episoden in gnostisch-hermetischen Schriften erinnern – einige Forscher dazu veranlaßt hat anzunehmen, der Autor sei auch mit solchen heidnischen Überlieferungen der Gnosis bekannt und bringe sie in christliche Form. Jeder, der in den hermetischen Schriften die einleitende Offenbarung des Poimandres (Menschenhirt) an den ägyptischen Weisen gelesen hatte, konnte sicher vieles in dem «Hirten des heiligen Hermes» billigen. Im Verlaufe einer Reihe von *Visionen* werden Hermas gewaltige Szenen kosmischer Schöpfung gezeigt, aber er kann die Werke der Engelhierarchien nicht verstehen und bleibt von seiner Vision verwirrt zurück. Darauf erscheint ihm ein Jüngling und fängt an, ihn zu einem kosmischen Verständnis hinzuführen. Nur schrittweise lernt Hermas auch, diesen jungen Mann zu erkennen: Er ist der «Engel der Metanoia» (Buße, «Verwandlung des Geistes»).[18]

Im *Hirten des Hermas* erscheint also auch ein Jüngling als kosmischer Führer und Lehrer des Sehers. Und es stellt sich heraus, daß er der Engel der durch Initiation zu erlangenden Verwandlung, der *metanoia*, ist, was hier – wie im frühen Christentum allgemein – Taufe bedeutet. Durch die Wiedergeburt in der Taufe findet der Seher, geführt von dem jungen Mann, seinen Weg in die kosmische Wirklichkeit.

Der in dem Brief des Clemens zitierte esoterische Teil des Markusevangeliums vereinigt alle diese gleichartigen Motive. Er ist im ursprünglichen Evangelium nach der Stelle in Kapitel 10, 34 beheimatet, in der Jesus seinen Tod und seine Auferstehung vorhersagt:

> Und sie kommen nach Bethanien. Und dort war eine Frau, deren Bruder gestorben war. Und sie kam und fiel vor Jesus nieder und spricht zu ihm: ‹Sohn Davids, erbarme dich meiner.› Die Jünger aber tadelten sie. Und erzürnt ging Jesus mit ihr weg in den Garten, wo das Grabmal war; und sogleich hörte man aus dem Grabmal eine laute Stimme. Und sogleich ging er hinein, wo der Jüngling war, streckte die Hand aus und richtete ihn auf, indem er ihn an der Hand faßte. Der Jüngling aber blickte auf zu ihm und liebte ihn und begann ihn zu bitten, er möge bei ihm bleiben.

Die Geschichte ähnelt sehr derjenigen von Lazarus – es handelt sich sogar höchst wahrscheinlich um die gleiche Geschichte. Besonders interessant ist jedoch, daß das «geheime Evangelium» sie als Teil eines Initiationsvorgangs zeigt. Denn nach sechs Tagen weiterer Vorbereitung fährt Jesus fort, den von den Toten erweckten Mann in den Geheimnissen des «Reiches» zu unterrichten:

> Und nach sechs Tagen beauftragte ihn Jesus; und am Abend kommt der Jüngling zu ihm, nur mit einem Hemd auf dem bloßen Leibe bekleidet. Und er blieb bei ihm jene Nacht, denn es lehrte ihn Jesus das Geheimnis des Reiches Gottes.[19]

Morton Smith, der Entdecker des Fragmentes, erkannte, daß der von Jesus vorgenommene Ritus offensichtlich eine Taufe war; daher kommt der Jüngling im Leinengewand, bereit zum Untertauchen. Smith fügt mit Recht hinzu, daß das «Geheimnis des Reiches Gottes» sich höchstwahrscheinlich auf eine gnostische Art des Aufstiegs in den Himmel bezieht. «Das Reich Gottes *par excellence* war der Himmel, wo Gott selbst und sein Thron und das Paradies und die Engel und die Seelen der Gesegneten waren, wo sein Wille geschah und sein Friede gewahrt wurde. Seit alter Zeit waren im Nahen Osten und in Griechenland Geschichten von Menschen in Umlauf, die in den Himmel aufgestiegen waren und dadurch geheimes Wissen erlangt hatten … Geschichten von solchen Aufstiegen waren in der religiösen Literatur Palästinas seit wenigstens einem Jahrhundert vor der Zeit Jesu verbreitet gewesen.»[20] Nach seinem Tod und seiner Auferstehung während der Initiation soll der Kandidat dann mit den himmlischen, kosmischen Kräften vereinigt werden. Die Fragmente des «geheimen Evangeliums» scheinen zu beweisen, daß Jesus zumindest einmal in seinem Leben einen seiner Schüler in Form der Taufe einweihte. Und dieser Moment wurde den Initianden aus der alexandrinischen Gemeinde in Erinnerung gerufen, wenn ihnen während der Feier der «großen Mysterien» diese esoterische Stelle aus dem Evangelium vorgelesen wurde.

In der ursprünglichen, esoterischen Fassung des Markus tritt also der Jüngling im Leinengewand zum ersten Mal in Erscheinung. Es ist der junge Mann, den Jesus in die kosmischen Mysterien tauft und der nur sein Taufgewand trägt. Er erscheint später wieder vor dem visionären Auge des Evangelisten als Repräsentant jenes durch den

Christus offenbar gewordenen kosmischen Mysteriums. Zuerst sehen wir ihn im Halbdunkel des Gartens Gethsemane wieder, dann weißgekleidet im Glanz der Auferstehung. Und er erscheint abermals in der frühchristlichen Mystik als Engel der Taufe, als der junge Mann, der Hermas die Bedeutung seiner kosmischen Visionen entdeckt.

Die Tatsache, daß die Taufe – der Ritus der kosmischen Einweihung – auf Jesus selbst zurückgeht, erklärt, warum sie von all den verschiedenen Strömungen des frühen Christentums übernommen wurde. In der gnostischen Strömung nahm sie eine absolut zentrale Stellung ein; dies zeigt das in der gnostischen Atmosphäre Alexandrias geschriebene Markusevangelium ebenso wie die spätere Entwicklung der gleichen grundlegenden Vorstellungen durch den Gnostiker Basilides. Wir erkennen sie in etwas anderer Form im *Hirten des Hermas*, denn auch dort liegt ein Einfluß des heidnischen hermetischen Gnostizismus aus Alexandria vor. Taufe und «Verwandlung» waren den Hermetikern schon in vorchristlicher Zeit wichtig gewesen. Daher ist es nur natürlich, daß diese Aspekte des Christentums in Alexandria aufgenommen werden und gedeihen sollten und schließlich ihre Spuren besonders im Markusevangelium hinterließen.

Später entwickelte Paulus eine neue Art der Taufe, die immer noch ein Initiationsritus war, der aber nun seine Bedeutung aus dem Tod und der Auferstehung Christi in Verbindung mit der Sendung des Heiligen Geistes erhielt. Es war unvermeidlich, daß die älteren Formen der Esoterik verschwanden, als die Ideen des Paulus in die «Orthodoxie» aufgenommen wurden. Und jene, die sich wie Basilides nach anderen Richtungen hin entwickelten, erhielten bald eine Standardbezeichnung: Häretiker.

Ein gnostisches Evangelium?

Es wäre einfach, noch viele weitere Züge des Markusevangeliums in bezug auf das gnostische Milieu von Alexandria zu interpretieren. Das beherrschende Motiv des gesamten ersten Teils des Evangeliums, der die Welt in den Klauen dämonischer Kräfte zeigt, die auszutreiben Jesus gekommen ist, erinnert deutlich an die gnostische Vision von den bösen Weltherrschern (Archonten), die zu überwinden der himmlische Offenbarer herabsteigt. Die ganze Technik des Autors mit ihren plötzlichen Richtungswechseln, offenbar inkonsequenten Brüchen im Erzählfluß, dem häufigen Vorkommen der Worte «plötzlich» und «sogleich» beziehungsweise «alsbald» erinnert an die gnostische Zersplitterung der Zeit. Anstatt durch das Erzählen den Eindruck einer kontinuierlichen Wirklichkeit im Fluß der Zeit hervorzurufen, bemühten sich die Gnostiker, unser Erleben einer Aufeinanderfolge als Täuschung zu entlarven und durch Aufsplitterung der Zeit eine mystische Realität außerhalb der Zeit zu schaffen. Das Markusevangelium untergräbt mit einer ähnlichen Methode unseren Zeitsinn, indem es auf etwas Wahreres hinweist, das jedoch vor unserem Blick verborgen ist; und es endet buchstäblich zitternd am Rande einer unvorstellbaren Offenbarung.[21]

Und dennoch wäre es falsch anzunehmen, Markus habe einfach die gnostische Weltsicht Alexandrias übernommen und sein Verständnis des christlichen Mysteriums älteren, gnostischen Überlieferungen angepaßt. Er fand in ihnen etwas, das sich in den von den Essenern abgeleiteten Praktiken und Lehren nicht so einfach finden ließ – nämlich die Dimension des kosmischen Mythos, der im Hintergrund des Markusevangeliums fortwährend gegenwärtig ist und den wir in diesem Kapitel unter verschiedenen Gesichtspunkten – wenn auch notwendigerweise in beschränktem Umfang – untersucht haben. Der kosmische Hintergrund verleiht dem Markusevangelium seinen einmaligen Charakter. Markus erkannte jedoch auch, daß er die kosmische Weisheit Alexandrias uminterpretieren, umlenken mußte, wenn sie wirklich ein Werkzeug zum Verständnis des Christus werden sollte. Dieses mußte auch irgendwie mit der finsteren Realität der Kreuzigung umgehen können.

Eine Art der Gnostiker, den Vorgang des «Erwachens» durch die Einweihung zu beschreiben, war die, daß es Antwort auf einen «Ruf» sei. Sie lehrten, es sei eine Illusion zu glauben, daß der Mensch in seinem normalen Bewußtsein beschließe, sich dem Geistigen oder dem Irdischen zu widmen – das Geistige sendet vielmehr einen Ruf aus, auf den der irdische Mensch reagieren kann, wenn er ihn hört. In dem Augenblick, in dem er den Ruf vernimmt, der von dem göttlichen Wesen kommt, das selbst «Wissen vom Leben» ist, wird für diesen Menschen aller irdische Ruhm verdunkelt, und er wendet sich stattdessen dem Geistigen zu:

> Ein Ruf erscholl über die ganze Erde, der Glanz ging unter in jeglicher Stadt. Manda dHaije (die Erkenntnis des Lebens) offenbarte sich allen Menschenkindern und erlöst sie von der Finsternis zum Lichte.[22]

Wolfgang Schenk erkannte in einem wichtigen Artikel, daß eine ähnliche gnostische Szene der Darstellung des Todes Jesu bei Markus zugrunde liegt. Eine Finsternis kommt über das ganze Land, und Jesus «hauchte unter lautem Schrei seinen Geist aus».

Und sein Schrei verhallt nicht ungehört:

> Als der Hauptmann, der Jesus gegenüberstand, seinen Schrei vernahm und ihn seinen Geist aushauchen sah, sprach er: ‹Wahrlich, dieser Mensch war Gottes Sohn!›

Der Vorhang im Tempel zerreißt in zwei Stücke – ein weiteres von den Gnostikern viel verwendetes Symbol, für die der «Vorhang» die Schwelle darstellt, die das physische vom kosmisch-geistigen Reich trennt; er zerreißt im Augenblick des inneren Erwachens zu einer höheren Wahrheit. Der Hauptmann bringt ja als Antwort auf Jesu Schrei die zentrale Wahrheit des Markusevangeliums zum Ausdruck, die Erkenntnis: «Dieser Mensch war Gottes Sohn.»

Schenk weist jedoch darauf hin, daß Markus eine gnostische Szene nicht einfach nur übernommen, sondern ihr eine neue Bedeutung gegeben hat. Für einen richtigen Gnostiker war es unvorstellbar, daß der Offenbarer – das Wesentliche, die *gnosis* des Lebens selbst – im materiellen Sinn geboren werden, geschweige denn am schändlichen Kreuz sterben konnte! Und doch ist es genau das, was Markus beschreibt, wobei er die Begriffe der Gnostiker gegen sie selbst wendet. Der Evangelist bietet als Vollendung des gnostischen Mysteriums etwas an, was kein rechter Gnostiker akzeptieren konnte: den Tod Jesu auf Golgatha.[23] Obwohl er die kosmische und mythische Resonanz der gnostischen Vision beibehält, bringt Markus sie auf eine neue, christliche Art in eine Beziehung zur irdischen Welt. Dem reinen Gnostiker ist die irdische Welt bloße Negativität. Markus aber macht einen irdischen Vorgang – einen Tod unter Umständen, in denen dem Sterbenden alles außer seiner grundlegenden menschlichen Würde genommen wird – zur Erfüllung des kosmischen Archetyps. Er geht über den Gnostizismus hinaus und benutzt ihn gleichzeitig, um die Möglichkeit, die bevorstehende Offenbarung einer neuen Verbindung zwischen dem Irdischen und dem Göttlichen zu begründen.

7
BUDDHA UND CHRISTUS

Die Welt der Griechen

Die christliche Vision wird nicht völlig verständlich, wenn man sie nur in ihren Zusammenhängen mit der Welt des alten Vorderen Orients und Palästinas betrachtet, deren religiöse und esoterische Strömungen wir bisher untersucht haben. Der Aufstieg des Christentums als verwandelnder Kraft im Leben der spätantiken Welt und seine überraschende Verbreitung über weite Gebiete der Erde, die sogar den frühchristlichen Schriftstellern selbst als eine «wunderbare» Leistung erschien, gebietet, daß wir uns der anderen großen Zivilisation des Mittelmeerraums zuwenden – den Griechen.

Zu Beginn der christlichen Zeit hatte die griechische Zivilisation jedoch nur mehr wenig mit der «klassischen» Kultur der alten Stadtstaaten Athen und Sparta gemein, mit der Welt, welche die großen tragischen Dichter hervorgebracht hatte, die Bildhauer und Künstler, die unsere neuzeitliche Vorstellung von der Schönheit gebaren, oder die ersten Philosophen, die hellen Geistes das neue Reich des Denkens erforschten. Das Zentrum der Macht hatte sich schon lange nach Norden, nach Mazedonien, verlagert, und die demokratische Struktur der Stadtstaaten war von der Schaffung des größten Reiches hinweggefegt worden, das die Welt je gekannt hatte. Alexander von Mazedonien – der als Alexander der Große berühmt werden sollte – unterwarf in einer erstaunlichen Folge von Eroberungen Griechenland, Ägypten, Iran und schließlich sogar Indien. Die griechische Sprache und griechische Kultur folgten ihm überallhin und schufen ein weitgespanntes Netz von Handels- und Kulturbeziehungen; die Menschen im Fernen Osten und im westlichen Mittelmeerraum sprachen auf einmal eine gemeinsame Sprache, sie begannen auf ähnliche Weise zu denken und fingen vor allem an, sich als «Weltbürger» anstatt als Angehörige einer regionalen oder stammesgebundenen Gemeinschaft zu betrachten. Griechisch war nicht mehr allein die Sprache Griechenlands, sondern es wurde zur *koine*, der gemeinsamen Sprache der den damaligen Menschen bekannten Welt.

Im Verlaufe ihrer Ausbreitung wurden griechische Sprache und griechisches Denken wiederum zwangsläufig durch die Welt verändert, welche sie gebildet hatten. Besonders nach dem Tod Alexanders, als das riesige Reich in verschiedene streitende Parteien zerfiel, begann der eroberte Orient die Kultur und die Vorstellungen der Griechen auf seine eigene Art zu benutzen und die hellenischen Wertvorstellungen mit seinen eigenen exotischen Schattierungen zu färben, wobei die neuen Konzeptionen der Eindringlinge so in die archaischen östlichen Lebensformen aufgenommen wurden, daß sie wieder in etwas der alten Form Ähnlichem zum Ausdruck kamen. In den Jahrhunderten vor der Zeit Christi hatte der Osten wieder die Oberhand gewonnen und brachte, indem er das internationale Netz der griechischen Zivilisation für seine eigenen Zwecke benutzte, eine Flut orientalischer Vorstellungen und Einstellungen – besonders in der Religion – zurück in den Westen. Die Historiker gebrauchen nicht mehr die Begriffe «griechisch» oder «hellenisch» für diese spätere Phase dieser Zivilisation; sie nennen sie «hellenistisch», was in Wirklichkeit meist «gräco-orientalisch» bedeutet – die Verschmelzung der griechischen mit den östlichen Einstellungen oder Stilen.

Wenn wir diese umfassendere Betrachtungsweise der Welt übernehmen, können wir unsere bisherigen Untersuchungen in einen noch weiteren geistigen Kontext stellen. Die «Rückkehr der Mysterien» nach Palästina, die wir in einem früheren Kapitel verfolgt haben (siehe S. 64ff.), war nur ein Teil eines größeren Vorgangs, in dem die archaisch kraftvollen Mysterien des Ostens zurückkehrten, um sich mit dem zu vereinigen, was sich im Westen entwickelt hatte. Das individuelle moralische Bewußtsein Israels, das verstandesmäßige Denken und die Kunst Griechenlands trafen wieder mit der ursprünglichen Spiritualität Ägyptens, des Irans und Indiens zusammen. Wir haben gesehen, daß aus dieser Begegnung aufregende neue religiöse Entwicklungen hervorgingen: Fortschrittliche Gruppen wie die Essener übernahmen das beste von beiden Seiten für ihre Pioniersituation, andere, wie die Gnostiker, hielten am Alten fest und nahmen eine defensive Haltung gegenüber dem Bewußtsein des Westens ein. In der größeren griechischen Welt bewirkte das Zurückfluten der orientalischen Kultur die Ausbreitung der orientalischen Mysterien in der rationalen und zunehmend weltlichen Kultur der Griechen. Dies führte dazu, daß Götter wie Osiris, Isis, Mithra und die Große Mutter in der gesamten hellenistischen Welt verehrt wurden und später im ganzen Römischen Reich bekannt waren, das in ihrer Nachfolge entstand.[1] Und das Christentum sollte entstehen, nicht nur als eine Synthese aus Mythos und Geschichte, kosmischer Erfahrung und rationalem Bewußtsein, sondern als Saat einer Welt, welche die Turbulenzen des Zeitalters, in dem es entstand, bei weitem überleben würde.

Wenn wir solch eine weite Perspektive übernehmen, können wir das christliche Mysterium vor einen größeren Hintergrund stellen, der noch tiefer reicht als der zuvor gewählte. Die Ausdehnung der Griechen war nicht nur eine Vorbedingung dafür, daß sich die christliche Botschaft schließlich verbreiten konnte, sie eröffnete auch die Möglichkeit für eine geistige Begegnung zwischen Westen und Osten, sogar Indien – was es uns erlaubt, noch eine weitere Dimension der universellen Rolle, in der Christus erscheint, wahrzunehmen.

Alexander hatte den Weg bereitet. Syrische Händler – die großen Mittelsmänner der Antike – hatten über schwieriges Terrain Handelswege nach Indien gebahnt. Im ersten Jahrhundert vor Christus nahm der Handel durch die Entdeckung der Monsunzyklen zu, die das Segeln von Südwesten und die Rückkehr aus dem Nordosten entsprechend dem Wechsel der Jahreszeit erleichterten und Indien in eine für die Schiffahrt wirtschaftliche Entfernung rückten. Religiöse und philosophische Begegnungen wurden ebenfalls bereichert: Frühchristliche Schriftsteller haben Kenntnis von den nackten *yogis* der brahmanischen Religion; vor allem aber treten nun buddhistische Missionare im Westen auf, insbesondere im kosmopolitischen Alexandria, aber zweifellos auch in anderen religiösen Zentren. Die gnostischen Funde in Nag Hammadi haben einige Gelehrte zur Frage nach dem fernöstlichen Einfluß veranlaßt. Und es gibt andere Überlieferungen in apokryphen und kanonischen Schriften, die in gleicher Weise buddhistische oder hinduistische Interessen ahnen lassen.

Die uns im Namen des Thomas überlieferten Schriften sind besonders reich an orientalischen Zügen. Der Apostel soll nicht nur nach Indien gereist sein (wo heute noch die «Thomaschristen» existieren, die jedoch schon lange unter die Fittiche der Orthodoxie gebracht worden sind). In dem in Nag Hammadi gefundenen *Thomasevangelium* tritt Jesus mehr als Guru denn als Erlöser in der späteren christlichen Bedeutung auf:

> Jesus sagte zu seinen Jüngern: ‹Vergleicht mich, sagt mir, wem ich gleiche.› …
> Thomas sagte zu ihm: ‹Meister, mein Mund wird es absolut nicht zulassen, daß ich sage, wem du gleichst.›
> Jesus sagte: ‹Ich bin nicht dein Meister, denn du hast dich berauscht an der sprudelnden Quelle, die ich hervorströmen ließ.›

Thomas hat «Befreiung» erlangt; er hat die Wahrheit begriffen, und Jesus braucht nicht mehr sein Lehrer und Führer zu sein. «Nach Meinung einiger Wissenschaftler könnte – wenn man nur die Namen veränderte – der ‹lebendige Buddha› angemessen das sagen, was das *Thomasevangelium* dem lebendigen Jesus zuschreibt. Könnte der Gnostizismus durch hinduistische oder buddhistische Überlieferungen beeinflußt worden sein?»[2] Man wird diese Frage bejahen können. Die als *Thomasakten* betitelte Sammlung von Legenden und Lehren, die in Syrien bewahrt wurde, enthält zum Beispiel authentische historische Berichte über Gondophares, einen König Indiens in hellenistischer Zeit, und einige der Legenden spiegeln indische Mythologie wider. Wir besitzen auch ein *Kindheitsevangelium* im Namen des Thomas. Gerade in den Legenden über Jesu Kindheit sind die orientalischen und indischen Züge am deutlichsten entwickelt.[3]

Die Kindheit Buddhas und die Kindheit Jesu

Ashvaghosha, der indische Dichter des ersten Jahrhunderts, beschreibt in seinem *Buddhacarita* die Geburt Bodhisattvas, dem es bestimmt war, etwa 500 Jahre zuvor unter dem Bodhibaum Erleuchtung zu finden, folgendermaßen:

> Vor Zeiten lebte ein König der Shakyas, ein Abkömmling der Sonnenrasse, mit Namen Shuddhodana. Er war reinen Wandels und den Shakyas lieb wie der Herbstmond. Er hatte eine Frau, strahlend, schön und beständig, welche die Große Maya hieß, da sie der Göttin Maya glich. Diese beiden hatten ihr Ergötzen aneinander, und eines Tages empfing sie, von Sünde befreit, die Frucht ihres Leibes – gerade so wie Wissen, mit geistiger Konzentration vereint, Frucht trägt. Vor der Empfängnis sah sie im Traum einen weißen Königselefanten in ihren Körper eindringen, ohne daß sie einen Schmerz verspürt hätte. So trug Maya, Königin jenes gottgleichen Königs, mit ihrer Leibesfrucht den Ruhm des Geschlechts. Aber sie blieb frei von Müdigkeit, Leid und Phantasien, die gewöhnlich eine Schwangerschaft begleiten …
> Als die Königin bemerkte, daß die Zeit ihrer Entbindung nahte, begab sie sich auf eine Bettstatt, über der ein Baldachin aufgestellt war, und Tausende von Dienerinnen schauten zu, die Herzen voller Freude. Der Mond stand im günstigen Sternbild Pushya, als der Königin ein Sohn geboren wurde, zum Wohle der Welt. Er trat aus der Seite seiner Mutter hervor, ohne ihr Schmerzen oder eine Verletzung zuzufügen. Seine Geburt war so wunderbar wie die der Helden aus alter Zeit, des Aurva aus dem Schenkel, des Prithu aus der Hand, des Mandhatar aus dem Scheitel und des Kakshivat aus der Achselhöhle. So kam er aus

> dem Leib, wie es sich für einen Buddha ziemt. Er betrat die Welt nicht auf die übliche Weise, und er erschien, als wäre er vom Himmel herabgestiegen. Und da er während vieler Äonen sein Wesen geläutert hatte, wurde er nun mit vollem Bewußtsein geboren und nicht gedankenlos oder töricht wie andere Menschen. So groß waren sein Glanz und seine Stärke, daß es schien, als sei die junge Sonne auf die Erde herabgekommen. Und doch zog er, wenn die Menschen seinen gleißenden Glanz betrachteten, ihre Augen auf sich wie der Mond. Seine Glieder hatten die strahlend-schöne Farbe wertvollen Goldes und erhellten den Raum rings um ihn her. Sofort tat er, der dem Sternbild der Sieben Seher glich, sieben Schritte, fest und weit ausgreifend. Löwengleich überblickte er die vier Weltgegenden und sprach diese für die Zukunft bedeutungsvollen Worte: ‹Um der Erleuchtung willen und zum Wohle alles Lebendigen bin ich geboren. Dies ist das letzte Mal, daß ich in die Welt des Werdens geboren wurde.›[4]

Diese Geburtslegende ist in vielerlei Hinsicht voller indischer Extravaganz: Kein christlicher Bericht von Jesus stellt sich die Geburt des Kindes so vor, daß Tausende von Dienern zuschauen und das Kind sogleich sein religiöses Ziel verkündet. Aber trotz alledem erkennen wir viele Motive wieder, die sogar denjenigen in den kanonischen Evangelien ähnlich sind: den prophetischen Traum, die unbefleckte Empfängnis. Und wenn wir uns den Apokryphen zuwenden, so finden wir noch viele mehr.

Wahrscheinlich das früheste «Kindheitsevangelium» ist das sogenannte *Protevangelium*. Seine Überlieferungen sind von sehr unterschiedlicher Qualität, aber einige sind bedeutend; seine berühmteste Stelle ist die von der wundersamen Stille, die zu der Zeit von Jesu Geburt auf der Welt herrschte. Die Geburt selbst ist schwerlich die eines gewöhnlichen Kindes. Joseph geht eine Hebamme holen – doch sie soll eher ein Zeuge des Ereignisses werden als eine praktische Hilfe. Joseph heißt sie «kommen und sehen»:

> Und sie traten an den Ort der Höhle, und siehe eine finstere [lichte] Wolke überschattete die Höhle. Und die Hebamme sprach: ‹Erhoben ist heute meine Seele, denn meine Augen haben Wunderbares gesehen; denn Israel ist das Heil geboren.› Und sogleich verschwand die Wolke aus der Höhle, und ein großes Licht schien in die Höhle, so daß die Augen es nicht ertragen konnten. Kurz darauf zog sich jenes Licht zurück, bis das Kind erschien, und es kam und nahm die Brust seiner Mutter Maria.[5]

Jesus wird hier auf eine Weise geboren, die eines königlichen Kindes würdig ist. Er betritt diese Welt – wie Buddha – nicht auf gewöhnliche Weise, sondern erscheint eher «wie einer, der vom Himmel herabgestiegen ist». Das gleiche himmlische Leuchten, das die Geburt Buddhas umgab, schwebt auch über ihm. Man könnte sogar versucht sein anzunehmen, daß das Erscheinen des Kindes für den Autor des *Protevangeliums* nicht eine Geburt, sondern eine wunderbare Epiphanie war. Durch die sorgfältigen Untersuchungen der Hebamme und Salomes wird jedoch festgestellt, daß Maria – obwohl Jungfrau – eindeutig die Frucht ihres Leibes geboren hat.

Wenn wir uns dem *Kindheitsevangelium des Thomas* zuwenden, so ist die Atmosphäre noch überraschender. Die Jesus betreffenden Kindheitsereignisse werden mit großer Umständlichkeit erzählt, aber «stünde nicht der Name Jesu neben der Bezeichnung ‹Kind› oder ‹Knabe›, so käme man unmöglich auf den Gedanken, daß es sich bei den Erzählungen von dem übermütigen Götterknaben um eine Ergänzung der Überlieferung von Jesus handeln soll. Parallelen aus den Krishna- und Buddhalegenden … lassen sich hier in besonders großer Zahl anführen.»[6] Das Jesuskind spielt mit anderen Kindern und Erwachsenen auf eine Weise, die spielerisch schon enthüllt, daß es ein überirdisches Wesen unter den Menschen ist, während es auf angenehme Weise menschlich bleibt. Die Anziehungskraft des *Kindheitsevangeliums* liegt in der wirklich einfallsreichen Mischung von Unschuld, Kindlichkeit und Übernatürlichem in Jesus – genau wie in den Geschichten von Krishna bei den Hirten und Dorfmädchen oder in einigen der mit Buddha verbundenen Erzählungen.

In den Geschichten der Thomasüberlieferung besteht jedoch im ganzen sicher die Gefahr, daß das orientalische Vorbild die Bedeutung der christlichen Erzählung vollkommen überwältigt, anstatt zu einer tieferen Einsicht in Jesus und sein Amt zu führen. Sie dienen jedoch dazu, zu zeigen, daß Jesus in den ersten Jahrhunderten mit den Augen orientalischer Erwartung und Vorstellungen gesehen werden konnte – als einer, dem es von Kindheit an bestimmt war, die Rolle eines erleuchteten Wesens oder eines Buddha zu erfüllen. Wenn wir sie lesen, ist es aber alles andere als klar, wie ein solches Verständnis von Jesus konstruktiv in die Sphäre der christlichen Anschauung eingebracht werden konnte.

Dazu müssen wir uns den Dokumenten zuwenden, die dem Hauptstrom des entstehenden christlichen Lebens näherstehen. Und von den Schriften im Neuen Testament ist diejenige, die unleugbar eine Nähe zum orientalischen Geist und wunderbaren Geschichtenerzählen des Thomas hat – das Lukasevangelium.

Ein Zeugnis von Hellsicht: Das Lukasevangelium

Die Sprache des Matthäus- und des Markusevangeliums spiegelte die besonderen religiösen Überlieferungen wider, aus denen ihre Verfasser schöpften: Das Matthäusevangelium wurde aus einem semitischen Original ins Griechische übersetzt, das Markusevangelium war im gnostischen Stil mit seinen Brüchen und plötzlichen Einsichten abgefaßt. Die Sprache des Lukasevangeliums versetzt uns unmittelbar in die kosmopolitische Welt der hellenistischen Zeit. Die fließend konstruierten Sätze und der Strom gutgewählter und genau passender Ausdrücke befriedigen die stilistischen Ansprüche des gebildetsten Lesers. Die förmliche Widmung, die das Buch auf eine Weise einleitet, wie sie gebildete Leser erwarten würden, stellt klar, daß der Verfasser ernst genommen werden muß und sich nicht nur an eine kleine Minderheit von Anhängern, sondern an einen weiten Kreis wendet, der Menschen vom Range des «erlauchten Theophilus» einschließt. Das Lukasevangelium scheint sich mehr als andere Evangelien an die weitere hellenistische Gemeinde zu richten, die keinen jüdischen Hintergrund hat und auch nicht aus der ganz von Religiosität durchdrungenen Atmosphäre Alexandrias kommt. Seine Botschaft ist für alle Menschen bestimmt. Als Fortsetzung seines Evangeliums verfolgt Lukas die Ausbreitung des Christentums in seiner Apostelgeschichte, in der er seinen Blick mehr und mehr über Palästina hinaus auf die Welt öffnet und die Heilsgeschichte zeitlich in die Zukunft ausdehnt, indem er sich auf allen wohl bekannte historische Ereignisse und Personen bezieht.

Es überrascht daher nicht, daß viele der kennzeichnenden Züge des Lukas zugleich diejenigen des Zeitalters sind, dem er angehörte. Er ist so wenig wie die anderen Evangelisten ein objektiver Berichterstatter oder wissenschaftlicher Historiker, der bloße Tatsachen darbietet. Seine Betrachtungsweise ist vom nichtjüdischen Christentum bestimmt, dem er angehörte, und sein Evangelium enthüllt die besonderen Einsichten jenes Christentums. Einige der dafür charakteristischen Züge sind leicht zu finden.

Lukas ist nicht sehr an der Geographie und Chronologie des Lebens Jesu interessiert – nachdem er das historische Umfeld durch die Erwähnung der Volkszählung und des Kaisers Augustus einmal festgehalten hat. Er stellt das gesamte Leben Jesu als Pilgerfahrt nach Jerusalem dar, so daß anstelle von Details über Jesu Wanderungen auf Erden das eindringliche Bild vom «Weg des Kreuzes» die Vorstellung beherrscht. Ja, Lukas neigt sogar deutlich dazu, sein Material zu lebendigen und bewegenden Szenen von bildhafter Qualität auszugestalten, die einen Aspekt des Evangeliums zusammenfassen und eine starke gefühlsmäßige Reaktion hervorrufen. So finden wir zum Beispiel, als Jesus gefangengenommen worden ist und Petrus vor den Leuten des Hohenpriesters dreimal jede Verbindung mit ihm abgeleugnet hat, nur bei Lukas folgende Szene:

> Und der Herr wandte sich und sah Petrus an. Und Petrus gedachte an des Herrn Wort, wie er zu ihm gesagt hatte: ‹Ehe heute der Hahn kräht, wirst du mich dreimal verleugnen.› Und Petrus ging hinaus und weinte bitterlich.[7]

Mit diesem einen Blick hat Lukas eine unvergeßliche «Vorstellung» des Ereignisses geschaffen, die immer wieder vor dem inneren Auge aufsteigen kann.

Diese hervorragende Eigenschaft der «Imagination» im Lukasevangelium steht zweifellos mit seiner Faszination – im Vergleich zu den anderen Evangelien – von der Welt des Traums und der Visionen in Zusammenhang. Lukas – und seine Leser – akzeptieren ohne Erläuterung die übliche hellenistische Auffassung, daß Träume und Visionen ein normaler Weg der Kommunikation zwischen dem Menschen und dem Göttlichen sind. Das Evangelium beginnt mit einer Vision im Tempel und der Erscheinung des Engels vor Maria. In der Apostelgeschichte findet sich die Vision des Ananias, die die Bekehrung und Verwandlung des Saulus zum Paulus offenbar werden läßt, und es wird gesagt, Paulus habe eine entsprechende Vision von Ananias gehabt. Die Vision des Paulus auf dem Weg nach Damaskus wird nicht weniger als dreimal in allen Einzelheiten erzählt. Leicht lassen sich viele andere Beispiele finden.[8] Der hellenistische Geist hatte sich noch nicht so weit in die Richtung eines streng rationalen Bewußtseins entwickelt, wie wir es heute haben. Die bewußte Welt war noch für Mitteilungen aus einer tieferen seelischen Schicht offen – besonders in der Form von «Bildern», die vor der wachen Seele aufsteigen oder lebendig den Traum überdauern.

Wir haben heute diese Offenheit für die seelischen Tiefen größtenteils verloren, aber in der hellenistischen Zeit stellten solche «Bilder» noch eine Sprache dar; noch nicht zu den bedeutungslosen Träumen des modernen Menschen verkümmert, waren sie ein Mittel der Kommunikation, das sich auf außerhalb der bewußten Kontrolle liegende Fähigkeiten stützte. Es wurde von Heiden und Christen gleichermaßen benutzt, und in der hellenistischen Überlieferung (im Gegensatz zur jüdischen) wurden bildliche «Vorstellungen» als Verkörperungen des Göttlichen besonders geschätzt – mehr als die Offenbarungen durch das geschriebene oder gesprochene Wort. Eine Art, Lösungen für Lebensprobleme zu finden, bestand darin, an einen heiligen Ort zu gehen und dort zu schlafen: Die Antwort würde in einem Traum offenbart werden, oder eine Vision würde sie zeigen. Bei den Heiden waren die Schreine des Gottes der Heilkunst Asklepios der beliebteste Ort für diese Handlung («Inkubation» genannt); die Christen suchten im allgemeinen die Gräber früher Märtyrer auf.

In den Mysterienreligionen wurde die «visionäre Fähigkeit» durch psychologische und bisweilen physiologische Praktiken erhöht. Ähnliches war auch in christlichen Kreisen üblich, in denen allerdings die Askese erheblich länger geübt wurde. Zweifellos hatten viele frühe Propheten (genau wie die Wüstenväter später) Visionen des Lebens und Lehrens Jesu oder seines Lehrens vor den Jüngern nach der Auferstehung; oder sie schauten den Auferstandenen und vernahmen Worte von seinen Lippen, die entweder die Überlieferung bestätigten oder ihr neue hinzufügten. Die moderne Forschung beginnt gerade erst, dessen gewahr zu werden, daß die Evangelienüberlieferung in gewissem Grade ebenso auf Offenbarungsvisionen wie auf historischen Berichten beruht. Paulus selbst hatte «Worte des Herrn» in der Vision erhalten sowie Reden von Sehern und Propheten als wohlbekannten Personen in seinen Gemeinden. Eine Untersuchung dieses Phänomens zeigt, wie ein Gelehrter schreibt, «daß in der frühchristlichen literarischen Tradition zahlreiche ‹unechte› Herrenworte überliefert werden, die nicht als Deformation von echten oder als literarische Fälschungen oder aus der Diskussion mit den Juden, auch nicht allein aus innergemeindlichen Kontroversen zu verstehen sind, sondern als Äußerungen von Männern, die ‹im Namen›, das heißt im Auftrag und mit der Autorität des Erhöhten sprechen und deren Worte als Worte des Erhöhten gehört und respektiert und bei der Darstellung seines irdischen Lebens als Worte des Irdischen weitergegeben wurden.»[9]

Die moderne Forschung ist so auf ihrem eigenen Weg zu einer Ansicht gekommen, die derjenigen Rudolf Steiners erstaunlich gleicht, daß nämlich die Szenen in den Evangelien teilweise auf Überlieferung, jedoch auch auf «hellseherischen» Visionen beruhen. Insbesondere das Lukasevangelium läßt vermuten, daß die Überlieferung meditativ in eine Folge von «Bildern» umgeformt wurde; das Vorherrschen von Visionen und Träumen in der Welt des Lukas legt die Vermutung nahe, daß viele von ihnen tatsächlich vom Evangelisten oder seinen unmittelbaren Vorgängern «geschaut» wurden. Während feststeht, daß Lukas weder Jesus noch irgendeine der anderen im Evangelium vorkommenden Personen persönlich kannte, macht er selber deutlich, daß er seine Quellen sorgfältig studiert hat; und doch ist es auffällig, daß sich unter diesen keinerlei schriftliche Dokumente, Briefe oder ähnliches finden. Er spricht vielmehr von «den Dingen, die sich unter uns zugetragen haben», und stützt sich auf das, was diejenigen überlieferten, «die von Anfang an Augenzeugen (*autoptai*) und Diener des Wortes waren». Man kann wohl annehmen, daß jene, die «im Namen» des erhöhten Herrn sprachen, eben diejenigen sind, die sich als «Diener des Wortes» betrachten; und in dem Begriff *autoptes* (wörtlich: «Selbstseher») klingt der Zusammenhang mit den Mysterien an.

Rudolf Steiner wies darauf hin, daß in bestimmten hellenistischen Mysterien die Schüler auf eine Bühne gebracht wurden, auf der sie Imaginationen schauten, aber nicht die höheren Ziele der Initiation erreichten. Solch ein vorstellungsbegabter Seher wurde *autoptes* genannt. Diese Beobachtung wird durch den spätgriechischen Autor Psellos bestätigt, der die Unterscheidung zweier Ebenen der Mysterienerfahrung festhielt, die – vielleicht besonders in späterer Zeit – den Begriffen *autoptes* und *epoptes* (wörtlich: Überschauender) entsprachen. *Epopteia* ist in der Tat in antiken Quellen ein vertrauter Begriff für die höchste Stufe der Einweihung in die Mysterien, für das Stehen in der unmittelbaren Gottesgegenwart. Der *autoptes* hingegen sah Bilder und Visionen, und seine Erfahrung mag für die eher kontemplativ ausgerichteten Kulte typisch gewesen sein – im Gegensatz zu jenen, die den Einzuweihenden mit Hilfe dramatischer und furchteinflößender Ereignisse ganz auf die Ebene der Götter zu erheben versuchten. Die *autopteia* entsprach zum Beispiel den kontemplativen und philosophischen Hermetikern, welche die Gottheit in dem sichtbaren Glanz der himmlischen Sternkonstellationen offenbart sehen wollten. Nach einer Beschreibung des Sternenhimmels muß Hermes in einem der Fragmente folgendes sagen:

> Derjenige, der um diese Dinge weiß, kann Gott genau begreifen. Er kann sogar, um es kühn auszudrükken, ein *autoptes* werden und ihn (in einer Vision) schauen; und indem er ihn schaut, kann er den Segen empfangen.[10]

Das Sehen von Bildern in den Sternen ist eine der ältesten Übungen der «visionären Fähigkeit», die sowohl in Griechenland als auch im alten Ägypten eine lange Geschichte hatte.

Zur Zeit des Lukas waren die christlichen *autoptai* und «Diener des Wortes» schon lange am Werk gewesen und hatten geholfen, die Überlieferung und die Bilder vom Leben Jesu zu formen. Mit seinem kraftvollen Imaginationssinn und seiner Freude am Visionären und Wunderbaren steht Lukas in derselben Tradition, und das Werk, das er hervorbrachte, entsprach den geistigen Erwartungen seiner hellenistischen Leserschaft ganz hervorragend. Die visionäre Kraft des Lukasevangeliums ließ es besonders einigen Gnostikern teuer werden, die – wie wir gesehen haben – durch ebendiese hellenistische Kultur orientalische Vorstellungen verbreiteten. Es gibt im Evangelium sogar einige Anzeichen dafür, daß bestimmte Formen des Gnostizismus in der Gegend gediehen, in der Lukas wirkte, und daß diese seine Wahrnehmung der christlichen Botschaft mit formten. Kurz nach der Zeit des Lukas übernahm Markion, der bedeutende Theologe aus Pontus, den man eher als theoretischen (denn als praktizierenden) Gnostiker beschreiben könnte, das Lukasevangelium mit Begeisterung. Es war gemeinsam mit einer kritisch redigierten Sammlung von Paulusbriefen das einzige neutestamentliche Buch, das er als inspiriert und maßgeblich betrachtete. Die Kirchenväter berichten weiterhin, daß Valentinos – der brillanteste christliche Gnostiker in Alexandria und später in Rom – das Lukasevangelium äußerst hoch schätzte. Und Origenes bemerkt nebenbei, daß «alle Arten von Häretikern ... sich auf das Lukasevangelium stützen».[11]

Was uns nun jedoch interessiert, ist die Tatsache, daß der «visionäre» Verfasser des Evangeliums eine Offenheit für jene orientalischen, ja sogar die indischen Auffassungen von Jesus und seinem Werk gezeigt zu haben scheint, die wir in den eher apokryphen Quellen untersucht haben.

Keines der kanonischen Evangelien ist so an der Kindheit Jesu interessiert wie das des Lukas. Und kein anderes Kapitel in diesem Evangelium ist so von Träumen, Visionen und Zeichen erfüllt wie die Kindheitserzählungen, in denen wir – wenn auch in etwas nüchternerer Form – das leuchtende Wunderkind aus den Legenden des Thomas wiedererkennen.

Am auffallendsten ist jedoch bei Lukas die Bezeugung Jesu im Tempel durch den alten Seher Simeon. Diesem wurde verkündigt, er werde nicht sterben, bevor er den Messias gesehen habe. Er erkennt nun in dem Jesusknaben «die Verherrlichung Israels» und das «Licht für die Heiden» und spricht die berühmten Verse, die in der katholischen Kirche als das «Nunc dimittis» («Herr, nun läßt du deinen Diener in Frieden fahren, wie du gesagt hast ...») bekannt sind. Rudolf Steiner wies darauf hin, daß diese Ereignisse wie eine Wiederaufführung der Ereignisse bei der Geburt Buddhas mit dem Kommen des Weisen Asita sind. Kehren wir zu dem Dichter Ashvaghosha und seinem Bericht im *Buddhacarita* zurück:

> Dann kam Asita, der große Seher, zum Palast des Herrschers der Shakyas, da er nach dem wahren Dharma dürstete. Er wußte, daß jener geboren war, der der Geburt ein Ende bereiten würde, denn in Trance hatte er die wunderbaren Zeichen geschaut, die diese begleiteten. In Verwunderung blickte er auf das wunderbare königliche Kind ... Als er das Kind auf dem Schoß der Amme sitzen sah, erschien es Asita wie Skanda, der Sohn Agnis, auf dem Schoß seiner göttlichen Mutter. Von des Sehers Wimpern perlten Tränen, und seufzend hob er den Blick zum höchsten Himmel empor. Darauf erläuterte er dem König seine Erregung mit den Worten: ‹Nicht um seinetwillen bin ich bestürzt, sondern die eigene Enttäuschung ist es, die mich verstört. Ist doch dieser, der das Zunichtewerden der Geburt erkennt, das nicht leicht zu erlangen ist, geboren, und für mich ist es Zeit zu gehen.

> Er, der nicht bei den weltlichen Dingen verweilt, wird seine Herrschaft aufgeben. Durch schreckliche Mühen wird er das gewinnen, was wirklich wahr ist. Sein Wissen wird fortan leuchten in der Welt wie die Sonne und die Finsternis geistiger Stumpfheit überwinden ... Wenn ich auch, in der Versenkung geübt, meine Wohnung im höchsten Himmel zu finden vermag, so muß ich selbst dieses für Unglück erachten, da es mir nicht vergönnt ist, sein Dharma zu hören.›[12]

Die Ähnlichkeit zwischen den beiden Szenen – der christlichen und der buddhistischen – ist wirklich erstaunlich. Dennoch betonte Steiner auch die wesentlichen Unterschiede, die zeigen, daß Lukas fest in der christlichen Sphäre geblieben ist, auch wenn er eine außerordentlich «orientalische» Vorstellung wiederschuf. Die in der Thomasüberlieferung offensichtlich drohende Gefahr, sich ganz einem orientalischen Standpunkt auszuliefern, wurde erfolgreich vermieden.

Der indische Weise ist verstört und enttäuscht. Der Bodhisattva wurde geboren, um den Menschen zu zeigen, wie sie dem mühseligen «Rad der Wiedergeburten» entkommen können; er ist gekommen, um ein Licht zu offenbaren, das die «Illusion» dieser Welt zerstreuen wird. Aber Asita bleibt in dem System gefangen, aus dem ihn nicht einmal seine Trancefähigkeit retten kann. Für ihn wird die illusorische Geschichte weitergehen, und er hat seine Gelegenheit verpaßt. Der Prophet Simeon hingegen kann in Frieden sterben. Die Geburt des Messias hat eine Folge von Ereignissen in Bewegung gesetzt, die Israel verherrlichen und eine Offenbarung für die anderen Völker sein werden. Hier ist die Geschichte selbst zur Erfüllung des Versprechens Gottes geworden. Simeon kann zufrieden ruhen. Es ist, als seien in der «Imagination» des Lukas von dieser Szene die Enttäuschung und das Gefühl der Niederlage aus der orientalischen Legende aufgenommen und in der Botschaft von der christlichen Hoffnung gelindert worden.

Andere Elemente, an die wir uns aus den apokryphen Legenden erinnern, kommen in der Geschichte von der Verkündigung an die Hirten vor. Denn wie Krishna und Buddha ist der Messias des Lukas keine beherrschende königliche Gestalt, sondern ein Erlöser der Bescheidenen und Armen, ein Gefährte von Schäfern und Hirten. Die Hirten des Lukas sehen auch die Lichtaura oder «Herrlichkeit», die im *Protevangelium* eine so große Rolle spielte, und sie hören einen Engel die Geburt des Erlöserkindes ankündigen. In der buddhistischen Überlieferung wird dieser «Körper der Herrlichkeit», der Buddha mit einer Atmosphäre aus Licht umgibt, als *nirmanakaya* bezeichnet. Es ist einer von mehreren «Körpern», die ein Buddha zum Zweck seiner kosmischen oder irdischen Manifestation benutzen kann. Drei werden gewöhnlich in buddhistischen Schriften beschrieben und erörtert, und der Buddhismusspezialist Edward Conze hat bemerkt, daß sich in der christlichen Gnostik sehr ähnliche Auffassungen finden, obwohl sie dort benutzt werden, um die «Gewänder» zu beschreiben, die der kosmische Christus bei seinem Herabsteigen zur Erde und der Erscheinung unter den Menschen trägt.[13]

Der bedeutende alexandrinische Gnostiker Valentinos, den wir schon erwähnt haben, scheint ein Beispiel zu sein – wenigstens, soweit wir das aus den Berichten seiner Schüler beurteilen können. Einer von ihnen vertrat eine Lehre, die drei Hauptmanifestationen des kosmischen Christus unterschied. Die erste ist der transzendente Christus, die «Frucht aller Äonen» in den Regionen des reinen Geistes. Er ist derjenige, welcher das umfangreiche kosmische Werk der Erlösung auf sich nimmt, die sowohl alle Wesen im Universum als auch den Menschen einschließt, die «Psychiker» ebenso wie die «Pneumatiker» – kurz, alle empfindungsfähigen Wesen. Dies entspricht, wie Conze bemerkt, dem *dharmakaya* des buddhistischen Denkens: Es ist diejenige Manifestation, die von der spirituellen Welt abwärts wirkt und ihren Träger auf die Erleuchtung, das *nirvana*, hin treibt. Wer diesen Körper trägt, ist in seinem innersten Wesen mit dem kosmischen Prinzip eins geworden, das auch das *dharma* ist, die Lehre oder der Weg Buddhas.

Der herabsteigende Christus zog zweitens den «psychischen Christus» an, der von den Propheten in Visionen gesehen und vorausgesagt worden war. Der psychische Jesus gehört der Welt der Veränderung und des Leidens an, obwohl er noch eher zum kosmischen als zum irdischen Bereich gehört. Er ist der «leidende Jesus» der manichäischen Gnosis, der an der Erlösung der verstreuten Lichtfunken beteiligt ist. Er ist «noch unsichtbar» und kann sich auf Erden nur durch einen besonderen Leib manifestieren, «der aus unsichtbarer psychischer Substanz für ihn gewebt» und mit «unsäglicher Kunst» so zubereitet wurde, daß er sichtbar und betastbar wurde. Diese Gestalt, so Conze, «ist dem mittleren Körper (*sambhogakaya*) Buddhas in den eher kosmischen Deutungen durchaus nicht unähnlich». *Sambhogakaya* bringt die individuelle Natur des erleuchteten Wesens mehr zum Ausdruck als der transzendente «Körper des dharma».

Schließlich zeigt sich Buddha im *nirmanakaya* in einer Form auf Erden, die wie ein physischer Leib erscheint, in Wirklichkeit aber eine übernatürliche Manifestation ist, ein «Astralleib», der in verschiedenen Stufen des Glanzes erscheinen kann, da er einem gehört, der durch die Stadien der Vollendung gegangen ist, der aber freiwillig zurückkehrt, um die Menschheit Erleuchtung zu lehren. Dementsprechend lehrten die Gnostiker, daß Christus nur in einem *nirmanakaya*, einem «Körper der Verwandlung» oder «Scheinleib» historisch erschienen und durch die Passion gegangen sei. Bei Lukas wird solch eine Überbetonung vermieden; dennoch ist es bemerkenswert, daß er auch die Lichterscheinungen und die himmlische Herrlichkeit eines übernatürlichen Wesens über dem neugeborenen Kind deutlich darstellt.[14] Das messianische Kind des Lukas nimmt die menschliche Form voll und ganz an, in ihrer historischen Realität wie in ihrem letzten Ende, dem Tod. Es gibt für ihn keine «Flucht» vor dem Kreislauf der Inkarnationen, sondern er bestätigt die Sinnhaftigkeit der Erde und des menschlichen Lebens. Und doch folgen ihm jene Wolken der Herrlichkeit, die den Menschen in vergangenen Zeitaltern Erleuchtung angezeigt hatten; aber sie geben ihren Hoffnungen nun eine neue Richtung – nicht jenseits der Erde, sondern in der Zukunft der Erde selbst.

Indem das Lukasevangelium Vorstellungen und spirituelle Erwartungen des Orients aufnimmt, verleiht es ihnen auch eine neue christliche Bedeutung. Die gleiche Schlußfolgerung erwartet uns beim Vergleich des Moments im Leben Jesu, der am stärksten an Buddha erinnert: der Augenblick der Verklärung. Wieder dienen die Ähnlichkeiten dazu, die neue Bedeutung zu zeigen, welche die archaischen Muster religiöser Erfahrung erhielten.

Buddha wurde verklärt, als er unter dem Bodhi-Baum am Fluß Hiranya Erleuchtung erlangte. Vor den Augen Anandas und anderer Schüler begann der Körper des Erleuchteten in glänzendem Licht zu erstrahlen. Sein Geist bewegt sich mit geübter Meisterschaft durch die mystische Folge der Trancezustände, bis er die letzte *gnosis* erhält, den Frieden des *nirvana*. Er stirbt, indem er die Maxime von der Unwirklichkeit alles Veränderlichen ausspricht, und er hinterläßt die Illusion seines physischen Körpers, die als einzig Sichtbares denen verbleibt, die er auf Erden zurückläßt. Er hatte den Menschen den Weg des Mitleids, der Anerkennung des Leidens und den Pfad zur Überwindung des Leidens gezeigt; sein Werk war somit vollendet.

Als Jesus mit seinen engen Jüngern Petrus, Johannes und Jakobus den Berg besteigt, geschieht etwas Ähnliches. Die Jünger befinden sich bewußtseinsmäßig in einem Zwischenstadium, indem sie versuchen, Wachheit in die normalerweise unbewußten Gebiete der Seele hineinzutragen. Als sie innerhalb ihrer Trance «ganz erwachen», erblicken sie Jesus: Sein Gesicht ist verändert, es erstrahlt vor Licht wie ein Blitz, und seine großen Vorgänger Moses und Elias, der Gesetzesbringer und der wiederkehrende Prophet, umgeben ihn. Sie sprechen von dem noch zu vollendenden Werk, welches Jesus nach Jerusalem führen wird. Eine Wolke aus Licht – wie, nach dem *Protevangelium,* diejenige bei seiner Geburt – erscheint und hüllt Jesus ein. Eine himmlische Stimme erklärt ihn zum Erwählten. Dann plötzlich ist Jesus allein.

Buddha, der Erleuchtete, wird in der Verklärung für immer der Sphäre gewöhnlichen Menschseins enthoben, und nur sein Körper bleibt auf der Erde zurück. Jesus jedoch steht, obwohl er nun in der Gegenwart des Moses und des Elias die übernatürliche Dimension seines Werkes erreicht, am Ende der Szene noch fest auf der Erde.

Später, vor seiner Gefangennahme und dem Verrat, bittet er die Jünger noch einmal, wach zu bleiben, während er zum Vater betet, er möge diesen Kelch von ihm wegnehmen. Aber sie vermögen ihm noch immer nicht in dem vollen Ausmaß seiner Mission zu folgen, genausowenig wie die Schüler Buddhas diesem ins *nirvana* folgen konnten. Sie schlafen erschöpft ein.

Auch daraufhin verläßt Jesus die Jünger nicht, um etwa seinen eigenen Weg jenseits der Bereiche der Erde und irdischer Ereignisse zu gehen. Rudolf Steiner zeigt dazu auf: «In diesem Punkte endet Buddhas Lebenslauf; der wichtigste Teil im Leben Jesu aber beginnt damit: Leiden, Sterben, Auferstehung. Und es liegt das Unterscheidende des Buddha von dem Christus in dem, was nötigte, das Leben des Christus Jesus über das Buddha-Leben hinauszuführen.»[15] Die weiteren Taten Christi werden nicht wie die Lehre Buddhas auf einen transzendenten Archetypus, ein überirdisches Vorbild, das jeder Mensch zu erfüllen trachten muß, deuten. Sie werden der Geschichte der Erde selbst eingeschrieben sein.

Die Lektüre des Lukasevangeliums, des visionären Evangeliums, das der orientalischen Lehre von Liebe und Mitleid am nächsten kommt, deren *avatar* oder Verkörperung Buddha war, zeigt uns ein weiteres Mal, daß die Ursprünge des Christentums nur vor dem weitesten geistigen Hintergrund zu verstehen sind. Formen religiöser Erfahrung, die lebendige Kräfte der inneren Erleuchtung im Orient gewesen waren, erscheinen auch im Christentum. Sie erhalten aber eine neue Dimension der Bedeutung durch eine Spiritualität, die sich im Westen entwickelt hatte: eine Spiritualität, die kraftvoll genug war, in die Bereiche des Handelns, der Ereignisse und der Geschichte einzudringen, und die dem Menschen die Früchte seiner inneren Entwicklung zuteil werden ließ, ohne ihn seiner irdischen Identität und moralischen Individualität zu berauben.

Die verschiedenen Evangelien geben unterschiedliche Überlieferungen von Jesus und seinem Leben wieder. Matthäus und Lukas erzählen Geschichten über seine Kindheit, die kaum von demselben Kind zu handeln scheinen; Markus hat nichts über das Kind Jesus zu sagen, sondern beginnt sein Evangelium mit der Taufe und dem Herabsteigen des Geistes. Einseitig betrachtet, könnten die verschiedenen Überlieferungen zu extremen Auffassungen und Mißverständnissen über das Wirken Christi führen, da sie ihn entweder auf orientalische Weise völlig von der Geschichte loslösen oder aber die «mythische» Dimension verlieren und kosmisch bedeutende Ereignisse auf die Handlungen eines «inspirierten Menschen» reduzieren. In jedem der kanonischen Evangelien sind jedoch verschiedene Motive und Überlieferungen wie jene, die wir getrennt in vielen der apokryphen Schriften finden, um einen zentralen Faden herum gesponnen. In der wirklichen Geschichte wie im wirklichen Mythos gibt es nie ein einfaches Entweder-Oder; komplexe Ereignisse können aus vielfachen Blickwinkeln beleuchtet werden und nur an Reichtum und Echtheit gewinnen. Es ist an der Zeit zu sehen, wie einige der Motive, die wir anklingen ließen, im Mysterium eines Mythos zusammenfließen, der in den Ereignissen der Zeit Wurzeln geschlagen hatte, eines mystischen Ereignisses, das auf seltsame Weise zu einer «Tatsache» geworden war.

8
DIE ZWEI MESSIASSE

Priester, König und Messias

Die griechisch gebildete Öffentlichkeit der hellenistischen Zeit stellte eine Welt gegenseitigen Verstehens dar. Griechen und Römer hatten das Empfinden, mit Ägyptern, Syrern und sogar Indern sprechen und deren Standpunkt bekannt machen zu können. Hinsichtlich der Religion war dies ein Zeitalter der Toleranz: Man durfte jeden beliebigen Gott auf der Welt verehren, solange der Kult nicht die öffentliche Sicherheit oder Moral gefährdete, und jeder hatte das ausdrückliche Recht, die Bräuche seiner Vorfahren zu praktizieren. Es gab aber eine Religion, welche die Griechen geradezu verwirrend fanden. Sie konnten den Anspruch des jüdischen Gottes nicht verstehen, unter Ausschluß aller anderen verehrt werden zu wollen. Die Weigerung der Juden und später der Christen, die religiösen Feste des Staates zu akzeptieren, führte dazu, daß sie sogar als «Atheisten» gebrandmarkt wurden. Griechische Schriftsteller schwankten zwischen extremen Beurteilungen der Juden als eines «Geschlechts von Philosophen» und als einer sehr abergläubischen, äußerst lästigen ethnischen Minderheit, die dringend auf den neuesten Stand der Dinge gebracht werden mußte. Ihre Heilige Schrift schien undurchdringlich und stieß bei den Griechen auf fast völliges Unverständnis – Alexander Polyhistor, ein spätgriechischer Historiker, irrte sich so gründlich, daß er dachte, Moses sei eine Frau. Die Vorstellung vom individuellen «Auserwähltsein», von der «Erlösung in der Geschichte» und von der «Schöpfung» waren dem griechischen Denken so fremd, daß ein

Autor wie Lukas, wenn es darum ging, die Geschichte von Jesu Erscheinen in Judäa zu erzählen, einige Mühe damit hatte, seiner Leserschaft den jüdischen Hintergrund verständlich zu machen.

Einen Aspekt des Judentums gab es jedoch, der unmittelbar begreiflich war. Ein Tempel und eine Priesterschaft waren etwas, das jeder verstehen konnte. Es ist kein Zufall, daß Lukas besonders an diesem Aspekt des Judentums interessiert ist und daß dieser seine Darstellung des Wesens und des Werkes Christi stark färbte. Während viele der anderen auf Christus angewendeten Vorstellungen, wie die Erfüllung der Prophezeiungen vom kommenden «wahren Propheten» oder des «Messias», speziell auf das Erbe der Juden gerichtet zu sein schienen, war das Ideal des Priesters bestens geeignet, die universale Erlösungstat zu beschreiben, deren Entfaltung Lukas erzählen will.

Das Bild vom Tempelgottesdienst gibt dem ganzen Lukasevangelium einen Rahmen. Es beginnt mit dem «Priester namens Zacharias», der im Tempel diente nach der Rota, dem wohlorganisierten «Brauch der Priesterschaft», und mit seiner prophetischen Vision, welche die Ereignisse einleitet, die die Heilsgeschichte in Bewegung setzen. Es endet ganz anders als die übrigen Evangelien mit dem Gebot des auferstandenen Christus an die Jünger, nach Jerusalem zurückzukehren:

> Sie aber kehrten zurück nach Jerusalem mit großer Freude und waren allezeit im Tempel und priesen Gott.

Andere wichtige Geschehnisse im Evangelium zeigen Jesus «in seines Vaters Haus», das heißt im Tempel, um beschnitten und von dem alten Propheten Simeon und der Prophetin Hanna anerkannt zu werden; dann im Alter von zwölf Jahren, um ein «Sohn des Gesetzes» zu werden und um die Lehrer zu lehren. Als Jesus als reifer Mann nach seiner langen Pilgerreise wieder nach Jerusalem kommt, heißt es wieder: «Und er lehrte täglich im Tempel … Und alles Volk machte sich früh auf zu ihm, ihn im Tempel zu hören.»[1] In der Apostelgeschichte neigt Lukas dazu, das Christentum als das «wahre Judentum» darzustellen, womit er andeutet, daß die Kommunion mit dem wahren Gott, die früher im Tempel Gottes in

Jerusalem stattfand, fortan durch Christus in der ganzen Welt erlangt werden kann. Das bedeutet in der Praxis, daß Christus der neue und universale Hohepriester ist, der bei Gott für die gesamte Menschheit spricht.

Ebendiese Auffassung von Christus als dem neuen Hohenpriester wird in allen Einzelheiten im neutestamentlichen Hebräerbrief ausgearbeitet, den man den Briefen des Paulus zugeordnet hat. Dort treffen wir wieder auf den alten jebusitischen Priesterkönig Melchisedek, der den Essenern und Gnostikern so wichtig war und dessen Name mit der Sonnensymbolik verbunden zu sein scheint, die sich oft auf verborgene, esoterische Weise wie ein roter Faden durch die vorwiegend mondorientierte Religion des Judentums zieht. Durch ihn wird im Hebräerbrief der Begriff des Priestertums mit metaphysischen Höhen in Verbindung gebracht, denn Melchisedek erscheint nicht als gewöhnlicher Priester, der wie diejenigen des Jerusalemer Tempels zu der irdischen Nachkommenschaft Levis gehört, sondern als ein «himmlisches Wesen». Wir stoßen auf die Idee eines spirituellen Priestertums, die über die Bedeutung des empirischen Priestertums auf Erden hinausgeht. Auf mystische Weise verschmilzt er mit der Gestalt Christi – was nun deutlich in dem gnostischen Buch *Melchisedek* aus Nag Hammadi dargestellt ist – und nimmt dadurch eine messianische Bedeutung an.

Ebenso wichtig aber ist, daß er als eine Manifestation des archetypischen Menschen auftritt. Hinter der Maske des mystischen Hohenpriesters entdecken wir auch das Bild des ursprünglichen, unschuldigen Menschen im Paradies in seiner wahren Beziehung zu Gott. Ein neutestamentlicher Gelehrter schreibt: «Er kann auch die Züge des als Idealmensch vorgestellten Adam annehmen, wie er uns in gewissen Adamspekulationen begegnet» – was, wie wir sehen werden, ebenfalls mit sehr interessanten Ergebnissen von Rudolf Steiner untersucht wird.[2] Es ist bemerkenswert, daß Lukas seinen Jesus mit einem Stammbaum versieht, der bis zu «Adam, dem Sohn Gottes» zurückreicht, womit er andeutet, daß sein messianisches Ideal wenig mit dem kriegerischen König der traditionellen jüdischen Erwartung gemein hat, der die Macht der Heiden zerschlagen wird. Er scheint Jesus stattdessen als denjenigen zu sehen, der als der Sohn Gottes den verlorengegangenen paradiesischen Zustand des

Menschen zurückbringt, seine verlorene Unschuld wiederherstellt und Frieden auf Erden verbreitet. Es entsteht der Eindruck – vor allem, wenn wir auch den Hebräerbrief lesen –, daß das Bild des kosmischen Hohenpriesters zu einer vollständigen Christologie geworden ist, welche die Motive Schöpfung, Erlösung und apokalyptische Zukunft in Begriffen ausdrückt, die von den anderen traditionellen Vorstellungen von Christus völlig unabhängig sind.

Wir scheinen uns in einer Welt zu befinden, die von der des Jesus aus dem Matthäusevangelium verschieden ist. Natürlich finden wir auch in Matthäus' Darstellung Christi die spirituelle Dimension des «Königtums», genauso wie wir ein vergeistigtes Ideal des «Priestertums» bei Lukas finden. Aber der Jesus des Matthäus steht zweifellos dem konventionellen königlichen Messias der jüdischen Prophezeiung viel näher. Nach Hieronymus verkündete im *Hebräerevangelium* die himmlische Stimme bei Jesu Taufe:

> ... du bist mein erstgeborener Sohn, der du herrschest in Ewigkeit.

Dies erinnert an die wohlbezeugten verschiedenen Lesarten in den Evangelien, die an dieser Stelle das Königsorakel aus der Zeit der eingeweihten israelitischen Herrscher zitieren:

> Du bist mein geliebter Sohn; heute habe ich dich gezeugt.[3]

Jene, die geistige «Ohren zum Hören» hatten, nahmen im Ereignis der Taufe Christi die Wiedererschaffung von etwas wahr, das in den alten Riten verwirklicht wurde, wenn ein göttlich erleuchteter König geweiht wurde. Matthäus war vor allem an einem königlichen Messias interessiert und an einem, der aus Israel stammte. Sogar der Titel seines Evangeliums macht das deutlich: «Stammbaum Jesu Christi, des Sohnes Davids, des Sohnes Abrahams.» Er unternimmt keinerlei Anstrengungen, die Abstammung Jesu bis zum idealen, unschuldigen Menschen zurückzuverfolgen, wie Lukas es tut. Er geht nicht weiter zurück als bis zu Abraham, dem Stammvater der Juden, und er hebt besonders den großen König David hervor, dem Gott das ewige Königtum für Israel versprach.

Lukas hingegen geht von einem ganz anderen Hintergrund aus.

Wie paßt dann seine Erwartung mit den anderen Auffassungen vom Messias zusammen?

Maschiach ist das hebräische Wort für «gesalbt». Es wurde zuerst und vor allem auf die initiierten Herrscher angewendet, die rituell in ihr Amt gesalbt wurden; aber es wurde auch in Verbindung mit Priestern und manchmal für Propheten benutzt. Die Griechen hatten Schwierigkeiten mit der Aussprache und sagten *Messias.* Aber sie benutzten auch ihr eigenes griechisches Wort für «gesalbt», nämlich *Christos.* Zu Beginn unseres Zeitalters war die Erwartung des Kommens eines Messias weitverbreitet, und sie findet sich entsprechend auch in allen Evangelien. Trotzdem begegnen wir so völlig verschiedenen Bildern vom Messias, vor allem in den Evangelien des Matthäus und des Lukas, daß wir verschiedene Überlieferungen vor uns haben müssen. Eine scheint das Kommen eines «priesterlichen Messias», die andere das eines «königlichen Messias»[4] zu erwarten. Diese Polarität scheint wieder in der esoterischen Weisheit vorchristlicher religiöser Gruppen begründet zu sein, vor allem in derjenigen der Essener – wie wir sehen werden, wenn wir einige der Texte aus den Schriftrollen vom Toten Meer und die außergewöhnlichen *Testamente der zwölf Patriarchen* untersuchen.

Der Messias Aarons und der Messias Israels

Die Sammlung kurzer Dokumente mit dem Titel *Testamente der zwölf Patriarchen* ist ein essenisches Werk, obwohl es wahrscheinlich etwas früher als die meisten uns aus Qumran überlieferten Texte geschrieben wurde – vielleicht während der Herrschaft des Johannes Hyrcanus in der zweiten Hälfte des zweiten Jahrhunderts vor Christus. Es gehört in die Phase essenischer Geschichte, als die hasmonäischen Herrscher noch die Hoffnung auf ein spirituell wiederhergestelltes Israel boten. (Offenbar später vorgenommene Einschübe zeigen demgegenüber eine Desillusionierung durch die auf Erden existierende Priesterschaft.) Die *Testamente* sind wahrscheinlich in

Syrien entstanden. Fragmente wurden in der Essener-Siedlung in Qumran in aramäischer Sprache gefunden.

Sie sind in der Form von Sterbereden jedes der zwölf Söhne Jakobs (auch Israel genannt) an ihre Söhne und Nachkommen der zwölf Stämme Israels gerichtet und enthalten Ratschläge zu gutem Verhalten, Gedanken über die Veränderlichkeit des Lebens und Zukunftsvoraussagen. An vielen Stellen erwähnen sie das Kommen eines Messias; aber die zur Beschreibung seines Wesens benutzte Sprache ist so schwierig und dunkel, daß man sie erst richtig verstand, als der Fund der späteren Schriftrollen von Qumran Aufklärung über die essenische Lehre gebracht hatte. Es stellte sich heraus, daß die Essener nicht einen Messias erwarteten, sondern zwei.

Man kann den Text der Testamente nun mit größerem Vertrauen lesen und die von Abschreibern (und vielleicht später von christlichen Redaktoren) verursachten Verwirrungen beseitigen. Er enthüllt, daß ein Messias aus der Saat zweier Söhne Israels entstehen soll:

> Es wird nämlich der Herr aus Levi einen Hohenpriester erwecken und aus Juda einen König, Gott und Mensch. So wird er alle Heiden und das Geschlecht Israels erretten.[5]

Levi war der Ahnherr aller Priestergeschlechter Israels (der Leviten), und Juda war in gleicher Weise mit der Linie der Monarchie Israels verbunden. Die frühen Essener erwarteten also, daß die spirituelle und weltliche Gerichtsbarkeit des erwählten Volkes Gottes ausgedehnt werde, bis sie sich in der Endzeit über die ganze Erde erstrecken würde.

Besonders interessant ist ein Traum eines der anderen Patriarchen, Naphtali, in dem dieser Levi, den Priester, die Sonne ergreifen sieht; Juda, der König, hält den Mond fest. Nun regelte das Judentum seinen Kalender und die äußeren Festtage nach dem Mond, während die Essener den Henochischen Sonnenkalender benutzten. Der Traum scheint daher zu bedeuten, daß der königliche Messias eine eher exoterische Gestalt sein wird, deren Wirkungsbereich im äußeren Leben der Völker liegt, während der priesterliche Messias mit jenem geheimen Sonnenmotiv verbunden ist, das im Judentum ab und zu – wie im Falle des himmlischen Priesters Melchisedek – auftaucht.[6] Beide sind aber entschieden kosmische Gestalten.

Das Kommen des königlichen Messias wird ziemlich kurz abgehandelt. Er ist der «Stern», der aus Jakob aufsteigen soll. Er ist der «Erbe» oder «Sproß» der Pflanze Gottes, der «Brunnen des Lebens für die ganze Menschheit» und die «Rute der Gerechtigkeit für die Völker». Das Kommen des priesterlichen Messias wird hingegen in einem langen Lied gefeiert:

> (Und nachdem ihre Bestrafung vom Herrn erfolgt ist), wird dann der Herr einen neuen Priester dem Priestertum erwecken,
> welchem alle Worte des Herrn enthüllt werden.
> Und er selbst wird ein Gericht der Wahrheit halten auf der Erde in einer Menge von Tagen.
> Und es wird sein Stern am Himmel aufgehen wie ein König,
> ausstrahlend Licht und Erkenntnis wie durch die Sonne am Tag.
> Und er wird verherrlicht werden auf der Erde bis zu seiner Aufnahme.
> Dieser wird leuchten wie die Sonne auf der Erde
> und jedes Dunkel von der Erde wegnehmen,
> und es wird Friede auf der ganzen Erde sein.
> Die Himmel werden jauchzen in seinen Tagen,
> und die Erde wird sich freuen,
> und die Völker werden frohlocken,
> und die Erkenntnis des Herrn wird ausgegossen werden auf der Erde wie Wasser der Meere.
> Und die Engel der Herrlichkeit des Angesichtes des Herrn werden sich über ihn freuen.

Ebenso vorherrschend ist das Thema der Wiedereinsetzung Adams, der Beseitigung des «feurigen Schwertes», das nach dem Sündenfall die Rückkehr des Menschen ins Paradies versperrte:

> Und zur Zeit seines Priestertums
> wird jede Sünde vergehen,
> und die Gottlosen (Gesetzlosen)

werden aufhören, Böses zu tun.
Die Gerechten aber werden bei ihm Ruhe finden.
Und er selbst wird die Türen des Paradieses öffnen,
und er wird wegstellen
das gegen Adam drohende Schwert
und wird den Heiligen zu essen geben
von dem Holze des Lebens,
und der Geist der Heiligkeit wird auf ihnen sein.[7]

Für die Essener stand offensichtlich das Werk des priesterlichen Messias auf einer höheren Ebene. Der königliche Messias würde kaum mehr tun als den Weg bereiten.

Die essenische Einschätzung wird von den Schriftrollen von Qumran bestätigt. Es scheint, daß die Lehre von den zwei Messiassen zum esoterischen Wissen dieser Sekte gehörte, da die *Damaskusregel*, die für die über die Städte und Dörfer Palästinas verstreuten Laienmitglieder bestimmt war, sie nicht erwähnt. In den anderen Dokumenten jedoch wird immer zwischen den beiden Messiassen unterschieden. Der königliche Messias ist wieder der «Sproß Davids» und vor allem der «Messias Israels», der den Gottlosen den Tod bringen und das «Königreich seines Volkes» gründen wird. Wichtiger ist jedoch der priesterliche Messias: Er ist der Messias Aarons – Aaron war ein Priester und Gefährte des Moses gewesen – und daher «der Priester» und der «Erklärer des Gesetzes». Er wird «am Ende der Tage Gerechtigkeit lehren». Der königliche Messias muß sich seinem Urteil – und dem Urteil der Priesterschaft allgemein – in allen rechtlichen Angelegenheiten unterwerfen. In den sogenannten *Messianischen Testimonia* der Schriftrollen vom Toten Meer werden verschiedene alttestamentliche Beweistexte zitert, aus denen die Essener die Unterstützung durch die Bibel für ihre zweifache Lehre ableiteten.[8]

Die Entdeckung der essenischen Erwartung zweier Messiasse wirft beträchtliches Licht auf den Hintergrund der Evangelien. Sie hilft zu erklären, wie es dazu kam, daß die Verfasser der Evangelien so verschiedene Überlieferungen benutzten und so unterschiedliche Bilder von Jesus schufen, obwohl sie darin übereinstimmten, er sei der Messias. Denn ursprünglich bezogen sich diese unterschiedlichen Überlieferungen tatsächlich auf verschiedene Gestalten. Und so überraschend es zunächst erscheinen mag: Die religiösen Gruppen, die wie die Essener Überlieferungen vom Kommen eines messianischen Priesters und eines messianischen Königs schufen und bewahrten, erwarteten, daß sie von verschiedenen Individuen erfüllt würden. Vor der Entdeckung der Schriftrollen vom Toten Meer fand sich die einzige klare Feststellung über diese doppelte Erwartung in den Schriften und Vorträgen, die auf Rudolf Steiners Forschungen beruhen.

Kaum ist jedoch dieses Mysterium begründet, als wir von einem noch tieferen Geheimnis hören. Denn es wird darauf hingewiesen, daß die beiden Rollen des Priesters und des Königs schließlich doch zu einer verschmelzen müssen. Schon in einigen der *Testamente der zwölf Patriarchen* finden wir eine Lehre von einem einzigen Erlöser «aus Levi und Juda», Priester und König in einem. Wir haben in einem früheren Kapitel gesehen (vergleiche S. 63f.), daß einige Hasmonäer versuchten, in ihrer eigenen Person diesen Traum von der Wiederherstellung der Einheit des Königs und des Priesters zu verwirklichen, die vor ihrer Zeit angeblich existiert hatte. Das grandiose Scheitern der hasmonäischen Herrscher darin, ihre Auffassung von der Rolle auf eine genügend hohe spirituelle Ebene anzuheben, erklärt vielleicht, warum in den späteren uns aus Qumran bekannten essenischen Texten die Hoffnung auf eine einzige Verkörperung des Priestertums und des Königtums in den Hintergrund getreten ist. Wir finden diese Hoffnung explizit erst wieder bei einem christlichen Schriftsteller, bei Hippolyt, der offensichtlich die essenischen Geheimlehren kannte und sie in Jesus erfüllt sah. Er interpretierte die verschiedenen in den Evangelien von Jesus dargebotenen Stammbäume als das Zusammenkommen zweier Linien, jede mit ihrer eigenen prophetischen Rechtfertigung.

In seinen Abhandlungen *Über den Segen Isaaks, Jakobs und Moses* schreibt Hippolyt:

> (Es war prophezeit), daß der Christus geboren werde, gemäß seiner körperlichen Abkunft aus dem Stamm des Levi, nach der priesterlichen Ordnung aus dem Haus des Aaron …

Und dennoch macht die Standardüberlieferung den Messias zu einer königlichen Gestalt, die von Juda abstammt. Hippolyt jedoch besitzt Prophezeiungen, die – wie er glaubt – die beiden Fassungen versöhnen können:

> Denn es steht geschrieben, daß der Christus auch aus dem Stamm Levi erscheinen muß, als ein Priester des Vaters, von einer Vermischung des Stammes Juda mit dem Stamm Levi, damit der Sohn Gottes von beiden verkündet werden sollte als König und als Priester.[9]

Die biblische Ableitung des zweifachen Versprechens aus den Segnungen Mose im Deuteronomium ist genau dieselbe wie in den *Messianischen Testimonia* der Essener. Daß die essenische Lehre im Christentum überliefert wurde und von Hippolyt bekannt gemacht wurde, ist daher eine fast sichere Annahme. Wir wissen auch, daß die *Testamente der zwölf Patriarchen* für den Gebrauch der Christen geschrieben wurden. Und nach der Zeit Hippolyts wurde diese Vorstellung von dem höchst einflußreichen Ambrosius in seinem Buch *Über die Patriarchen* akzeptiert und aufgenommen. Wir haben daher einen Strang einer geheimen essenischen Lehre vor uns, die in christlichen Kreisen fortlebte.

Trotz der Anstrengungen der Essener und Christen, den Keim ihrer messianischen Hoffnungen in den früheren Teilen des Alten Testaments zu finden, zeigt die Geschichte, daß die Vorstellung eines priesterlichen Kommens in Wirklichkeit eine verhältnismäßig späte Entwicklung im Judentum war. Das prophetische Orakel: «Der Herr, den ihr sucht, wird plötzlich zu seinem Tempel kommen», war eines der spätesten, die dem Kanon der alttestamentlichen Schrift hinzugefügt wurden.[10] Und die Lehre vom Verschmelzen der Rollen des Königs und des Priesters war – wie so vieles andere im Essenismus – von Vorstellungen inspiriert, die aus dem Iran stammten.

Eine alte iranische Legende berichtet, Ohrmazd habe sich dem ersten Menschen Jamshid genähert und ihm die völlige Enthüllung des Göttlichen angeboten, einschließlich all dessen, was später durch Zarathustra als die «Gute Religion» bekannt wurde. Jamshid wies jedoch die Enthüllung der Religion zurück und nahm nur den Teil an, der das geheiligte Königtum war. Ohrmazd gewährte ihm das

Königtum und hatte in der Tat in seiner Allwissenheit bereits gewußt, daß Jamshid die Religion zurückweisen würde, die für den großen Propheten Zarathustra bestimmt war. Sein Angebot hatte jedoch ein Ideal begründet: die letztliche Einheit von Königtum und Religion – obwohl Ohrmazd wußte, daß der lange Kampf gegen Ahriman, den zerstörerischen Geist, noch bevorstand und daß die endgültige Vereinigung der zwei Kräfte erst nach vielen Zeitaltern kommen und das Ende Ahrimans bedeuten würde. Daher lehren die Zoroastrier noch:

> Das, wogegen der zerstörerische Geist am heftigsten kämpft, ist das Zusammenkommen der Würde des Königtums und der Guten Religion in einer Person, in voller Kraft, weil solch eine Verbindung ihn zerstören muß.

Das Wort für «Würde» ist dasselbe wie für die Lichtaura, die «Glorie» (*chvarenah*), die um eine heilige Gestalt sichtbar ist. Der Text lautet weiter:

> Denn wenn die höchste Kraft der Würde des Königtums mit der höchsten Kraft der Würde der Guten Religion in Jamshid verbunden worden wäre; oder wenn die höchste Kraft der Würde des Königtums, wie es in Jamshid existierte, mit der höchsten Würde der Guten Religion in Zarathustra verbunden worden wäre, dann wäre der zerstörerische Geist schnell zerstört worden, die Schöpfung wäre dem Angreifer entkommen, und die gewünschte Wiederherstellung wäre in den beiden Welten geschehen ... Wenn diese beiden Würden in einem Menschen aufeinandertreffen, dann wird der Angreifer völlig besiegt und die Schöpfung gerettet und gereinigt werden; daraus geht schließlich die Wiederherstellung hervor. Die Gute Religion offenbart, daß diese beiden Würden im Saoshyanten aufeinandertreffen werden.[11]

Im zoroastrischen «Erlöser» wird sich also die Einheit des Priestertums und des Königtums erfüllen. Es wurde ein Vorbild geschaffen, welches das esoterische Denken der Essener bezüglich des Messias, des Priesters und des Königs und der Vereinigung beider in einer einzigen überwältigenden Gestalt tief beeinflußte.

Es ist faszinierend, Rudolf Steiners Beschreibung davon zu lesen, wie die Zwillingsideale als historisches Ereignis in der Entwicklung des Jesus von Nazareth – von seiner Kindheit bis zu dem Punkt, an dem er die Verantwortung für seine Sendung auf sich nahm – zusammenkamen.[12] Sein Bericht hat mit den modernen Entdeckungen, die so vieles von dem bestätigt haben, was er zu sagen hatte, nur an Kraft und Bedeutung gewonnen. Denn aus der Welt des Gnostizismus und des frühen Christentums haben mehrere fragmentarische «Vorstellungen» des Prozesses überlebt, durch den – mit den Worten des apokryphen *Ägypterevangeliums* – die zwei eins werden und das Kommen des Königreichs bewirken sollen.[13]

«Wenn die zwei eins werden»

Unsere erste «Vorstellung» hiervon stammt aus den Resten eines frühen gnostischen Buches, das einem gewissen Justinos zugeschrieben wird. Die Berichte darüber sind ziemlich verworren, trotz der Tatsache, daß wir eine Reihe direkter Zitate daraus haben und seinen Titel – *Baruch* – kennen.

Grundsätzlich handelt es von einem uns inzwischen vertrauten Thema, den zwölf Inkarnationen des Erleuchters, der hier als «engelhaftes» Wesen namens Baruch beschrieben wird. «Baruch ist tatsächlich in einem jüdisch-gnostischen Kreise dem Zarathustra gleichgesetzt und als ‹der Gesandte› und Gottessohn gefaßt worden.»[14] «Baruch» ist aber in Wirklichkeit nur ein Titel, der «Gesegneter» bedeutet und der Zarathustra als dem zurückkehrenden «wahren Propheten», dem Erleuchter, ehrenhalber gegeben wurde. In den Fragmenten des Justinos finden wir keine Spur von der Verwirrung, die sich durch den unglücklichen Zufall, daß der Freund und Schreiber des Jeremias in der Bibel Baruch hieß, in die Überlieferung eingeschlichen hat. In den jüdischen und syrischen apokryphen Schriften kam es zu Entstellungen, weil die esoterischen

Vorstellungen der Baruchmystik nicht richtig verstanden wurden. So entstand zum Beispiel die bizarre Annahme, Baruch, der Schreiber, sei vom Judentum abgefallen und habe die als *Avesta* bekannte iranische heilige Schrift verfaßt. In der lange Zeit fortgesetzten Überlieferung, die Zarathustra als Propheten des Christentums sah, wurde Zarathustra oft mit diesem Schreiber Baruch gleichgesetzt.

Die Gnosis des Justinos war von all diesem Unfug völlig frei. Sein Buch war ganz klar eine Beschreibung der zwölf Erscheinungen des Gesegneten, des wahren Propheten, auf Erden. Er war ein «engelhaftes» Wesen – «im Himmel genährt», so sein Ursprung gemäß der *Adamapokalypse* –, das kam, um den Menschen Erleuchtung zu bringen. (Um die Bedeutung dieser zwölf Inkarnationen jedoch heidnischen Lesern klarzumachen, wurde an einer Stelle der Vergleich mit den «zwölf Taten des Herakles» gezogen: Dies ist offensichtlich in späteren Berichten über das Buch des Justinos ebenfalls mißverstanden worden.)

Von besonderem Interesse ist für uns hier andererseits wieder die Inkarnation, die auf die letzte der zwölf «Taten» folgt – das heißt die dreizehnte, als der Gesegnete abermals herabgesandt wurde von Elohim, was bei Justinos ein Name für den Schöpfergott der Welt ist, der seinerseits auf das höchste Wesen der Gottheit verweist, das einfach «Der Gute» genannt wird. Denn:

> Zuletzt, ‹in den Tagen des Königs Herodes›, ward Baruch wieder von Elohim herabgeschickt und kam nach Nazareth. Dort fand er Jesus, den Sohn Josephs und Marias, Schafe hütend, als zwölfjährigen Knaben, und verkündete ihm alle Ereignisse … von Anfang an und alle späteren und sprach: ‹Alle Propheten vor dir ließen sich verlocken; bemühe dich, Jesus, Menschensohn, dich nicht verlocken zu lassen, sondern verkünde diese Lehre den Menschen und tue ihnen die Angelegenheiten des Vaters und die des Guten kund und steige auf zu dem Guten und nimm dort Platz mit Elohim, dem Vater von uns allen.› Und Jesus sprach: ‹Herr, ich werde alles tun› und folgte dem Engel und kündete.[15]

In einer so bemerkenswert gnostischen «Vorstellung» fallen verschiedene Züge auf und verlangen nach Erklärung. Denn zunächst haben wir hier etwas völlig anderes vor uns als die mit der Geburt als Jesus gipfelnden Geburtslegenden des Erleuchters, die wir in der *Adamapokalypse* finden. Es wird nicht erwähnt, daß er geboren wurde. Überdies ist der hier beschriebene Jesus offensichtlich nicht das königliche Kind der Überlieferung des Matthäus, das zu bezeugen die iranischen Weisen kamen. Seine geruhsame Beschäftigung als Schafhirte auf den Hügeln über Nazareth und die genaue Angabe «in den Tagen des Königs Herodes» stellen klar, daß dies der Jesus des Lukas ist, der Freund der Armen, der auf genau diesen Hügeln den Hirten verkündet wurde. Außerdem ist die Szene genau vorgebildet durch Jesu priesterlichen Ahnen und Prototypus Levi in den *Testamenten der zwölf Patriarchen*:

> Ich war aber ein Jüngling von ungefähr zwanzig Jahren. Als wir aber in Abelmaul Schafe weideten, da kam der Geist der Einsicht des Herrn über mich … und siehe, es öffnete sich der Himmel, und ein Engel Gottes sprach zu mir: ‹Levi, geh hinein!›[16]

Auch Levi erhielt seinen göttlichen Auftrag, Priester zu werden, in seinen Visionen.

Der Jesus unserer gnostischen «Vorstellung» ist schon zwölf Jahre alt, als er fühlt, wie die Gegenwart Zarathustras auf den einsamen Hügeln über ihn kommt. Das Alter muß von Bedeutung sein, es ist das Alter, in dem Jesus in den Tempel gebracht werden muß, um zu einem «Sohn des Gesetzes» gemacht zu werden – in welchem er sich aber schon als weit über das Verständnis seiner Lehrer hinaus erleuchtet zeigt. Die Szene bildet den Höhepunkt des *Kindheitsevangeliums des Thomas* und ist natürlich im Lukasevangelium enthalten. Wir scheinen in diesem gutbelegten Ereignis den Punkt sehen zu sollen, an dem Jesus aus Gehorsam für den ihm nun innewohnenden engelhaften Erleuchter zu «predigen» beginnt. Es muß – mit anderen Worten – den Augenblick darstellen, an dem «die zwei eins wurden».

Die andere in den gnostischen Quellen für uns bewahrte «Vorstellung» stammt aus der spätgnostischen Sammlung mit der Bezeichnung *Pistis Sophia*. Sie beschreibt ebenfalls – aus dem Munde Marias – einen Vorfall aus Jesu Kindheit. Sie erzählt ihn, um die Erfüllung des Spruches zu erklären: «Gnade und Wahrheit sind aufeinandergetroffen, und die Gerechtigkeit und der Frieden haben sich geküßt; die Wahrheit ist auf Erden gediehen, und die Gerechtigkeit hat vom Himmel herabgeschaut»:

> Da du klein warst, bevor der Geist über dich gekommen war, kam, während du dich mit Joseph in einem Weinberg befandest, der Geist aus der Höhe und kam zu mir in mein Haus, dir gleichend, und nicht hatte ich ihn erkannt, und ich dachte, daß du es wärest. Und es sprach zu mir der Geist: ‹Wo ist Jesus mein Bruder, damit ich ihm begegne?› Und als er mir dieses gesagt hatte, war ich in Verlegenheit und dachte, es wäre ein Gespenst, um mich zu versuchen. Ich nahm ihn aber und band ihn an den Fuß des Bettes, das in meinem Hause, bis daß ich zu euch, zu dir und Joseph, auf das Feld hinausginge und euch im Weinberge fände, indem Joseph den Weinberg bepfählte. Es geschah nun, als du mich das Wort zu Joseph sprechen hörtest, begriffest du das Wort, freutest dich und sprachst: ‹Wo ist er, auf daß ich ihn sehe, denn ich erwarte ihn an diesem Orte.› Es geschah aber, als Joseph dich diese Worte hatte sagen hören, wurde er bestürzt, und wir gingen zugleich hinauf, traten in das Haus ein und fanden den Geist an das Bett gebunden. Und wir schauten dich und ihn an und fanden dich ihm gleichend; und es wurde der an das Bett Gebundene befreit, er umarmte dich und küßte dich, und du selbst küßtest ihn, und ihr wurdet eins.[17]

In dieser etwas anekdotenhaften Wiedergabe seitens der Mutter Jesu spiegeln sich möglicherweise dennoch die esoterischen und gnostischen Überlieferungen bezüglich dessen, was Jesus im Alter von zwölf Jahren geschah.

Noch wichtiger ist, daß wir erkennen können, daß hinter diesen

«Bildern» von Jesus ganze Überlieferungen standen. Es sind «Vorstellungen», die in den Jahrhunderten vor Christus aus Strömungen sowohl populären als auch esoterischen religiösen Denkens erwuchsen und diese zusammenfaßten: Vorstellungen von einem wunderbaren «göttlichen Kind», von einem messianischen Priester, von einem «wahren Propheten» oder engelhaften Erleuchter, von einem königlichen Messias, von einem erleuchteten Wesen, von einem irdischen Handelnden, der Gottes Macht in der Geschichte offenbaren würde. Das Erstaunliche ist, wie sich diese «Vorstellungen» um die Gestalt des Jesus von Nazareth gebildet haben, der im Zentrum eines Strudels von Vorstellungen und Hoffnungen zu stehen scheint.

Vor diesem Hintergrund aus Mythos und Geschichte ist es Zeit, zu unserer Frage nach Jesus selbst zurückzukehren. Was war seine eigene Vision? Wie verhielt er sich zu den vielen Rollen, welche die Essener und andere Seher sich für ihn vorstellten? Wer ist dieser «Menschensohn Jesus»?

9
CHRISTENTUM UND BEWUSSTSEIN: DER MENSCHENSOHN

So seltsam es auch erscheinen mag: Die Aufgabe, Lehre und spirituelle Entwicklung Jesu zu rekonstruieren, eine offenkundig so naheliegende und – auf der Grundlage der Evangelien – einfache Aufgabe, ist bis vor kurzem kaum unternommen worden; und fast immer wirft sie mehr Fragen auf, als sie beantwortet. Wir haben gesehen, daß die Evangelisten das Erlösungswerk Christi vor einer Anzahl verschiedener kultureller und religiöser Hintergründe interpretierten – so zum Beispiel dem jüdischen, dem essenischen oder dem hellenistisch-orientalischen – und sein Leben und seine Worte als Teil seiner Mission zeigen wollten. Keiner von ihnen macht den Versuch, seine Lehre als solche zusammenzufassen.

Andererseits gibt es in den Evangelien viele Stellen, die Überlieferungen der Worte Jesu wiedergeben. Wir wissen, daß Sammlungen der «Sprüche Jesu» tatsächlich die ersten Vorläufer der Evangelienform darstellten. Genau diese Form ist im *Thomasevangelium* von Nag Hammadi erhalten, das aus Jesus zugeschriebenen Sprüchen besteht und kaum narrative Elemente enthält – in den meisten Sprüchen überhaupt keine. Zusammen mit anderen Belegen hat dies die Vermutung nahegelegt, daß dieses Evangelium authentisches und frühes Material enthält. Viele der Sprüche bei Thomas waren bereits aus den kanonischen Evangelien bekannt, die ihrerseits in einer großen Anzahl von Jesus zugeschriebenen Worten übereinstimmen. Daher stehen uns wohl – wenn wir nicht allen schriftlichen Belegen gegenüber eine extrem skeptische Haltung einnehmen wollen – genügend bestätigte Zeugnisse zur Verfügung, aus denen wir wenigstens bis zu einem gewissen Grad darauf schließen können, wie der Sprecher dieser Äußerungen sich selbst sah – im Gegensatz dazu, wie ihn die Evangelisten sahen.

Außerdem können wir auf der Grundlage der Evangelienüberlieferungen eine Reihe entscheidender spiritueller Erfahrungen identifizieren, die Jesu Bewußtsein von sich und seiner Rolle geformt zu haben scheinen.

Wir haben einige Geschichten aus der Kindheit Jesu erwähnt, die von unterschiedlicher Glaubwürdigkeit sind und sich in den apokryphen Evangelien sowie denen des Matthäus und des Lukas finden. Ihre wahre Bedeutung liegt darin, daß sie die Hoffnungen und religiösen Auffassungen der Gesellschaft darstellen, in der Jesus aufwuchs. Sie verweisen auf die Welt der Essener, die geheimnisvoll mit dem visionären Universum des Zoroastrismus und der Magier verbunden ist – oder auf die Erwartung eines göttlichen «Wunderkindes» wie in der orientalischen Mythologie. Aber wir können natürlich nicht wissen, wie Jesus auf solche Vorstellungen reagierte. Wir können nur feststellen, daß sie sehr früh in den Überlieferungen des Christentums und sogar im neuestamentlichen Kanon einen Platz fanden.

Wenn es um die Ideale des «Königtums» und des «Priestertums» geht, befinden wir uns auf festerem Boden. Aus den Worten und Taten des erwachsenen Jesus wissen wir, daß diese Vorstellungen Teil seines Bewußtseins von sich selbst waren. Es gibt viele Stellen, an denen Jesus sich als der königliche Messias ausweist – obwohl er immer dazu neigt, die Betonung zu verlagern, indem er anstelle des politischen Helden der volkstümlichen jüdischen Messiaserwartung die Bedeutung des spirituellen Wesens des Königtums hervorhebt. Sein Reich ist «nicht von dieser Welt».[1] Jesus tritt das Erbe der geistigen Dimension des kosmischen Königtums an, das den geweihten Herrschern im alten Orient eigen war, und hebt es auf eine neue Ebene des Universalismus. Als er seinen triumphalen Einzug in Jerusalem hielt – auf «einem Esel und dem Füllen eines Esels» reitend –, wußte er sehr wohl, daß er das Königsorakel des Sacharja (9,9) erfüllte. Desgleichen wußten es die Menschen, die Palmzweige vor ihm streuten und dem königlichen Messias Davids zujubelten («Hosanna dem Sohne Davids»). Als die bewaffnete Schar ihn zum

Gericht vor Pilatus brachte, zweifelte keiner von ihnen daran, daß Jesus behauptet hatte, er sei der «König der Juden», was der Überlieferung nach auch in drei Sprachen auf dem Kreuz geschrieben stand.

Aber es gibt Anzeichen dafür, daß für Jesus die königliche und messianische Rolle durch das Ideal des «Hohenpriesters» modifiziert war. Oscar Cullmann hat gezeigt, daß Jesus den «Priester nach der Ordnung Melchisedeks» aus Psalm 110 als auf sich bezogen interpretiert. «Wir hätten dann damit zu rechnen, daß Jesus der Gedanke, er habe auch das wahre Priestertum zu erfüllen, nicht fremd gewesen ist ... Hat es nicht tatsächlich etwas zu bedeuten, daß Jesus ein Wort, das vom *ewigen Hohenpriester* handelt, gerade in diesem Augenblick auf sich bezieht, wo er vor dem *jüdischen Hohenpriester* steht und von ihm über seinen Messiasanspruch befragt wird? Er sagt dann damit, daß sein Messiastum nicht dasjenige des irdischen Messias ist ... sondern daß er der *himmlische* Menschensohn und der *himmlische* Hohepriester sein will. Diese Antwort ist dann parallel derjenigen, die er im Johannesevangelium dem Pilatus über sein Königtum erteilt, das nicht von dieser Welt ist (Joh. 18,36). Vor dem irdischen Herrscher betont er, daß sein Herrschertum nicht irdischer Art ist, vor dem irdischen Hohenpriester, daß sein Hohepriestertum nicht irdischer Art ist.»[2] Stattdessen nimmt er für sich in Anspruch, das eigentliche, von der äußeren Form befreite Priestertum zu verkörpern.

In diesem Fall scheint also Jesu Selbstbewußtsein seinerseits von den Vorstellungen und Auffassungen geprägt zu sein, die wir in den vorangegangenen Kapiteln bei den verschiedenen Evangelisten dargestellt sahen. Er stellt sich als die Erfüllung der beiden großen Ideale im religiösen Leben des Altertums dar – «Königtum» und «Priestertum» –, die beide tief in den archaischen Mythos und die Erfahrung hineinreichen und eine lange Geschichte in Israel und im alten Orient haben. Und da dies in verschiedenen Überlieferungssträngen, einschließlich des kanonischen Lukasevangeliums vorkommt, gibt es keinen guten Grund, den Bericht von Jesu ungewöhnlicher «Erweckung» im Alter von zwölf Jahren abzulehnen, als – um in den Begriffen des vorigen Kapitels zu sprechen – «die zwei eins wurden» und die zukünftige Rolle, die Jesus spielen sollte, sein

Denken zu beherrschen begann – so sehr, daß er zu denen, die er im Tempel, «seines Vaters Haus», vorfand, unvergeßliche Dinge sagen konnte.

Der Anstoß, hinauszugehen und sein geistliches Amt zu beginnen, kam jedoch erst einige Zeit danach. Jesus war in der Zwischenzeit, wie es nun scheint, mit den Essenern und ihren Lehren in Kontakt. Was der Berufung Jesu eine neue Tiefe verlieh, war jedoch seine Taufe durch Johannes. Dem ursprünglichen *Hebräerevangelium* entnehmen wir, daß der Vorgang so etwas wie die Proklamation eines Königs – des spirituellen Königtums Jesu – war. Alle Berichte stimmen darin überein, daß sich bei der Taufe der himmlische Ursprung Jesu offenbarte – der Geist sank in dem Augenblick auf ihn herab, wie am Anfang des Markusevangeliums eindrucksvoll berichtet wird. Danach, so das *Hebräerevangelium*, bezieht sich Jesus auf «meine Mutter, den Heiligen Geist». Aber mit dieser Enthüllung, daß er fortan der Träger des Christus sei und damit auch des vollen Ausmaßes seiner Mission, kam auch die Erfahrung der Versuchung. Der Zugang zu einer neuen Bewußtseinsebene bringt auch neue Probleme, neue Bürden und neue Gefahren mit sich. Er geht in die Wüste hinaus, um dort mit den feindlichen Mächten zu kämpfen.

Über das Judentum hinaus: Bewußtsein und Versuchung

> Und sogleich trieb ihn der Geist in die Wüste; und er war in der Wüste vierzig Tage und wurde versucht von dem Satan und war bei den wilden Tieren, und die Engel dienten ihm.[3]

Für das konventionelle Judentum sind die Kräfte, gegen die Jesus in der Wüste kämpfen muß, Aspekte des «Satans», des Teufels – der Macht des Bösen, der es gelungen war, den ersten Menschen Adam zur Sünde zu verführen. Seit Adams Sündenfall waren alle Menschen bereits unter der Herrschaft dieser Mächte geboren worden (was später als «Erbsünde» bezeichnet wurde).

In der esoterischen und apokalyptischen Literatur des Judentums jedoch wird «diese Welt», in die wir geboren werden, bereits auf eine viel umfassendere Art als in der Gegenwart von bösen Mächten beherrscht betrachtet; erst in der «zukünftigen Welt» wird Gottes Herrschaft sich hier unten zeigen. Die volle Entwicklung dieser apokalyptischen Vorstellungen geschah unter dem Einfluß des Iran und seines mythisch-kosmologischen Dualismus. Wir haben gesehen, wie die Gedankenwelt der Essener hierdurch mit geformt wurde; das Judentum hatte immer einen Mythos vom Versucher gehabt (Luzifer wurde er später genannt), der die rechte Beziehung des Menschen zu Gott zerstört, indem er ihn mit Stolz und Begierde erfüllt. Neben dieser Vorstellung existiert jedoch in essenischen und apokalyptischen Schriften eine Dämonologie, die zusätzlich den Begriff einer Ahriman, dem zoroastrischen Dämon der Finsternis und Entfremdung, ähnlichen Macht enthält, das heißt einen weiteren Aspekt «Satans», und die Vision einer Welt, die von «spirituellen Mächten des Bösen im Himmel» und in der Seele des Menschen beherrscht wird.

Abermals flossen die geistigen Strömungen des Iran und des Judentums in der alptraumhaften Vision böser Mächte zusammen. Die Bedeutung des Kampfes Jesu wird daher erst klar, wenn man ihn vor dem Hintergrund der Bewußtseinsgeschichte sieht. Denn die «feindlichen Mächte» stellen die Gefahren und Versuchungen dar, die in der Entwicklung des Menschen zur Individualität liegen. Wir haben am Anfang dieses Buches einige Aspekte der Entwicklung des Judentums umrissen – jener Religion, die am gründlichsten über die Entdeckung des individuellen moralischen Selbst durch den Menschen berichtet, welches aus der mythischen Teilnahme an einer vom alten Orient erfahrenen göttlichen Ordnung entstand. Im Judentum ging der Mensch eine individuellere Beziehung mit dem Göttlichen ein, indem er auf die ethische Herausforderung der Jahwes Gebote verkündenden Propheten reagierte und half, die geschichtliche Bestimmung von Jahwes Volk zu formen. Das größere Individualitätsgefühl brachte aber die Versuchung der Selbstüberschätzung und der Egozentrik oder sogar der Selbstbeweihräucherung mit sich («Ihr werdet sein wie Gott» verspricht der Versucher). Diese Versuchung bildet immer einen Pol des jüdischen Bewußtseins in seinen typischsten Verkörperungen.

Der entgegengesetzte Pol und seine Ergänzung ist das Schuldgefühl – denn so, wie sich das Selbst zu sehr behaupten und sich anmaßen kann, Gott zu sein, so kann es auch von dem Gefühl seiner Unzulänglichkeit angesichts der übertriebenen Forderungen des Vaters gequält werden. Die Individualität des Menschen im Judentum wird an der Skala der «Gerechtigkeit» gemessen, einem absoluten Maßstab, vor dem schließlich jeder Mensch notwendig versagt, so daß er sich schuldig fühlen muß. Der Mythos von der «Erbsünde» Adams und daher aller Menschen nach ihm verkörpert die bedeutende Wahrheit, daß die beiden Pole Schuld und Stolz ein grundlegender Bestandteil der Individuation sind. Kein Mensch, der das im Judentum kultivierte Gefühl der moralischen Identität entwickelt, kann ohne die Versuchung des letzteren und die unausweichliche Anerkennung des ersteren leben.

Aber ein Individuum nach jüdischem Verständnis zu sein hatte weitere Folgen. Es betraf nämlich nicht nur das innere Wesen des Menschen, sondern auch seine Art, den Kosmos zu erleben. Für den antiken Menschen war der ihn umgebende Kosmos eine Fülle göttlicher Aktivität gewesen, die Domäne zeitloser Mythen, die ewig wiederaufgeführt wurden. Der Mensch erfuhr sein eigenes Sein in diesem Vorgang und begriff sich nur in bezug auf die spirituelle Totalität dessen, was er noch in diesem mythischen Kosmos erfuhr. Als der jüdische Mensch aber begann, sich und seinen Gott in den «ruhigen leisen Stimmen» der Innerlichkeit zu finden, änderte sich die Lage: Der äußere Kosmos verlor die ihm innewohnenden mythischen Kräfte und wurde als «vollendetes Werk» betrachtet, als Endprodukt eines Schöpfungsaktes, das jetzt unbeweglich, starr und nicht mehr vom Göttlichen erfüllt war. Der alte Orient und besonders die Iraner hatten diese Art, die Welt zu erleben, über alles gefürchtet. Sie schrieben das Gefühl der Unbeweglichkeit und das Anderssein der Dinge dem bösartigen Geist der Finsternis, Ahriman, zu, und sie taten alles nur mögliche, um ihre ursprüngliche Wahrnehmung der göttlichen Fülle zu bewahren, die mit Ohrmazd und seinen Engeln des Lichtes, den Wohltätigen Unsterblichen, verbunden war. Der Mensch wurde der ursprünglich gekannten Teilhabe am kosmischen Ganzen durch Ahriman entfremdet und von ihm in der Einsamkeit seines Selbst gefangengesetzt.

Die Juden bewältigten das Gefühl der Entfremdung und der Einsamkeit auf ganz andere Weise. In einem früheren Kapitel (siehe S. 59ff.) haben wir gesehen, wie sie die Schöpfungslehre entwickelten – das heißt, man lehrte sie, die materielle Welt, unbewegt und vollendet wie sie war, anzuschauen, ohne sich daran zu erinnern, daß sie mit dem Göttlichen durch den Akt der Schöpfung verbunden war, daß sie das vorzügliche Produkt eines Wesens war, dessen unergründliche Größe zu unterstreichen sie einzig diente. Wie großartig und bedeutend die Schöpfung auch war, so wies sie doch auf einen, der noch höher und größer war. Das Gefühl von Jahwe als Vater und Schöpfer bewahrte die Juden daher wirkungsvoll davor, alle Folgen der Entfremdung tragen zu müssen. Sie sahen sich keinem vollkommen als ahrimanisch empfundenen Universum gegenüber, weil sie aus ihrer Ehrfurcht vor dem Schöpfer innere Stärke und Bestätigung erhielten. Ihr innerer Blick war von der Tatsache, daß bloße Dinge äußerlich und unbeweglich waren, abgewendet und richtete sich stattdessen auf die transzendente, väterliche Gestalt Jahwes.

Das jüdische Bewußtsein der Individualität konnte, kurz gesagt, historisch entstehen, weil die religiösen Formen des Judentums einen passenden «Schutzraum» vorsahen, in dem es kultiviert werden konnte. Der Mensch konnte im Judentum langsam das Gefühl des individuellen Bewußtseins entwickeln, ohne die volle Last der Entfremdung, die Vision des Ahrimanischen auf sich nehmen zu müssen, welche die väterliche Gottheit noch für ihn trug. Teil des Preises für eine Individualität in dieser Form war jedoch, daß dem Menschen das Gefühl der Unzulänglichkeit und Schuld blieb: Er konnte seine rechte Beziehung zu Gott nicht in der Gegenwart erreichen, sondern er erwartete sie am Ende der Geschichte, wenn der Messias siegen und die Mächte der «Erbsünde» Adams keine Macht mehr über die Menschen haben würde. Die jüdische Eschatologie, das heißt ihre Lehre vom Ende der Zeit, von der Geschichte, entsteht in ihrer besonderen Ausprägung also unvermeidlich aus dem jüdischen Bewußtsein. Am Ende der Zeit würde der gegenwärtige Rahmen der Dinge zerbrochen werden, und ein Zustand größerer Vollkommenheit würde folgen.

Für die Entwicklung des Bewußtseins im Großen und in der Geschichte gilt dasselbe wie für die Entwicklung des Individuums: Man kann sie nicht aufhalten. Ein Mensch kann nicht für immer unter dem Schutz seines Vaters bleiben, sondern er erreicht ein Stadium, in dem er wünscht – oder gar verlangt –, seinen eigenen Weg zu gehen und seine Probleme selbst zu lösen. Genau so ist es im größeren Zusammenhang, in dem die Menschheit sich den letzten Problemen der Existenz gegenübersieht und ihre Lebensart, Kultur- und Glaubensformen gestaltet. Das Judentum hatte ein in der antiken Welt nie zuvor dagewesenes Maß an individuellem Bewußtsein gefördert, wenn auch sein Individualismus noch durch die väterliche Konzeption des Jahwe und die sich daraus ergebende Solidarität aller «Kinder Abrahams» eingeschränkt war und der Großteil der Last des individuellen Bewußtseins bezüglich des äußeren Kosmos noch vom Schöpfer getragen wurde. Es war unvermeidlich, daß auf der Grundlage des Judentums ein Verlangen nach einem weiteren Schritt im Ichsein entstehen würde, durch den das Individuum beschließen würde, genau die Bürden auf sich zu nehmen, von denen das Judentum es befreite. Denn wenn das möglich wäre, brauchte der Mensch sich nicht mehr an einem äußeren Maßstab zu messen und in Schuld Buße tun. Er würde die Beschränkungen und die dem jüdischen Bewußtsein innewohnenden Probleme in dem Augenblick überwinden, in dem er die Last auf sich nähme, die der Gott des Judentums für seine Kinder getragen hatte. Es wäre dem Menschen möglich, sein rechtes Verhältnis zur Welt und zum Geist hier und jetzt zu erreichen und aus seiner tiefsten Wahrheit zu leben.

Solch ein weiterer Schritt im Bewußtsein wäre ein gewaltiges Ereignis. Und doch gibt es Beweise, daß um die Zeit der Entstehung des Christentums ein Teil der Menschheit das Stadium erreicht hatte, diesen Schritt zu verlangen. Natürlich waren die meisten dieser Menschen Juden – obwohl es zutrifft, daß parallele Entwicklungen des Bewußtseins auch andernorts auf unterschiedliche Weisen stattgefunden hatten, beispielsweise auf der Grundlage des griechischen Rationalismus.[4] Wenn sie jedoch den geschilderten weiteren Schritt im Bewußtsein unternehmen wollten, brauchten sie offensichtlich Hilfsmittel, die über die von der gewöhnlichen jüdischen Tradition angebotenen hinausgingen.

Das Judentum hatte lange mit den Problemen des inneren Wesens des Menschen gerungen, vor allem mit den Motiven Stolz und Versuchung; es ist vorstellbar, daß eine einfache Erweiterung des jüdischen Denkens eine neue Lösung für eine Seite des Problems hätte bringen können. Was fehlte, war ein Mittel, mit dem der Mensch durch die tieferen Schichten seines eigenen Seins dringen konnte; denn der Mensch erlangt die beschriebene Autonomie und Ichheit erst, wenn er aus seinem tiefsten, ganz authentischen Wesen heraus handelt und den oberflächlichen Verzerrungen seines Wesens, die ihn immer beeinflussen, Widerstand leistet. Was sich in der Tat entwickelte, war eine neue, eine jüdische Form der Initiation: Es war die von den Essenern entwickelte. Wie wir schon festgehalten haben, stellte das essenische Mysterium den individuellen Geist nämlich als moralisch Handelnden zwischen die Zwei Geister, den lichten und den finsteren. Es überwältigte die Identität des Menschen nicht mit einem orientalischen «kosmischen Bewußtsein», sondern erlaubte es ihm, sein tiefstes Inneres zu entdecken und aus ihm heraus zu handeln. Obwohl diese auf «Individualismus» zielende essenische Initiation von Initiationspraktiken aus dem Osten beeinflußt war, war sie ein typisch jüdischer Beitrag zum Mysterium und konnte nur auf jüdischem Boden entstehen.

Wenn der Mensch aus dem beschränkten Individualismus der traditionellen jüdischen Spiritualität heraustrat, mußte er aber nicht nur mit den Schwierigkeiten seines inneren Selbst zurechtkommen. Er mußte auch die Last der Entfremdung im äußeren Kosmos akzeptieren, die früher der väterliche Gott der Schöpfung von ihm genommen hatte. Und hier brauchte er Hilfsmittel ganz von außerhalb der jüdischen Tradition, zum Beispiel aus dem Iran. Dort hatten die Weisen spirituelle Wege entwickelt, den Menschen vor der erschreckenden Erfahrung des Ahrimanischen zu verteidigen, vor der Einsamkeit und Entfremdung, die das Individuum kennenlernt, wenn es die volle Realität seiner «Getrenntheit» versteht. Daß es möglich war, den Schrecken der Entfremdung zu bekämpfen, hatten die iranischen Weisen herausgefunden – und zwar durch die Kräfte, die in der Seele durch eine kosmische Initiation erweckt werden. Indem sie den Menschen in Kontakt mit den psychischen Kräften brachten, die ihn im Stadium seines mythischen Bewußtseins beherrscht hatten; indem sie ihm ein Gefühl kosmischer Teilhabe gaben, konnten sie ihn wieder von der überwältigenden Furcht vor dem Ahrimanischen befreien. Im Judentum hatte sich durch die Schöpfungslehre eine kosmische Einweihung erübrigt; wenn der Mensch aber über den Rahmen des Judentums hinauszugehen und seine eigene existentielle Bürde zu schultern versuchte, mußte er sich unvermeidlich wieder auf Kräfte wie die der alten kosmischen Initiationen verlassen können. Eine neue Form «mythologischen» Bewußtseins mußte entwickelt werden. Wir sehen daher allmählich, warum das iranische Denken sich für diejenigen als so wertvoll erwies, die am Erwachen eines neuen, über das Judentum hinausreichenden Bewußtseins beteiligt waren. Denn dort konnten sie die spirituellen Mittel für die äußere, die kosmische Seite jener Bewußtseinsentwicklung finden. Wir haben verfolgen können, daß historisch gesehen bis zu der Zeit, von der wir sprechen, die Gnostiker am meisten für die Bewahrung des Mysteriums vom kosmischen Menschen taten. Es waren die Gnostiker, die die kosmische, mythische Dimension der menschlichen Erfahrung fortführten – noch vom Geist des alten iranischen Denkens inspiriert.

Zwei Strömungen der Entwicklung stehen so vor uns – beide von eminenter Bedeutung für die Geschichte des Bewußtseins: das essenische Mysterium vom individuellen moralischen Geist und die gnostische Offenbarung der kosmischen Erfahrungsdimension des Menschen. Aber noch keine von beiden reicht für den gewaltigen weiteren Schritt in die Ichheit aus.

Das essenische Mysterium erlaubte es dem Menschen, sich als moralisch Handelnden zu entdecken, hielt aber noch am jüdischen Rahmen der Schöpfung und der Sündhaftigkeit eines schuldigen Menschen fest, wenn er nicht dem essenischen Codex der Gerechtigkeit gemäß lebte. Die gnostische Offenbarung vermochte das Ahrimanische nur dadurch zu überwältigen, daß sie das Selbstgefühl des Menschen beseitigte und das Bewußtsein als «Fälschung» des Geistes und das objektive Universum als Produkt eines falschen Gottes, eines Demiurgen, betrachtete. Die Essener waren zu beschränkt auf die Geschichte und die Innerlichkeit, um zur Dimension des Mythos durchzubrechen. Die Gnostiker waren zu sehr im Mythos befangen, um zu einem positiven Verständnis des objektiven Bewußtseins und der Geschichte zu gelangen. Notwendig war eine Verschmelzung des Mythos mit der Geschichte – und das sollte zum ersten Mal im Christentum geschehen. Dort treffen wir zum ersten Mal historische Ereignisse vom Ausmaß und der Resonanz eines Mythos und mit der Kraft eines Mythos, im Innern zu wirken und zu verwandeln. Und in Jesus erleben wir die Entdeckung des neuen Bewußtseins.

Man kann die Beschreibung von Jesu Kampf mit den Kräften des Bösen und der Versuchung in der Überlieferung der Evangelien als die Geschichte eines Bewußtseins verstehen, das mit den neuen Gefahren und Neigungen kämpft, die ein voll entwickeltes Ich mit sich bringt. Jesus muß tatsächlich mit Kräften ringen, die den Menschen von dem Augenblick an gefangenhielten, in dem er begann, im Rahmen des Judentums eine individuelle Wahrnehmung auszubilden, und er muß mit der ahrimanischen Entfremdung ringen, die in den Mysterien des Iran bekannt war und durch eine kosmische Initiation überwunden wurde. Nun muß sie von einem überwunden werden, der dabei nicht seine Individualität aufgibt. Und genau dies ist es, was Jesus nach seiner Taufe unternimmt, die daher im vollsten Sinne eine Initiation in eine höhere Art des Seins und der Wahrnehmung ist. Allein in der Wüste der Entfremdung (im Griechischen ist diese wörtlich «die Einsamkeit») widersteht Jesus auch der Versuchung des inneren Stolzes und triumphiert durch die Stärke seines neuen Christus-Selbst.

Es ist ein Teil der zentralen Bedeutung von Rudolf Steiners spiritueller Beschreibung der Bewußtseinsentwicklung, daß er uns die Bedeutung der Entdeckung dieses Selbst im Christentum und deren Folgen sogar für unsere zukünftige Geschichte vor Augen geführt hat. Das alte Ideal der Eingeweihten-Könige ist auf eine neue, innerlichere Ebene gehoben worden, auf die eines individuellen spirituellen Selbst, und es schaut nicht mehr auf einen atavistischen Identitätsverlust zurück. Das «Himmelreich» ist erreichbar – nicht durch äußerliche Handlungen, sondern durch einen Durchbruch im Bewußtsein.

Was war, so fragt Steiner, das Ergebnis der Erfahrung und des Kampfes Jesu in der Wüste? «Da mußte sein die Predigt von dem Reiche. Und wenn das Matthäus-Evangelium sachgemäß zunächst die Versuchung schildert, wird es nach der Versuchung schildern die Phase von dem Hinauftragen des Ich, das in sich selbst die geistige

Welt erleben kann und nicht erst dazu aus sich herauszuschreiten braucht. Das Geheimnis von diesem Ich, das nach dem Muster, wie man lebt im äußeren Reich, hinaufsteigt in die geistige Welt, dieses Geheimnis sollte nun in der äußeren Welt durch die Christus-Wesenheit enthüllt werden.»[5] Das, so Steiner, bedeutet die Lehre vom Reich.

Heute wird weithin anerkannt, daß die Lehre vom Reich Gottes tatsächlich im Zentrum der Lehre Jesu stand. Rudolf Bultmann hat dies besonders betont, er zeigt in seiner «phänomenologischen» Paraphrase des neutestamentlichen Begriffs viel Verständnis für die ungeheuren Anforderungen, die dieser Aspekt der Lehre Christi an das Selbstbewußtsein stellt.[6] Es ist bedauerlich, daß Bultmann in anderer Hinsicht seinen kritischen Ansatz in der Interpretation der Rolle Jesu selbst bis ins unrealistische Extrem getrieben hat und daß er die Bedeutung des «Mythos» nur in einem negativen Sinn verstand. Aber in bezug auf diese exoterische Lehre Jesu, sein Predigen vom Reich Gottes, hat er die Kraft seiner Einsicht auf fruchtbare und wertvolle Weise zum Tragen gebracht.

Um jedoch Jesu Beziehung zum Reich Gottes und die Art, wie er von sich in Verbindung mit dessen Kommen sprach, besser zu verstehen, müssen wir uns einer weiteren zentralen Vorstellung zuwenden: dem Menschensohn.

Der Menschensohn

Beim Studium des Neuen Testaments wird bald klar, daß in dem rätselhaften Ausdruck «Menschensohn» ein Schlüssel zu Jesu eigener Sicht seiner Aufgabe, ihrer Quellen und ihrer Ziele liegt. Obwohl er Elemente einer königlichen und einer priesterlichen Messiasrolle annahm, fällt doch auf, wie oft Jesus in den Evangelien, wenn er über sich selbst befragt wird, mit einem Spruch über den «Menschensohn» antwortet. Dies wird noch verstärkt durch die ebenso überraschende Entdeckung, daß der Ausdruck kaum von jemand anderem im Neuen Testament – oder auch in der anderen frühchristlichen Literatur – verwendet wird. Die Kirchenväter machten von ihm in ihren theologischen Schriften ebensowenig Gebrauch wie die Evangelisten, die ihn nur dann verwenden, wenn sie Jesu eigene Worte wiedergeben. Es überrascht nicht, daß die moderne Forschung auf dieses geheimnisvolle Schweigen mit enthusiastischen Spekulationen und kritischer Forschung reagiert hat.[7]

Nun sprach Jesus selbstverständlich nicht griechisch, sondern aramäisch; die Forscher haben daher ganz zu Recht auf den entsprechenden Ausdruck in der semitischen Sprache hingewiesen, dem das griechische Äquivalent «Menschensohn» genau nachgebildet ist, nämlich auf *barnascha* (was wiederum der älteren hebräischen Form *ben Adam* entspricht). Er bedeutet wortwörtlich «Sohn des Menschen», das heißt «Mensch» – in Übereinstimmung mit einer in den semitischen Sprachen viel gebrauchten besonderen idiomatischen Form, wo zum Beispiel ein Lügner ein «Lügensohn» oder ein böser Mensch ein «Bosheitssohn» wäre. Der Ausdruck bezeichnet also im weitesten Sinne den Menschen als solchen; und es scheint tatsächlich Stellen zu geben, an denen *barnascha* anstatt mit dem dem griechischen Sprachgebrauch fremden Ausdruck einfach als «Mensch» übersetzt wurde.

Spezialisten auf diesem Gebiet haben auch festgestellt, daß der Ausdruck in der Sprache zur Zeit Jesu auf besondere Weise benutzt wurde, und zwar als eine Art, «Ich» zu sagen. So wie man sich im Englischen zum Beispiel gelegentlich als «Number One» bezeichnen kann, so konnte ein Sprecher des Aramäischen unter bestimmten Umständen von sich als «Menschensohn» sprechen. Dies war besonders der Fall, wenn das, was man von sich sagte, auf Menschen generell zutraf und einschloß, daß nicht nur ich es tun könnte, sondern jeder Mensch. Ein oder zwei Forscher haben daraus den extremen Schluß gezogen, der «Menschensohn» sei vom religiösen Standpunkt aus gesehen nicht von Interesse, da es nur Jesu Art sei, manchmal auf aramäisch «ich» zu sagen. Ein offener Blick auf das Problem zeigt aber bald, daß diese Lösung zu einfach ist. Die Tatsache allein, daß der Ausdruck in der frühen Überlieferung sehr wörtlich wiedergegeben wurde, bedeutet zweifellos, daß ihm eine besondere Bedeutung beigemessen wurde. Und es gibt Wissenschaftler, die auf einen Hintergrund hinweisen, der sich von demjenigen, den linguistische Erwägungen auf Anhieb nahezulegen scheinen, wesentlich unterscheidet.

Wir haben in früheren Kapiteln dieses Buches gesehen, daß es im Altertum im Vorderen Orient Religionen – Mysterien – gab, in deren Zentrum die Gestalt eines kosmischen Menschen stand. Der König, der sozusagen dieser Mensch auf Erden war, wurde oft als sein Sohn bezeichnet. Man kann daher die königlichen Initiationsriten unter einem Gesichtspunkt als eine rituelle Aufführung betrachten, in welcher der kosmische Mensch, der Urmensch, seinem irdischen Sohn Kraft und Herrlichkeit verleiht. Solch eine Sprache wurde gewiß von dessen irdischem Repräsentanten, dem Sohn des himmlischen Menschen, benutzt, und wir haben gesehen, daß in der Darstellung des idealen Hohenpriesters durch Lukas zum Beispiel Motive vorkommen, die Christus mit dem Ersten Menschen verbinden, so etwa in dem Stammbaum, der Jesu Vorfahren bis zu Adam, dem Sohn Gottes, zurückverfolgt. Es scheint daher möglich, daß Jesus selbst eine Sprache benutzte, die aus den Mysterien vom Ersten Menschen stammte, und daß dies der Grund für den seltsamen Nachdruck ist, den er in seinen Aussagen über sich selbst auf den Ausdruck *barnascha* legt.

Der Meinungsstreit zwischen den gegensätzlichen Schulen dauert an. Beide können zahlreiche Belege für ihre Standpunkte beibringen. Interessanter ist aber die Tatsache, daß Rudolf Steiner – unabhängig von philologischer Forschung und indem er sich auf seine gewohnte Methode der Geistesforschung verließ – eine Interpretation des «Menschensohns» vorschlug, die auf überraschende Weise den Auffassungen beider Seiten einen Sinn gibt.

Nach Rudolf Steiner bezieht sich der «Menschensohn» auf den Menschen als Individuum, auf seine Persönlichkeit, sein «Ich». In dieser Hinsicht ist das, was er sagt, vollkommen mit dem vereinbar, was wir über den idiomatischen Gebrauch des Ausdrucks wissen (wenn man über sich selbst oder sich als Individuum unter Individuen spricht). In besonderen Kreisen aber, so versichert Steiner – und wir werden später sehen, um welche Kreise es sich handelte –, war er ein technischer Ausdruck innerhalb einer Art esoterischer Psychologie. Er wurde zur Bezeichnung der Individualität des Menschen benutzt und schloß eine kosmologische Vision der Ursprünge des Menschen und seiner irdischen Entwicklung ein, die auf die Mysterien vom kosmischen Menschen, dem Sohn Gottes, zurückgehen.

Der Mensch wurde in dieser Kosmologie als ein Wesen göttlichen Ursprungs betrachtet – aber das war er seiner archetypischen Natur nach. Was wir als unser «Ich», unsere Individualität wahrnehmen, ist nicht der Mensch in seiner kosmischen Essenz. Unser «Ich» ist der Nachfahre, das irdische Echo, das Kind des ursprünglichen himmlischen Archetypus, und in dieser Rolle wurde es als Menschensohn bezeichnet.[8]

Hinter einer solchen Kosmologie und Psychologie lassen sich von den schon erwähnten vorderorientalischen Riten abgeleitete Vorbilder entdecken, in denen der König ursprünglich für das «Ich» seiner Gemeinschaft stand. Er war auch, wie die Forschung gezeigt hat, der Sohn des Himmlischen Menschen, sein Nachkomme auf Erden. In einem späteren, bereits weiter zur Individualisierung fortgeschrittenen Zeitalter bei den Juden konnte jeder solch eine Individualität für sich beanspruchen.

Wenn Jesus den Ausdruck «Menschensohn» benutzte, nahm er also oberflächlich betrachtet nach der vom Sprachgebrauch her vertrauten Weise auf das individuelle «Ich» des Menschen Bezug. Aber für diejenigen, die Ohren hatten zu hören, deutete der Ausdruck auf ein tieferes Verständnis dieses «Ich» auf dem Hintergrund einer esoterischen Psychologie und Kosmologie hin. In dieser zusätzlichen, für diejenigen «drinnen» gegenwärtigen Dimension haben wir anscheinend den Schlüssel zu dem besonderen Nachdruck Jesu. Hier war eine Sprache, die in ihrer grundlegenden Bedeutung weithin verständlich war, die aber radikal vertieft werden konnte für diejenigen, die sie in bezug auf eine esoterische Vision, auf einen Mysterienhintergrund verstanden.

Könnte sich ein solcher Hintergrund in Palästina zur Zeit Christi bemerkbar gemacht haben? Dies war eine der schwierigen Fragen für jene, die auf den Einfluß der alten Riten des Vorderen Orients hingewiesen hatten. Aber die Funde von Nag Hammadi und die aus ihrer Veröffentlichung folgende Wiederbelebung des Interesses an der Gnosis haben auch hier etwas höchst Bedeutendes ans Licht gebracht. Wir hatten festgestellt, daß der Ausdruck «Menschensohn» in der frühchristlichen Literatur fast ausschließlich von Jesus verwendet wird und sofort aus dem Denken der Kirche verschwindet. Die Lage ist jedoch völlig anders, wenn wir uns gnostischer

Literatur zuwenden. Dort finden wir den Ausdruck in sehr vielen verschiedenen Zusammenhängen, von denen einige mit Jesus zu tun haben, andere anscheinend direkter auf alte Praktiken zurückgehen und ganz und gar nicht vom neutestamentlichen Gebrauch des Titels abgeleitet sind.

Wenn wir all jene Stellen abziehen, die auf neutestamentlichen beruhen, dann bleibt – wie F. H. Borsch, ein anerkannter Experte auf diesem Gebiet, gezeigt hat – noch eine Anzahl, an denen «Menschensohn» im Zusammenhang mit älteren Riten gebraucht wird. Oft kommen sie im Kontext einer Kosmogonie oder mythisch-göttlichen Anthropogonie vor. Wir können also feststellen, daß der Titel «Menschensohn» bei den Gnostikern tatsächlich aktiv verwendet wurde. Und der daraus zu ziehende Schluß ist, wie Borsch selbst folgert, sehr bedeutsam: Die Gnostiker haben einen Teil des Hintergrunds zu den Lehren und der Vorstellungswelt Jesu bewahrt, der aus der orthodoxen Kirche schnell verschwand. In den gnostischen Schriften ist uns ein Teil des Hintergrunds von Jesus selbst zugänglich, der ansonsten aus der christlichen Überlieferung verlorengegangen ist.

Das soll nicht heißen, daß Jesus Gnostiker war – genausowenig wie der Evangelist Markus, der aus der gnostischen Gedankenwelt Alexandrias schöpfte, dem gnostischen Mysterium aber durch das Mysterium von Golgatha eine neue, geschichtliche Bedeutung gab. Wir wissen aus unseren früheren Untersuchungen in diesem Buch, daß die Gnostiker als ein Flügel einer weitverbreiteten esoterischen Bewegung auftauchten, die am jüdischen Ende des Spektrums auch solche Gruppen wie die Essener einschloß, mit denen Jesus sicherlich Kontakt hatte. F. H. Borsch schlägt vor, daß wir Jesu Lehre vor dem weiteren Hintergrund dieser «syrisch-palästinensischen Täuferbewegung unter iranischem und jüdischem Einfluß»[9] betrachten – einschließlich jenes Teils, der sich zur radikalen Gnosis entwickelte, und auch des stark jüdischen essenischen Flügels.

Auf diese Art werden wir imstande sein, die Ursprünge der Kritik Jesu am Judentum und dem Gesetz sowie diejenigen Elemente seines Bewußtseins, die zweifellos «über das Judentum hinaus» gehen, zu verstehen. Wir werden vor allem seine Lehre vom Menschensohn begreifen können.

Die Gnostiker waren diejenigen, die aus den älteren Mysterien besonders die Vision des kosmischen Menschen bewahrten. Wir sind diesem göttlichen Menschen in der Gnosis der Ophiten begegnet, und er erscheint in vielen anderen gnostischen Weltanschauungen. Auch bei gewissen Nachfolgern der ophitischen Gnostiker, den Naassenern, finden wir eine verblüffende Beschreibung des Menschensohnes. Die naassenische Kosmologie beschrieb – wie die ihrer ophitischen Vorgänger – die kosmische Entstehung des Menschen, der lange vor der Bildung dieser physisch-materiellen Welt existierte. Erst in einem verhältnismäßig späten Stadium seiner Entwicklung wurde der geistige Mensch in der Materie geformt oder – wie die Naassener es ausdrückten, indem sie einen Satz in der Genesis sehr wörtlich nahmen – wurde dieser archetypische Mensch in die Materie «geprägt». Der kosmische Prototyp war als der «Ungeprägte Mensch» bekannt. Über die individualisierten, irdischen Menschen, die unten «geschaffen» werden, sagten die Naassener:

> In allen, die geschaffen wurden, ist der geprägte Mensch aus dem Ungeprägten Wort (oben).[10]

Der gnostische Menschensohn klingt also sehr nach dem Gebrauch dieses Ausdrucks, wie ihn R. Steiner beschrieben hat.

Die Naassener gehören in eine etwas spätere Zeit als die Jesu; aber sie gehen auf die ursprünglich vorchristlichen Ophiten und zweifellos auf weitere, heute im Dunkel liegende Ursprünge zurück. Ihre Beschreibung des kosmischen Vorgangs, wodurch der individuelle Mensch auf Erden als Kind des Menschen, des makrokosmischen Ideals, «geprägt» wird, ist älteren Mysterien nachgebildet, und eine Form davon ist sicher bei den esoterischen Täufern mit gnostischen Tendenzen in Palästina zur Zeit Christi lebendig gewesen.

Steiners Darstellung des Menschensohnes wird weiter durch die Entdeckung unterstützt, daß die Gnostiker das gleiche Prinzip, nach dem dieser Ausdruck gebildet ist, in einem weiteren Fall anwendeten. Der Menschensohn entstand aus dem himmlischen Menschen durch seinen irdischen Abstieg, seine Zersplitterung – nach gnostischer Sicht – in verstreute individuelle Funken hier unten auf der Erde. Wenn es einen weiteren Schritt in seiner Entwicklung gibt, der zur Wiedervereinigung, dem «Wiederversammeln» des Archetyps aus seiner Zersplitterung führen würde, dann wäre diese nächste Entwicklungsstufe ein «Sohn des Menschensohnes» – und wir finden diesen Ausdruck tatsächlich in mehreren gnostischen Schriften in diesem Sinne gebraucht. Das im gnostischen Eingeweihten erweckte Selbst wird als der «Sohn des Menschensohnes» geboren – ein Ereignis, das auf gnostische Art auch als kosmische Wirklichkeit und als Vereinigung mit dem ursprünglichen makrokosmischen Menschen erfahren wurde.[11]

Es ist daher sehr wahrscheinlich, daß bei den esoterischen Taufsekten zur Zeit Jesu ein Verständnis des Menschensohnes im Sinne eines *terminus technicus* der Mysterien bestand, wie es Steiner beschrieben hat. In gewisser Hinsicht läßt uns jedoch gerade diese Entdeckung schwerer verstehen, daß Jesus den Begriff gebraucht. Denn in den Mysterien des Vorderen Orients und bei den Gnostikern hat die Individualität des «geprägten» Menschen wenig Bedeutung. Nicht der Menschensohn steht im Zentrum der gnostischen Hoffnung, sondern der kosmische Mensch oben in der geistigen Welt. (Diejenigen Stellen in der gnostischen Literatur, an denen der Menschensohn als Erlöser erscheint, müssen zweifellos auf den Einfluß des Neuen Testaments zurückgeführt werden.)

Je weiter wir den Menschensohn in den antiken Mysterien zurückverfolgen, desto klarer wird folgendes: Wir erinnern uns vielleicht, wie der König in der babylonischen Initiation bestraft, wie er erniedrigt wurde, um den allzumenschlichen Teil seines Wesens herauszureinigen und ihn zum Spiegelbild des überindividuellen kosmischen Menschen zu machen. Als Individuum betrachtete man ihn als den niedrigen Abgesandten des geistigen Archetypus und ehrte ihn nur insoweit, als der makrokosmische Geist des Menschen durch ihn hindurchschien. Wie konnte es also dazu kommen, daß Jesus dem Menschensohn in seiner Lehre den Ehrenplatz zuwies?

Der Wert, den Jesus der Individualität des Menschen beimißt, verweist auf die Sphäre des Judentums, in dem, wie wir gesehen haben, der Mensch mit der Individualität an sich und einer persönlichen Beziehung zu Gott eine religiöse und moralische Bedeutung verband. Überdies haben wir gesehen, daß die Gnostik mit ihrer seltsamen «Doppelvision» beziehungsweise dem krassen Gegensatz zwischen Geistigem und Materiellem von der Begegnung zwischen dem Mysterienbewußtsein des antiken Orients und dem individualisierten Bewußtsein des Judentums geformt wurde. Eine Reaktion auf diese Begegnung war der gnostische Dualismus, eine andere aber war die Verschmelzung des Alten und des Neuen bei Gruppen wie den Essenern, und bei ihnen müssen wir nun nach der dunklen Vorgeschichte der Verehrung des Menschensohnes suchen. In der esoterischen Literatur, wie beispielsweise im *Henochbuch* oder im biblischen Buch Daniel (zur Zeit der Makkabäer verfaßt), finden wir die ersten Andeutungen darauf, daß der Menschensohn eines Tages eine besondere, nur ihm eigene Ehre würde erlangen können.

Die in der Vision Daniels dargestellte Szene beschwört noch direkt die Einweihungen der Könige im Vorderen Orient in der Erinnerung herauf. Gott wird als uralter Mann in weißen Gewändern auf einem Flammenthron gesehen; sein Titel ist der «Alte der Tage», ein Ausdruck, der tatsächlich der der Zeit Vorhergehende, der Ewige, bedeutet:

> Ich sah in diesem Gesicht in der Nacht, und siehe, es kam einer mit den Wolken des Himmels wie ein Menschensohn. Er gelangte zu dem Alten der Tage und wurde vor ihn gebracht. Der gab ihm Macht, Ehre und Herrschergewalt, die Menschen aller Völker, Länder und Sprachen dienten ihm. Seine Herrschaft ist eine immerwährende Herrschaft, die niemals enden wird, sein Königreich eines, das niemals untergehen wird.[12]

Der Menschensohn erhält von der väterlichen Gestalt, dem der Zeit Vorhergehenden, das kosmische Königreich – wie die Könige Babylons oder des antiken Iran. Er ist der Repräsentant des inthronisierten göttlichen Herrschers, und sein Königreich ist kosmischer Natur und erstreckt sich im Prinzip über die ganze Welt; dem Menschensohn aber wird die Königswürde einfach von oben verliehen.

Eine weitere Entwicklung hat im *Henochbuch* stattgefunden.

Wieder erscheinen der der Zeit Vorhergehende und der Menschensohn, und Gott erhält auch seinen für Henoch charakteristischen Namen: «Herr der Geister». Das Königtum wird nicht wie im Buch Daniel übertragen, sondern wir finden einen Hinweis auf die

Tatsache, daß Gott den Menschensohn vor der Schöpfung der Welt dazu auserwählt hat, seine Gerechtigkeit und Herrlichkeit am Ende der Tage zu offenbaren. Er hat dies jedoch im Geheimen getan – was darin zum Ausdruck kommt, daß es heißt, Gott habe dem Menschensohn einen Namen gegeben, aber niemand kenne diesen bis zur Zeit seines Kommens; das Geheimnis ruht bei Gott. So ist der Menschensohn zum Auserwählten geworden, zu einer Messiasgestalt:

> Zu diesem Zweck wurde er auserwählt; er wurde in der Gegenwart des Herrn der Geister vor der Schöpfung der Welt und in Ewigkeit verborgen. Und er hat die Weisheit des Herrn der Geister den Heiligen und Gerechten geoffenbart ... denn in seinem Namen werden sie gerettet, und es ist sein Wohlgefallen, daß sie das Leben haben.

Hier findet eine ausgeprägtere esoterische Auffassung vom Menschensohn ihren Platz in der Vorstellung von einer Weisheit und einer Verheißung, die nur wenigen geoffenbart werden. Und der Inhalt dieser Verheißung geht auch über das hinaus, was wir bei Daniel finden. Denn der Menschensohn des *Henochbuches* ist keine passive Gestalt, die das Königtum von oben empfängt; er spielt in den Ereignissen der letzten Tage, wenn die Toten auferweckt werden sollen, eine lebendige, aktive Rolle als der Auserwählte oder Messias:

> Denn der Herr der Geister hat gesagt ...: In jenen Tagen soll der Auserwählte auf meinem Thron sitzen, und alle Geheimnisse der Weisheit werden aus den Gedanken seines Mundes hervorkommen, denn der Herr der Geister hat es ihm verliehen und hat ihn verherrlicht.[13]

Auf dem Höhepunkt der Vision erscheint Henoch der Menschensohn also tatsächlich auf dem Thron Gottes vor Augen. Eine solche Vorstellung von der zukünftigen Verherrlichung des Menschensohns war zu radikal, um in das exoterische Judentum aufgenommen zu werden; sie blieb eine Erwartung esoterischer Kreise, aus denen das *Henochbuch* ungefähr im letzten Jahrhundert vor Christus hervorging und in denen es gelesen wurde. Durch den Fund in Qumran wissen wir, daß die Essener dieses Buch lasen, obwohl Kopien der sich auf den Menschensohn beziehenden Stellen unglücklicherweise noch nicht gefunden wurden. Sogar in essenischen und esoterischen Kreisen bewirkte die dem Judentum eigene Struktur des Bewußtseins, daß diese Ehrung an den entferntesten Rand der vorhersehbaren Geschichte gedrängt werden mußte, an die eschatologische Grenze der Zeit.

Die Erhebung des Menschensohnes auf den göttlichen Thron bricht nämlich den Rahmen der jüdischen Weltauffassung entzwei. Der Mensch wird im Judentum in seiner kreatürlichen Abhängigkeit, seiner Endlichkeit, seinem begrenzten Bewußtsein vor einem väterlichen Gott gesehen. Damit der Menschensohn auf dem Thron sitzen kann, muß aber der gefallene Zustand des Menschen und sogar seine kreatürliche Abhängigkeit von einer höheren Gottheit absolut überwunden worden sein – auf eine Art, die sich das exoterische Judentum nicht vorstellen konnte und die selbst das esoterische Judentum nur als den Endpunkt, die äußerste Grenze der prophetischen Vision, aufzufassen vermochte.

Indem Jesus von sich als dem Menschensohn spricht, erfüllt er somit die Verheißungen für die Zukunft der menschlichen Individualität, die in esoterischen Kreisen des Judentums vernommen und genährt wurden. Gleichzeitig geht er über das Judentum hinaus, indem er behauptet, er habe in seinem Bewußtsein etwas erreicht, was für das Ende der Zeiten und den Umsturz der gesamten Schöpfungsordnung vorhergesagt worden ist. Diese Behauptung war für den Gnostiker in seiner atavistischen Art noch möglich, er konnte behaupten, er habe die Schöpfungsordnung mitsamt dem moralischen Gesetz überwunden und seinen Weg in die höhere Welt gefunden; um dies zu tun, mußte er aber sein persönliches Identitätsgefühl aufgeben. Der Anspruch Jesu geht sowohl über die Gnosis als auch über das Judentum hinaus, indem er eine neue Form des Bewußtseins behauptet, die Verherrlichung des Menschensohnes in der Gegenwart.

Der gesamten vom Judentum entworfenen Struktur der Welt wird dadurch ein Ende gesetzt, und gleichzeitig stellt die Erhöhung des

Menschensohnes eine weitere Ebene der eschatologischen Erfüllung und damit die Transzendenz der «rettenden Geschichte» – wie sie vom Judentum gesehen wird – dar. Dies versetzt Jesus mindestens in die Rolle eines neuen Moses, der ein neues, über das Judentum hinausgehendes Bewußtsein verkündet, genau wie Moses das Gesetz und den historischen Bund Gottes mit seinem Volk verkündet hatte:

> Und niemand ist aufgefahren gen Himmel außer dem, der vom Himmel herabgekommen ist, nämlich der Menschensohn. Und wie Moses in der Wüste die Schlange erhöht hat, so muß der Menschensohn erhöht werden, damit alle, die an ihn glauben, das ewige Leben haben.[14]

Er ist mehr als ein neuer Moses; Jesus kann behaupten, der Menschensohn zu sein, der von Beginn an im Himmel verborgen und dazu bestimmt war, in den letzten Tagen des Universums erhöht zu werden.

Die Sprache, die Jesus zur Charakterisierung des Menschensohns verwendet, ist also seine Art und Weise, das Christusbewußtsein, das er durch die Taufe und die Erfahrung der Versuchung erhielt, zu beschreiben. Für den Juden bedeutet die Erhöhung des Menschensohns das Ende der Welt und den Umsturz der Ordnung aller Dinge. Unter dem Gesichtspunkt der Menschheitsentwicklung, den wir in diesem Buch gewählt haben, können wir die dahinter liegende Realität verstehen: Durch den von Jesus erreichten Durchbruch im Bewußtsein wird nämlich die gesamte in der jüdischen Bewußtseinshaltung ausgedrückte Weltsicht aufgelöst und über den Haufen geworfen. Auf sehr greifbare Weise ging für Jesus eine Welt – eine jahrhundertelange Welterfahrung – zu Ende. Ebenso wird es für jeden sein, der ihm in eine neue Ordnung, ein neues Weltverständnis folgt.

Dieser Durchbruch in der Beziehung des Menschen zu seiner Welt war – auf eine mehr imaginative und mythische Weise – in den Geschichten von Jesu Kampf mit den kosmischen Kräften in der Versuchung verkörpert. Wie von Henoch vorhergesagt, hat der Herr der Geister die Geheimnisse der Weisheit und der Gerechtigkeit dem Menschensohn übergeben und ihn in eine Stellung erhöht, die zuvor dem Übermenschlichen, dem Göttlichen selbst vorbehalten war. Und wenn wir die Lehre des *Henochbuches* in einer etwas weniger bildhaften Sprache paraphrasieren dürfen, was das «Geheimnis» und den vor der Schöpfung der Welt gegebenen Namen betrifft, so wäre zu sagen: Wir haben in der Erhöhung der Individualität des Menschen, des Menschensohnes, die wahre Bedeutung der ganzen Menschheitsentwicklung zu sehen, wie sie von Anbeginn der Zeit an beabsichtigt war.

Das Messiasgeheimnis

Ein deutlicher Meilenstein in der Lehre Jesu ist mit dem Bekenntnis des Petrus erreicht:

> Und Jesus ging fort mit seinen Jüngern in die Dörfer bei Cäsarea Philippi. Und auf dem Wege fragte er seine Jünger und sprach zu ihnen: ‹Wer sagen die Leute, daß ich sei?›
> Sie antworteten ihm: ‹Einige sagen, du seist Johannes der Täufer; einige sagen, du seist Elia; andere, du seist einer der Propheten.›
> Und er fragte sie: ‹Ihr aber, wer sagt ihr, daß ich sei?›
> Da antwortete Petrus und sprach zu ihm: ‹Du bist der Christus!›
> Und er gebot ihnen, daß sie niemandem von ihm sagen sollten. Und er fing an, sie zu lehren: Der Menschensohn ...[15]

Es ist allen Lesern der Evangelien wohlbekannt, daß diese Szene einer der großen Wendepunkte in den Ereignissen des Lebens Jesu ist. Sie markiert auch einen Wandel in der Art, wie Jesus seine Jünger unterrichtet. Vor diesem Zeitpunkt ist der Menschensohn kaum erwähnt worden, aber von nun an findet er sich immer wieder. Das typische Muster, nach dem Jesus die Gestalt behandelt, wird auch zum ersten Mal klar dargelegt: Die Jünger – allen voran Petrus – sehen ihn als den Christus, den Messias; Jesus aber verschiebt die

Grundlage der Erörterung zu dem eher esoterisch verstandenen Menschensohn hin und wandelt seine Bedeutung grundlegend um, ohne seine messianische Rolle zu verleugnen. Wiederum besonders bei Markus stoßen wir auf das Gebot der Geheimhaltung, auf das Geheimnis vom Messias, das wir schon zuvor erwähnt haben. Wir könnten es auch durch den Ausdruck «Christusmysterium» wiedergeben. Mit unseren bisherigen Untersuchungen sind wir nun vielleicht in der Lage, ein wenig tiefer nach seinem Inhalt zu forschen.

In den gnostischen und jüdischen esoterischen Überlieferungen, die den Menschensohn beschreiben und seine zukünftige Verherrlichung vorhersagen, befinden wir uns auf deutlich «geheimem» Territorium. Der Menschensohn hat die Fähigkeit, den Rahmen des Judentums zu sprengen und der gnostischen Transzendenz der Schöpfung und des moralischen Gesetzes eine völlig neue Bedeutung zu geben – eine Bedeutung, die nicht die von den archaischen Mysterien verlangte Aufgabe der Persönlichkeit voraussetzte. Um seine Lehre vom Menschensohn dem Volk zu verkünden, konnte Jesus sich auf die Stelle im *Buch Daniel* stützen (und wir wissen, daß er das tat); aber dort war die Lehre nicht in esoterischer Form ausgedrückt. Außerdem muß es notwendig gewesen sein, mit größter Vorsicht, ja sogar Geheimhaltung, zu verfahren. Nicht jeder war genügend darauf vorbereitet, die Folgen einer so tiefgehenden Entdeckung zu tragen.[16]

Kurz gesagt, die Fragen nach dem Menschensohn, dem «Messiasgeheimnis» und den esoterischen Lehren Jesu konvergieren möglicherweise in einem einzigen Punkt. Denn die Lehre vom Menschensohn stellt sich nun als die esoterische Seite des Predigens Jesu vom Reiche Gottes heraus, von der kommenden Weltordnung, die auf der Herrschaft des Göttlichen gegründet ist. Sie beschreibt den Schritt im Bewußtsein, der notwendig ist, wenn das Gottesreich in der irdischen Erfahrung des Menschen verwirklicht werden soll. Das individuelle Wesen des Menschen kann – nach der Lehre Jesu – die Bürden der moralischen Existenz auf sich nehmen; es kann, wie vom *Henochbuch* vorhergesagt, auf den Thron des väterlichen Gottes gesetzt werden – «und aus dem Bewußtsein seines Mundes sollen alle Geheimnisse der Weisheit kommen, denn der Herr der Geister hat sie ihm übergeben und ihn geehrt». Seit seiner Taufe und den

Kämpfen mit der Versuchung ist Jesus die Verkörperung dieses Menschensohnes. Und von dem Augenblick an, als Petrus und die Jünger sich zu ihm als dem Messias bekennen, offenbart er sich ihnen langsam und zeigt ihnen, daß die Verherrlichung des Menschensohnes tatsächlich eingetreten ist.[17]

Etwas unermeßlich Tiefgründiges steht also hinter dem einfachen Ausdruck «Menschensohn», mit dem Jesus sich in seiner Lehre, wie sie in den Evangelien steht, zunehmend identifiziert. Es liegt etwas in ihm verborgen, das aus dem Hintergrund der Mysterien und der Esoterik genommen war, aber grundsätzlich die Offenbarung einer neuen Bewußtseinsform kennzeichnete, die sowohl das Judentum als auch die Gnosis überwand. Die Entdeckung jenes Bewußtseins steht im Zentrum des Christentums – es sollte grundlegend die Weise ändern, in welcher der Mensch sich selbst und die Welt beurteilte. Diese Entdeckung wurde von den tiefgründigsten Vertretern der christlichen Vision im ersten Jahrhundert des Christentums – von Paulus und dem Evangelisten Johannes – aufgenommen. Der erstaunliche Schritt aber wurde von Jesus getan und in den Ereignissen seines Lebens und Todes erfüllt.

Die Frage nach den «kollektiven» und «individuellen» Aspekten des Menschensohnes hat die Wissenschaftler von Anfang an gereizt. Weder bei Daniel oder Henoch noch in anderen Quellen ist es völlig klar, ob der Menschensohn ein einzelner messianischer Held ist oder «für» eine Gemeinschaft von Erlösten steht. In Wirklichkeit ist er keines von beiden. Wiederum ermöglichen es uns Rudolf Steiners Darstellungen der Bedeutung des «Menschensohnes», der Antwort einen Schritt näher zu kommen und gleichzeitig eine Lösung für das Problem des «Esoterischen» und seiner häufig in Frage gestellten Vereinbarkeit mit dem christlichen Geist zu geben. Denn aus Steiners durch Geistesforschung gewonnenen Ergebnissen geht hervor, daß «Menschensohn» im Kontext einer esoterischen Psychologie das bedeutete, was wir heute ein «Prinzip» nennen, das in jedem Individuum verwirklicht werden kann. Trotzdem ist es in der geistigen Entwicklung der meisten Menschen noch nicht «verherrlicht» worden. Jenes Prinzip muß zuerst in einer einzelnen Persönlichkeit verkörpert werden, die den Weg zu dem zeigt, was schließlich von der ganzen Menschheit erreicht werden kann. Die frühen Christen beschrieben Jesus auf verschiedene Arten als jemanden, der sich so weit entwickelt hatte, daß er den Durchbruch als seine Bestimmung ansehen konnte – er war ein wiedergeborener Zarathustra, der die Weisheit aller Völker gesammelt hatte; er war eine Vereinigung der königlichen und priesterlichen Tugenden. Jesus selbst lehrte, er sei die Verkörperung des erhöhten Menschensohnes, und er forderte die Menschen dazu auf, ihm auf dem Weg zu folgen, den er bereitet hatte.

Die Lehre vom Menschensohn ist daher nur in einem abgewandelten Sinne «esoterisch». Sie kann, ja sollte letztendlich niemandem vorenthalten werden, weil sie sich auf das bezieht, was potentiell in jedem einzelnen schon existiert. Und dennoch muß jeder einzelne schrittweise auf die Verantwortung der Freiheit hin erzogen werden: Er muß erst die ungeheuren moralischen Anforderungen des Reiches tragen lernen. Individualität bedeutet Entwicklung, so daß jeder Mensch auf seinem Weg und zu seiner Zeit zum Erwachen seines freien geistigen Bewußtseins gelangen muß. Bis der richtige Augenblick für sein Erwachen kommt, der von seinem Schicksal bestimmt ist, müssen die Möglichkeit und die Bürden seiner Freiheit sicher geschützt in der Geheimhaltung ruhen.

Der Ruf nach innerer Freiheit, nach Verherrlichung des Menschensohnes, kann dem Menschen nicht aufgezwungen werden; er muß aus seiner Lebenserfahrung und dem Reifen seiner Seele kommen. Daher das Paradox des Evangeliums vom Anfang bis zum Ende: Es ist eine Wahrheit, die nur «denen drinnen» bekannt ist; und doch ist es eine Botschaft, die in den Straßen der ganzen bewohnten Welt widerhallt.

Bewußtsein und «Erlösung»

Es ist belegt, daß eine Anzahl von Menschen zur Zeit Christi sich in ihrem Bewußtsein so weit entwickelt hatten, daß sie die Botschaft des Menschensohnes empfangen konnten. Obwohl viele der Anhänger Jesu ihn gerade da verließen, als er die vollen Implikationen seiner Lehren zu enthüllen begann – zur Zeit des sogenannten Bekenntnisses des Petrus –, kamen andere, um ihn zu hören; und einige, wie Paulus, traten nach seinem Tode zu seiner Botschaft über. Vielleicht sollten wir in den Kämpfen, die sich vor und nach seiner Bekehrung in der Seele des Paulus abspielten, das Zeichen einer verzweifelten Sehnsucht nach etwas sehen, das noch nicht ausgesprochen worden war, das aber – einmal entdeckt – imstande war, all jene Kräfte zu absorbieren, die zuvor für gewalttätige Verfolgungen aufgewendet worden waren. Paulus lebte jedenfalls nach der Krise seines Damaskuserlebnisses mehr als jeder andere das neue christliche Bewußtsein bis in die Tiefen seines außergewöhnlichen Wesens.

Die Zahl der Seelen, die in solcher Weise schon kurz vor dem Schritt in die Erkenntnis standen, kann jedoch nur klein gewesen sein.

Wenn das Christentum nur die Religion dieser Menschen allein gewesen wäre, wäre es sicher ein «esoterisches Treibhaus» für wenige geblieben. Und doch fand das Christentum starke Verbreitung in der antiken Welt. Und es sprach nicht nur jene an, die zu einer höheren Entwicklung bereit waren, sondern auch die Mehrzahl derjenigen, die eher im Dunkeln nach ihrem Weg zur Individualisierung tasteten. Sie empfanden das christliche Erwachen nicht als große Leistung, sondern als Rettung, als Erlösung aus den Gefährdungen der Seele. Das neue Bewußtsein wurde vor allem als *Erlösung* empfunden.

Trotzdem müssen wir ihre Erfahrung auch als Teil desselben Entwicklungsvorgangs im geistigen Leben der Menschen verstehen, den wir die ganze Zeit zu erhellen versucht haben. Es wird gerade das wesentliche Ergebnis unserer Untersuchungen sein, daß die von einigen theologischen Schulen auf die Ebene absoluter Bedeutung erhobene Unterscheidung zwischen der Auffassung vom geistigen Leben als einer Entwicklung oder Reifung einerseits und andererseits der Vorstellung, daß Gnade – oder Erlösung – über menschliches Ödland hinweg frei vergeben wird, keineswegs endgültig ist. Diese beiden Aspekte können vielmehr als zu einer einzigen Entwicklung gehörig zusammen verstanden werden.

Wir müssen nochmals zu dem weitesten Blickwinkel in der Betrachtung des Vorgangs zurückkehren, den wir hinter dem Entstehen des Christentums verfolgt haben – auf die Begegnung und das Zusammenfließen des Ostens und des Westens. Wir haben dieses in der Rückkehr der Mysterien in das jüdische Palästina beobachtet, in den Ursprüngen des gnostischen Dualismus und in einem noch größeren Ausmaß in der Verbreitung der orientalischen Religion in der hellenistischen Welt. Das Bewußtsein der Griechen, der Pioniere der «Vernunft» und denkerischen Wachheit, wurde in hellenistischer Zeit von den Kulten des Traumes und der Ekstase untergraben, von den östlichen Mysterien, die ihren Weg sogar in die Herzen der praktischen, dickköpfigen Römer fanden. Und doch bereiteten sie aus anderer Sicht auch den Weg für die christliche Synthese vor, in der griechisch-orientalische Spiritualität zusammengefaßt und verwandelt werden sollte. Aus der Verschmelzung von Osten und Westen wurde eine neue Qualität des Bewußtseins mit einem tieferen Gefühl von Individualität und einer Vision kosmischer Bedeutung geschaffen. Was, so fragen wir aber, war das Schicksal derjenigen in der hellenistischen Welt, die den Sprung auf diese neue Ebene nicht machten?

Diese Frage hat kürzlich eine Forscherin, die sich mit Träumen und psychischen Störungen beschäftigt, von einem interessanten psychologischen Standpunkt aus beantwortet. Über die orientalischen Mysterienkulte und ihre atavistischen Methoden sagt sie: «Die Ausbreitung von Kulten, die Methoden zur Minderung des Selbstbewußtseins anwandten, machte die Teilnehmer daran für irrationale Einflüsse empfänglich, die in der Lage sind, die Persönlichkeit zu beherrschen. Daher entstanden Bewußtseinszustände, in denen die Menschen sich als von Dämonen ‹besessen› glaubten; und Besessenheit von Dämonen wurde in der hellenistischen Welt zu einem weitverbreiteten Phänomen.»[18] Eine andere Form der «Beherrschung» der Persönlichkeit durch psychische Kräfte war in der weitverbreiteten Religion der deterministischen Astrologie sichtbar, die bei den hellenistischen Heiden fast allgemein anerkannt wurde. Hier fühlte sich die Persönlichkeit hilflos gegenüber Mächten, die sie als mit den Sternbildern und den «wandernden Sternen» (den Planeten) verbunden erfuhr. Das astrologische «Schicksal» war nicht eine Theorie, sondern eine Beschreibung der tatsächlichen Erfahrung vieler in der griechisch-römischen Welt. Daher dürfen wir sagen, daß das Eindringen der Träume und Mythen des Ostens in das westliche «realistische» Bewußtsein sowohl eine gewaltige Herausforderung als auch die Möglichkeit zu einer höheren Verschmelzung darstellte. Denn wenn ein Mensch keinen Weg fand, die auf ihn wirkenden Kräfte, den psychischen Druck im Innern und Äußeren, zu bewältigen, konnte er von tiefen, außerhalb seiner Kontrolle liegenden Zwängen beherrscht werden oder seinen Bezug zur Wirklichkeit ganz verlieren. Wir sehen, wie das späthellenistische Bewußtsein tatsächlich heftig mit diesen Problemen kämpft: in den Versuchen der Philosophen, das Rätsel der Bestimmung des Menschen zu lösen, und in den Praktiken der Priester, Heiler und Astrologen.

Die stoische Philosophie, die populärste im hellenistischen Zeitalter, machte das ganze Leben zum Rollenspiel: Die ganze Welt ist eine Bühne, und oft erscheinen die Ereignisse dort zusammenhanglos oder halbwirklich wie ein Traum. Dem stoischen Kaiser Mark Aurel erschienen seine gewaltigen Kriege, die das Leben und Sterben von Tausenden von Menschen betrafen, zeitweise nur als eine kleine Störung auf dem Gesicht der Erde – «wie junge Hunde, die sich um einen Knochen streiten». An anderer Stelle nennt er unser ganzes bewußtes Leben «einen Traum und ein Delirium».

Von der Zeit Mark Aurels bis zum Triumph des Christentums im Römischen Reich herrschte das «Zeitalter der Angst»: Das Bewußtsein schwebte zwischen der traumhaften Unwirklichkeit, die an einem Pol drohte, und dem Gefühl des Zwangs – daß sie «Marionetten seien, die an einer Schnur zappeln» (wieder Mark Aurel) – am anderen Pol.[19] In früheren Zeiten, als das Bewußtsein des Menschen nicht so weit entwickelt war, hatte der Mensch ungeheure Befriedigung darin gefunden, aus den kosmischen Rhythmen der Psyche und der Natur zu leben. Aus einer derartigen vorindividuellen

Erfahrung war die babylonische Sternenreligion entstanden. Aber das persönliche Selbst, das «Ich» der späteren Zeit, erfuhr nun diese tieferliegenden Kräfte als ständige Gefahr und Bedrohung oder als überwältigende Flut, die das persönliche Ich einfach hinwegschwemmte. Die Stoa machte es vielen möglich, ihre Situation kurzzeitig in den Griff zu bekommen; sie lehrte, man solle sein Schicksal willkommen heißen und seine Rolle bis ans Ende spielen. Erst im Christentum erreichte man eine tiefergehende Lösung, indem die Persönlichkeit endlich einen Weg fand, ihre inneren Stärken zu nutzen und dadurch ein besseres Gleichgewicht und Handlungsfreiheit innerhalb des Netzes der Zwänge, Ängste und psychischen Gefahren der spätantiken Welt zu erlangen.

Ein Motiv in der frühchristlichen Literatur ist eben diese Freiheit. Vom jüdischen Hintergrund aus gesehen war es eine Freiheit von «Sünde» und Schuld, die den Menschen vorher «versklavt» hatten; vom Standpunkt der weiteren hellenistischen Welt aus bedeutete es Freiheit vom Sklavendienst für die psychischen Kräfte der dämonischen «Besessenheit» und besonders für die der Sterne. Paulus lehrte:

> So auch wir: Als wir unmündig waren, waren wir in
> der Knechtschaft der Elemente der Welt.

Nun, als Christen, sind wir «frei».[20] Justin – nicht der Gnostiker, sondern ein edler Märtyrer – nimmt dieses Thema auf: «Wir sind nicht mehr Kinder unter dem Zwang der Sterne.» Christus hat uns befreit, und das Horoskop gilt nicht mehr.

Die christliche Individuation gab also dem Menschen Freiheit und Autorität innerhalb der irdischen Welt. Und dieses «innerhalb» ist von außerordentlicher Bedeutung. Denn es betont den Unterschied zwischen dem christlichen Entschluß und gewissen anderen radikalen Versuchen, die Krise zu meistern und die Angst des menschlichen Bewußtseins zu erleichtern. Wir wenden uns wieder der Gnosis zu. Noch mehr als die Stoa erlaubte der gnostische Dualismus es dem Menschen, in der Welt zu leben, ohne sich ganz als ein Teil von ihr zu fühlen. Sein höchstes Ziel war es, die materielle Hälfte seiner doppelten Gleichung als Illusion zu entlarven und dem Menschen das Gefühl seines geistigen Ursprungs wiederzugeben. Die materielle Welt mit ihrer scheinbaren Solidität und ihren unentrinnbaren Gesetzen stand dem Menschen also vor Augen; der Gnostiker aber konnte darüber hinaus aufsteigen, seine falsche Realität transzendieren und seinen Fluchtweg finden. Dies konnte auch als «Erlösung» erfahren und sogar in halbwegs christlichen Begriffen beschrieben werden. Und doch ist der Unterschied klar. Der Gnostiker findet «Freiheit», «Rettung» außerhalb des Kosmos, im «Jenseits». Es ist ihm irgendwie gelungen, die ihm unmittelbar begegnende Welt der Materie und der notwendigen Gesetze hinwegzudenken und eine Art Bewußtsein zurückzuholen, das tiefer ist und älter als unsere moderne Art der objektiven Wahrnehmung. Der Christ hingegen hat seine Freiheit innerhalb des Kosmos in der komplexen Welt, der er sich gegenübersieht und in der er mit seinen Mitmenschen lebt, dadurch erreicht, daß er seine Persönlichkeit und seine Vision aufrechterhält und vertieft.

Es war unvermeidlich, daß die alte Art der «Befreiung», das Gefühl des Einsseins mit der geistigen Welt, immer schwieriger zu erreichen war, als sich die Menschheit allgemein zu einer größeren Individualität hin entwickelte. Was einmal ein spontaner Ausdruck des menschlichen Bewußtseins gewesen war, konnte später sogar im Osten nur durch komplizierte Yogatechniken oder esoterische Riten höchst dramatischer Art hervorgerufen werden. Es wird immer «randständiger», was die den Menschen unmittelbar konfrontierende Realität angeht. In der Gnosis erreichen wir ein Stadium, in dem die nicht-spirituelle Realität das gesamte Bewußtsein des Menschen ausfüllt, so daß er tatsächlich ein zweites braucht, zwei Wirklichkeitsmaßstäbe, eine doppelte Sicht; man kann die «Rettung» oder «Befreiung» nicht mehr mit von der natürlichen Realität abgeleiteten Begriffen beschreiben; sie ist dieser vielmehr absolut entgegengesetzt und nur in Verneinungen, Widersprüchen oder Paradoxen beschreibbar. Der Buddhismus bietet viele Parallelen und war vielleicht, wie wir gesehen haben, mit der Gnosis in Berührung. So füllte sich auch im Osten das Bewußtsein des stärker individualisierten Menschen immer mehr mit der Welt des materiellen Gesetzes, den Kreisläufen von Geburt und Tod; und er verlor seine natürliche atavistische Wahrnehmung einer tieferen Identität mit dem Ganzen. Er fühlte sich in Schicksalskreisläufen gefangen und in einer Illusion eingeschlossen. «Rettung» oder «Befreiung» waren «außerhalb» dieses Systems zu suchen, und wie in der Gnosis konnte man sie nur negativ oder mit den verstandeszerstörenden Paradoxen beschreiben, die zunehmend gepflegt wurden, so zum Beispiel von der Zenschule.

Sogar für das östliche Bewußtsein wurde also «Rettung» immer unerreichbarer. Leicht konnte Verzweiflung Fuß fassen, da das «System» des Schicksals, Geburt und Tod, unausweichlich und für den Unerweckten alles zu sein schien. Wir erinnern uns an den Weisen Asita in der buddhistischen Legende und vergleichen seine Enttäuschung, die Schwierigkeit, sich dem Gewirr der Wiedergeburten zu entziehen, mit dem christlichen Bewußtsein in der Metamorphose dieser Erzählung im Lukasevangelium. Das christliche Bewußtsein brachte dem Menschen Freiheit innerhalb des Systems des Kosmos selbst – eine Fähigkeit, sich, so könnten wir sagen, im ständig wechselnden Gleichgewicht und Wechselspiel der spirituellen und physischen Realität zu bewegen.

Die christliche Lösung verlangte eine nie zuvor dagewesene Leistung in der Selbsterkenntnis und eine entsprechend starke Verantwortung. Und doch kamen viele hinzu und ergriffen sie als «Rettung», weil es der einzige Weg vorwärts war, den sie sehen konnten. Es war die einzige Art, auf die sie dem spirituellen und materiellen Druck ihrer Zeit widerstehen und als Individuen überleben konnten; es war daher sowohl ein Kampf als auch eine Erleichterung und eine Rettung. Es machte die materielle und spirituelle Umgebung wieder zu einer Sphäre der geteilten Aktivität, historischen Handelns, das von der inneren Dimension des «Mythos» erhellt wurde, welcher aus der Tiefe ihrer christlichen Erfahrung kam. Die archaischen, auf atavistischer Vision beruhenden Religionen und sogar die beginnende Personalisierung des jüdischen und griechischen Denkens waren dem Bewußtsein des Menschen nicht mehr angemessen. Die Persönlichkeit selbst wurde zu einer göttlichen Macht, die auf Erden wirkte; und langsam entstand eine neue Art von Gesellschaft.

Der Historiker Peter Brown betrachtet dies als den größten vom Christentum bewirkten Wandel, wenn er die neue Religion mit den klassischen Göttern vergleicht. Das Christentum brachte den Aufstieg des «heiligen Menschen», des Individuums mit sich, das selbst mit göttlicher Macht erfüllt war. «Die antike Religion war auf große

Tempel ausgerichtet, deren alte Steine sogar den eindrucksvollsten Priester zur Bedeutungslosigkeit verblassen ließen; die Götter hatten an ihren Orakelorten unpersönlich gesprochen; ihre Zeremonien nahmen eine Form an, in der die Gemeinschaft, die Stadt den Einzelnen reduzierten ... das Auftauchen des heiligen Menschen auf Kosten des Tempels bedeutet das Ende der klassischen Welt.»[21] Das Entstehen der neuen Gesellschaft auf breiter Ebene würde uns ins vierte und fünfte Jahrhundert führen. Aber die dahinter liegende Revolution hat ihre Wurzeln im christlichen Mysterium des neuen Bewußtseins, in der dem Menschensohn gewährten Freiheit und Kraft. In der Evangelienform wurde die Biographie einer auf Erden wandelnden Persönlichkeit zur höchsten Offenbarung des Göttlichen gemacht; im christlichen Mysterium war der bedeutendste Wendepunkt in der Geschichte des menschlichen Bewußtseins durchschritten worden, und der Weg voraus lag voller unbegrenzter Möglichkeiten offen.

Für den jüdischen Seher bedeutete die Verherrlichung des Menschensohnes das Ende der Welt. Tatsächlich sollte sie sich aber auch als ein Anfang herausstellen. Für den Christen war die Welt neu geschaffen worden. War dies nur eine subjektive Erfahrung? Wir haben angedeutet, daß sie tief in der langdauernden Entwicklung des Menschen verwurzelt war. Zum ersten und einzigen Mal in diesem Buch müssen wir «metaphysische» Fragen direkt angehen – Fragen nach der wahren Natur der zugrundeliegenden Bewußtseinsveränderung, die wir historisch beschrieben haben, wobei wir uns auf das Entstehen einer neuen individuellen Wahrnehmung in Verbindung mit dem Christentum konzentrierten, aber auch einige seiner weiteren Perspektiven skizziert haben. Wir müssen nun die Frage nach dem Bewußtsein als solchem stellen.

Wir haben beobachtet, daß Bewußtseinsveränderungen mit den sich verändernden Beziehungen zwischen dem Menschen und der von ihm wahrgenommenen Welt und dem Menschen und seiner Gesellschaft zusammenhängen. Einige Denker betrachten die soziale Dimension als die wichtigste und für die Beziehung des Menschen zur Natur oder wahrgenommenen Realität ausschlaggebende; dies ist aber bestenfalls eine dogmatische Annahme, der die historischen

Tatsachen oft widersprechen.[22] Das wahre Problem liegt in unserem Begriff von Bewußtsein, den wir allzu unkritisch vom 18. Jahrhundert übernommen haben. Jener Begriff wurde in der Begeisterung über die Entdeckung der *camera obscura* entwickelt – des auf die leere Leinwand projizierten Bildes; und im populären und sogar im wissenschaftlichen Bereich ist diese Vorstellung erhalten geblieben. Der bewußte Verstand ist angeblich wie eine Leinwand, auf welche Abbilder der «objektiven» Welt geworfen werden.

Über die Jahre ist die Vorstellung vom Verstand als *camera obscura* zunehmend von den Beweisen der Entwicklungspsychologie, Wahrnehmungsforschung, Physiologie und nicht zuletzt von den Argumenten der Philosophie überholt worden. Unter den kritisch Informierten wird anerkannt, daß die Auffassung vom Bewußtsein als «Spiegel», der die Formen der Objekte reflektiere, einfach nicht richtig sein kann, sondern daß das Leben der bewußten Vorstellungen und Wahrnehmungen des Menschen aus einer höchst komplexen Wechselwirkung mit der Welt entsteht – wobei sich vieles auf der Ebene des Unbewußten abspielt. Das Problem war jedoch immer, daß es schwierig ist, die Vorstellungen des 18. Jahrhunderts ganz und gar auszurotten, weil sie als Prämisse in so vielen Disziplinen überdauern und jede Alternative die waghalsige Verpflichtung mit sich bringt, an verschiedenen Fronten umzudenken.

Teil der zugrundeliegenden Schwierigkeiten, mit den Vorstellungen vom Abbilden durch das Bewußtsein zurechtzukommen, ist die Unmöglichkeit zu wissen, was für eine Wirklichkeit das Abbild abbildet (das wir ja alleine haben) beziehungsweise ob es das, was ihm zugrunde liegt, genau wiedergibt oder nicht. Noch im späten 18. Jahrhundert selbst, mit Kant beginnend, sind daher Philosophen immer mehr dazu gedrängt worden zu betonen, daß das menschliche Bewußtsein teilweise der Schöpfer des Gesehenen ist; sie haben die «Teilhabe» des Menschen, um den von Owen Barfield mit neuem Wert versehenen Ausdruck zu benutzen, an der Schaffung der von ihm erkannten bewußten Weltordnung untersucht. Nicht alle haben dies so gründlich wie Barfield durchdacht. Doch wenigstens wird zunehmend anerkannt, wie groß das Problem ist. In seiner Diskussion der Frage des Bewußtseins und der Evolution stößt Stephen R. L. Clark auf die verwickelten Schwierigkeiten der Theorien vom Abbild oder Bild. Er muß das Problem der in der Abbildtheorie enthaltenen unendlichen Wiederholung berücksichtigen und den Einwand, daß der Mensch sich nach dieser Theorie als ein Abbild im Bewußtsein bewußt kennt, so daß das Bild schließlich sich selbst zu schaffen scheint. Er sagt: «Aber es ist kaum wahrscheinlich, daß das Abbild selbst der Aufgabe gewachsen ist, sich zu produzieren – es sei denn, wir nähmen eine andere Einstellung auf dem Gebiet des Bewußtseins ein und akzeptierten Rudolf Steiners Darstellung der Evolution.»[23]

Es sollte vielleicht angemerkt werden, daß Clark nicht sicher ist, wie weit er die «andere Einstellung» treiben soll; aber er schätzt die ihr zugrundeliegende Absicht hoch. Von unserer historischen Perspektive aus benötigen wir Steiners Darstellung sogar noch mehr. Denn wir stehen jetzt vor der Frage, was wirklich geschah, als das menschliche Bewußtsein sich unter dem Anstoß des Christentums veränderte. Konnte der Mensch durch die Wandlung seines Bewußtseins tatsächlich die Welt um sich herum verändern? Oder: Falls sich die Welt nicht verändert hatte, wie konnte sie dann dennoch zu etwas werden, dem der Mensch in einer ganz neuen Beziehung gegenüberstand, wenn sein Bewußtsein wirklich eine *camera obscura* ist?

Die Grundlage für Rudolf Steiners Darstellung des Bewußtseins ist ein Gedanke, der es uns erlaubt, uns von diesen beiden einseitigen Alternativen zu entfernen. Kurz gesagt ist nach Steiner die Unterscheidung der Welt in Objekte einerseits und Bilder, Bewußtseinsvorstellungen, andererseits nicht eine Urwahrheit des Universums, sondern sie entsteht nur als Folge der Konstitution des Menschen als wissender Verstand. Damit überwindet Steiner die traditionelle Dichotomie der Erkenntnistheorie, und es gelingt ihm, die sogenannte «objektive» Welt und die «innere» Welt des Bewußtseins als zwei Seiten eines zusammenhängenden Prozesses zu betrachten. Die Realität ist sicherlich größer als das, was im Bewußtsein dargestellt werden kann – Steiner entrinnt der absurden Vorstellung, daß die Wirklichkeit dadurch verändert werde, daß man sie anders betrachtet. Eine Bewußtseinsveränderung ist jedoch Ausdruck eines Vorgangs, der sich über das Bewußtsein hinaus erstreckt und sowohl Teil einer Entwicklung der Realität als auch des Verstandes ist. Die beiden Aspekte treten uns nur wegen der Beschränktheit unserer menschlichen Konstitution getrennt entgegen.[24]

Dies ist, kurz und unvollständig zusammengefaßt, die Methode der Erkenntnistheorie und Betrachtung der Bewußtseinsentwicklung, die Rudolf Steiner auf so vielfältige und oft so faszinierende Weisen entwickelt. Ein Teil ihrer Bedeutung liegt darin, daß sie einen Weg zum Verständnis der geschichtlichen Dimension der Epistemologie, der Erkenntnistheorie, eröffnet und sie mit einer «anderen Einstellung» zur Evolution verbindet. Es ist besonders wichtig für uns, uns um eine solche Sicht der Entwicklung zu bemühen, wenn wir die Weise verstehen wollen, in der die frühen Christen Jesus betrachteten. Sie verstanden auf jeden Fall etwas von dem Bewußtseinswandel, der sich durch ihn ereignet hatte, und benutzten das esoterische Vokabular des «Menschensohnes», um dessen Folgen für die Individualität des Menschen auszudrücken. Im Johannesevangelium finden wir in verschiedenen Gesprächen den aufschlußreichen Gebrauch von «Ich bin», um einen Aspekt dieser Tatsache anzudeuten, und bei Paulus hören wir vom «neuen Menschen» und ähnlichem. Aber die frühen Christen begriffen auch, daß ein Bewußtseinswandel ebenso eine Verwandlung der Welt war. Sie begriffen es nicht so sehr abstrakt oder begriffsmäßig als vielmehr bildhaft, imaginativ; aber sie nahmen nicht an, daß eine große Metamorphose der Dinge dadurch hätte verursacht werden können, daß der Mensch lernte, die Dinge anders zu sehen. Sie erblickten dahinter einen Wandel auf einer tieferliegenden Ebene im Wesen der Realität selbst. Demgemäß schrieben sie den durch Jesus bewirkten Wandel kosmischen Kräften zu. Der Ursprung des neuen Bewußtseins ließ sich nicht einfach auf der menschlichen Ebene finden, sondern lag in den die Weltentwicklung bewegenden Kräften, in den Tiefen des Seins, nicht nur im menschlichen Ego. Unter Verwendung alter Begriffe sprachen sie von engelhaften, kosmisch handelnden Wesen, die durch Jesus wirkten – wir haben bereits Stellen erwähnt, an denen Engel eng mit dem Menschensohn verbunden werden. Letztlich betrachteten sie den Wandel als etwas, das aus dem umfassendsten Grund der Weltentwicklung kam, den man sich vorstellen kann, aus der Ur-Wirklichkeit, die dem Verstand und der Welt gleichermaßen zugrunde liegt: Sie beschrieben Jesus als Gott.

Der Schritt von der radikalen Umformung des Bewußtseins durch einen Mann in Judäa dazu, von ihm als einem inkarnierten Gott zu sprechen, mag groß erscheinen. Und doch vollendeten die christlichen Denker durch ihre tiefgreifende Imagination Wahrheiten, die auch wir zu begreifen beginnen können, wenn wir uns ernsthaft um eine authentische Darstellung des Bewußtseins bemühen – nicht als Spiegel oder Abbild auf der Leinwand, sondern als ein Pol einer sich ständig entwickelnden Realität.

10

DIE MYSTERIENEVANGELIEN DES PHILIPPUS UND DES THOMAS

Der Herr hat alles
in einem Mysterium gemacht.
Philippusevangelium (Spruch 68)

Unsere Untersuchungen haben uns zu der Ansicht geführt, daß das christliche Mysterium Ausdruck eines Bewußtseinswandels ist, der zu einem bestimmten Zeitpunkt in der Geschichte erreicht wurde. Dieser erhält daher die Bedeutung eines Wendepunktes. Es ist eine Veränderung, die man schließlich im weitesten Sinne betrachten muß – als das Kreuz der Geschichte und sogar als einen Wandel im Wesen der Dinge, da Bewußtsein und Realität letzten Endes Elemente eines umfassenden Ganzen sind. In diesem Sinne wurde es von den frühen Christen zu Recht als eine neue Selbstoffenbarung Gottes erfahren, als ein Wandel, der aus den tiefsten Grundlagen des Seins selbst kam.

Unsere Forschungen haben uns auch der Antwort auf die Frage nähergebracht, mit der wir begonnen haben – derjenigen nach den «esoterischen» Lehren Jesu für den engsten Kreis seiner Jünger. Das Verständnis der unterschiedlichen Eigenschaften der verschiedenen Evangelien hat es uns möglich gemacht, das Konvergieren der spirituellen Überlieferungen (der Mysterien, der Essener und der Gnostiker) wahrzunehmen. Aus diesem Zusammenfließen entstand die Möglichkeit zu etwas grundlegend Neuem im Christentum selbst, in dem sowohl die kosmische Orientierung der Mysterien und des Gnostizismus fortgesetzt werden konnte als auch die historische und prophetische Vision der Essener und des Judentums. Das vor kurzem entdeckte Fragment des *Geheimen Markusevangeliums* verwies zusammen mit Rudolf Steiners Einsichten auf eine ursprüngliche Verbindung zwischen dem Mysterium der christlichen Taufe und

Jesu eigener Erfahrung und Praxis. Was diese Perspektive mit sich bringt, werden wir auch in den Schriften des Neuen Testaments, in den Paulusbriefen und im Johannesevangelium verfolgen. Zusätzlich aber müssen wir nun die Bedeutung zweier «neuer» Evangelien betrachten oder vielmehr zweier sehr früher Evangelien, die mit der Bibliothek von Nag Hammadi neu ans Licht gebracht und der Welt zugänglich gemacht wurden.

Diese Evangelien geben einen außergewöhnlichen Einblick in die Ursprünge des christlichen Mysteriums, und zwar in zweierlei Hinsicht: sowohl was den Hintergrund und das Wesen der inneren Lehre und rituellen Praxis Jesu selbst angeht als auch das Fortwirken der Mysterienströmungen bei den frühen Christen, die jene Praxis zur Grundlage ihrer Entwicklung machten. Im Folgenden können wir das neue Material unter beiden Gesichtspunkten betrachten, obwohl natürlich eine Annäherung an Praxis und Lehre Jesu unser besonderes Ziel ist.

Die «neuen» Evangelien sind uns zum großen Teil als Sprüche Jesu, aber auch in anderer Form überliefert – und zwar im Namen der Jünger Philippus und Thomas. Wissenschaftliche Untersuchungen des Stils und Inhalts haben ihr Alter bestätigt, und es besteht eine zunehmende Neigung, sie einem frühen Stadium der christlichen Überlieferung zuzuschreiben. So wissen wir zum Beispiel, daß Sammlungen der Sprüche Jesu das erste Stadium dessen waren, was sich zur Evangelienform entwickelte. Das *Thomasevangelium* bewahrt diesen anfänglichen Typus und muß sich daher zu einer Zeit verfestigt haben, bevor man biographisches und historisches Material, wie wir es in den neutestamentlichen Evangelien finden, hinzufügte. (Dies ist nicht nur eine Frage der Datierung, da die Thomasüberlieferung offensichtlich ihren ursprünglichen Charakter hätte beibehalten können, nachdem gewisse Überlieferungen sich in den Evangelien des Matthäus, Markus und so fort weiterentwickelt hatten; aber es bewahrt – wann immer es sich zu der uns vorliegenden literarischen Form verfestigt haben mag – die ganz frühen Überlieferungen verhältnismäßig unverändert, und darin liegt seine Bedeutung). Auch das *Philippusevangelium* hat die Form einer Spruchsammlung mit anderen kurzen Abschnitten ähnlicher Art. Es ist anscheinend ebenfalls ein frühes Werk. Beide Evangelien haben viele

Verbindungen zu Material im Neuen Testament, aber keines von beiden scheint die Existenz des «Kanons» vorauszusetzen, der endgültigen von der Kirche als maßgeblich betrachteten Gruppierung von Evangelien, Briefen und so weiter, was das Gefühl verstärkt, daß sie aus einer Zeit stammen, als das Christentum noch aus Überlieferungen bestand, die von den Aposteln und ihren unmittelbaren Schülern weitergegeben wurden. Beide Evangelien – das *Thomas-* wie das *Philippusevangelium* – enthalten Mysterienelemente, «geheime Worte», Lehren über den «Menschensohn» und andere. Die deutlichen Unterschiede zwischen ihnen spiegeln die verschiedenen Richtungen der beiden Apostel und ihrer Anhänger wider.

Beide Dokumente wurden von den Gnostikern aufbewahrt, eine Tatsache, die nach einer Erklärung verlangt. Keines von beiden drückt ein gnostisches System aus, obwohl ihnen in gewisser Hinsicht ein gnostisches Element eigen ist – besonders dem *Philippusevangelium*. Aber wir wissen, daß von den Gnostikern verschiedene esoterische Schriften und Lehren, nachdem sie bei den Orthodoxen in Ungnade gefallen waren, aufbewahrt wurden. Wir haben im vorigen Kapitel gesehen, daß auf diese Weise die Lehre vom Menschensohn bei den Gnostikern erhalten blieb, während sie aus dem Denken der Kirche verschwand. Im Falle des *Thomasevangeliums* haben wir ganz eindeutige Beweise dafür, daß das Werk ursprünglich nicht mit einer streng gnostischen Gruppe verbunden war, sondern vielmehr mit der Verschmelzung geistiger Strömungen, die ursprünglich um Jesus herum geschah. Denn wir können an einer Stelle erkennen, wie die späteren Gnostiker, um das *Thomasevangelium* benutzen zu können, tatsächlich einen Teil des Textes unterdrücken mußten.

Spruch 5 lautet in der gnostischen Fassung:

> Jesus sprach: Erkenne, was vor deinem Angesicht ist, und was dir verborgen ist, wird dir enthüllt werden, denn es gibt nichts Verborgenes, was nicht offenbar werden wird.

Es trifft sich nun, daß dieser Spruch und einige in seiner Umgebung schon vor der Entdeckung der gnostischen Bibliothek in Form einer Sammlung auf Griechisch bekannt waren. Der Titel und die

Größe der Sammlung waren vorher nicht bekannt, da nur einige wenige Fragmente existierten. Aber aus der genauen Übereinstimmung der (griechischen) Fragmente mit der Reihenfolge und den Worten des *Thomasevangeliums* in der (koptischen) gnostischen Sammlung geht eindeutig hervor, daß es sich tatsächlich um dasselbe Werk handelt. Es gibt jedoch eine bedeutende Änderung. Im griechischen Text des fünften Spruches beziehungsweise der Fassung, die ansonsten zu dem von den Gnostikern in Nag Hammadi gebrauchten Evangelium parallel läuft, lesen wir:

> Es spricht Jesus … (vor) deinem Blick liegt und … vor dir wird offenbart werden … Nichts ist verborgen, was nicht offenbar werden wird, und begraben, was nicht auferweckt werden wird.[1]

Daraus sehen wir, daß der Spruch im *Thomasevangelium* ursprünglich eine Anspielung auf die Auferstehung des Leibes enthielt. Die strengen Gnostiker lehnten diesen Teil des Textes ab, da ihr grundlegender Dualismus eine Vorstellung wie die Auferstehung des Leibes nicht zuließ. Ursprünglich verkörpert das *Thomasevangelium* aber – bei allem esoterischen Charakter und seiner Nähe zur Gnosis – die Gedankenwelt einer christlichen Tradition, die an die Vorstellung von der Auferstehung glaubte.

Wir müssen das Wesen dieser zwei Mysterienevangelien sorgfältig untersuchen und herausfinden, ob ihr früher Charakter es uns möglich macht, uns in die Welt der Jünger Jesu zu versetzen.

Das Mysterium des Paradieses

> Das Paradies ist der Ort, wo man mir sagen wird: ‹Mensch, iß das› oder ‹iß das nicht, nach deinem Belieben!› Das ist der Ort, wo ich alle Dinge essen werde, weil dort der Baum der Erkenntnis ist.
> *Philippusevangelium* (Spruch 94)

Wenn man die literarische Form der frühen Evangelien beschreibt, tut man gut daran, der Versuchung zu widerstehen, sie als «einfach» zu bezeichnen. Ihnen mag die uns vom Neuen Testament her bekannte narrative Verknüpfung des Materials und der Motive fehlen, aber das *Philippusevangelium* insbesondere zeigt, daß hinter der Ansammlung von ein paar kurzen Abschnitten eine Organisation von beträchtlicher Komplexität liegen kann. Motive werden aufgenommen und fallengelassen, sodann durch eine Verbindung mit inzwischen aufgetauchten Ideen neu aufgenommen und vertieft. Forscher haben von einer «spiralenförmigen» Komplexität gesprochen, einer ständigen Bereicherung von Motiven, die in der fortlaufenden Kreisbewegung dieses Evangeliums vor unseren Augen auftauchen und verschwinden. Das Ergebnis ist zunächst verwirrend, worin aber vermutlich eine Absicht liegt. Das Evangelium beginnt einen Sinn zu ergeben, wenn wir verstehen, daß es in Wirklichkeit um bestimmte sakramentale Erfahrungen herum organisiert ist – anstatt um Ereignisse, die durch Erzählung vermittelt werden. Die wahrscheinlichste Erklärung für die Abfassung einiger Sprüche (wie beispielsweise Spruch 94) in der ersten Person ist, daß das *Philippusevangelium* Material zur Schulung derjenigen darstellte, die in das Christentum eingeweiht werden sollten. Seine volle Bedeutung würde sich ihnen erst im Lichte ihrer nachfolgenden Taufe und Zulassung zum eucharistischen Mahl erschließen. Das Buch selbst wurde ihnen wahrscheinlich erst nach der Einweihung zugänglich gemacht.

Die Gemeinde, aus der dieses Buch stammt, muß in Syrien angesiedelt werden. Obwohl das Buch ursprünglich griechisch geschrieben war, zeigt es eine Kenntnis syrischer Wörter und kommt fast sicher aus der Gegend von Antiochia, einem der ersten wichtigen Zentren des Christentums. Nach der Apostelgeschichte wurden «dort die Jünger zuerst Christen genannt». Was es bedeutet, «Christ zu werden», wird im *Philippusevangelium* mehrfach erörtert.[2]

«Christ werden» geschieht durch eine rituelle Einweihung mit fünf Graden. Um das Zitat am Anfang dieses Kapitels zu ergänzen:

> Der Herr hat alles in einem Mysterium gemacht, eine Taufe und eine Salbung und eine Eucharistie und eine Erlösung und ein Brautgemach.

Den Anfang des Prozesses bildete die Taufe. Als Ritus der Erwekkung zu einem höheren Leben war sie viel dramatischer als heutige Riten – wie die gnostischen Taufen in Alexandria. Wir haben gesehen, daß Einweihungen dort als die «Großen Mysterien» an Ostern durchgeführt wurden. Auch in Antiochia gab es ein deutliches «Hinabsteigen» ins Wasser, einen Abstieg in die Unterwelt, aber «nicht hinab in den Tod».[3] Wenn der Kandidat aus dem Wasser auftauchte, sprach er: «Ich bin ein Christ» – das heißt, wenn er «etwas empfangen» hatte. Die Kandidaten werden sehr ernst vor der Gefahr gewarnt, die darin liegt, allein aufgrund der äußeren Schritte des Ritus, durch den sie gegangen sind, diesen Namen für sich in Anspruch zu nehmen – jene, die das tun, «erhalten den Namen auf Zinsen»; und es wird drohend hinzugefügt, daß man von ihnen Rückzahlung verlangen wird. Derjenige, der wahrhaft durch die Taufe gegangen war, wurde jedoch mit einem Gefühl der Erneuerung oder Verjüngung, einer Erweiterung des Bewußtseins, belohnt. Er schien keiner körperlichen Einschränkungen mehr gewahr zu sein und empfand das Wasser, das vorher das Wasser des Todes gewesen war, als lebendigen oder fließenden Ätherleib, den er «anzog». Er erfuhr auch eine Welt lebendiger «Bilder», eine visionäre Welt, durch deren Berührung er «wiedergeboren» wurde.[4]

Der Archetypus des getauften, sterbenden und wiedergeborenen Eingeweihten war Christus selbst, und die Einweihungen fanden sicherlich auch in Syrien an Ostern statt. Aber hinter der vom *Philippusevangelium* angedeuteten Osterfeier entdecken wir das viel ältere Vorbild eines vorderorientalischen Frühlingsfestes der Initiation wie in den alten babylonischen Königsriten. Der Tod und die

Wiedergeburt des Neophyten werden parallel mit der Wiederbelebung der Natur erfahren, wenn der Winter dem Frühling weicht. Der in ihm erwachende «Geist» (oder «Atem») gleicht dem «Atem» (oder «Wind»), der bläst, um die Dürre des Winters zu vertreiben. Rudolf Steiner betrachtete die Osterfeste der frühen Zeiten des Christentums als eine Umformung solcher älteren Mysterien, und im *Philippusevangelium* sind wir zweifellos Zeugen eines Stadiums im Prozeß der Christianisierung.[5] Einiges von der in diesem Evangelium vorkommenden esoterischen Symbolik hatte Steiner bereits besprochen und mit einem Mysterienhintergrund in Verbindung gebracht.

Schon im antiken Mesopotamien kannte man rituelle Waschungen oder Taufen. Die Priester Eas, des Gottes der Weisheit, bewachten die Quellen, an denen angeblich «süßes Wasser» vom Apsu oder Abyss emporquoll. Die Waschungen sollten insbesondere die Einzuweihenden auf die Rückkehr ins Paradies vorbereiten. Dies wurde durch ein Ritual im Tempelbezirk erreicht; in der Mythologie aber wurde das Paradies als ein «Garten des Lebens» auf einem schwer erreichbaren hohen Berg dargestellt. Letztlich war der «siebenstökkige Berg» ein Bild des Kosmos selbst – wie der Tempel –, und der eingeweihte Herrscher, der seine verschiedenen Stufen erklomm, erhielt kosmische Kraft. Mehrere Gelehrte, die das *Philippusevangelium* untersucht haben, waren beeindruckt von der zentralen Rolle, die eben ein solcher geistiger Aufstieg in der ganzen Sicht des Evangeliums einnimmt, sowie von dem eng verwandten Motiv der Wiedererlangung des Paradieses – etwas, das überhaupt nicht zur biblischen Überlieferung gehört.

Die Entwicklung eines individuellen moralischen Bewußtseins im Judentum bedeutete für die Juden die Zurückweisung des Paradieses, und ihre Hoffnung lag nicht in einem Weg zurück, sondern in einem Weg voran zur himmlischen Stadt, dem himmlischen Jerusalem, das schon Hesekiel und Sacharja im Bilde erschienen war. Die Mysterientradition des Vorderen Orients andererseits hatte sich aus ihrem Zusammenhang mit dem erahnten «Paradies» des Menschheitsanfanges nicht vollkommen gelöst, und diese alte Verbindung taucht hier im syrischen «Mysterienevangelium» wieder auf. Der Mensch kann durch eine Einweihung das Paradies wieder betreten und wahrhaftig vom Baum der Erkenntnis essen. Das ist geistige

Freiheit. Die Versagung der berühmten «verbotenen Frucht» wird nichts nützen. Die gesamte Perspektive ist etwas anders als die der Bibel, obwohl dieselben Ereignisse von der Versuchung und vom Sündenfall beschrieben werden. Dieses Evangelium berichtet, daß der Sündenfall dadurch geschah, daß Adam seine Lage mißverstand, indem er das als Gesetz auffaßte, was Freiheit hätte sein sollen. Durch Christus, welcher der Baum im Paradies ist, wird die Freiheit wiedererlangt. Wieder einmal sehen wir uns sehr alten Mysterienmotiven gegenüber. Wir brauchen uns nur an das fesselnde frühe *Gilgameschepos* und den Kampf seines Helden um die «Pflanze des Lebens» im alten Mesopotamien zu erinnern – ein Streben, das wir im *Philippusevangelium* als durch Christus erfüllt betrachten können. In einem weiteren antiken Mythos, demjenigen von Adapa (vergleiche Adam), erhielt der Mensch die unsterblich machende Speise und den Trank der Götter angeboten, lehnte sie aber als Täuschung ab. Dadurch wurde der Mensch sterblich. Für die Christen unseres *Philippusevangeliums* wurde, so könnten wir sagen, dieses Angebot durch Christus erneuert.[6]

Die Vollendung der Einweihung (oder geistigen Freiheit) verlangt jedoch weitere Stufen im Ritus. Die im System der Sakramente auf die Taufe folgende Salbung oder Ölung vollendet die Rückkehr zum Leben und «Paradies». Gemäß Spruch 92 des *Philippusevangeliums* stammt sie vom Baum selbst:

> Aber der Baum des Lebens ist in der Mitte des Paradieses und der Ölbaum, dem die Salbung entstammt. Durch sie entstand die Auferstehung.

Hier wird ein Widerhall von Seth und seiner Suche nach dem Öl des Lebens vernehmbar, worüber jüdische Legenden berichten, er habe es aus dem Paradies geholt. Judenchristliche Schriften aus den Kreisen der *Ebionim* kannten ebenfalls die Vorstellung vom Gesalbtwerden mit dem Öl des Lebensbaumes, und einige Gnostiker bewahrten sie bis in spätere Zeiten, als sie noch davon sprachen, man «werde mit Lichtöl vom Baum des Lebens gesalbt». In Antiochia scheint das Salben auch eng mit Licht verbunden gewesen zu sein. Zu diesem Zeitpunkt ihrer Einweihung tauchten die Neophyten wahrscheinlich aus ihrem dunklen Tauf«tod» auf, wurden in «himmlische» weiße Gewänder gekleidet und in die Gegenwart des Lichtes gebracht. Es ist nahezu sicher, daß sie ein brennendes Licht trugen, Symbol des erweckten Bewußtseins. Der christliche Ritus geht jedoch einen wesentlichen Schritt darüber hinaus. In den heidnischen Mysterien gab es üblicherweise einen Lichtträger – in den christlichen Mysterien trug jeder Einzelne seine Flamme des Lebens und des Lichtes selbst.

Nach der Salbung waren die Neophyten volle Christen und konnten zur Eucharistie zugelassen werden, dem Mahl, welches das Evangelium als drittes Sakrament darstellt. Das «wahre Brot», das der Eingeweihte im Paradies ißt, ist das «Brot des Lebens», das von Christus in die Welt gebracht wurde. Rudolf Steiner sprach bereits von der Bedeutung dieses Mysteriums im frühen Christentum und darüber, in welcher Weise es an die Sprache der alten Mysterien des Ostens erinnert. Als gewöhnliches Bewußtsein der Menschen in der Zeit der alten Mysterien beschreibt er folgendes: «Wenn man auf der Erde ißt, weiß man, man ißt Kohl, Wildbret, man trinkt alles mögliche: man weiß, das ist jetzt draußen, das ist dann drinnen ... Man steht mit den Erdenkräften so in Verbindung, daß man die Erdenkräfte und Substanzen, die sonst draußen sind, in sich trägt.» Der Eingeweihte jedoch wurde ein Träger kosmischer Kräfte, wie er zuvor ein Träger der irdischen gewesen war. Rudolf Steiner zeigte, wie dies in Verbindung stand mit dem Schauen der in den Stoffen der Erde wirkenden Kräfte, sozusagen mit einer geistigen Chemie. Die Entdeckung des *Philippusevangeliums* hat seine Einsicht in die Verbindungen zwischen Mysterienriten und Christentum auffallend bestätigt – besonders bezüglich des Osterfestes. Denn hier finden wir in den Riten der christlichen Einweihung die symbolische Rede von «denen, die Totes essen» (das heißt irdische Speise) und «denen, die Lebendiges essen» (das heißt Geistiges) und die dadurch ein Träger Christi, des vollkommenen Menschen, werden. Und an verschiedenen Stellen erwähnt das Evangelium die spirituelle Bedeutung der Alchemie und behandelt die Taufe und Wiedererschaffung als gleichsam chemische Verwandlung in einen neuen Lebenszustand. Der physische Leib ist wie ein «totes» Gefäß aus Ton; der wiedergeborene Eingeweihte ist ein «Gefäß des Lebens» wie die «lebenatmenden Glasgefäße» der Alchemisten, die «aus einem Hauch (oder Geist) entstanden sind». Die Taufe wird mit dem Färben verglichen, und Christus ist der himmlische Färber.[7]

Vielleicht bilden die ersten drei Stufen der Einweihung eine Gruppe für sich, da sie alle für ein christliches Leben notwendig sind. Solcherart gingen in den Mysterien die ersten Grade einleitend der Zulassung des Kandidaten zum kultischen Mahl der Eingeweihten voraus – insbesondere im Mithrazismus. Die anderen beiden Sakramente mögen höhere Stufen sein, die einigen offenstanden, die bereits durch die niedrigeren gegangen waren, die aber nicht von allen verlangt wurden. Eines von ihnen ist das Sakrament des «Brautgemachs», das andere ist «Erlösung» benannt.

Das Brautgemach erinnert wieder an die archaischen Feiern im alten Vorderen Orient. Die Mythologie berichtet von der heiligen Hochzeit, dem *hieros gamos*, in dem der göttliche Vater und die göttliche Mutter sich im Paradies vereinigten. Die Sexualität wird als Andeutung einer ursprünglichen Ganzheit betrachtet, in der nicht nur Mann und Frau, sondern auch Mensch und Welt eines bilden. Um mit dem *Philippusevangelium* zu sprechen: Das Brautgemach führt die gespaltene Geschlechtlichkeit des gefallenen Menschen in den ursprünglichen Zustand der Ganzheit zurück, «als Eva in Adam war». Dieser Zustand stellt auch die ursprüngliche, verlorengegangene Unsterblichkeit des Menschen dar. Durch seinen Tod und seine Auferstehung in der Initiation kann der Christ auf einer höheren Stufe der Einweihung sich sogar diesem Zustand nähern und damit das überwinden, was im Menschen gespalten und sterblich ist.

> Als Eva in Adam war, gab es keinen Tod. Als sie sich von ihm trennte, entstand der Tod. Wiederum, wenn er sich mit ihr vereinigt und ihn (= den Tod) zu sich nimmt, wird kein Tod mehr sein.

Ebendieses soll im Brautgemach geschehen.[8]

Das Muster ähnelt hier tatsächlich sehr dem in ihm angesprochenen Mythos vom Sündenfall, nach dem Adam das Geschenk der Weisheit mißverstand und das für Gesetz hielt, was Freiheit hätte sein sollen. Der Mensch versäumte es dadurch, sein volles Menschsein anzunehmen. Ebenso heißt es, Eva sei mit Adam im Sinne der Einweihung nicht zur vollkommenen Ganzheit des Menschen, dem

Brautgemach, vereinigt worden; und gerade weil die Einweihung unvollständig war, wurde der Mensch geschlechtlich gespalten und Leben und Tod unterworfen.

Der Eingeweihte führt nun das Mysterium der Vereinigung wieder auf. Er wird in ursprünglicher Ganzheit wiedergeboren und hat schon am Leben seines unsterblichen Selbstes teil. Das Vorbild für die Vereinigung war wieder Christus. Denn, wenn wir fragen, wer zeugt und wer aus der Vereinigung geboren wird, dann kann die Antwort entweder lauten, daß es der Christus ist, der in der Seele des Eingeweihten geboren wird – oder, daß der Eingeweihte selbst geboren wird, auf eine mystische Weise sich selbst, seinen ewigen und geistigen Teil, gebiert. Ein solcher hat die Gegensätze (symbolisiert durch «rechts» und «links», Leben und Tod, männlich und weiblich) und sogar die Beschränkungen der persönlichen Identität überwunden. «Denn dieser ist nicht mehr ein Christ, sondern ein Christus.»

Hier macht das *Philippusevangelium* seinen kühnsten Schritt in der Anwendung der Sprache der Mysterien, von denen viele behaupteten, ihre Meister würden durch die Einweihung eng mit dem Leben und Wesen des Gottes vereinigt. Die Mysterienlehrer sprachen davon, daß der Mensch zu «Adonis», «Attis» oder «Mithras» werde. Aber die Benutzung solcher Mysterienauffassungen im Christentum ist in derart radikaler Form fast ohne Parallelen; nur in den Briefen des Paulus gibt es Stellen, die fast ebenso weit gehen. Der Mensch wird wiedergeboren, aber nicht mehr als unvollkommener Mensch, sondern als Christus, welcher der vollendete Mensch, der menschlich-göttliche Archetypus ist. Wenn wir also hören, Christus sei im Paradies oder im Brautgemach aus der «jungfräulichen Erde» und dem göttlichen Geist geboren, dann sehen wir darin die Kontinuität mit uralten religiösen Riten von der «Mutter» Erde und den himmlischen Kräften, aus deren Vereinigung der Mensch – und die übrige Welt – geboren wurde.

Ich erwähne auch die übrige Welt, weil der Mythos des Brautgemachs von der uranfänglichen Spaltung und der Wiedervereinigung in seiner Bedeutung nicht auf die Seele des Menschen beschränkt ist. Er schließt die ganze Welt der erweiterten Wahrnehmung und spirituellen Teilhabe des Menschen ein. Das Brautgemach ist wie ein

Mithrastempel eine irdische Repräsentation des «Alls», ein Abbild des Kosmos. Dort, wo es zur Entwicklung der Lehre von den «Werken», den «Abbildern» und den «Kindern» – drei verschiedenen Ebenen des geistigen Lebens – kommt, geht das Evangelium in seinen späteren Sprüchen dazu über, die Ereignisse im Makrokosmos ebenso darzulegen wie diejenigen des menschlichen Lebens.

«Werke» entstehen durch die Ausübung von Kraft und aus dem Tun. Ein Beispiel wären die irdenen Gefäße, die das Evangelium als Metapher für den Körper benutzt. «Werke» können daher einen Zustand der geschaffenen Welt ausdrücken, werden aber auch zur Beschreibung der menschlichen Zuständlichkeit verwandt, die verlangt, daß der Mensch seine Energien auf Dinge außerhalb seiner selbst richtet, und die ihn dem «Toten» unterwirft, das er ißt. Im Gegensatz dazu «zeugt» der Mensch seine Kinder. Er bringt sie nicht durch seine Arbeit hervor, sondern zeugt sie aus seiner «Ruhe». Beim Zeugen seiner Kinder ist der Mensch nicht äußeren Gegenständen unterworfen, sondern er schafft etwas Lebendiges aus seinem eigenen Wesen. Im *Philippusevangelium* ist dies eine Metapher für das geistig schöpferische Leben, und «Ruhe» ist das Einssein des Geistes mit seinem eigenen höchsten Wesen. Dazwischen steht der «Abbildmensch», das heißt derjenige Teil des Menschen, der in der Betrachtung von «Sinnbildern und Abbildern» lebt. Denn:

> Die Wahrheit kam nicht nackt in die Welt, sondern sie kam in den Sinnbildern und Abbildern. Sie (= die Welt) wird sie nicht auf eine andere Weise erhalten. Es gibt eine Wiedergeburt und eine Abbild-Wiedergeburt. Es ziemt sich wahrhaftig, daß man durch das Abbild wiedergeboren wird.

Die Welt der Abbilder ist das mittlere Reich, durch welches die Seele letzten Endes ihre Wiedergeburt erreichen kann, wenn das Abbild Wirklichkeit wird.

Um dies zu erreichen, mußte der Einzuweihende anscheinend in der Abbildwelt, die er nach seiner Erweckung durch die Taufe erfuhr, eine besondere Form finden – sein eigenes Abbild. Indem er diesen Kern der Weisheit fand, in welchem Abbild und Realität in seinem eigenen Sein übereinstimmten, konnte er weiter «durch das Abbild in die Wahrheit eingehen». Wir können daher die höhere Einweihung der Christen, die das *Philippusevangelium* benutzten, als weitere Stufen im Wandel des Bewußtseins verstehen. Die ersten Phasen gipfeln darin, daß eine Wahrnehmung «paradiesischer» Harmonie wiedererlangt wird und die sakramentalen Lebensvorgänge ins Bewußtsein gebracht werden. Die höheren führen zu tieferer Selbsterkenntnis, zur Wahrnehmung einer Welt schöpferischer Abbilder und zur «Ruhe» als einer schöpferischen Fähigkeit auf höherer Ebene. In diesem Vorgang werden tiefere Schichten des menschlichen Bewußtseins aufgedeckt: Denn das Evangelium sagt von der Welt selbst, daß «sie nicht Unvergänglichkeit erlangen kann, wenn sie nicht Kind wird».[9]

Für die höhere Wahrnehmung kann der Welt also die Bedingung der «Werke» erlassen werden, und sie kann im Bewußtsein des Sehers als «Kind» wiedergeboren werden, als etwas, das nicht mehr «tot», sondern in dem der Geist wirksam und lebendig ist. So ist die unbelebte «Schöpfung» nicht der Endpunkt im Denken dieses Evangeliums über die Welt. Dies rückt die Frage in den Brennpunkt, in welcher Beziehung die Schrift zu den gnostischen Lehren steht.

Nun war im Gnostizismus eine solche Sphäre des Wirkens im Geistigen sicher bekannt – und das Evangelium neigt vielerorts gnostischen Vorstellungen zu. Die Gnosis betonte aber die radikale Kluft, den Abgrund zwischen der Welt des lebendigen Geistes und der unbelebten Welt der Dinge, Objekte. Das *Philippusevangelium* hingegen verfolgt eine ganze Reihe tiefgründiger Gedanken, wobei die Betonung darauf zu liegen scheint, daß die materielle Welt selbst der Ort geistigen Wirkens ist oder dazu werden kann. Daher erreicht der Heilige die Heiligung seines inneren Lebens nicht im Gegensatz zu seinem Körper: «Der heilige Mensch ist ganz heilig bis zu seinem Leib.» Denn in der Sicht desjenigen, der «schon die Wahrheit in den Abbildern empfangen hat», sind die Welt und das ewige Reich oder der Äon nicht radikal entgegengesetzt, sondern sie sind in der Fülle (*pleroma*) des geistigen Lebens dasselbe geworden.[10] Die gnostische Sicht – die den existentiellen «Sprung», der notwendig ist, um vom Materiellen zum Spirituellen zu gelangen, anstatt des Zusammenhangs zwischen beiden betont haben würde – hätte notwendigerweise das menschliche Bewußtsein aus seiner Stellung im Mittelpunkt verdrängt, wo es die verschiedenen Stufen des Seins zusammenhält. Im *Philippusevangelium* wird diese zentrale Stellung jedoch durch die Lehre vom «Menschensohn» aufrechterhalten, der das Ganze aktiv zusammenfügt:

> Der Sohn des Menschen empfing von Gott die Fähigkeit zu schaffen. Er hat auch die Fähigkeit zu zeugen.[11]

Das Kind dieser Handlung ist ein «Sohn des Menschensohns».

Die Weltsicht des *Philippusevangeliums* und seine Auffassung vom Wirken Christi weisen daher auf ein neues Erwachen der göttlich-spirituellen Aktivität hin, die sich ins materielle Reich erstreckt. Trotz des offensichtlich gnostischen Hintergrundes in der Auffassung von der Taufe, hat sich bei den Benutzern des Evangeliums die neue christliche Auffassung vom Bewußtsein des Menschen und seiner Rolle in der Welt durchgesetzt. Und es ist bemerkenswert, daß die von ihm vorgeschlagenen oder beschriebenen Praktiken zeigen, daß seine Benutzer im Hauptstrom der frühchristlichen liturgischen Entwicklung standen oder gar zu ihren Pionieren gehörten. Ihr Einfluß erstreckte sich nicht nur auf Syrien, sondern auch auf die übrige christliche Welt einschließlich der römischen Gebiete. (Bevor diese Form der Liturgie Rom erreichte, mußten die Christen die älteren, jüdischen Gebete benutzen, wie wir aus dem *Clemensbrief*, einem Sendschreiben des Clemens von Rom sehen.) Vieles hat besonders in der Liturgie der syrischen Kirche Parallelen, in den Mysterienunterweisungen für die Getauften, den *Mystagogischen Katechesen* des Cyrill von Jerusalem im vierten Jahrhundert und in der *Apostolischen Überlieferung* des späteren römischen Bischofs Hippolyt.[12] In unserem *Evangelium* sind die Kulthandlungen jedoch häufiger mit esoterischen Lehren verbunden – mehr noch als in Cyrills der Arkandisziplin oder Geheimhaltung unterliegenden Unterweisungen. Gleichzeitig scheinen die starken gnostischen Neigungen, die offensichtlich in der christlichen Kirche noch am Werk waren, im Wandel begriffen zu sein, um in die reife Synthese des Christentums aufgenommen zu werden. Durch sie klingen in der geistigen Atmosphäre des Christentums noch stark die alten Mysterien an.

Wenn sich eine bestimmte Mysterienströmung als Hintergrund für das *Philippusevangelium* erkennen ließe, so wäre das von erheblicher Bedeutung für unser gesamtes Verständnis des frühen Christentums und würde zeigen, welche Mysterientraditionen eine lebendige Kraft blieben und innerhalb der christlichen Entwicklung weiterwirkten.

Und wirklich können wir mit einiger Sicherheit eine bestimmte Gruppe identifizieren. Gewisse Stellen des *Philippusevangeliums* sind tatsächlich dem Sinne nach Zitate aus den geheimen Lehren der Mandäer, einer gnostischen Taufsekte, die noch heute in Gegenden des Iran und des Irak existiert, während sie früher in Palästina und im Jordantal verbreitet war. Die Mandäer fassen ihre Taufgewässer noch heute als den «Jordan» auf. Noch immer ist ihre Gnosis eine nicht-christliche, obwohl sich Vorstellungen um Legenden von Johannes dem Täufer gebildet haben, die dazu führten, daß sie mancherorts unter dem seltsamen Namen «Johannes-Christen» bekannt sind. Verfolgungen haben sie trotz der deutlichen Verbindungen, die sie zu den Anfängen des Christentums hatten, in gewisser Hinsicht zu Christengegnern gemacht. (Christus kommt in ihrer späteren Lehre als ein luziferisches Merkurwesen vor, das viele der Gläubigen in die Irre leitet.) Erforscher ihrer reichen mythologischen und liturgischen Texte haben jedenfalls die Ähnlichkeit zwischen den Sakramenten des *Philippusevangeliums* und mandäischen Riten bemerkt. Der Dualismus des Evangeliums beziehungsweise jenes Teiles seiner Lehren, der auf gnostisches Denken zurückgeht, ist in einem Spruch zusammengefaßt, der tatsächlich eine «geheime Schriftrolle» der Mandäer zitiert. So lautet er im Evangelium:

> Das Licht und die Finsternis, das Leben und der Tod, rechts und links sind Brüder füreinander. Es ist nicht möglich, daß sie sich voneinander trennen …

Und so lautet er in den mandäischen *Tausend und Zwölf Fragen*:

> Beachte, daß das Licht und die Dunkelheit Brüder sind, die aus einem Mysterium stammen …

Sie sind verwandt, so erklärt der mandäische Text ausführlicher, wie rechts und links im Körper des makrokosmischen Adam.[13] Und es gibt weitere bezeichnende Anspielungen. Die Vorstellung, der wahre Name Jesu sei der «Nazoräer» / «Nazarener» in Spruch 47 deutet ebenfalls auf geheime mandäische Kreise hin: «Nasoräer» nennen sich ihre höheren Eingeweihten.

Noch helleres Licht wirft der Mandäismus auf die letzte kultische Handlung des Evangeliums – die «Erlösung». Sie scheint eine Stellung zwischen den ersten drei Stufen und der höchsten Wiedergeburt im Brautgemach einzunehmen und stellte vielleicht den Übergang zu jenem höheren Leben dar. H. G. Gaffron schloß nach dem Studium der Sakramente des *Philippusevangeliums*, die «Erlösung» sei ein Ritus wie die mandäische *masiqta* (die an Toten vorgenommen wurde, um die Erlösung der Seele sicherzustellen), in welcher der Priester den Gestorbenen sozusagen durch die Reiche der anderen Welt begleitet. Lady Drower, die als erste mit den heutigen Mandäern Kontakt aufnahm und in ihre Lehren eingeweiht wurde, zeichnet die zu deren Durchführung notwendigen ausführlichen Vorbereitungen auf. Die Symbolik besteht aus der «Schaffung des geheimen Adam, des kosmischen Adam, Glied für Glied in der urzeitlichen Weite des kosmischen Schoßes, der Mutter». Ein zweiter Teil des Ritus schließt die Mysterien des Vaters ein, die wieder das archaische Mysterium der «heiligen Hochzeit» darstellen und wie im *Philippusevangelium* auf die Erfüllung im Brautgemach und auf die Wiedergeburt durch Einweihung deuten. Der Ritus ist so heilig, fährt Lady Drower fort, «daß er vor dem Auge des Laien verborgen gehalten werden muß, von einer so heiligen Gefahr, daß der kleinste Fehler, die geringste Auslassung, durch Taufen ... entsühnt werden muß und einen Priester für den Rest seines Lebens von seinem Amt ausschließen kann». Der Zelebrierende muß ein hohes Amt in der mandäischen Priesterschaft innehaben; er und seine Assistenten repräsentieren kosmische Wesen des «Großen Äthers» und des kosmischen Wortes, Mahzian.

Offensichtlich ist der Ritus nicht nur für die Erlösung, den Aufstieg der Seele des Verstorbenen wirksam, sondern auch für den Zelebrierenden. Auch er wird emporgehoben und von kosmischen Kräften geformt. Und vielleicht vollzog man deshalb in der Folge den Ritus zu anderen Zwecken als zur Hilfe für die Toten, und er wurde im frühen Christentum zu einer Stufe höherer Initiation. Es scheint auch eine Verbindung zu dem *consolamentum* der mittelalterlichen Katharer zu bestehen, einem Sakrament für Sterbende, das im Falle einer fortgeschrittenen Seele (eines Auserwählten oder Vollkommenen) auch eher vollzogen werden konnte. Diejenigen, die durch den Ritus gegangen waren, lebten schon zu ihren Lebzeiten in der geistigen Welt.[14] Das *Philippusevangelium* ermöglicht uns, diese Entwicklungen bis in die frühesten Phasen der Herausbildung der christlichen Sakramente zurückzuverfolgen.

Hinter den Sakramenten des *Philippusevangeliums* stehen also die mandäischen Rituale. Wir sehen, wie gnostische Praktiken und Vorstellungen aufgenommen und einer christlichen Anschauung anverwandelt werden. In einem früheren Kapitel wurde vermutet, der Gnostizismus sei als Antwort auf die Begegnung zwischen Ost und West entstanden: Orientalische Mysterien kamen mit dem Bewußtsein des Judentums und seiner Weltsicht in Berührung, woraus sowohl neue Synthesen wie der Essenismus als auch auf der anderen Seite der gnostische Dualismus als eine Reaktion der Verteidigung hervorgingen. Können wir nun die Mysterienüberlieferung erkennen, die hinter der mandäischen Gnosis und ihrer rituellen Praxis steht? Wir haben bereits mehrere Übereinstimmungen mit der Mithrasreligion erwähnt, so zum Beispiel die Auffassung von der Initiationskammer als *imago mundi*, die Vorstellung vom Einswerden mit dem Mysteriengott, besonders durch das rituelle Mahl, und anderes. Und man kann tatsächlich noch mehr Parallelen in den Einzelheiten der Riten finden. Im Mithrazismus haben wir ein Mysterium in verschiedenen Stufen vor uns, durch die der Myste nach und nach zum sakralen Mahl und dann zu esoterischeren Feiern und Lehren zugelassen wird. Die Stufen werden in enger Verbindung mit den kosmischen Sphären der Planeten, mit Sonne und Mond erfahren, so daß der ganze Fortschritt des Mysten als kosmischer Aufstieg begriffen werden kann, der auf Mithrasheiligtümern durch die «kosmische Leiter» oder Treppenkonstruktionen anschaulich dargestellt wird; andernorts gab es sieben Tore, die wie in antiken vorderorientalischen Tempeln durchschritten werden mußten. Die ersten Einweihungsgrade bestanden unter anderem aus der Taufe, der – auf eine dem *Philippusevangelium* überraschend ähnliche Weise – eine Lichtsymbolik hinzugefügt wurde, die eine innere

«Erleuchtung» andeuten sollte. Dies traf zu für den Grad des *Nymphus* (Braut), der sich auf die heilige Hochzeit bezog. Die Stufen waren auch mit den verschiedenen Elementen verbunden, und es bestehen Ähnlichkeiten mit der «alchemistischen» Bilderwelt des *Philippusevangeliums*.

Man könnte noch viele weitere Einzelheiten erwähnen. Das Symbol des Gottes als Baum (im Paradies) zum Beispiel ist auch im Mithrazismus bekannt. Der gemeinsame Hintergrund des Mithrazismus und des Mandäismus ist in vielen ihrer kosmologischen Vorstellungen sichtbar. Und beide setzten den Gebrauch einer altiranischen rituellen Geste fort – das Ergreifen der rechten Hand des Einzuweihenden, welches Erlösung bedeutet. Es ist seltsam, daß dieses Ritual aus dem Christentum verschwand, obwohl es im Manichäismus wieder erscheint und von zentraler Bedeutung ist.[15]

Kurz gesagt, die gegenseitige Verbindung zwischen den Mithrasmysterien, der mandäischen Gnosis und dem frühchristlichen Ritual erklärt ein Phänomen der Religionsgeschichte, das bislang ein Rätsel gewesen war: die verblüffende Ähnlichkeit zwischen der christlichen Eucharistie und dem heidnischen Festmahl des Mithras, zwischen heidnischen Initiationen und christlichen Sakramenten allgemein. Die späten Kirchenväter waren darüber verwirrt und entsetzt, konnten indes die Tatsache nicht leugnen, so peinlich sie ihrem Bewußtsein von «Rechtgläubigkeit» auch war. Wenn wir den Zusammenhang betrachten, brauchen wir nicht so überrascht zu sein. Wir konnten in einem früheren Kapitel feststellen, daß die Magier, besonders die Magier-Priester des Mithra ein Interesse an den Anfängen des Christentums hatten, da sie in Jesus ihre eigenen Prophezeiungen erfüllt sahen. Als der Saoshyant war er der Erlöser und eine Wiedergeburt des Propheten, ein Zarathustra *redivivus*. Um die erhebliche Bedeutung der Mithra-Religion einzusehen, brauchen wir uns lediglich vor Augen zu halten, daß die Mithra-Verehrung bereits über zoroastrische Kreise hinausgedrungen war und die Form der Mithrasmysterien angenommen hatte, wie wir sie aus lateinischen Quellen und aus den Ruinen der Heiligtümer kennen.

Mithra war ein sehr alter Gott der Inder und Iraner, dem zu Ehren besondere Riten, die *Mithrakana*, vollzogen wurden. Es scheinen jedoch babylonische Magier gewesen zu sein, die allmählich diese

Riten verwandelten und zur Grundlage eines Geheimbundes machten. Offensichtlich hatten sie gespürt, daß sich die Voraussetzungen für eine Wahrnehmung des Geistigen geändert hatten, so daß die Gegenwart des Lichtgottes nicht mehr in der normalen Welt und für normale Menschen erlebbar war. Um an dem inneren Licht des Gottes teilzuhaben, bedurfte es einer besonderen Entwicklung – sogar mehrerer Stufen der Entwicklung –, und nur einige wenige vermochten hieran teilzunehmen. Dennoch sagen die Magier auch eine herrliche Erscheinung des Mithra als «Großer König» für die nahe Zukunft voraus, ähnlich den «Sonnen»-Königen aus der legendären Vergangenheit des Iran, aber strahlender als sie alle. Er mag in einigen Prophezeiungen sogar mit dem verheißenen Saoshyanten gleichgesetzt worden sein. Die innere Struktur der Mysterien übernahmen sie zusammen mit einem großen Teil der Kosmologie und der Schöpfungslehre aus der Weisheit der Babylonier. Daher sehen wir die alten mesopotamischen Vorstellungen – von denen einige auf Gilgamesch und sein Streben nach der Lebenspflanze zurückgehen, die Vorstellungen vom Paradies als Garten auf dem kosmischen Berg und so weiter – sowohl der Mithras-Religion einverwoben als auch in unserem *Philippusevangelium* wiederauftauchen.

Der Mithrazismus bewahrte eine Kontinuität mit den sehr archaischen Riten des Mithra, während er sich späteren Bedingungen anpaßte und nachfolgende Ideen aufnahm. Etwa im letzten Jahrhundert vor Christus stellt er eine religiöse Mysterientradition von außergewöhnlicher Bedeutung dar, die sich von Babylonien nach Syrien und Kleinasien (der heutigen Türkei) ausbreitete, wo es bereits alteingesessene zoroastrische Gemeinden gab. In der Folgezeit kann man seinen Einfluß in den gnostischen Ritualen der Mandäer sehen. In seiner heidnischen Form breitete er sich nach Armenien aus und wurde von dort nach Rom gebracht; er nahm einen stark militärischen Charakter an, der ihm viele Anhänger in der römischen Armee gewann, und seine Riten nahmen noch ausgefallenere Formen an. Im vierten Jahrhundert nach Christus waren sie zu blutigen Qualen geworden, die im berühmten Schlachten eines Stiers gipfelten, dessen Blut durch ein Gitter auf den Einzuweihenden in einem Graben unter dem Altar tropfte. Wir wissen, daß die Mithrasanhänger dieses Opfer aus den rohen, gewaltsamen Ritualen der einheimischen Religionen Kleinasiens übernommen hatten – die Kluft zu der Verehrung des Lichtes und des Vertrauens im frühen Iran könnte kaum größer sein! In seiner reineren Form lebte das Mysterium hingegen auf andere Weise fort. Es entwickelte sich in den christlichen Sakramenten weiter – wofür uns das *Philippusevangelium* ein beredtes Zeugnis gibt.[16]

So liefert das «neue» *Evangelium* zum ersten Mal deutliche Beweise für eine Verbindung zwischen dem frühen Christentum und den Mysterien. Es zeigt, wie die Mysterien in ihrer gnostischen Form im Christentum fortwirkten und den Prototypus des kultischen Lebens der Christen bildeten. Es bleibt indessen noch die andere Seite der Frage zu erörtern – denn das *Philippusevangelium* erhebt darüber hinaus den Anspruch, seine Mysterien trügen den direkten Stempel der rituellen Handlungen von Jesus selbst.

Daß Jesus eine Art einweihender Taufe vorgenommen habe, wird auch in dem Fragment des *Geheimen Markusevangeliums* behauptet, einer frühen Überlieferung aus der alexandrinischen Kirche. Es ist daher als schwerwiegender Beweis zu werten, wenn ein aus Syrien stammendes Dokument dies ergänzend bezeugt. Zuweilen haben Gelehrte, insbesondere Rudolf Bultmann, dem Zeugnis mandäischer Texte große Bedeutung beigemessen. Und Lady Drower wies darauf hin, daß mehrere Sprüche Jesu sich für die Mandäer wie Zitate aus ihren heiligen Büchern anhören. Aber wir müssen uns davor hüten, dieses Bild zu manipulieren. Denn Jesus ist nicht die einzige Autorität, die im *Philippusevangelium* anerkannt wird; die eigentlichen Worte des Herrn machen nur einen kleinen Teil der Aufzeichnungen aus. Daher müssen wir – ohne den Wert der Überlieferung des Evangeliums, daß «der Herr alles in einem Wunder tat», geringer zu schätzen – zu der Annahme bereit sein, daß die Wahrheit in dieser Angelegenheit etwas komplizierter ist.

Anscheinend nahmen Philippus oder seine Schüler und Nachfolger ein Element auf, das tatsächlich mit zu den Grundlagen und Praktiken von Jesus selbst gehörte. Indem sie diese Form des Christentums in Syrien einführten, verhalfen sie jedoch dem mandäisch-gnostischen Hintergrund wieder in entscheidendem Maße zur Geltung, wodurch die neue christliche Botschaft teilweise nochmals von älteren Formen aufgesogen wurde. Der Geist des Christentums hat

Teile der Lehre des *Philippusevangeliums* umgeformt, was vor allem die nicht-gnostische Auffassung von der Materie und die Annahme einer möglichen Heiligkeit sogar des Körpers betrifft. Und dennoch ist auf andere Weise das einmalige christliche Gleichgewicht gestört: Christus wird als zeitloser gnostischer Mysteriengott verstanden, und die Beziehung zur Geschichte fehlt fast ganz.[17] Bevor wir die Belege dieses Evangeliums zu Jesu eigener Position in der Mysterientradition beurteilen können, und um uns dem tatsächlichen Kreis Jesu und seiner Jünger anzunähern, müssen wir uns noch einem weiteren Evangelium zuwenden. Dieses Mal haben seine Überlieferungen fast ganz die Form von Sprüchen Jesu. Was für ein Bild vermitteln sie?

Das Mysterium der «Deutung»

Das *Thomasevangelium* war eines der ersten Dokumente aus der gnostischen Bibliothek, das seinen Weg ans Licht der Öffentlichkeit fand. Ein «gnostisches Evangelium» wurde einer weiten Leserschaft als Vorgeschmack auf weitere gnostische Enthüllungen dargeboten, die folgen sollten, wenn die Texte durch die im Streit liegenden Behörden freigegeben wären. Die frühen Untersuchungen durchforschten das Buch nach Zeugnissen gnostischer Theologie – und sie fanden sie. Aber schrittweise begann man, anderen Aspekten Aufmerksamkeit zu zollen. Man bemerkte, daß die Sprüche Jesu im *Thomasevangelium* denjenigen in den kanonischen Evangelien nahestanden, ja oft mit ihnen identisch waren. Unterschiede zwischen den Fassungen von Nag Hammadi und den schon früher bekannt gewesenen Fragmenten dieses Evangeliums brachten ans Licht, daß die Gnostiker gewisse Elemente aus ihrer Ausgabe ausgelassen hatten, was vermuten ließ, daß diese Schrift zu einer Zeit entstanden war, als «orthodoxe» und «gnostische» Schulen noch nicht getrennte Wege eingeschlagen hatten und bevor die Entwicklung eines gnostischen Christentums einsetzte. Eine Analyse der Sprüche zeigte tatsächlich, daß sie frühere Formen der mündlichen Überlieferung darstellten als die «literarischen» Fassungen in den kanonischen

Evangelien. Die Gelehrten lernten, die Ermahnung des *Thomasevangeliums*, «die Deutung zu finden», ernst zu nehmen. Es wurde allmählich klar, daß hinter dem Bild vom «gnostischen Evangelium» eine weit gewichtigere Realität stand: eine sehr frühe Sammlung der Lehren Jesu und eine Überlieferung von deren Bedeutung.

Wie das *Philippusevangelium* stellt das *Thomasevangelium* eine in Syrien bewahrte christliche Überlieferung dar. Legenden vom Apostel Thomas und Belege aus dem Evangelium selbst verweisen jedoch nicht auf Antiochia, sondern auf das nördlicher gelegene Zentrum Edessa. Als bedeutende Handelsstadt an der Karawanenstraße zwischen Ost und West war Edessa ein kulturell reiches «Athen des Orients» und auch eine frühe Wiege des Christentums. Die interessanteren der Legenden von der Ankunft der christlichen Lehrer berichten, daß Thaddäus oder Addai, einer der 72 von Lukas erwähnten Jünger Jesu, während der Herrschaft des Königs Abgar V. (der als «der Schwarze» bekannt war) kam, um die Stadt zu bekehren. Die Einzelheiten der Geschichte sind weitgehend Erfindung – besonders der Glaube, es habe zuvor einen Briefwechsel zwischen Abgar und Jesus gegeben. Diese apokryphen Briefe sind erhalten, stellen aber recht mittelmäßige Fälschungen dar. Die Erwähnung von Ereignissen dieser Art beruht in der Tat ganz und gar auf Wunschdenken, denn der erste christliche König von Edessa war Abgar IX. im späten zweiten Jahrhundert. Die Geschichte bewahrt jedoch die wichtige Information, daß das Christentum direkt aus Palästina in diese Stadt kam, anstatt aus einer der griechisch sprechenden Gemeinden oder aus Antiochia, und daß es zu einer früheren Zeit kam. Die Entdeckung des Evangeliums bestätigt die grundlegende Behauptung der Legenden, und wir können daraus ersehen, was für eine Form des Christentums «Addai» (sofern dies der Name des ersten Lehrers in Edessa ist) brachte: ein Christentum im Namen des Apostels Thomas. Später, gegen das dritte Jahrhundert, gedieh die Literatur über Thomas. Sie erzählte davon, wie er das Evangelium im Osten, einschließlich Indiens, verbreitete; und ein Großteil dieser Schriften scheint in Edessa entstanden zu sein. Es ist daher sehr wahrscheinlich, daß Thomasüberlieferungen in Wahrheit die erste Form des Christentums waren, die hierher kam, und daß sie sich in Verbindung mit Vorstellungen aus dem Osten entwickelte.

Einige der Legenden im sogenannten *Kindheitsevangelium des Thomas* haben, wie wir bereits sahen, eine authentisch indische Atmosphäre.

Der Hintergrund des *Thomasevangeliums* hat viel mit der Lehre der *Ebionim* gemein, die auf die frühere jüdische Esoterik der Essener zurückgeht. Von den Sprüchen, die Parallelen in den kanonischen Evangelien haben, stimmen die meisten mit denjenigen des Matthäusevangeliums, dem judenchristlichen Evangelium, überein.[18] Außerdem werden einzelne Sprüche, die wir nun aus dem *Thomasevangelium* kennen, von einigen Kirchenvätern als aus dem *Hebräerevangelium* stammend angeführt. Es ist daher möglich, daß das *Thomasevangelium* esoterische Lehren enthält, die später unterdrückt und von den Bearbeitern des orthodoxen Matthäusevangeliums ausgelassen wurden. Zusätzlich hat Thomas jedoch sein Verständnis des Christusereignisses auf eine eigene, einzigartige Weise entwickelt. Wenn an den Legenden über seine Reisen in den Osten etwas Wahres ist, würden sie den Nachdruck erklären, den sein Evangelium auf eine Art «östlicher Erleuchtung» legt.

Thomas wird in dem kurzen Eingangsspruch des Evangeliums als typischer «Diener des Wortes» dargestellt:

> Das sind die geheimen Worte, die Jesus der Lebendige sprach und die Didymus Judas Thomas aufgeschrieben hat.

So werden die Worte also nicht als Berichte eines historischen Zeugen ausgegeben, sondern sie sind aus dem Schauen und Hören des «Lebendigen», das heißt des auferstandenen Jesus hervorgegangen. Im Evangelium selbst werden die Sprüche selten auf eine Situation im Leben Jesu bezogen. Sie stellen vielmehr einen Weg der Meditation dar, dessen Ziel es ist, das Wissen vom ewigen und unsterblichen Selbst des Menschen zu erwecken. Kurz gesagt, Jesu Worte werden «gedeutet», indem sie nicht auf seine irdische Mission, sondern auf das innere Erwachen des Menschen bezogen werden. Daher heißt es:

> Wer die Deutung dieser Worte finden wird, wird den Tod nicht kosten.

Denn er wird sein unsterbliches höheres Selbst entdeckt haben. Hinter dieser Vorstellung steht die Lehre vom «Menschensohn», der zum ersten Mal in Jesus verwirklicht wurde, aber potentiell in jedem Menschen gegenwärtig ist, wie wir später im Evangelium erfahren. Die Einheit mit dem tieferen Selbst wird durch das im *Philippusevangelium* so zentrale Überwinden der Dualitäten in der Seele erreicht und wird auch hier mit der Macht des Menschen verbunden, durch seine Kraft auf der Erde zu wirken und sie zu verwandeln:

> Jesus sagte: Wenn ihr die zwei eins macht, werdet ihr Söhne des Menschen werden. Und wenn ihr sagt: Berg, hebe dich weg! wird er sich wegheben.

Diese Wandlung zu einem «Menschensohn» ist mystisch gleichzusetzen damit, daß die Jünger Christus in den Tiefen ihres Inneren entdecken; denn wie Jesus auch sagt: «Und auch ich werde werden, was er ist. Und das Verborgene wird ihm offenbar werden.»[19]

Für Thomas ist das Erreichen des Christusbewußtseins jedoch nicht die Folge einer rituellen Einweihung und sakramentaler Hingabe. Es ist das Ergebnis einer strengen Meditationsübung. Die traditionellen, hauptsächlich die jüdischen Lebensregeln, welche rituelle Speisevorschriften, Beschneidung, die Beachtung von Fastentagen und so weiter einschließen, werden alle für bedeutungslos erklärt, insofern als sie äußerlich praktiziert werden – nur die vollkommene innere Ganzheit ist wichtig. Wenn die Beschneidung nützlich wäre, würden Kinder bereits beschnitten geboren, sagt Jesus. Es geht für den Menschen darum, sich nicht äußerlich, sondern im Geistigen zu ändern.

Aus diesem Grund ist das *Thomasevangelium* als eine Abfolge meditativer Sprüche über den «Weg» gestaltet. Sie sind nicht um äußere Vorgänge, sondern um ihr gemeinsames spirituelles Ziel angeordnet. Unter ihnen ragen die Gleichnisse vom Königreich hervor, von denen wir viele aus Jesu Lehren im Neuen Testament kennen. Vertraute Gleichnisse sind die vom Sämann (Spruch 9), vom Senfkorn (Spruch 20), von dem reichen Mann, der bei Nacht starb und seinen gesamten geliebten Besitz verlor (Spruch 63), vom Hochzeitsgast (Spruch 64), vom Weinberg (Spruch 65), von der Perle (Spruch 76), vom Sauerteig (Spruch 96), vom verlorenen Schaf (Spruch 107) und vom verborgenen Schatz (Spruch 109).[20] Aber es finden sich auch unbekannte Gleichnisse wie das vom Fischer (Spruch 8):

> Und er sprach: Der Mensch ist einem klugen Fischer gleich, der sein Netz ins Meer auswarf. Er zog es aus dem Meer herauf, voll von kleinen Fischen. Mitten unter ihnen fand der kluge Fischer einen guten großen Fisch. Er warf all die kleinen Fische ins Meer. Ohne Schwierigkeit wählte er den großen Fisch. Wer Ohren hat zu hören, höre!

Interessanterweise wird der Gegenstand des Gleichnisses in diesem Fall nicht als Königreich, sondern einfach als «Mensch» beschrieben. Das Gleichnis lenkt unsere Aufmerksamkeit nach innen auf die Quelle der geistigen Verpflichtung, unser wahres Selbst, und scheint uns davor zu warnen, uns von den vielen «kleinen Fischen» auf unserem Weg ablenken zu lassen.

Ein weiteres in den bekannten Evangelien nicht vorkommendes Gleichnis rückt die Frage von Bewußtsein und Bewußtlosigkeit in den Blick:

> Jesus sagte: Das Königreich des Vaters ist einer Frau gleich, die einen Krug voller Mehl trug. Sie ging auf einem weiten Weg. Der Henkel des Kruges brach, das Mehl verstreute sich hinter ihr auf den Weg. Sie wußte es nicht, sie hatte das Unheil nicht wahrgenommen. Als sie in ihr Haus kam, stellte sie den Krug auf den Boden (und) fand ihn leer.[21]

Jene, die kein Bewußtsein von der geistigen Welt haben, glauben, sie besäßen genauso viel von der Wahrheit und sähen die Realität in ihrer Ganzheit gerade so wie diejenigen, die «bewußt» sind. Aber wenn sie das Ziel erreichen, wird der Unterschied klar. Nur diejenigen, deren Bewußtsein erwacht ist, finden das Königreich. Dieses Motiv durchzieht das ganze Evangelium und erhellt besonders die Gleichnisse.

Die Gleichnisse Jesu – sowohl die bekannten Geschichten als auch die authentisch klingenden Hinzufügungen aus dem *Thomasevangelium* – stellen einen außerordentlichen Fall in der Geschichte des

Bibelstudiums dar. An der Oberfläche betrachtet, haben sie alle eine leicht faßliche Bedeutung, und da sie einfach erzählt sind, können wir ein klares moralisches Urteil über die in ihnen dargestellten Charaktere fällen: der gute Samariter, die Witwe, die ihre letzte Habe verschenkt, der Diener, der seinen Schatz vergräbt. Und doch haben wir, wie T. W. Manson es formulierte, das Paradox vor uns, daß «ganze Bände zur Erklärung sprachlicher Gebilde geschrieben wurden, deren Bedeutung vermeintlich auf der Hand liegt». Manson beschloß, den Hintergrund des Begriffes «Gleichnis» zu untersuchen, wie ihn sowohl die Evangelisten als auch Jesus benutzen. Er fand ihn in dem hebräischen Begriff *mashal*, der jedoch im antiken Judentum eine etwas breitere Bedeutung hatte, als wir sie heute gemeinhin mit dem Wort Gleichnis verbinden. *Mashal* konnte jede verdichtete Formulierung einer Weisheit sein, etwa ein kurzer Aphorismus oder ein Sprichwort. Es konnte aber auch ein lebhaftes Bild oder Beispiel bezeichnen, welches das Gemeinte zum Ausdruck brachte. Dieser erweiterte Gebrauch des Begriffes erscheint auch im Neuen Testament – daher werden die Worte «Arzt, heile dich selbst» bei Lukas als Gleichnis bezeichnet. Wahrscheinlich hätte man alle Sprüche im *Thomasevangelium* im weitesten Sinne als *mashal* bezeichnen können.

Gleichnisse, welche die Form von Geschichten annehmen, bilden daher keinen Sonderfall, den man von den Sprüchen und Reden getrennt sehen müßte. Vor allem sind sie weder bei Thomas noch im Neuen Testament «hilfreiche Illustrationen» der Lehre Jesu, sondern deren integraler Bestandteil. Sie sind «Imaginationen» in dem Sinne, wie wir das Wort schon an früherer Stelle verwendet haben; sie verkörpern in Form eines Bildes dieselbe Bedeutung, die durch das Amt des Wortes vermittelt wird. Die volle Kraft der Lehre Jesu ist in ihnen gegenwärtig, so daß es nicht überrascht, wenn – nach Rudolf Steiner – das, was in einem Evangelium als Gleichnis erscheint, in einem anderen als Ereignis dargestellt wird. Die Episode vom Feigenbaum im Markusevangelium erscheint zum Beispiel bei Lukas in Form eines Gleichnisses.[22] Es wäre völlig falsch, darin einen Vorgang zu sehen, durch den von Jesus erzählte Geschichten Teil der Legende seines Lebens wurden. Es ist vielmehr wichtig, den Vorgang zu begreifen, durch den die Ereignisse seines Lebens, ähnlich den großen Mythen der antiken Mysterien, die Kraft eines Gleichnisses erhalten – eine verborgene Dimension, welche «diejenigen drinnen» verstehen, während «diejenigen draußen» nur das bizarre Phänomen eines gekreuzigten Lehrers und Wunderheilers zu sehen vermögen. Das Empfinden einer «Kluft» zwischen dem einfachen Verstehen und dem Wahrnehmen einer tieferen Bedeutung ist wahrhaftig das gleiche, das wir allgemeiner im Inhalt des Christentums finden.

Vielleicht können wir nun zu der berühmten schwierigen Zusammenfassung zurückkehren, die Jesus in den von Markus überlieferten Worten gibt, wenn er zu den Jüngern sagt:

> Euch ist das Geheimnis des Reiches Gottes gegeben; denen aber draußen wird es alles in Gleichnissen zuteil.[23]

Der von Thomas vertretene Grundsatz der «Deutung» leitet sich im wesentlichen aus der Art Jesu ab, in Gleichnissen zu lehren. Man begreift leicht, daß es der Frau mit dem Krug voller Mehl an Bewußtsein mangelte. Aber weit mehr ist notwendig, um die entscheidende Bedeutung des Bewußtseins als Weg zum Reich Gottes und als mit der tiefsten Realität des Menschen und seinem unsterblichen Selbst verbunden zu begreifen; diese Fähigkeit charakterisiert «diejenigen drinnen». In diesem Stadium unserer Untersuchungen dürfte deutlich sein, daß es sich nicht um die beliebige Verleihung eines Privilegs handelt. Der einzelne Mensch macht selbst den Schritt zu einer anderen Weise des Sehens – oder nicht; er stellt sich in die eine oder die andere Kategorie, je nachdem, wie er auf die Lehre reagiert. Dies ist wahre Esoterik, ob sie nun ein Element der äußerlichen Geheimhaltung besitzt oder nicht. Und in diesem Sinne ist es zu verstehen, daß der Gegenstand der Gleichnisse das Königreich und zugleich «der Mensch» ist – wie im *Thomasevangelium*, Spruch 8.

In den uns als Teil des Neuen Testaments überlieferten Evangelien bleibt das in den Sprüchen und Gleichnissen oft erwähnte Reich Gottes erstaunlich dunkel, was die oberflächliche Durchsichtigkeit der Gleichnisse um so beunruhigender macht. Es läßt sich schwer erkennen, ob es etwas ist, das durch apokalyptische Ereignisse verwirklicht werden soll, oder etwas, das in einer Art moralischer Neugestaltung Raum gewinnt, einer persönlichen Verpflichtung auf Gott hier und jetzt – oder worin es sonst bestehen mag! Nach der Überlieferung des Markus gehörte es zu den Lehren für den innersten Kreis Jesu, so daß wir dort kaum eine ausführliche Erklärung erwarten dürfen. Letzten Endes muß es jedoch im Mysterium der Auferstehung enthalten sein, auf das Markus so dramatisch hinweist, obwohl er auch dies wiederum nicht explizit sagt. Wir erinnern uns, daß im Denken des Evangelisten der Begriff des «Menschensohnes» nicht mehr benutzt wird. Damit geht das Zentrum des «Mysteriums vom Königreich» verloren und wird unfaßbar. Was andererseits am *Thomasevangelium* überrascht, ist die äußerst enge und höchst konzentriert dargestellte Verbindung des Mysteriums vom Königreich mit den allgemeineren Themen an der Oberfläche der Lehre: Motiven des Suchens und Findens, der Deutung, des Verborgenen und des Offensichtlichen, der Wiedergeburt und vor allem der Wandlung des Bewußtseins. Dieser Zusammenhang erzeugt das Gefühl, wir befänden uns nahe an der Quelle dieser Vorstellungen. In einem Spruch teilt Jesus «denen drinnen» (den «Einzelnen» und den «Auserwählten») mit, daß das Königreich ihr eigenes ursprüngliches Sein ist:

> Da ihr aus ihm seid, werdet ihr wiederum dorthin gehen.[24]

Das Königreich entdeckt also nichts, was nicht vorher schon existierte. Aber es erfordert einen Bewußtseinswandel:

> Seine Jünger sagten zu ihm: An welchem Tage kommt das Königreich? Jesus sprach: Es kommt nicht in Erwartung. Man wird nicht sagen: seht, hier! oder: seht dort! Das Königreich des Vaters ist vielmehr ausgebreitet über die Erde, und die Menschen sehen es nicht.[25]

Wenn man lernt, das zu sehen, «was man vor Augen hat», dann sieht man auch das Verborgene.

Daß sich das Königreich in der Welt befindet, die wir tatsächlich kennen und sehen, bedeutet nicht, daß Jesu Lehre nicht auch einen apokalyptischen Aspekt gehabt haben könnte. Ein anderer Spruch lautet:

> Jesus sagte: Die Himmel werden sich zusammenrollen, ebenso die Erde in eurer Gegenwart, und der Lebendige, hervorgegangen aus dem Lebendigen, wird nicht sehen Tod noch Furcht; weil Jesus sagt: Wer sich selbst findet, dessen ist die Welt nicht würdig.[26]

Schließlich ist in der jüdischen Überlieferung eine wichtige Form der Vision derer, die einen Bewußtseinswandel durchgemacht haben, diejenige von der drohenden Krise oder den letzten Ereignissen. Die Essener hatten eine äußerst apokalyptische Weltsicht; sie glaubten jedoch, sie selbst lebten bereits in der neuen Ordnung der Dinge – und sogar, daß man durch Rituale wie die Taufe und ihr heiliges Mahl in diese neue Ordnung gelangen konnte.

Bei *Thomas* jedoch fehlt trotz seiner Nähe zu gewissen Strömungen der jüdischen Esoterik das streng apokalyptische Gefühl eines Endes. Für das Christentum stellte sich das Ende des jüdischen Bewußtseins und seiner Weltsicht auch als ein Anfang heraus. Dies spiegelt sich in dem Gefühl für Kontinuität wider, das hier in Erscheinung tritt. Ein weiterer Aspekt der Bedeutung des *Thomasevangeliums* ist, daß es dazu beiträgt, eine Richtung der modernen Forschung zu bestätigen, die behauptet, Jesu Lehre sei weniger apokalyptisch gewesen, als viele Theologen angenommen haben. Kürzlich hat beispielsweise Christopher Rowland von Jesus gesagt, daß «die unterscheidenden Merkmale des Apokalyptischen in seiner Botschaft fehlen. Die Botschaft vom Königreich unterstreicht die Tatsache, daß das zukünftige Zeitalter schon in seinem eigenen Amt begonnen hat.» Und dennoch «gibt es Anzeichen dafür, daß Jesus zu verschiedenen Gelegenheiten doch Visionen erhielt, die denen der Apokalypse ähneln».[27] Die Lehre, die das *Thomasevangelium* überliefert, paßt gut zu der Einsicht, daß Jesus die Apokalypse als einen Bewußtseinswandel verstand, als ein «Ende», aber auch als Morgendämmerung eines neuen Gewahrwerdens. Es herrscht das Gefühl einer Offenbarung vor; aber offenbart werden nicht so sehr die Geheimnisse des Himmels als vielmehr diejenigen der Erde.

Das *Thomasevangelium* drückt in seiner Lehre von der Selbsterkenntnis und vom Finden des durch den Bewußtseinswandel nun auf Erden verbreiteten Königreiches eine christliche – und nicht eine gnostische – Sichtweise aus. Und doch repräsentiert es eine Form des Christentums, die weit mehr mit dem Gnostizismus gemein hatte als alle späteren von der Kirche geduldeten Fassungen – vor allem in seinem strengen Sinn für Geheimhaltung, seiner Betonung der «Deutung» und seiner Kritik am Gesetz. Bedeutet dies, daß Jesus selbst sich auf die Lehren der stärker gnostisch geprägten Taufsekten gestützt hat? Die Tatsache, daß sich Züge des Judenchristentums ebionitischer Richtung beigemischt finden, tut der Authentizität des Bildes keinen Abbruch, da wir von Jesu Kontakten mit der essenischen Strömung wissen. Und doch gibt es andere Sprüche, die vielleicht nur zu rein gnostisch erscheinen. Sind dies Einfügungen aus späterer Zeit?

Es scheint eher, als zeuge das *Thomasevangelium* von der Wirksamkeit einer weiteren Mysterienschule in der Frühzeit des Christentums. So wie das *Philippusevangelium* zeigt, wie eine rituelle und sakramentale Überlieferung durch Aspekte der Lehre und Praxis Jesu eine neue Richtung erhielt, führt uns das *Thomasevangelium* die Gegenwart einer weiteren in den Mysterien verwurzelten Überlieferung vor Augen. Diese Gruppe jedoch strebte in ihrer Form des Christentums unter der Autorität des Apostels Thomas eine Lösung von dem Rituellen an und entwickelte Techniken zur Erleuchtung durch Sprüche und Gleichnisse. Auch sie läßt sich wiederum anhand der spirituellen Sprache und der Symbolik identifizieren, deren man sich bediente, als das Evangelium seine schriftliche Form erhielt. Wir kennen nämlich ein heidnisches Mysterium, das gerade zur Zeit der Anfänge des Christentums einen umfangreichen literarischen Ausdruck fand und das sich radikal von Riten und Opfern, wie sie in den Tempeln vollzogen wurden, abkehrte. Es verlangte ein «spirituelles Opfer» und eine «Taufe im Geist». Das grundlegende Problem des Menschen wurde hier in inneren, psychologischen Begriffen erfaßt und nicht in bezug auf seine Lage in der Welt bestimmt. Der Mensch stellte sich als gleichsam betrunken dar, nicht bewußt, im Rausch, was sein höheres Selbst betraf. So lautet die Lehre der hermetischen Mysterien:

> Ihr Menschen, wohin eilt ihr in eurer Trunkenheit, ihr, die ihr die ungeminderte Lehre der Unwissenheit genossen habt ... Werdet nüchtern und haltet ein, schaut auf mit den Augen eures Herzens!

Und so lautet die Sprache, die das *Thomasevangelium* dem Erlöser zuschreibt:

> Jesus sprach: Ich stand inmitten der Welt, und ich habe mich ihnen im Fleisch offenbart. Ich fand sie alle betrunken; keinen fand ich durstig unter ihnen; und meine Seele litt Schmerz über die Söhne der Menschen. Denn blind sind sie in ihrem Herzen und sehen nicht.

G. Quispel hat den hermetischen Einfluß als weiteren Beweis dafür gesehen, daß dieses Evangelium in Edessa entstanden ist, wo, wie wir wissen, solche Mysterien vorherrschten.[28] Dies erklärt auch vieles vom Wesen des Evangeliums: die Abwendung vom Ritual, das strenge Betonen der Meditation in Abgeschiedenheit und die Wahrheitssuche. Es zeigt, daß von Anbeginn an Mysterienkreise am Christentum beteiligt waren. Wir haben bereits gesehen, daß die Hermetik aus der jüdisch-iranischen Mystik schöpfte, die auch hinter den Essenern und den frühchristlichen *Ebionim* steht. Wie viele der esoterischen Sekten hatten sie eine «Taufe der Sinneswandlung (*metanoia*)» vollzogen, bevor sie eine rein «spirituelle» Methode für das innere Leben wählten. Der antike Prophet Hermes – ursprünglich Thoth, der ägyptische Gott der Weisheit – wurde später von einigen Christen als Vorläufer Christi verehrt.

Gleichzeitig spielen offenkundig Jesu eigene Worte und Lehren im *Thomasevangelium* eine größere Rolle als alles andere. Und doch scheint sich dieses – wie das *Philippusevangelium* – auf der Grundlage einer besonderen Überlieferung entwickelt zu haben, und die heikle neue Synthese der christlichen Vision wird nicht ganz erreicht. Im ganzen *Thomasevangelium* herrscht eine gewisse orientalische Strenge vor, die der Botschaft Jesu nicht angemessen scheint. Diejenigen Kritiker, die einfach das Vorhandensein einer Lehre der Liebe darin verneinen, haben allerdings meiner Meinung nach unrecht. Den Erwecker, der kommt, um die Menschheit aus ihrem unwissenden Rausch zu retten, bewegt die Liebe. Und wenn es buddhistische Parallelen gibt, dann sollten wir uns daran erinnern, daß der Buddhismus die große Religion der Nächstenliebe ist. Aber man möchte sich fragen, ob das *Thomasevangelium* nicht eine etwas einseitige Fassung der Lehren Jesu wiedergibt, indem es sich auf eine Erleuchtung durch die Erkenntnis konzentriert.

Wir befinden uns also wieder einmal in einer schwierigen Lage. Unsere beiden «Mysterienevangelien» stammen aus Kreisen in der unmittelbaren Umgebung Jesu und enthalten offenbar authentisches Wissen von seiner Lehre und Mysterienpraxis. Und doch scheint es, als hätten beide seinen Einfluß schließlich doch älteren vorchristlichen Überlieferungen angepaßt. Es ist immer noch schwer, sich der genauen Form der ursprünglichen Lehren und Praktiken zu vergewissern, besonders, da die beiden Dokumente so unterschiedliche Schwerpunkte haben – das eine im Rituellen und Sakramentalen, das andere in der strengen Meditation. Und doch kann man die Zeugnisse noch anders betrachten, wodurch ein weiterer Schritt voran möglich wird. Wir haben nämlich noch nicht untersucht, in welchem Ausmaß das *Philippusevangelium* und das *Thomasevangelium* übereinstimmen.

Es gibt im *Thomasevangelium* tatsächlich viele Spuren davon, daß sein Inhalt sich einmal mit etwas dem *Philippusevangelium* viel Ähnlicherem überschnitten hat. Außerdem weist es trotz seiner offenen Ablehnung von Ritualen Anzeichen einer rituellen Struktur auf, welche die verschiedenen Aspekte der Botschaft des Evangeliums miteinander verbindet.

Zum einen ist da die seltsame Erwähnung der

> fünf Bäume im Paradies, die sich Sommer und Winter nicht bewegen und deren Blätter niemals abfallen. Wer sie erkennen wird, wird den Tod nicht kosten.

Steht dies in irgendeiner Beziehung zu dem im *Philippusevangelium* aufgeführten fünfstufigen Mysterium und dem rituellen Wiedereintreten ins Paradies? Das könnte erklären helfen, weshalb es heißt, die «Auserwählten» würden dahin zurückkehren, «woher sie kamen», das heißt in eine erneuerte Unschuld. Bedingung für die Erneuerung ist im *Philippusevangelium* die Wiedergeburt; im *Thomasevangelium* tritt dies in Verbindung mit den Worten Jesu von dem

«Werden wie ein Kind» hervor. Vorstellungen von Unschuld, Kindsein und dem Schauen des Geistigen sind in einem Spruch wie dem folgenden vereint:

> Seine Jünger sagten: An welchem Tag wirst du uns erscheinen. Und an welchem Tage werden wir dich sehen? Jesus sprach: Wenn ihr eure Scham auszieht und eure Kleider nehmt und sie wie die kleinen Kinder unter eure Füße legt und sie mit Füßen tretet, dann werdet ihr den Sohn des Lebendigen sehen. Und ihr werdet euch nicht fürchten.

Das wiederholte «Ihr werdet euch nicht fürchten» im Evangelium deutet auf eine Prüfung bei der Einweihung hin. Sicherlich bezog sich das Ausziehen in Unschuld, ohne Scham, auf die Taufe und das Wiedererlangen des paradiesischen Zustandes.[29]

Weitere aus den Sprüchen des *Philippusevangeliums* vertraute Fäden im *Thomasevangelium* sind unter anderem Vorstellungen vom Essen «toter Dinge» und «lebendiger Nahrung», eine Lehre von den «Abbildern», und vor allem wird das «Brautgemach» erwähnt. In einer Fassung des von Matthäus bekannten Spruches («Viele sind berufen, aber wenige sind auserwählt») sagt Jesus:

> Viele stehen vor der Tür, aber es sind die Einsamen,
> die ins Brautgemach eintreten werden.

Der Augenblick, in dem der Initiierte aus dem Brautgemach kam, war anscheinend besonders heilig, und die Gemeinde unterstützte ihn dabei durch Fasten und Beten.[30] F. F. Bruce mag recht haben, wenn er aus der Sprache der Wiedergeburt – und besonders aus der Erörterung der «wahren» oder spirituellen Mutterschaft (im Gegensatz zur natürlichen) – in einigen der Sprüche darauf schließt, daß hier die schon aus dem *Hebräerevangelium* bekannte Vorstellung, der Mensch werde ein «Sohn des Heiligen Geistes», zugrunde liegt. Wenn er recht hat, würde dies wieder darauf hindeuten, daß das Tauferlebnis Jesu die Grundlage seines Rituals und seiner Lehre ist. Außerdem stünde dann das *Thomasevangelium* auch mit jenen frühen judenchristlichen Taufüberlieferungen im Namen des Herrenbruders Jakobus in Verbindung, die ebenfalls zum Ziel haben, daß der Mensch ein Sohn des Geistes wird. Tatsächlich wird Jakobus im *Thomasevangelium* auch als derjenige hochgepriesen, «um dessentwillen Himmel und Erde geworden sind».[31]

Der berühmte Spruch über das Staunen und «Herrschen», der die Sammlung des *Thomasevangeliums* einleitet, verweist gleichfalls auf einen rituellen Hintergrund. Die Taufe war ein Teil der Königseinweihungen im Vorderen Orient gewesen.

Eine andere Stelle im *Thomasevangelium* legt den Vergleich mit dem Johannesevangelium nahe, wo Jesus zu Nikodemus sagt, der Mensch müsse «von neuem geboren» werden, bevor er das Reich Gottes sehen kann. «Wie kann ein Mensch geboren werden, wenn er alt ist?» gibt Nikodemus zurück. «Kann er etwa zum zweitenmal in seiner Mutter Leib gehen und geboren werden?» Jesus spricht in seiner Antwort von der Geburt «aus Wasser und Geist». An der entsprechenden Stelle im *Thomasevangelium* sagt Jesus, «die Kleinen», die gesäugt werden, glichen denen, die ins Königreich eingehen. Seine Jünger nehmen die Worte ebenso «buchstäblich» wie Nikodemus: «Wenn wir klein sind, werden wir dann ins Königreich eingehen?»

> Jesus sprach zu ihnen: Wenn ihr die zwei eins macht, und wenn ihr das Innere wie das Äußere macht, und das Äußere wie das Innere, und das Obere wie das Untere; und wenn ihr das Männliche und das Weibliche zu einem einzigen macht, damit das Männliche nicht männlich und das Weibliche nicht weiblich sei; und wenn ihr Augen an Stelle eines Auges macht, und eine Hand an Stelle einer Hand, und einen Fuß an Stelle eines Fußes, ein Bild an Stelle eines Bildes, dann werdet ihr in das Königreich eingehen.

Es findet sich hier kein Hinweis auf die Elemente des Taufmysteriums, «Wasser und Geist». Nichtsdestoweniger – das «Wie-ein-kleines-Kind-Sein» wird in einer Weise beschrieben, die über den sprachlichen Ausdruck hinausdeutet, wie wir von den Motiven des *Philippusevangeliums* her deutlich erkennen können. Es handelt sich um ein Überwinden psychischer Unterscheidungen – Inneres/Äußeres, Männliches/Weibliches – und einen Wandel der Wahrnehmung. Dies sind in der Tat beides Hauptmotive, die sowohl das *Thomasevangelium* als auch das *Philippusevangelium* durchziehen.[32]

Daher ist das Evangelium trotz seiner strengen Betonung auf «Geist und Wahrheit» – anstatt auf Gemeinde und Kultus – als ein Mysteriendokument einzuordnen, das nicht weit von rituellen Einweihungspraktiken entfernt ist. Die Struktur eines Taufmysteriums mit Tod und Wiedergeburt, Erleuchtung, Inthronisierung und mystischer Hochzeit ist noch deutlich erkennbar und wird als aus Jesu eigenen Worten entstanden dargestellt.

Die Ähnlichkeiten und Gegensätze zwischen Philippus und Thomas zeigen in kräftigen Farben die Verschiedenartigkeit des frühen Christentums. Die Apostel, die Jesu Lehre bewahrten und sie in die Welt hinaustrugen, übten und vertieften ihr Verständnis des Evangeliums immer wieder durch Meditation. Dabei erschien es einigen, das rituelle Element sei von vernachlässigbarer Bedeutung: Das Wichtigste sei die Antwort im Inneren, die «Deutung», die in der Seele entstand und diese ihres unsterblichen Wesens bewußt machte. Thomas oder seine Nachfolger, die das Evangelium benutzten und ihm seine endgültige Form gaben, gehören zu dieser Gruppe. Sein Predigen führte zur Schaffung eines speziellen Typus, des christlichen «Einzelnen» oder Alleinlebenden (*monachos*), den man in den frühchristlichen Jahrhunderten auf der Suche nach einer inneren Wahrheit durch Syrien und andere Wüsten wandern sah. Anderen Aposteln hingegen erschien der rituelle Vorgang als primär. Philippus (oder seine Anhänger) fühlten sich daher im Recht, wenn sie ihr Christentum mit einem ausgeprägten Kultus verbanden, wie ihn die Taufsekten pflegten.

Wir brauchen nicht anzunehmen, daß Jesus die komplizierten mandäischen Riten ausübte. Aber es gibt Beweise dafür, daß er sich auf einen ihrer gnostischen Sicht und den essenischen Ritualpraktiken ähnlichen Hintergrund stützte. Es kann nicht die Rede davon sein, daß Thomas ein rituelles Vorbild in Jesu Worte «hineingelesen» hätte, denn er ist nicht an Ritualen interessiert, ist sogar aktiv gegen sie eingestellt. Die Lehre von einem Wandel der Wahrnehmung, vom Kindwerden, von der Wiedergeburt durch die Taufe und einem Mysterium der inneren Vereinigung, von der Hochzeit oder davon, ganz Licht zu werden, vom Erlangen des «Königreiches» oder Herrschen (Inthronisierung) – alle diese Elemente tauchen bei Thomas und bei Philippus als mit dem «Menschensohn» und mit der Vision vom Königreich verbunden im Inhalt der Lehren Jesu für den engsten Kreis seiner Jünger auf. Mit Hilfe dieser beiden Evangelien, des *Geheimen Markusevangeliums* und der Entdeckungen der modernen Forschung über die esoterischen Strömungen der Essener und der Gnostiker können wir endlich die Frage beantworten, mit welcher dieses Buch begonnen hat: die Frage nach Jesu esoterischen Lehren und dem Kontext, in dem solches Wissen vermittelt wurde.

Es wäre jedoch falsch anzunehmen, daß man die neuen Zeugnisse den älteren aus dem Neuen Testament gegenüberstellen müsse. Wir haben durchweg gezeigt, daß der entdeckte Hintergrund auch der wahre Hintergrund der vertrauten Evangelien ist, die dadurch in einem neuen Licht erscheinen. Es ist wirklich erstaunlich, daß das *Thomasevangelium* dasjenige Werk aus der Bibliothek von Nag Hammadi ist, welches die engste, intimste Beziehung zu den kanonischen Evangelien aufweist. Das ist Teil der Kraft seines Zeugnisses für die ursprüngliche Bedeutung der Worte Jesu.

Der Nachweis eines Taufmysteriums wirft ein direktes Licht auf einige der dunkelsten Stellen in der Lehre Jesu. So befremdet und verwirrt beispielsweise das Gleichnis von der königlichen Hochzeit bei Matthäus, besonders das Ende, wenn der Gast, der kein hochzeitliches Gewand hat, hinausgeworfen wird. Die ganze Szene wird jedoch plötzlich durchsichtig, wenn wir erkennen, in welchem Kontext das Königreich wie eine Hochzeit ist – nämlich in dem eines Initiationsritus. Solch ein Ereignis ruft den Menschen von den üblichen irdischen Pflichten weg – oder sollte dies wenigstens tun. In dem Gleichnis Jesu wird dargestellt, daß die Großen dieser Erde nicht bereit sind, ihren Besitz zugunsten spiritueller Bereicherung aufzugeben. Dasselbe trifft auch für die sogenannten Gerechten, wie die Pharisäer, zu. Aber der Arme kann die Erleuchtung erlangen, die jene zurückgewiesen haben. In der Tat ist jeder, ob gut oder schlecht, arm oder reich, zu diesem Fest eingeladen:

> Und die Knechte gingen auf die Straßen hinaus und
> brachten zusammen, wen sie fanden, Böse und Gute;
> und der Hochzeitssaal war mit Gästen ganz besetzt.

> Als aber der König hineinging, um sich die Gäste anzusehen, sah er darin einen Mann, der hatte kein hochzeitliches Gewand an. Und er sprach zu ihm: Freund, wie bist du hier hereingekommen und hast doch kein hochzeitliches Gewand an? Er aber blieb stumm. Da sprach der König zu seinen Dienern: Bindet ihm die Hände und Füße und werft ihn in die Finsternis hinaus; da wird Heulen und Zähneknirschen sein.[33]

Der Sinn dürfte nun deutlich sein; er bestätigt die Vermutung, daß das «Gewand» das weiße Taufgewand ist. Das Ende des Gleichnisses bezieht sich auf diejenigen, die versuchen, sich in die geistige Welt hineinzudrängen, ohne in der Einweihung durch Tod und Wiedergeburt zu gehen; ihnen wird gesagt, daß sie damit das Schicksal ihrer Seele riskieren. Die psychischen Gefahren einer unzureichend vorbereiteten Initiationserfahrung sind von den Hütern der Mysterien immer betont worden. Das Bild von der äußeren Finsternis ist eine wirksame Warnung vor der seelischen Verstörung und moralischen Lähmung, die darauf folgen können. Der Kontext ist also ein Taufmysterium, und die ganze Stelle schließt mit der Mysterienformel, die wir schon in der Fassung des Thomas zitiert haben:

> Denn viele sind berufen, aber wenige sind auserwählt.

Thomas sagt, dies beziehe sich auf die «Einzelnen» oder diejenigen, welche die innere Einheit des «Brautgemachs» erreicht haben.[34]

Die Mysterienevangelien unter den Namen des Philippus und des Thomas bestätigen endgültig das Wesen des christlichen Mysteriums. Es wird ein Bewußtseinswandel angedeutet, der die Art verändern kann, in welcher der Mensch die Erde sieht, und der das «Himmelreich» enthüllen kann. Die aus alten Mysterienriten abgeleiteten gnostischen Vorbilder, denen sowohl Philippus als auch Thomas noch verpflichtet sind, haben durch die Lehre Jesu eine Metamorphose erfahren, indem an die Stelle einer kosmischen Mystik der Reifungsprozeß zum individuellen Menschen trat.

> Jesus sagte: Wer das All erkennt, sich selbst aber verfehlt, der verfehlt das All.[35]

Die kosmische, mythische Dimension ist nicht verloren; sie schließt aber nun auch die Sphäre des Irdischen und die Geschichte, die begrenzte Welt des Menschen, ein. Ein Spruch bei Thomas wird allgemein als eine pantheistische Äußerung betrachtet:

> Jesus sagte: Ich bin das Licht, das über allen ist. Ich bin das All; das All ist aus mir hervorgegangen, und das All ist zu mir gelangt. Spaltet das Holz: ich bin da. Hebt einen Stein auf, und ihr werdet mich dort finden.[36]

Er kann jedoch auch mit anderer Betonung gelesen werden. Das All, das Licht der Welt kann auch in jenen kleinen Dingen des irdischen Lebens gefunden werden, in einem Stück Holz, beim Aufheben eines Steines. Die Erde ist kein vom Göttlichen entfremdetes Reich. In dem durch die christliche Anschauung verliehenen Bewußtsein schließt die Perspektive des Mythos die materielle Welt nicht aus: Auch in dieser ist das Göttliche wirkend gegenwärtig.

Die Erfüllung des Mysteriums sollte im materiellen Zustand der Dinge, auf der «Schädelstätte» außerhalb Jerusalems stattfinden. Und nun beginnen die Teile des Puzzles zusammenzupassen, sowohl als Ritual wie auch als Geschichte. Wir verstehen etwas besser, wie es kam, daß Jesus in Erwartung dieses Ereignisses von Golgatha sprach und immer noch die Sprache des Taufmysteriums verwendete. Da ist zum Beispiel der Augenblick, als die Jünger Johannes' des Täufers sich über das ungewöhnliche Verhalten der Jünger Jesu wundern; Jesus aber fragt sie:

> Wie können die Söhne des Brautgemachs Leid tragen, solange der Bräutigam (*nymphios*) bei ihnen ist? Es wird aber die Zeit kommen, daß der Bräutigam von ihnen genommen wird; dann werden sie fasten.

Man kann diesen Spruch, der von Kommentatoren oft als mißverstandene Allegorie oder als von der Kirche erfunden und ins Leben Jesu zurückprojiziert abgetan wurde, nun als eines der letzten Anzeichen für die rituelle Sprache Jesu verstehen, die uns erhalten geblieben sind. Der Kontext – ein Streitgespräch mit den getauften Jüngern des Johannes – ist offensichtlich wichtig. Die Bußtaufe des

Johannes ist eng sowohl mit den hermetischen Mysterien als auch mit den Essenern und den Mandäern verbunden; ihnen konnte die Bedeutung der Sprache Jesu nicht entgehen.[37] Er bezeichnet die Jünger als in das Geheimnis seiner Bestimmung Eingeweihte, als welche sie auch bald einen Teil des Leidens werden tragen müssen. Insbesondere die Bräutigamsterminologie ist diejenige eines Taufmysteriums (wodurch mit Sicherheit keinerlei Hinweis auf etwaige seltsame Orgien gegeben ist). Das weitere Stadium des «Fastens» erinnert uns wieder an das *Thomasevangelium.*

Man kann diese Beweise mit einem Fragment eines verlorenen Evangeliums verbinden, das 1905 auf einem antiken Papyrusblatt gefunden wurde. Der Papyrus Oxyrhynchos 840 berichtet von einer typischen Begegnung zwischen Jesus und seinen Jüngern und den Anführern der Pharisäer. Jesus ist der rituellen Unreinheit während des Aufenthalts im Vorhof des Tempels angeklagt, und er antwortet darauf, indem er die schmutzigen und stehenden Wasser der jüdischen Reinigungsriten, die ohnehin nur «die äußere Haut abreiben» können, mit seiner eigenen Praxis vergleicht:

> Ich aber und meine Jünger, von denen du sagst, wir hätten uns nicht untergetaucht – wir sind untergetaucht in dem lebendigen (.....) Wasser, das herabkommt von ...

«Lebendiges Wasser», das heißt fließendes Wasser, ist für die mandäische Taufe notwendig. Dort wird es als Wasser aus dem himmlischen Fluß, dem urbildlichen Jordan, betrachtet. Das christlich-essenische Handbuch mit dem Titel *Didache* besteht ebenfalls auf «lebendigem Wasser» für die Taufe. Dies – wie auch die neuen Belege – unterstreicht die Echtheit dieses Fragments und trägt damit zu unserer Überzeugung bei, daß Jesus tatsächlich eine Einweihungstaufe vornahm.[38]

Daß Jesus die Taufinitiation jedoch als eine Andeutung seiner historischen Rolle sah, ist noch viel offensichtlicher in dem Augenblick, als Jakobus und Johannes vor seinem triumphalen Einzug in Jerusalem seine Mission und die ihm vorherbestimmte Herrlichkeit ganz teilen wollen. Jesus sagt zu ihnen:

> Ihr wißt nicht, um was ihr bittet. Könnt ihr den Kelch trinken, den ich trinke, oder euch taufen lassen mit der Taufe, mit der ich getauft werde?

Ausgehend von dieser Stelle ist in der Vergangenheit vermutet worden, Jesus müsse Taufriten vorgenommen haben – möglicherweise in der Frühzeit seines Amtes – und erinnere sich hier an diese Handlung.[39] Im Lichte der neuen Beweise ist jedoch deutlich, daß wir es hier mit etwas weit Zentralerem, ja Entscheidendem für seine Lehre zu tun haben. Hier finden sich wieder Anklänge an das Königreich und den Messiasglauben – Jakobus und Johannes wollen im Himmelreich zur Rechten und Linken Jesu sitzen. Und natürlich erhält die Szene weit mehr Gewicht, da sie in der Fassung des Markus direkt auf die Geschichte von der nächtlichen Taufe folgt – auf die Initiation in die «Mysterien des Himmels». So sind die Fäden der Überlieferungen eng miteinander verwoben.[40]

Aber Jesus antwortet, indem er das Ideal des Königtums neu interpretiert und ihm eine Rolle zuweist, die sich von derjenigen der «Herrscher der Völker» unterscheidet:

> Denn auch der Menschensohn ist nicht gekommen, daß er sich dienen lasse, sondern daß er diene und sein Leben gebe als Lösegeld für viele.[41]

Um dieses tiefgründigste Paradox im Herzen des Mysteriums zu verstehen, können wir uns einem weiteren Autor zuwenden, der zeitlich den Ereignissen noch nahe war – dem frühesten christlichen Autor, den wir kennen, dem äußerst einflußreichen und doch seltsam unbekannten Paulus.

11

EIN UNBEKANNTER PAULUS

Für Paulus mit seiner Persönlichkeit voller Feuer, der mehr als jeder andere für die Verbreitung der Botschaft des Christentums getan hat, bedeutete die christliche Vision eine Umkehrung seines gesamten Wertesystems. Das Damaskuserlebnis verwandelte nicht nur den Verfolger in einen begeisterten Anhänger; es beinhaltete die Überwindung aller alten Unterscheidungen – zwischen Juden und Heiden, Pharisäern und Zöllnern, Verherrlichung und Erniedrigung, «Gerechten» und «Sündern». Wir spüren, wie Paulus sich auch zu einer Wandlung seiner Vorstellungen über die Gottheit in ihrer Transzendenz durchkämpft:

> Er (Christus Jesus), der in göttlicher Gestalt war, hielt es nicht für einen Raub, Gott gleich zu sein, sondern entäußerte sich selbst und nahm Knechtsgestalt an, ward den Menschen gleich und der Erscheinung nach als Mensch erkannt. Er erniedrigte sich selbst und ward gehorsam bis zum Tode, ja bis zum Tode am Kreuz.[1]

Die gesamte Auffassung von Gott, dem höchsten Wesen oder der Quelle der Wirklichkeit, wird auf den Kopf gestellt, um einen Gott zu rechtfertigen, der sich den irdischen Bedingungen ausgeliefert hat. Das Denken ist zögernd, persönlich, voller Erstaunen; und gleichzeitig brillant und voller Freude an Paradoxen und feinen Unterscheidungen.

Wenn man Paulus noch einmal neu liest, fällt es schwer zu verstehen, wie er seinen Ruf als Dogmatiker und Scheinheiliger erhalten konnte. Vielleicht läuft jeder, der in Paradoxen spricht, Gefahr, mißverstanden zu werden. Vielleicht erwies sich sein Versuch, «allen alles zu sein», doch als ein schwerwiegender Fehler, der dazu führte, daß er von so vielen Seiten abgelehnt und verdächtigt wurde. Gleichzeitig ließen sich die Feinheiten der Dialektik des Paulus leicht ausnutzen und mit Hilfe jener juristischen Sitte pervertieren, Anschuldigungen aus dem zu produzierten, was dazu bestimmt war, solche zu widerlegen. Waren die Worte des Apostels erst einmal aus dem persönlichen Kontext der Auseinandersetzungen, Katastrophen und Erfolge in den rasch wachsenden christlichen Gemeinden herausgerissen, die Paulus im Mittelmeerraum gegründet hatte, konnte man seinen Worten die Aura eines *ipse dixit* geben, das keinen Einspruch zuließ.

Es verdient festgehalten zu werden, daß einige der bekanntesten Äußerungen den geringsten Anspruch auf Authentizität besitzen. Kein Spruch aus frühchristlicher Zeit hat einen größeren Aufruhr verursacht als das berühmte *taceat mulier in ecclesia*:

> ... die Frauen sollen schweigen in der Gemeindeversammlung, denn es ist ihnen nicht gestattet zu reden, sondern sie sollen sich unterordnen, wie auch das Gesetz sagt.[2]

Diese Stelle scheint sich jedoch in den Zusammenhang dessen, was Paulus erörtert, eingeschlichen zu haben. Überdies ist es äußerst seltsam, gerade bei dem Autor eine Berufung auf das Gesetz zu finden, der mit solcher Kraft und Erfindungsgabe die Abschaffung des Gesetzes in der Freiheit Christi vertritt. Der Verdacht, diese Stelle sei von einem späteren Kirchendisziplinär eingefügt worden, möchte zu voreilig erscheinen, gäbe es nicht den schlagenden Beweis, daß sie einfach früheren Bemerkungen des Paulus im gleichen Brief widerspricht, in denen er ganz natürlich davon ausgeht, daß eine Frau im kirchlichen Gottesdienst beten oder prophetisch reden kann.[3]

Selbst wenn man das Problem der Echtheit berücksichtigt, muß man feststellen, daß Paulus ein Opfer der seltsamsten Interpretationen geworden ist. Eine ganze Schule aus jüngster Zeit, die unter psychologischen Gesichtspunkten interpretiert, nimmt an, Paulus sei für die westliche Betonung des Intellekts – im Gegensatz zum Leib und zu den Sinnen – sowie die Unterwerfung der Frau unter den Mann und viele weitere Gegensätze ebenso ungesunder Natur verantwortlich. Aber es ist erstaunlich, daß jemand des «Dualismus» oder der Erzeugung körperfeindlicher Gefühle angeklagt werden sollte, der die bedenkenswerten Worte schrieb: «Denn wir haben nicht mit Fleisch und Blut zu kämpfen» (Eph. 6,12) und der an die «Verherrlichung» des physischen Leibes durch Christus glaubte. Es überrascht, daß man jemanden für einen Frauenhasser hält, der in sehr freundlichen Worten so viele Frauen erwähnt, die wie er selbst im Namen des Herrn hart arbeiten: Priska, Phöbe, Tryphäna, «Persis, meine Liebe», Maria, Tryphosa und andere, die er in den Grüßen am Ende seiner Briefe aufzählt und denen er «einen heiligen Kuß» sendet. Vielleicht analysieren alle diese Psychologen nur ihre eigenen Vorurteile.

In einer anderen Beweisführung wird Paulus als derjenige aufgefaßt, der angeblich das Christentum in eine Weltreligion mit dem Zweck des Missionierens verwandelt beziehungsweise es bereits in diesem Sinne geschaffen hat. Es heißt, Paulus habe den «Jesus der Geschichte» in den «Christus der Kirche» verwandelt. Diese Lesart, die zu der Ansicht neigt, Paulus sei von den Kreisen um Jesus weit entfernt gewesen, bezieht ihre Wirksamkeit daraus, daß sich Paulus seiner Unabhängigkeit von den Jerusalemer Aposteln brüstet; manchmal wird Paulus von den Anhängern dieser Apostel mit einem radikalen Gnostizismus und einer «übernatürlichen» Sicht des Christus in Verbindung gebracht. Aber wir haben bereits gesehen, daß es sinnlos ist, den «einfachen Jesus von Nazareth» «gnostischen» Extravaganzen gegenüberzustellen. Und noch viel weniger kann man die «Einfachheit» der Evangelien mit der «theologischen Komplexität» des Paulus vergleichen – wir haben festgestellt, daß sich um die Gestalt Jesu allerlei religiöse und esoterische Auffassungen rankten und daß die Evangelien umfangreich entwickelte gedankliche Hintergründe haben. Außerdem ist die Beweislage bezüglich des Paulus und der Gnostiker gelinde gesagt mehrdeutig. Letzten Endes aber scheitert das Argument an der Frage der Chronologie. Die Briefe des Paulus sind älter als die Evangelien in ihrer schriftlichen Form.

Wenn er von der weltverändernden, kosmischen Bedeutung Christi spricht, handelt es sich nicht um eine «spätere» Entwicklung, die auf das Entstehen einer Theologie der organisierten Kirche hindeuten würde. Vielmehr drückt sich hierin jenes überwältigende Gefühl der Veränderung aus, das von der Nähe zu diesem gewaltigen Ereignis herrührt, zu dessen Anerkennung Paulus gefunden hatte.

Zweifellos hat eine redaktionelle Entscheidung erheblichen Einfluß darauf gehabt, daß Paulus vor allem als christlicher Denker rezipiert wurde. Als man seine Briefe sammelte, erhielt der lange und intellektuell wichtige Römerbrief den ersten Platz. Er ist ein glänzendes Werk, dessen Argumentation seit seiner Abfassung Stoff zum Nachdenken geboten und Paulus praktisch zum Schutzheiligen der Theologen gemacht hat. Gleichzeitig gibt er jedoch unserer Begegnung mit Paulus eine bestimmte Färbung und kann einen irreführenden Eindruck hinterlassen. Wie die anderen Briefe handelt er von dem alles verwandelnden Ereignis, einem Bewußseinswandel, der Offenbarung Gottes in einer neuen Gerechtigkeit «abseits des Gesetzes», die auch eine kosmische Dimension hat; ungewöhnlich aber ist, daß hier die Auffassung von jenem Wandel mit den Begriffen des Rechtsdenkens verteidigt wird, wodurch dieses von innen her, mit den eigenen Mitteln, widerlegt wird. Wenn wir unsere Begegnung mit den persönlichen Gedanken und der eindringlichen Überredungsgabe des Galaterbriefes beginnen, werden wir wahrscheinlich etwas anders reagieren. Andere Briefe enthüllen noch weitere, unbekannte Seiten eines vielseitigen Mannes.

Hinter allen Schriften des Paulus steht seine tiefe Überzeugung von der Universalität des christlichen Wandels, die ihn aus der jüdischen Sphäre heraus in die weitere Kultur seiner Zeit führte. Das soll nicht heißen, daß er das für das Judentum charakteristische religiöse Bewußtsein rundheraus ablehnte. Er erbte das historische Bewußtsein des Judentums, da er als Pharisäer erzogen worden war. Er erbte die jüdische Wahrnehmung der inneren Komplexität des Bewußtseins:

> Wollen habe ich wohl, aber das Gute vollbringen kann
> ich nicht. Denn das Gute, das ich will, das tue ich nicht;
> sondern das Böse, das ich nicht will, das tue ich.[4]

Der Kampf gegen die Versuchung im Innern war das große Motiv des Judentums, er führte zu seinen Idealen Freiheit und Innerlichkeit. Als Ausdruck dieser Ideale trat das Gesetz ins menschliche Leben. Es verlieh allen Individuen die Möglichkeit eigener Verantwortung und gab ihnen einen Maßstab, an dem sie ihre innere Entwicklung messen konnten. Paulus ist aber dort am tiefgründigsten, wo er erkennt, daß das Gesetz eine Spaltung des Selbst mit sich brachte: Was «ich» tue, ist genau das, von dem «ich» sehe, daß es falsch ist, und das ich nicht tun will. Das zweite «ich» identifiziert sich mit den Idealen des Gesetzes, wodurch sich aber das erste «ich» schuldig fühlt und unwiederbringlich von dem «ich» gespalten scheint, das dem Ideal nacheifert. Das Gesetz fixiert und verewigt eine Auseinandersetzung, die in Wirklichkeit nicht zu schlichten ist. Der Mensch mißt sich an einem Maß der Vollkommenheit, das außerhalb seiner selbst liegt, und verurteilt sich zu einem schmerzlichen Schuldbewußtsein. Paulus erkennt, daß sich der Mensch ohne dieses in einem für ihn einfacheren – aber auch niedrigeren – Entwicklungszustand befände: ohne seine sich entwickelnde Individualität. Trotzdem glaubt er, das Christentum gebe dem Menschen eine noch höher stehende Möglichkeit, sich zu entwickeln. Er kann nach dem Christusideal in seinem Inneren – und nicht nach einem äußeren Gesetz – leben. Ein weiterer Schritt voran in der Geschichte und im Bewußtsein war notwendig und möglich geworden.

Wie aber sollte man diesen Schritt tun? Nicht nur durch Argumente. Man mußte wohl die Lage des Menschen und das, was ihm durch Gottes Gnade angeboten wurde, verstehen. Die Überwindung des Schuldbewußtseins verlangte aber eine tiefere Umwälzung, eine gründlichere Wandlung der Seele. Paulus beschreibt sie als Tod und Geburt, als einen Mysterienritus:

> Oder wißt ihr nicht, daß alle, die wir auf Christus Jesus getauft sind, in seinen Tod getauft sind? So sind wir ja mit ihm begraben durch die Taufe in den Tod, damit, wie Christus auferweckt ist von den Toten durch die Herrlichkeit des Vaters, auch wir in einem neuen Leben wandeln.[5]

Man hat die paulinische Taufe allgemein als eine symbolische Geste der «rituellen Aufnahme» in die Kirchengemeinde interpretiert. In letzter Zeit wurde jedoch zunehmend erkannt, daß sie in Wirklichkeit viel mehr als das dargestellt haben muß. Warum denn hatte Paulus der Mysteriensprache bedurft, der «Christus-Mystik» von der Vereinigung mit Jesus, von Tod und Wiedergeburt?

In Anbetracht unserer vorangegangenen Untersuchungen – hauptsächlich der verschiedenen Formen der christlichen Taufe, die auf Jesus persönlich zurückgehen – können wir neues Licht auf die rituellen Praktiken des Paulus werfen. Insbesondere können wir die Belegstellen in jenem rätselhaften Dokument, dem sogenannten «Epheserbrief», neu untersuchen.

Der «Epheserbrief»

Dem sogenannten «Brief an die Epheser» fehlen alle Charakteristika eines Briefes, und er hat vielleicht auch nichts mit Ephesus zu tun.

In der Form, wie er in den meisten Übersetzungen steht, ist er von dem Apostel Paulus an die christlichen Anhänger (oder «Heiligen») in Ephesus gerichtet; in den meisten verläßlichen Manuskripten fehlen jedoch die Worte «in Ephesus», und wir können sicher sein, daß sie in frühchristlicher Zeit nicht darin vorkamen. Der Häretiker Markion dachte nämlich, dies sei der *Brief an die Laodizäer*, an die Paulus, wie man weiß, geschrieben hat, der aber nie gefunden wurde. Er hatte zweifellos unrecht; mit den besten damals bekannten kritischen Methoden widmete sich Tertullian der Aufgabe, den Fehler kompetent zu widerlegen. Die verräterische Tatsache ist, daß Tertullian sich für seine Beweisführung, daß Markions Titel «An die Laodizäer» falsch sei, auf keinen anderen, diesem widersprechenden Titel beruft; wir dürfen daher sehr wohl annehmen, daß der «Brief» noch zur Zeit Markions keine Andeutung davon trug, für wen er bestimmt war.[6] Wo immer er auch geschrieben wurde und ob er jemals nach Ephesus geschickt wurde oder nicht – das Werk fällt nicht in die Hauptkategorie der Paulusbriefe, derjenigen, die an bestimmte Gemeinden adressiert sind und sich mit bestimmten Problemen beschäftigen. Ihm fehlen die gewohnte Form der Anrede und in der Tat fast alle für einen Paulusbrief charakteristischen Züge.

Abgesehen von der an Kapitel 6 des Epheserbriefes angehängten Bemerkung, die seinen Freund Tychikus empfiehlt, erinnert überhaupt nichts an den Stil oder Ton eines Briefes. Die Sprache des Paulus ist im Gegenteil ungewöhnlich kunstvoll, allgemein und gehoben; sie enthält Ausdrücke, die man sonst selten in seinen Briefen findet, und entwickelt Auffassungen, die in den anderen Schriften wegen deren dringlichen Charakters nur angedeutet werden. Und doch scheint aus dieser Sprache die authentische Stimme des Paulus zu sprechen.[7] Wenn man sich erst einmal von der Annahme löst, es handele sich um einen Brief, bekommt man leicht das Gefühl, das Werk sei in Wirklichkeit eine Rede an die Anhänger Christi, die sie auf eindrucksvollste Weise auf die Bedeutung ihres Glaubens hinweist und ihre Verantwortung nicht nur vor dem Hintergrund der Geschichte, sondern auch vor dem der kosmischen Wirklichkeit zeigt. Die passendste und wahrscheinlichste Gelegenheit zum Vorlesen eines solchen Diskurses ist, wie wir kaum noch zu sagen brauchen, nach der Tauf-Einweihung in das christliche Mysterium.

Diese Interpretation wird durch die Anspielungen auf die Taufliturgie, den häufigen Gebrauch von Ausdrücken aus den Mysterien und die abschließenden Ermahnungen, ein christliches Leben zu führen, bestätigt. In den Briefen begegnen wir dem exoterischen Paulus, der Schwierigkeiten angeht, Kirchen organisiert und damit den Weg zu einem Verständnis seiner Anschauung freimacht. In dieser Initiationsrede begegnen wir dem esoterischen Paulus, der das Geheimnis der Wandlung des Menschen und deren kosmische Bedeutung enthüllt, der zu «denen drinnen» im feierlichsten Augenblick ihres spirituellen Lebens spricht.[8]

Sie beginnt mit einem Loblied, das es wert ist, ganz zitiert zu werden, weil es die besondere Intensität und Atmosphäre der Rede des Paulus an die Initiierten vermittelt:

> Gelobt sei Gott, der Vater unseres Herrn Jesus Christus. Er ist es, der uns die ganze Fülle seines geistlichen Segens gibt, der durch Christus für uns in der himmlischen Welt vorbereitet ist. In ihm hat er uns alle erwählt, ehe die Welt geschaffen wurde, daß wir

> geheiligt und ohne Makel vor ihm stehen sollen, im Strom seiner Liebe.
> Er hat uns innerlich geformt, daß wir nach seinem Willen und Wohlgefallen seine Söhne in Jesus Christus sein können zum Lob seiner gnadenreichen Offenbarung, die uns in dem Geliebten gegeben wurde.
> In ihm empfangen wir die Erlösung durch sein Blut, die Vergebung der Sünden, die über uns hängen unserer Verfehlungen wegen: alles fließt aus dem Reichtum seiner Gnade, die er über uns ausgießt; so hat er uns alle Weisheit und Einsicht geschenkt. Er hat uns Einsicht gewährt in das Mysterium, das in seinen Zielen für die Welt verborgen liegt, in seine Heilsabsicht, die er in Christus erscheinen ließ, damit er der Erfüllung der Zeitenkreise einen Sinn gebe: Alles, was im Himmel und auf Erden ist, wird erneuert und vereint werden zu einem Sein in Christus.
> In Christus ist in der Tat das Los an uns gefallen, an dem Erbe teilzuhaben, das uns vorherbestimmt wurde nach dem Vorsatz und Willen dessen, der die treibende Kraft in allen Dingen ist. Denn es war seine Absicht, daß wir, die wir auf Christus gewartet und auf Christus gehofft haben, diejenigen sein sollten, in denen seine Licht-Herrlichkeit offenbar würde. In ihm seid auch ihr geborgen, ihr, die ihr das Wort der Wahrheit, das für euch bestimmte Evangelium der Erlösung, gehört habt. Durch euren Glauben an ihn seid ihr mit dem verheißenen Heiligen Geist versiegelt worden, der das Unterpfand unserer Erbschaft des Geistes und unserer Erlösung ist, daß wir sein Eigentum würden zum Lob seiner Herrlichkeit.[9]

Im griechischen Original bildet dies alles einen langen rhetorischen Satz, der zweifellos mit jener wohlüberlegten Absicht geschrieben ist, die den Briefen so völlig abgeht. Andere Züge zeigen ebenfalls, daß Paulus sich den Anforderungen einer Feier anpaßt. Die Erwähnung des von Gott «Geliebten» ist ungewöhnlich und gar nicht

Bestandteil der von Paulus sonst verwendeten Terminologie – aber sie ergibt einen Sinn in der Taufsituation, da sie genau den entscheidenden Moment von Jesu eigener Taufe im Jordan und die himmlische Stimme beschwört, die sprach: «Du bist mein Sohn, den ich liebe ...» Was den Rest angeht, so sind die Vorstellungen im wesentlichen paulinisch, obwohl der Ton in starkem Kontrast zu der lebendigen, ja sogar ungeschliffenen Art der Briefe steht, so daß wir mit den Worten eines modernen Gelehrten sagen müssen, daß «die Symphonie der paulinischen Lehre als Ganzes von einem niedrigeren auf ein höheres Manual übertragen worden ist: das Evangelium ist zu einem Mysterium geworden.»[10]

Im weiteren Verlauf seiner Ansprache legt Paulus sogar noch mehr Nachdruck darauf, daß das, was er zu sagen hat, nur für Eingeweihte bestimmt ist. Er sagt, er spreche zu denen, die mit der Verheißung des Heiligen Geistes «versiegelt» worden seien. Das Versiegeln war ein Vorgang in den Mysterien, der möglicherweise aus Handbewegungen und heiligen Zeichen bestand, vor allem aber dazu diente, die Teilnehmer an der Einweihung von gewöhnlichen Menschen zu unterscheiden. Dann erinnert Paulus die christlichen Eingeweihten an alles, was sie erlebt haben. Er bittet sie, es im Bewußtsein zu behalten, und betont die überwältigende Bedeutung desselben und seinen Platz im kosmischen Mysterium. Die Motive, die er beschwört, dürften nun schon vertraut sein. Es ist zum einen die grundlegende Bilderwelt des Todes und der Wiedererweckung zum Leben sowie die Erwähnung der Entfremdung und deren Überwindung. Es findet sich auch vieles über die Überwindung der inneren Unterscheidungen und über die Erleuchtung des Auges des Herzens, was uns an das *Thomasevangelium* und seine Fassung von der Lehre Jesu erinnert. Nach Paulus ist es möglich, durch die Vereinigung mit Christus Jesus «die Zweiheit in die Einheit des neuen Menschen zu verwandeln», so daß wir «aus dem, was zweifach war, durch ihn den Zugang zum Vater haben, in der Einheit des Geistes». Paulus hat durch einen klugen Rückverweis auf Jesaja sein Motiv so angepaßt, daß es nicht nur die Transzendenz der menschlichen, psychologischen und geschlechtlichen Gegensätze (Herr/Knecht, männlich/weiblich, Schuld/Gesetz und so weiter) darstellt, sondern auch das besondere Anliegen seines missionarischen Wirkens in den heidnischen Städten, aus denen er selbst stammte. In Christus fiel auch der «trennende Zaun» (die Metapher, welche die Rabbiner so liebten) zwischen den Juden und den Heiden.[11]

Das Erreichen der «Einheit des Geistes» oder des «neuen Menschen» wird als eine Geburt beschrieben, die auf den Tod folgt, welcher der vor der Taufe herrschende Zustand war. In der Tat kann uns das Bild vom «Aufbauen des Leibes Christi» an die «Erlösung» erinnern oder an den Ritus vom Aufbauen der embryonischen Form des «geheimen Adam», des «wahren Menschen», der in jedem von uns verborgen ist, und an seine Geburt in eine geistige Realität durch die Initiation. Das Reifen des neuen Menschen in uns wird in der Rede des Paulus durch die üblichen Mysterienbegriffe «reifer», «vollkommener» oder «eingeweihter Mann» wiedergegeben, Worte, die sich darauf beziehen, daß sie nicht mehr «Kinder» sind, die noch keine Verantwortung für ihr Dasein tragen. In dieser Symbolik wird die «Kindheit» indes keineswegs entwertet; sie muß jedoch auf eine höhere Ebene gebracht werden – eine Unschuld, die nicht aus Unwissenheit geboren und frei von Verantwortung ist, sondern auf der spirituellen Ebene durch Wissen und inneres «Licht» wiedererlangt wird. Im fünften Kapitel finden wir tatsächlich die Vorstellung davon, daß der Mensch zu einem «Kind» Gottes und dadurch zu einem Nachahmer des Göttlichen wird. (Hier mögen wir uns an einige weitere Vorstellungen aus dem *Philippusevangelium* erinnern.) Dann wird in Begriffen des Lichts und der Finsternis die Symbolik von Tod und Wiedergeburt durch ihre neue Fassung in eine noch höhere Tonart transponiert, wenn diese musikalische Analogie erlaubt ist. Paulus richtet den Blick nun von dem unmittelbaren Schauspiel, den heftigen Gefühlen während der Initiation, auf die andauernde Bedeutung der Ereignisse im inneren Leben und auf ihre Archetypen im kosmischen Kampf zwischen Licht und Finsternis – die letzte Zweiheit, die im «Mysterium Christi» aufgelöst werden soll.[12]

Die Rede des Paulus an die Eingeweihten erlaubt uns einen tiefen Einblick in den Charakter und die Stimmung der Gemeinden, die der «Apostel der Heiden» gegründet und gefördert hatte. Die Taufe der paulinischen Kirchen war – weit davon entfernt, nur eine symbolische Geste der Aufnahme oder gar mit den jüdischen Willkommenszeremonien für die Bekehrten vergleichbar zu sein – im wahrsten Sinn eine Einweihung, die eine weitreichende Wandlung der Persönlichkeit und des spirituellen Lebens verlangte. Interessanterweise wurde dies von modernen Forschern erkannt, deren Untersuchungen nicht unter theologischen Gesichtspunkten stehen, sondern der Erforschung der antiken und archaischen Gesellschaften gelten. Wayne Meeks benutzt Begriffe aus der Anthropologie, um die Verwandlungen und ihre sozialen Rückwirkungen zu erfassen. Er bemerkt beispielsweise das symbolische Ausziehen der alten, mit der früheren sozialen Rolle des Menschen verbundenen Kleidung und das Wiedereinkleiden in weiße Gewänder – eine Symbolik, die mit dem Komplex von Tod und Wiedergeburt durch die Vorstellung vom Ablegen des Leibes selbst verbunden ist. Der Ritus bewirkt das Wiedererschaffen des Selbst in der Einweihung. «Nacktheit, symbolischer Tod, Wiedergeburt als ein Kind, Abschaffung der Unterscheidungen von Rolle und Status – all dies ist typisch für die Übergangs- oder Schwellenphase in Initiationen.»[13] Es deutet an, wie die Kandidaten auf eine Enthüllung, eine Erfahrung vorbereitet wurden, welche die Art vollkommen verändern würde, in der sie die Welt zuvor betrachtet hatten. Es war wie das Überschreiten einer Schwelle – danach, im Blick zurück, sah man alles aus einem anderen Blickwinkel, und was «drinnen» gewesen war, wurde zu «draußen» und umgekehrt. Oder besser gesagt, die alte Perspektive des «Draußen» und «Drinnen» wurde in «die Einheit des neuen Menschen» verwandelt.

Wenn man die paulinische Taufe erst einmal grundsätzlich als Einweihung begriffen hat, zeigt sie eine dramatische Gestalt. Die verstreuten Anspielungen in den Briefen auf eine «Weisheit unter den Eingeweihten», auf das «Zu-einem-Kind-Werden», auf eine «neue Schöpfung» ergeben dann einen Sinn. Ein Muster dynamischer Gegensätze ist um die Motive des Abstiegs – ins Wasser, in den Tod, mit Christus in das Grab – und des kosmischen Aufstiegs – in den Himmel, zur Auferstehung, in den Leib Christi – angeordnet (siehe Abb. 2). Im Hintergrund läßt sich wiederum ein Nachklang der alten Königseinweihungen vernehmen. Der «Epheserrede» des Paulus zufolge werden die Geweihten tatsächlich «mit Christus inthronisiert».[14]

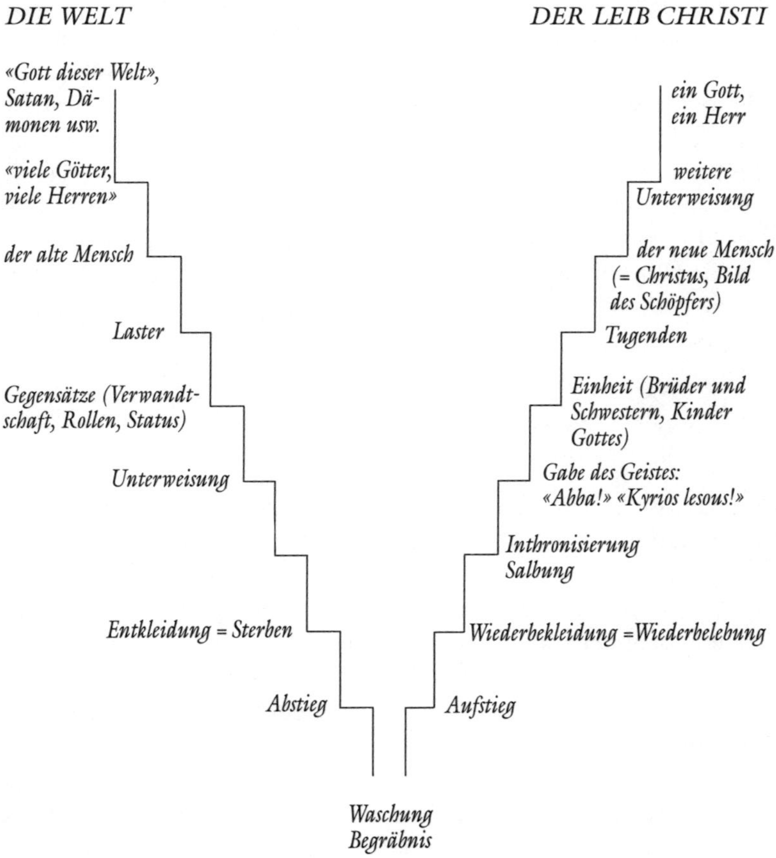

Abb. 2: Die dramatische Struktur der paulinischen Einweihung (nach Wayne Meeks, The First Urban Christians)

Lassen sich weitere Einzelheiten erkennen? Wir können wenigstens einige Schlußfolgerungen wagen: Die zentrale Vorstellung des Paulus vom «Begrabenwerden mit Christus» bedeutet sicher, daß die Einweihung wie andernorts an Ostern stattfand. Und die Bilder vom Licht und von der Finsternis verweisen auf die Nachtwache, die Einweihungsprüfung auf das Wachsein. Plinius, ein römischer Statthalter, der später mit den Christen zu tun hatte, beschreibt, wie sie dem Christus «wie einem Gott» in der Morgendämmerung Hymnen singen und Initiationseide schwören. Das würde zur Symbolik der «Epheserrede» des Paulus passen. Das Gefühl, daß alles Leben vor der Einweihung ein «Schlaf» war, der nun abgeschüttelt wird, ist in dem von ihm so schön zitierten Fragment eines Hymnus ausgedrückt:

> Wache auf, der du schläfst,
> stehe auf von den Toten,
> der Christus wird dein Licht sein.

Im Kontext der die ganze Nacht andauernden Wache und der Einweihungsriten würde die Morgendämmerung des Lichtes auch das Heraufdämmern eines höheren Bewußtseins bedeuten. Das, «was Plinius entdeckte, die Christen von Bithynien bei ihren morgendlichen Zusammenkünften taten ... mag daher schon 60 Jahre früher unter den Christen in Asien und Makedonien üblich gewesen sein.»[15]

Das Christentum des Paulus war offenbar ganz anders, als es manchmal dargestellt worden ist, es war keineswegs eine «kirchenpolitische Organisation» oder eine Art sozialer Reformbewegung. Wir dürfen nicht vergessen, daß es sich in der Frühzeit um eine recht kleine Anzahl von Menschen handelt, die christlichen Eingeweihten, die – durch die mächtige Erfahrung des Begrabenwerdens und der Auferstehung mit Christus verbunden – ein erhöhtes Bewußtsein von der «Gabe des Geistes» teilten, die ihnen bei der Taufe, Salbung und Inthronisierung verliehen wurde. Die Erkenntnis, daß es in einer paulinischen Gemeinde keine «Laien» gab, daß jedes Mitglied eine wichtige Rolle spielte und einen aktiven Beitrag zu leisten hatte, ist entscheidend. Jeder war noch notwendig, niemand saß nur dabei. Es ist daher zu fragen, ob man Paulus nicht eher den Gnostikern zuordnen sollte – denen, die aus dem Christentum eine geschlossene, mystische Bruderschaft machten. Ist das nicht letzten Endes die Bedeutung des Überschreitens der Schwelle, des Zurücklassens der Welt der Gegensätze, der Finsternis und des alten Menschen, um in das Licht und die Einheit des mystischen Leibes Christi aufgenommen zu werden?

Es ist nicht verwunderlich, daß die gnostischen Funde von Nag Hammadi der Forschung viele Schriften beschert haben, die paulinische Vorstellungen zum Ausdruck bringen. Für einige Gnostiker war Paulus «*der* Apostel», und seine scharfe Gegenüberstellung von Gnade und Gesetz paßte zum kosmischen Dualismus der gnostischen Mythologie. Die Funde brachten ans Licht, daß die gnostische Bewegung Paulus unterstützt hatte und daß er zum Beispiel auf Valentinos einen wichtigen Einfluß ausgeübt hatte und daher zu Recht als ein Glied in der Kette der gnostisch-christlichen Entwicklung betrachtet werden konnte. Wie die Gnostiker benutzte Paulus die Begriffe «Wissen» und «Mysterium», «pneumatisch» und «psychisch» und das Bild vom kosmischen Aufstieg. Wenn nun der Gnostizismus auf Mythologien und Riten aus den Jahrhunderten vor Christus zurückging, so war es nur natürlich anzunehmen, Paulus habe seine grundlegenden Vorstellungen von dort abgeleitet. Er erwähnt die historischen Überlieferungen von Jesus, wie man sie in den Evangelien findet, wenig oder gar nicht. Hinter ihm scheint vielmehr eine zutiefst gnostische Art des Christentums zu stehen, in dem der Mythos die Geschichte völlig verdrängt hatte. Es trifft zu, daß Paulus eine Gruppe in der Gemeinde von Korinth bekämpfte, die auf noch radikalere Weise gnostisch war als er; die tatsächlich dazu bereit war, den physischen Jesus zu verleugnen, um mit größerer Sicherheit zum spirituellen Wesen Christi zu gelangen. Die Argumentation des Paulus gründete aber auf einem gemeinsamen System von Vorstellungen, über die beide Seiten sich einig waren beziehungsweise über die sie zumindest miteinander kommunizieren konnten.[16] Der «Epheserbrief» ist besonders reich an Spuren gnostischer Anschauungen. Solche Züge wie «die Vorstellung von Christus als dem Urmenschen, von der Syzygie (Einheit) zwischen Christus und der Kirche und von der Kirche als dem Kosmischen des Christus», so ist gesagt worden, «sind nur vor dem Hintergrund einer christianisierten mythologischen Gnosis verständlich.»[17]

Und doch ist die vollständige Rekonstruktion des «gnostischen Paulus» weit schwieriger, als es zunächst scheinen mag. Bei allen offensichtlichen Parallelen des «Epheserbriefes» zum Gnostizismus haben zum Beispiel andere Forscher behauptet, fast alles in diesem Brief könne vom Essenismus und den Schriftrollen vom Toten Meer aus Qumran abgeleitet werden. Ihre Bemühungen sind genauso überzeugend und – wenn man sie als vollständige Erklärung des Hintergrundes des paulinischen Denkens nimmt – genauso unbefriedigend.[18] Es fiele wirklich schwer, sich Paulus angesichts seiner Einstellung gegenüber dem Gesetz als christlichen Essener vorzustellen! Und wirklich scheinen die Beiträge der Qumran- und der Gnosisforschung darauf hinzuweisen, daß das Denken des Paulus genau die dynamische Mittelstellung einnimmt, in welcher der gnostische Mythos mit dem essenischen Mysterium vom bewußten Selbst vereinigt wird und der geschichtliche Impuls zusammen mit der transzendenten Bedeutung eines befreienden, erlösenden Ereignisses wahrgenommen wird. Aus diesem Durchbruch entstand eine neue Art von Bewußtsein – das Christusbewußtsein, das sich in Jesus nach seiner Taufe zeigte und das in all denen widerhallt, die «in Christus» sind, wie Paulus es so anschaulich ausdrückt. Die Gnosis und das essenische Bewußtsein werden in dieser neuen Synthese absorbiert und verwandelt; und in ihr findet Paulus auch die Quelle der Freiheit, die er fühlt, obwohl er Jesus, den «Christus im Fleisch», nie getroffen hatte. Er hatte sein eigenes «Durchbruchserlebnis» in Damaskus, welches ihn des auferstandenen Christus gewahr werden ließ. Man sollte daher die Funde der essenischen und gnostischen Werke nicht dazu benutzen, Paulus in der einen oder anderen Richtung zu erklären. Wie im Falle von Jesus selbst kann man sie verwenden, um Bewußtseinsstrukturen, historisch existierende Haltungen und spirituelle Erfahrungen zu entdecken, die teilweise bewahrt – aber auch zum Teil vom Versuch des Paulus überwältigt werden, das neue Selbst oder «Christus in dir» zu charakterisieren.

Die Ansicht des Paulus von Christus als dem «ersten Menschen» ist ein gutes Beispiel dafür. Paulus spricht von Christus in geheimnisvollen und mystischen Begriffen und sagt, dieser sei das «Haupt» und jene «in Christus» auf Erden seien der Leib eines makrokosmischen Wesens. Das ist eine offensichtliche Dimension des von Paulus beschriebenen «Christusbewußtseins»: das Gefühl, größer zu sein als das eigene irdische Selbst. Aber es steht auch noch etwas Spezielleres hinter der Analogie mit dem «Haupt». Dieses ist das Organ unserer Freiheit, da es der Sitz unserer Sinne ist, durch welche wir umherschauen und unsere Lage einschätzen, bevor wir handeln, und seine besondere Stellung hebt es vom funktionellen Verhalten des restlichen Körpers ab. Die Glieder, das Verdauungs- und das Atemsystem funktionieren, um das Leben des Körpers aufrechtzuerhalten, uns fortzubewegen und so weiter; ohne den Kopf aber wäre ihr Handeln ungerichtet, ja sinnlos, weil es nicht den Zielen und Zwecken unserer Entscheidungen und Vorstellungen dienen würde, dem wirklichen Inhalt des menschlichen Lebens. Man muß hier festhalten, daß archaischere Bewußtseinsformen – einschließlich der in der griechischen Philosophie widergespiegelten – dem Kopf noch keine besondere Rolle zuteilten. Sie hielten sogar oft andere Organe und Körperteile für den Sitz der Wahrnehmung des Menschen, zum Beispiel die Leber. Aber zur Zeit des Paulus hatte die sich entwikkelnde Individualität des Menschen, die sich in seinem Verlangen nach ethischer Freiheit ausdrückte, die besondere Rolle des Kopfes zur beherrschenden gemacht und damit die Analogie zum Funktionieren der Gemeinde vorgegeben, die wir im «Epheserbrief» finden:

> All unser Sinn sei gerichtet auf ihn, der das Haupt ist, Christus. Aus ihm empfängt der ganze Leib seinen harmonischen Zusammenklang, alle Glieder und Gelenke wirken zusammen, je nach der Kraft, die jedes hat, einander helfend zum rechten Wachstum des Leibes, so daß dieser sich ganz aus der Liebe aufbaut, welche Christus ist.[19]

Trotz der Bände, die über die Gestalt des «kosmischen Menschen» geschrieben worden sind und die auf orientalische oder gnostische Quellen für das Denken des Paulus verweisen, ist die Hauptrichtung der Metapher sicher eine etwas andere. Der universelle Charakter des Christusbewußtseins bildet eine wichtige Seite; und diese teilt Paulus in der Tat mit den Gnostikern. Er sagt aber auch, daß das Christusbewußtsein einen Angelpunkt der Freiheit darstellt, von dem aus die verschiedenen Glieder (die Gemeinde auf Erden) handeln können. Es ist eine Quelle der Harmonie, der Liebe, keine größere Macht, in der sich der einzelne verliert – wie der gnostische «Urmensch», der die verstreuten Lichtfunken wieder in ihre ursprüngliche Einheit versammelt.

Rudolf Steiner hat in seinem außerordentlich originellen Vergleich *Die Bhagavad Gita und die Paulusbriefe* bereits auf die tiefgehenden Unterschiede zwischen Paulus und der kosmischen Offenbarung des Orients hingewiesen. Der «Große Lehrer» eines orientalischen Meisterwerkes wie der *Bhagavadgita* begegnet der Seele des Suchenden nur in strenger Abgeschlossenheit und führt sie durch die vielen Stufen, über die sie ihren Weg zurück zu den Uroffenbarungen, zu ihrem Einssein mit dem All, finden wird. Der christliche Apostel Paulus hingegen wendet sich sowohl an die Glieder der Gemeinde als auch an das spirituelle «Haupt». Er spricht von der Pluralität der Individuen, von denen «jedes gemäß seiner eigenen Kraft» arbeitet. Paulus schreibt an die Korinther, «wie die verschiedenen menschlichen Gaben, die da in einer Gruppe von Menschen vorhanden sind, zusammenwirken müssen. Dem Ardshuna sagt Krishna: Du mußt so oder so sein, dieses oder jenes tun, dann kommst du von Stufe zu Stufe in deinem Seelensein aufwärts. – Seinen Korinthern sagt der Paulus: Der eine von euch hat diese Gabe, der andere jene, ein dritter diese, und wenn das harmonisch zusammenwirkt, wie die Glieder eines Menschenleibes zusammenwirken, dann ergibt das auch geistig ein Ganzes, was geistig ganz von dem Christus durchdrungen sein kann.»[20]

Zu dieser Einsicht ist mit einiger Verspätung auch die moderne «anthropologische» Forschung über die Gemeinden des Paulus und die paulinische Initiation gelangt. Sie brachte nämlich die Erkenntnis mit sich, daß die Aufnahme in den «Leib Christi» dort nicht bedeutete, daß man die Welt zurückließ, um eine höhere, gegensätzliche Ordnung anzuerkennen. Die christlichen Eingeweihten überschritten zwar eine «Schwelle», gingen durch ein «Schwellenstadium» in eine «neue Schöpfung». Wenn wir jedoch die graphische Darstellung der rituellen Struktur betrachten, stoßen wir auf das Paradox, daß «einige Schwellenelemente nicht auf dem Scheitelpunkt der Parabel, sondern auf der Kurve angeordnet werden mußten». Es besteht eine fortgesetzte Spannung zu den «alten Strukturen» der Gesellschaft, die sie umgibt, «denn die Christen leben weiterhin in der Stadt und benutzen deren Institutionen; und außerdem ist einiges von diesen Strukturen in ihnen selbst gegenwärtig und in den Häusern, in denen sie sich treffen.»[21] Anders ausgedrückt, sie sind weiterhin «Glieder», obwohl ihr «Haupt» der kosmische Christus ist. Sie können ihre Individualität nicht aufgeben, auch wenn sie zur mythischen, makrokosmischen Dimension der Christuserfahrung vorgedrungen sind.

Die Wandlung durch die Einweihung bewirkt also alles andere als eine Loslösung von der Welt, vielmehr verstärkt sie sowohl das Gefühl der Christen für ihre irdische Aufgabe als auch deren mythische Überschattung durch die umfassenderen Probleme des kosmischen Kampfes. Letzterer nimmt manchmal die Form der drohenden Apokalypse an. Und doch spielt das individuelle Selbst eine aktive Rolle bei der Verbindung des Irdischen mit dem Spirituellen. Die Initiationsrede schließt mit dem Bild von einem Soldaten, der für die Schlacht gerüstet wird – sicherlich für einen geistigen Kampf, gewiß nicht für den Rückzug aus der Welt:

> Steht fest, an den Lenden umgürtet mit Wahrheit. Legt den Brustpanzer eures wahren höheren Seins an. Beschuht eure Füße mit der Bereitschaft, die Botschaft des Friedens zu verbreiten. In allem, was ihr tut, haltet den Schild des Glaubens hoch, mit dem ihr alle brennenden Pfeile des Bösen auslöschen könnt. Nehmt in euer Denken die Gewißheit des Heiles auf, daß sie euer Haupt schütze wie ein Helm, und ergreift das Schwert des Geistes, welches das wirkende Wort Gottes ist.[22]

Es ist, als ob sich der von den Essenern für die Zukunft erwartete «heilige Krieg» in den Kampf des spirituellen Jetzt im Leben des Christen auf Erden verlagert habe.

Das Denken des Paulus beinhaltet stets mehr als das drohende apokalyptische Ende; und oft sieht er die Ereignisse des Jüngsten Tages in der Gegenwart geschehen oder auf der Erde Gestalt annehmen, um eines Wandels willen, der sich auf das Universum ausdehnen und zu dem Christusmysterium führen wird, das er in seinem feierlichen Segen erwähnt («Alles, was im Himmel und auf Erden ist, soll in einem Wesen in Christous erneuert und vereinigt werden»). Außer dem Ende ist auch die Kraft der Erneuerung am Werk, und nicht nur im Bereich des christlichen Bewußtseins. Paulus geht die Erkenntnis, die wir mit der Feststellung ausgedrückt haben, man müsse einen Bewußtseinswandel schließlich auch als mit einem Wandel in der Wirklichkeit selbst verbunden sehen, auf seine eigene Art an. Es trifft zu, daß für das paulinische Christentum seine Art der Einweihung von zentraler Bedeutung war. Aber das Erwachen eines höheren Bewußtseins im Menschen ist nur ein Teil – vielleicht nur ein Symptom – eines tiefergehenden Vorgangs:

> Es heißt ja: ‹Er ist zu den Höhen emporgestiegen, um die Macht, die euch gefangenhielt, in Gefangenschaft zu versetzen, und so kann er den Menschen seine Gaben spenden.›

Christus starb und erstand wieder auf. Und genauso wird der Eingeweihte begraben, ersteht er auf und besteigt mit Christus den Thron. Und doch bleibt der umfassendere Aspekt des Wirkens Christi noch zu erwähnen:

> Daß er emporgestiegen ist, ist es nicht das gleiche, wie daß er hinabgestiegen ist in die untersten Schichten der Erde? Der hinabgestiegen ist, ist der gleiche wie der, der emporgestiegen ist höher als alle Himmel; er wollte alles Dasein mit seinem Sein erfüllen.[23]

Das Aufblitzen des Christusbewußtseins ist ein Augenblick in einem Vorgang, dessen mythologische Form deutlich zum Ausdruck kommt. Man muß es im Zusammenhang einer Entwicklung in der kosmischen Wirklichkeit sehen. Das Erscheinen Christi in menschlicher Gestalt in Jesus und im Bewußtsein der Christen ist die Anfangsphase in der Bewegung, durch die das Göttliche das abgefallene Reich des Irdischen wieder zu sich nimmt und erfüllt.

Wieder spürt man im Hintergrund den gnostischen Mythos, der den «Sündenfall» auf solch kosmische Weise erklärte. Die Vorstellung vom Christuswesen, das herabsteigt, um die Erde zu durchdringen, ist jedoch dem gnostischen Dualismus völlig entgegengesetzt. Sie mag uns aber an jene Stellen in den Mysterienevangelien des Thomas und des Philippus erinnern, die von einer mystischen Gegenwart im Irdischen oder im physischen Leib handeln – etwas, dessen Betonung wir auf den Einfluß von Jesu eigener Lehre zurückgeführt haben.

Wir können den Prozeß, den Paulus mythologisch beschreibt, unter dem Gesichtspunkt der Bewußtseinsentwicklung verstehen. Denn gerade durch die Entwicklung seines Ichgefühls und seiner moralischen Individualität setzte sich der Mensch von der Welt ab und erfuhr sie sogar als fremd. Die Gnosis verwies auf die ursprüngliche Einheit vor dem Anfang aller Entwicklung zurück. Das Christusbewußtsein des Paulus aber sucht nach einer weiteren Ausdehnung: Das moralische Ego wird in seiner Freiheit bestätigt und gestärkt, und doch muß gleichzeitig das Gefühl der Entfremdung überwunden werden, und das Göttliche wird sich wieder im Kosmos zeigen. Dem jüdischen Bewußtsein schien es, als habe solch göttliches Wirken mit der Schöpfung aufgehört und nur in der Sphäre des Bewußtseins, der Entscheidungen und der Geschichte des Menschen eine Fortsetzung gefunden. Bei Paulus beziehungsweise im Christusbewußtsein des Paulus wird diese Art der Wahrnehmung und Erfahrung transzendiert.

Wir werden bald untersuchen, wie Paulus und seine Anhänger die Beziehung zwischen dem, was durch die Taufeinweihung in das Begräbnis und die Auferstehung Christi im Bewußtsein geschehen war, und dem Wandel, der im leiblichen Wesen des Menschen selbst und in der gegenständlichen Welt geschehen würde, verstanden; und zwar in Verbindung mit einer Schrift über die Auferstehung, die an einen gewissen Rheginos gerichtet ist. Im Augenblick jedoch müssen wir zu der Frage zurückkehren, wie nahe Paulus dem ursprünglichen Geist des Christentums, der Gnosis und Jesus stand.

Das Bewußtsein des Paulus – weit davon entfernt, sich in die extremen Positionen des radikalen Gnostizismus zu verirren – nimmt jene spannungsreiche und dynamische Stellung zwischen Innerlichkeit, Mythos und sozialer Wirklichkeit ein, die von Anbeginn das Terrain der christlichen Vision war. Es ist einfach nichts Wahres an der Ansicht, er habe die ursprüngliche Richtung des christlichen Denkens verzerrt. Die gnostischen Elemente in seiner Sichtweise sind diejenigen, welche einen Teil der Vorbedingungen des Christentums selbst bilden, und sie werden genauso wie die essenischen Züge im Licht einer neuen Synthese uminterpretiert, die auf die archaischen Mythologien zurückgreift, sie jedoch mit einem viel «moderneren» Selbstbewußtsein verbindet. Alle neuen Beweise und Entdeckungen bestätigen dies. Viele Teile der paulinischen Einweihung waren uns ja schon aus früheren Kapiteln bekannt – Tod und Wiedererweckung, das Überwinden der Gegensätze in der Seele, das Zu-einem-Kind-Werden, die Kleidersymbolik, Licht und Finsternis, die «Erdmystik», der wir nun die Bezeichnung «Hochzeit» für das Mysterium hinzufügen dürfen –, so daß wir eine endgültige Schlußfolgerung wagen können. Die Erklärung dessen, wie Paulus zu seiner Taufpraxis und der damit verbundenen Vorstellungswelt gekommen war, bildete lange eines der Hauptprobleme in der Geschichte des Christentums. Nun wissen wir es. Er erhielt sie von Jesus selbst, und zwar auf dem kürzestmöglichen Weg: durch dessen unmittelbare Anhänger.[24]

Viele weitere Aspekte des Problems ergeben nun einen Sinn. Man kann den engen, aber nie sehr klaren Zusammenhang der Gabe des Heiligen Geistes mit der Taufeinweihung des Paulus zum Beispiel als Entwicklung der Vorstellung vom «Werden zu einem Sohn des Heiligen Geistes» verstehen, die wir im Judenchristentum des Jakobus und seiner Anhänger fanden, und auf die im *Thomasevangelium* angespielt wurde. Auch dies entfernt Paulus ganz und gar nicht vom Denken der Christen in Jerusalem, sondern enthüllt vielmehr, wie treu er den ursprünglichen Formen der christlichen Praxis ist. Er wurde zweifellos von denen eingeweiht, die ihn in Damaskus empfingen; und er zog sich nach «Arabien» zurück (wie die syrischen Gebiete unter der Herrschaft der Nabatäer genannt wurden), um über die Erlebnisse, die er gehabt hatte, nachzudenken. Vielleicht sollten wir in dieser Zeit seine im Korintherbrief beschriebene «Aufstiegserfahrung» vermuten.[25] Angesichts des außerordentlichen «Rufs», den er auf dem Weg erhalten hatte, konnte es keinen Widerspruch gegen seine umgehende rituelle Einweihung geben.

Wir haben in einem früheren Kapitel den Schluß gezogen, daß der Mittelpunkt der esoterischen Lehre Jesu der Menschensohn war, so wie derjenige seiner äußeren Lehre im Kommen des Königreiches lag. Wenn Paulus Jesus so nahesteht, könnte es daher als problematisch erscheinen, daß der Ausdruck «Menschensohn» in seinen Schriften nie vorkommt. In Wirklichkeit aber kommt die diesem Ausdruck zugrundeliegende Idee doch häufig vor, und sie enthält eine Antwort auf die Frage nach der sogenannten «gnostischen» Vorstellung des Paulus: dem «Urmenschen» oder «neuen Adam» oder «inneren Menschen». Denn wir erinnern uns, daß «Menschensohn» ein semitischer Ausdruck für das «Ich» als Teil einer esoterischen Psychologie war und daß er dem Wesen des Menschen von seinem kosmischen Archetypus «eingeprägt» war. Und Jesus lebte seine Bestimmung auf Erden als Menschensohn.

T. W. Manson hat sicher recht, wenn er die zentrale Vorstellung des Paulus vom «neuen Adam» mit derjenigen Jesu vom Menschensohn gleichsetzt und ihr dadurch eine Betonung gibt, die von der des gnostischen «Urmenschen», der das Universum enthält, sehr verschieden ist. Es ist ein höheres Selbst, ein «nicht mehr ich, sondern Christus in mir». Paulus war mit der griechischen Sprache zu gründlich vertraut, um die wörtlichere Wiedergabe von *barnascha* als «Menschensohn» zu übernehmen, die im Griechischen so fremd klang, das nach seiner Eigenart vom Menschen (*anthropos*) sprechen und ihn mit den Begriffen «innerer» und «äußerer» (oder historisch mit denen von «alt» oder «neu») näher bestimmen würde. Wir finden also die Grundlage für die Christusmystik des Paulus, nach der das Leiden und die Verherrlichung des Menschensohnes von allen geteilt werden können und müssen, in der Lehre Jesu.[26] Es verdient festgehalten zu werden, daß die Stelle vom «neuen Menschen» im «Epheserbrief» eine Hintergrundanspielung auf Psalm 80 enthält – in welchem im hebräischen Original der «Menschensohn» erwähnt wird.[27]

Natürlich war Paulus ein außerordentlich schöpferischer Geist, und er war in der jüdischen Religion und der hellenistischen Kultur Kleinasiens, seiner Heimat, hochgebildet. Wir brauchen nicht zu bezweifeln, daß er der heidenchristlichen Bewegung seinen persönlichen Stempel aufprägte. Er entwickelte deren Sprache, indem er griechische Begriffe für ihre wichtigsten Vorstellungen fand und entlehnte. Aber wir sehen auch, daß er ein Erbe der Esoterik des Begründers des Christentums war. Jesus fand in dem nach seinem

Tod und seiner Auferstehung bekehrten Paulus eine dem Geist, in dem er gelehrt und gelitten hatte, verwandte Seele.

In der Geschichte schafft die Lösung eines Problems oft ein neues. Das Verhältnis von Paulus zu Jesus wird klar, wenn wir die Mysterienhandlungen Jesu als Ausgangspunkt nehmen – aber dann müssen wir über etwas Rechenschaft ablegen, das eher wie eine Mystifikation denn wie ein Mysterium erscheint. Wir müssen erklären, warum alle Stellen, an denen Jesu rituelle Praktiken erwähnt wurden, aus der Überlieferung des Neuen Testaments verschwanden, so daß man ein genaues Bild von ihnen nur aus den glücklicherweise erhaltenen Fragmenten und Apokryphen und der modernen Esoterik erhalten kann. Was versuchte man zu verbergen?

Verschiedene Antworten sind vorstellbar. Esoterik kann in den Händen derjenigen, die sie nicht verstehen, zu Verirrungen führen. Clemens von Alexandria erwähnt, das *Geheime Markusevangelium* habe zu einigen verdorbenen Praktiken geführt. Man mag daher die Absicht gehabt haben, die Kirche vor möglichen skandalträchtigen falschen Auffassungen zu schützen. Und zugleich hielt man es möglicherweise auch für sicherer, die Autorität für die christliche Sakramentenpraxis der Kirche anstelle von Jesus zuzusprechen, da die Autorität der Bischöfe sonst von «esoterischen» Christen, die direkt auf den Meister zurückgingen, hätte in Frage gestellt werden können. An beiden Annahmen ist vielleicht etwas Wahres.

Und doch ging das wirkliche Problem zweifellos tiefer. Es hatte mit dem Wesen der christlichen Verkündigung zu tun, das nicht die Lehre Jesu war (und ist) – wie wichtig diese auch immer sein mag –, sondern «Christus, und zwar der Gekreuzigte» – in den Worten des Paulus. Das widerspricht nicht der Botschaft Jesu. Wir haben ja schon gesehen, daß Jesus bereits auf die notwendigen Übergänge hinwies, indem er seine kommende «Taufe» erwähnte. Er muß als «Menschensohn» den Preis für das Erreichen der individuellen Existenz oder Eigenständigkeit zahlen, und dieser Preis ist der Tod. Daher weihte er seine Jünger vor allem in das Mysterium seiner Bestimmung ein; und diese konnte nur am Kreuz erfüllt werden; seine Worte am Kreuz drücken genau das aus: «Es ist vollendet» – das Wort *tetélestai* könnte auch als «eingeweiht» übersetzt werden (Joh. 19,30).

Die neue, geschichtliche Bedeutung, die Jesus seiner Taufhandlung verleihen konnte, vertieft unser Verständnis davon unermeßlich, daß umgekehrt seine Bestimmung die Bedeutung einer «Einweihung» annahm. Und doch können wir sicher auch die beträchtliche Gefahr verstehen, daß sozusagen der Schwerpunkt der christlichen Verkündigung verlagert würde, wenn er im Leben und in der Taufpraxis Jesu begründet wäre anstatt in der Bestimmung, auf welche diese verwiesen. Dieses Problem wird tatsächlich schon in der frühesten Zeit des Christentums sichtbar, und zwar im Hintergrund der Mission des Paulus. Diejenigen, welche die Taufeinweihung in ihrem Muster zu eng an Jesu eigene Tauferfahrung anschlossen – wie die gnostischen Täufer von Alexandria –, legten den Nachdruck ganz auf die Erhöhung, das Christusbewußtsein Jesu und neigten dazu, das Leiden des Menschensohnes zu vernachlässigen. Das Markusevangelium hat, wie wir gesehen haben, keineswegs diese einseitige Betonung der herabsteigenden göttlichen Wesenheit akzeptiert, sondern es hat dem Glanz der gnostischen Vision als das zentrale Mysterium die Kreuzigung und den Weg zur letzten Offenbarung hinzugefügt: das leere Grab und seine tiefere Bedeutung. Dennoch gelang es Markus kaum, all die gnostischen Neigungen im alexandrinischen Christentum umzulenken. Und andernorts war Paulus selbst Christen begegnet, die immer noch der historischen Erfüllung der irdischen Bestimmung Jesu zu wenig Beachtung schenkten, insbesondere in Korinth.

Daher dürfen wir vermuten, daß man – um umso stärker auf der vollen Übertragung des Mysterienvorbildes, einschließlich der Wirklichkeit des Leidens und Sterbens Jesu, in die Geschichte zu beharren – das Wissen um Jesu eigene Handlungen sorgfältig hütete. Den Eingeweihten muß es bekannt gewesen sein: in Alexandria denen, welche die Stelle aus dem *Geheimen Markusevangelium* hörten; in den paulinischen Kirchen denen, welche die Anspielung auf den «Geliebten» verstanden; im Judenchristentum denen, die «Söhne des Heiligen Geistes» wurden. Die strenge Geheimhaltung führte jedoch schrittweise – besonders als die Kirche sich von allem distanzierte, was die gefährliche Aura des Gnostizismus besaß – zum tatsächlichen Verlust eines Teiles der Überlieferung. Die Geschichte vom Leiden Jesu wurde ironischerweise bewahrt; das unentbehrliche Wissen davon jedoch, wie Jesus und seine Jünger diesem die Bedeutung einer Einweihung des «Menschensohnes» – des geistigen Individuums – gaben, ging verloren.

Dieser Verlust war meiner Ansicht nach keineswegs notwendig, um den Hauptstrang der christlichen Verkündigung zu bewahren. Vielmehr verdunkelte und zerstückelte er die frühe Geschichte des Christentums und ebenso das wahre Verhältnis zwischen Paulus und Jesus, das nun durch moderne Betrachtungen in gewissem Grade wieder sichtbar geworden ist. Wenn Paulus die Taufriten Jesu fortführte, so unterschätzte er doch deshalb nicht die schrecklichen Ereignisse, die auf Jesu Verurteilung folgten. Bleibt uns noch, die allerwichtigste Lehre des Paulus über das zentrale Mysterium zu untersuchen: die Kreuzigung und deren weitere Dimension, die Auferstehung.

Paulinische Esoterik: Die Lehre von der Auferstehung

Die Apostelgeschichte des Lukas berichtet, daß Paulus auf seinen Missionsreisen durch Athen kam. Die Stadt war natürlich eine Hochburg des Heidentums, eines der alten Zentren klassischer Kultur und immer noch ein Mittelpunkt der Philosophie, obwohl es auch eine Synagoge besaß. Wir mögen eine leicht spöttische Note darin entdecken, daß eine Gruppe von Stoikern und Epikuräern Paulus zu einer förmlichen Debatte auf den Areopag mitnimmt. Paulus wendet die Situation aber glänzend zu seinem Vorteil, indem er seine übliche Technik gebraucht, den Ausgangspunkt seiner Zuhörer zu übernehmen. Seine Botschaft von dem Gott, «in dem wir leben und uns bewegen und unser Sein haben», wäre zumindest für die Stoiker höchst annehmbar gewesen. Epikuräer sind schwerer zufriedenzustellen: Ihre Götter stehen über den Problemen und Zufällen des materiellen Lebens. Aber genau aus diesem Grund konnten sie kaum kritisieren, daß Paulus einen «unbekannten Gott» annahm, von dem er eine Inschrift gesehen hatte und den er mit dem Schöpfer des Himmels und der Erde gleichsetzte. Die Zuhörer müssen beeindruckt gewesen sein. Paulus verlor sie aber fast alle wieder, als er zu dem letzten, von seinem Gott bewirkten Wunder kam, nämlich dem «Aufstehen von Leichen».[28]

Ich gebe diesen Ausdruck wörtlich wieder – natürlich zu wörtlich. Wenn wir das tun, können wir uns in die Lage intelligenter Athener zurückversetzen, die so etwas noch nie gehört hatten und nicht sicher waren, ob sie es überhaupt hören wollten. Wir bemerken, wie wenig vom biblischen Klang der «Auferstehung der Toten» durch den griechischen Ausdruck vermittelt wird – besonders, wenn man ihn in eine halbphilosophische Diskussion verpflanzt hat. Es scheint alles weit von den Verheißungen Jahwes entfernt, die in den Psalmen oder im Buch Hiob gesungen werden; ebensoweit von Paulus' eigenem Sprechen, von der «Verherrlichung», den «beseelten» und «pneumatischen» Leibern in den Korintherbriefen; und am allerweitesten von jenen geheimnisvollen und doch spürbaren Erscheinungen des auferstandenen Christus – durch geschlossene Türen und im Freien, erkannt und nicht erkannt, mit tastbaren Wundmalen und plötzlich wieder verschwindend –, von denen die Evangelien berichten. Was auch immer Wahres an diesen Erscheinungen ist – eine Leiche wandelte gewiß nicht umher. Und doch gibt es noch ein weiteres Paradox. Die Auferstehung ging nämlich in die Lehre der Kirche gerade in ihrer primitivsten, groteskesten Form ein: als das «Aufstehen von Leichen».[29]

Benutzte Paulus diesen Ausdruck wirklich ohne eine weitere Erläuterung – oder nimmt Lukas einen Begriff in der Form als gegeben hin, die den Lesern seiner Apostelgeschichte geläufig war? Wir werden es wahrscheinlich nie wisssen. Es ist uns aber möglich, ein tieferes Verständnis dessen zu gewinnen, was Paulus mit der «Auferstehung» meinte, wenn es uns gelingt, unsere Gedanken von dem wörtlichen Verständnis der Kirchenväter und des Mittelalters zu befreien. Besonders in den Schreiben nach Korinth, wo Mißverständnisse bereits aufgetaucht waren, versuchte Paulus klarzustellen, was für seine Auffassung von der Auferstehung – sowohl Christi als auch der übrigen Menschheit – wesentlich war.

Die Idee der Auferstehung war Paulus natürlich vor seiner Bekehrung zum Christentum aus seinem Studium bei den Pharisäern vertraut. Die Essener lehrten sie ebenfalls. Das soll jedoch nicht heißen, daß sie zu den archaischen biblischen Vorstellungen gehörte. Trotz einiger Stellen im Alten Testament, die Andeutungen enthalten, gibt es keine Belege dafür, daß die alten Hebräer an die Unsterblichkeit des Leibes oder an die Auferstehung der Toten glaubten. Die Sadduzäer, die priesterlich-aristokratische Partei im Judentum, hielten sich eng an den authentischen biblischen Glauben und verneinten die Auferstehung hartnäckig bis in christliche Zeiten. Die beiden anderen Parteien entwickelten die Vorstellung mutmaßlich vor ihrer Spaltung von den weniger organisierten Hasidim, die – wie man weiß – zur Zeit der Makkabäer existierten und eine allgemeine Gruppe von «Frommen» bildeten (Asidäer, wie das *Buch der Makkabäer* sie manchmal nennt). Die Forschung hat vermutet, daß sie diese Vorstellung unter dem Einfluß östlichen Denkens, abermals besonders aus dem Iran, übernahmen. Ihre veränderte Version erhielt jedoch in dem biblischen und historischen Umfeld, in das sie versetzt wurde, eine einzigartig jüdische Bedeutung.

Der Zoroastrismus lehrte von Gott oder Ohrmazd als dem grenzenlosen Licht, das vor der Vermischung des Lichtes mit der Finsternis oder Ahriman existiert hatte. Die Welt wurde als Ergebnis dieser Mischung geschaffen, und die Lichtseelen der Menschen betraten sie und beschlossen, gegen die Finsternis zu kämpfen. Das menschliche Leben war daher ein Ausdruck des im Universum vor sich gehenden mythischen Kampfes. Am Ende der Zeit würde dieser Kampf unweigerlich – so wurde gelehrt – zur vollständigen Reinigung der Welt vom finsteren Schatten Ahrimans führen. Die ursprüngliche Einheit würde wieder erreicht werden; die Zoroastrier nannten diesen zukünftigen Zustand *frashokereti*, die «Wiederherstellung» und zugleich die «Verwandlung» der Welt einschließlich des Menschen. Man erwartete die Wiedergeburt gewisser mythischer oder legendärer Helden zusammen mit dem Saoshyanten oder Erlöser; sie sollten die endgültige Niederlage Ahrimans herbeiführen. Zum Erlöser sollen sich sechs weitere religiöse Führer der Menschheit gesellen, um das Letzte Opfer zu feiern, das jenem entspricht, welches die Welt ursprünglich schuf. In den letzten Tagen würden die Menschen und alle Kreaturen allmählich ihre Physis verlieren und keine physische Nahrung mehr benötigen; schließlich würde die Welt wieder in reines Licht aufgelöst werden. Dies ist eine grandiose Vision. Und manchmal konnte sie Ausdrucksweisen und Hoffnungen hervorrufen, die sich für uns sehr nach «Auferstehung» anhören.

Eine genaue Untersuchung zeigt andererseits, daß das iranische Denken hier grundsätzlich im Bereich des Mythenbewußtseins verharrt. Der Mythos stellt die Anfangszeit, die ursprüngliche Ganzheit, wieder her. Deshalb werden in diesem Zusammenhang manchmal Knochen oder physische Substanzen erwähnt. Es bedeutet nicht, daß der leiblichen Individualität des Menschen ein besonderer Platz eingeräumt würde. Es drückt vielmehr die Ahnung von einer ursprünglichen Einheit aus, als Leib und Seele noch nicht getrennt waren, einen Zustand reinen Lichtes. Im zoroastrischen Denken wird die Ganzheit von der «Mischung» bedroht, dem Zustand, in welchem Ahriman sich ins Licht drängt. Die «zyklische» Bewegung der Zeit ist wie die eines großen kosmischen Rituals – wozu es in den Händen des Saoshyanten tatsächlich auch wird. Die Umlenkung oder zyklische Bewegung der menschlichen Zeit ist dazu notwendig, die Welt dem Griff Ahrimans zu entwinden; aber es gibt keine Geschichte, keine qualitative Fortbewegung durch die Zeit; es entwikkelt sich keine Beziehung zu Gott. Das Ende liegt, wie bei allen Mythen, im Anfang. Und der Mensch ist zusammen mit der Erde diesem rituellen Muster unterworfen, das schließlich zur Struktur jeglicher Wirklichkeit wird und an Ohrmazd und seine sieben Geister erinnert, welche die Welt geschaffen haben und sich endlich überall in ihr widerspiegeln werden.[30]

Die jüdischen Essener und Pharisäer mögen sehr wohl etwas aus der kosmischen Mythologie des Iran gelernt haben. In ihren Schriften jedoch, sogar in den am stärksten apokalyptisch ausgerichteten, behauptet sich der Geschichtssinn und ist, wie wir wissen, mit ihrer unterschiedlichen Auffassung von der «Schöpfung» verbunden. Die jüdische Zeit bewegt sich bewußt ihrer historischen Achse entlang auf den «Jüngsten Tag» zu. Dann werden Gottes Verheißungen wirklich in Erfüllung gehen, und vieles, das verloren war, wird wiederhergestellt werden. Die Bedingungen der Geschichte kann man aber nicht umstürzen. Stattdessen soll vielmehr die endgültige Bestätigung all dessen stattfinden, was Geschichte bedeutet – wenigstens für diejenigen, die in die Geschichte, den Bund mit dem Gott der Geschichte, eingetreten sind.

Auch das Judentum nahm den Körper als Teil des Schöpfungswesens des Menschen an. Die Genesis berichtet, Gott habe Adam aus Erde geschaffen und ihm dann eine Seele oder «den Atem des Lebens» eingehaucht. Man hielt den Menschen als Lebewesen für ganz. Die einzige Vorstellung, die man vom Menschen ohne Körper, das heißt nach dem Tode, hatte, war die eines scheußlichen Schattens, einer Halbwirklichkeit in der Unterwelt Scheol, düsterer noch als der Hades der Griechen. Der Körper war ein integraler Bestandteil des Menschen, eine in Ägypten ebenfalls teilweise vertretene Ansicht, die sich aber grundlegend von der des Iran unterschied, wo das wesentliche Selbst des Menschen vor dem Körper und sogar vor der Schaffung der Welt existierte. Für das Judentum war der Körper ein Ausdruck der individuellen Existenz des Menschen – obwohl das Ausmaß der Individualität durch die Betonung der gemeinsamen Abstammung von Abraham, dem kollektiven «Leib» Israels, eingeschränkt war. Das jüdische Denken war sich daher sicher, daß am Ende der Geschichte, wenn Jahwe das Wesen des Menschen bestätigen würde, dessen physischer Leib nicht – wie im iranischen Denken – ätherisch aufgelöst würde. Der Mensch würde Ganzheit erhalten, einschließlich seines Körpers und der individuellen Existenz, welche der Körper zum Ausdruck bringt.[31] Die jüdische Auffassung von der Auferstehung besagt, daß der Mensch am Ende der historischen Zeit mit seiner ethischen und leiblichen Individualität in einen zukünftigen Zustand eingehen wird. Die Auferstehung von Leichen ist nur der primitivste Versuch, sich dieses Ereignis vorzustellen.

Es würde unsere Rekonstruktion bequem und schematisch machen, wenn wir die «jüdische» Fassung der Auferstehung säuberlich von der «mythisch-zyklischen» unterscheiden könnten. In Wirklichkeit begegneten sich diese Gedankenströme auf die verschiedenste Weise, und bei den Essenern zum Beispiel sind der Jüngste Tag und die Auferstehung an mancher Stelle stark von Andeutungen von Mythen und sogar Ritualen gefärbt. Die Gemeinde von Qumran fühlte die Gegenwart von Engeln während ihrer Riten, und dies bedeutete praktisch, daß sie schon das Leben derer führten, die in der «Endzeit» auferstehen und die Gesellschaft der Engelscharen teilen würden. Außerdem wird das Wirken des priesterlichen

Messias, der helfen sollte, das Ende herbeizuführen, als das Wiederöffnen der versperrten Tore des Paradieses beschrieben, als Wiederherstellung der Harmonie des Anfangs. Dies war, wie wir wissen, das Ziel vieler ritueller Praktiken im alten Vorderen Orient.[32] Trotzdem wird in der essenischen Lehre der geradlinige historische und apokalyptische Rahmen aufrechterhalten.

Wie zu erwarten, gewannen die antihistorischen Elemente im Gnostizismus die Oberhand. Bei den Essenern müssen rituelles Erleben und Mythos als Vorahnungen dessen betrachtet werden, was eines Tages Wirklichkeit werden wird, während sie in der Gnosis eine Wirklichkeit für sich darstellen. Das gnostische Bewußtsein kennt zwar die Erfahrung des geschaffenen Leibes; diese Erfahrung steht aber mehr als jede andere dem gnostischen Streben im Weg. Die Entwicklung eines jüdischen Gefühls der ethischen Individualität, das die Möglichkeit von «Geschichte» begründete, war für die Gnostiker ein Umweg in eine fremde Seinsweise. Sie empfanden die Körpererfahrung, die ein Teil davon war, als Fesselung des unsterblichen Lichtfunkens an ein «sterbendes Tier». Der Leib des Menschen war kaum etwas, das am Ende der Zeit eine ewige Existenz verdiente, sondern eine Verkrustung, die man für immer durch den erleuchteten Geist «abnehmen» mußte. Denn für die gnostische Haltung darf es keine Auferstehung des Leibes, sondern nur eine Auferstehung vom Leibe geben.[33]

Paulus könnte nun, wenn er über die Auferstehung spricht, wiederum den Anschein erwecken, er neige gnostischen Vorstellungen zu. Für ihn kann es ebensowenig wie für den Gnostiker das Ziel des Menschen sein, auf ewig an das leibliche, physische Leben gebunden zu sein. Eine Verewigung der irdischen Gestalt des Menschen würde eine Verleugnung seiner spirituellen Bestimmung, ja einen Triumph des Materialismus bedeuten. Paulus lehnt das gewöhnliche Verlangen danach, «genau wie du bist», in Fleisch und Blut, ins Leben zurückzukommen, entschieden ab:

> Das sage ich aber, liebe Brüder, daß Fleisch und Blut das Reich Gottes nicht ererben können; auch wird das Verwesliche nicht erben die Unverweslichkeit.

Wenn Paulus den «Auferstehungsleib» Christi beschreibt oder die

Leiber, in denen die erlösten Menschen leben werden, beschwört er etwas eher Unfaßliches und deutet es durch scharfe Gegensätze an, die zwar höchst poetisch sind, aber wenig zur Bestimmung dieser Leiblichkeit beitragen: Verweslichkeit/Unverweslichkeit, Niedrigkeit/Herrlichkeit, Schwachheit/Stärke. Bilder des himmlischen Glanzes wie des Glanzes der Sonne, des Mondes oder der Sterne werden heraufbeschworen. Es ist ein pneumatischer Leib oder Geistesleib, der sich grundlegend von allem unterscheidet, was «von der Erde, irdisch» ist. Es ist kein Wunder, daß die Gnostiker bei Paulus so viel fanden, was ihre spiritualistische Auslegung zu untermauern schien, und daß sie ihn «*den* Apostel» nennen konnten!

Wenn wir jedoch die Argumente und Ermahnungen in den Briefen nach Korinth lesen, wird uns klar, daß die Verfechter von «Fleisch und Blut» nicht wirklich das Hauptziel des scharfen Verstandes des Paulus sind. Wenn Fleisch und Blut nicht Unvergänglichkeit erben können, so mögen wir uns aus dem «Epheserbrief» erinnern, daß sie aber auch nicht die «Feinde» sind, gegen die es zu kämpfen gilt, wie die Gnostiker dachten. Paulus scheint im Gegenteil zu akzeptieren, daß die Leiblichkeit aus Fleisch und Blut der angemessene Ausdruck des menschlichen Wesens unter seinen augenblicklichen Lebensbedingungen ist. Sie entspricht der Art, wie Gott den irdischen Menschen, den «ersten Adam», geschaffen hat; und Paulus verwendet einige Mühe darauf zu erklären, daß der «beseelte», irdische Mensch mit Recht zuerst kommt. Erst wenn wir versuchen, dieses irdische Modell des menschlichen Daseins auf die apokalyptische Verwirklichung der Verheißung Gottes, die Auferstehung, zu übertragen, muß es verworfen werden. Dann müssen wir zur Anschauung einer höheren spirituellen Form des Lebens gelangen und das Wirken des «zweiten Adam» oder «lebendig machenden Geistes» begreifen.[34]

Paulus hat keine Geduld mit denjenigen, die mit den Bedingungen des Lebens hadern und dennoch seine Gaben annehmen wollen. Den «Sieg» Christi, so sagt er, kann man erst wirklich verstehen, wenn man erkennt, daß er die Herausforderung des irdischen Wesens des Menschen auf sich nahm – einschließlich seiner Sterblichkeit und Vergänglichkeit. Er begreift die jüdische Auffassung von der Ganzheit des Menschen in ihren wesentlichen Zügen –

ohne die primitiven Vorstellungen, die einige ihr zuordneten; sein Argument richtet sich aber in der Tat gegen jene, die mit der Gnosis annehmen, daß Christus den Bedingungen des Menschseins entging. Ein moderner Kommentator schreibt: «Das Dilemma, dem Paulus sich in Korinth gegenübersieht, besteht nicht darin, daß diese Leute die Auferstehung Christi ableugneten. Was sie ablehnten, war vielmehr die Auferstehung der Toten ... Das Schlüsselwort ist natürlich ‹Tote›.»[35] Paulus steuert einen schwierigen Kurs zwischen zwei entgegengesetzten Gefahren. Während er auf der einen Seite die materialistische Auffassung von einer bloßen Fortsetzung der irdischen Bedingungen ablehnt, beharrt er auf der anderen im Gegensatz zu den korinthischen Gnostikern darauf, daß der Mensch die Ganzheit seines Wesens erhalten muß. Christus tat dies, indem er leibliche Gestalt annahm, auch wenn der Tod darin beschlossen war.

Die Auferstehung Christi bedeutet also nicht eine Zurückweisung der leiblichen Existenz, sondern ein Anheben derselben auf eine neue Ebene – nicht die Vermeidung, sondern die Überwindung des Todes. Deshalb haben wir uns bei der Betrachtung der Lehre des Paulus zur Auferstehung die ganze Zeit im wesentlichen damit beschäftigt, wie er den Tod Christi verstand – den ersten Akt des Mysteriums von Golgatha.

Das Denken des Paulus zum Thema der Auferstehung ist also von dem neuen christlichen Bewußtsein erfüllt. Ohne den Tod Christi wäre «Auferstehung» eine bloße Rückkehr zu den antiken Mysterien. Diese hatten dem Menschen ungeachtet seiner leiblichen Bedingtheit die fortwährende innere Lebenskraft garantiert und jene Garantie in Riten und Mythen des Aufstiegs und der zyklischen Wiedergeburt ausgedrückt. Die jüdische Auffassung von der Auferstehung, gerade umgekehrt, bejaht die historischen Beschränkungen des Menschen als unvermeidlich und versucht nicht, sie zu überwinden – das genügt Paulus auch nicht. Für seinen christlichen Geist hat das Ereignis von Christi Tod und Auferstehung die Kraft eines Mythos, der das Leben des Menschen verwandelt und zugleich die Geschichte auf eine neue Ebene hebt, während es absolut historisch bleibt. Dieses Prinzip von der Verwandlung weist ihm in der Tat den Weg voran:

> Wir werden nicht alle entschlafen, wir werden aber alle verwandelt werden ... Denn dies Verwesliche muß anziehen die Unverweslichkeit, und dies Sterbliche muß anziehen die Unsterblichkeit.[36]

Indem Paulus dem Gedanken von Entwicklung, von Evolution eine zentrale Stelle einräumt, gelangt er zu der Ansicht, auch die Daseinsbedingungen hätten sich durch das christliche Mysterium verändert. Diese Veränderung hat zuallererst im Bewußtsein des Menschen stattgefunden, ist aber im ganzen weit umfassender. Im «Epheserbrief» hat Paulus dies beschrieben, indem er sagte, die Weisheit der Gemeinde auf Erden werde sich von dort zu den kosmischen Engelsmächten verbreiten (3,10-11). In der Auferstehung des Leibes wird der Vorgang offenbar, durch den sich der Wandel über die Sphäre des Bewußtseins hinaus auf das gesamte Sein des Menschen, die Bedingungen seiner spirituellen und leiblichen Existenz selbst, erstreckt.

Dies sind Vorstellungen von außerordentlicher Reichweite; und sie lassen sich keineswegs leicht mit unserem modernen Verständnis vom Universum vereinbaren. Die Wissenschaft hat sich fast ausschließlich darauf konzentriert, in der Natur nach Regelmäßigkeiten zu suchen, und hat die Vorstellung von der Evolution (Verwandlung, Metamorphose) nur innerhalb des strengen Rahmens einer angenommenen Gleichförmigkeit der Bedingungen über lange – und gleichermaßen hypothetische – Zeiträume hinweg zugestanden. Inzwischen hat sich aber das Interesse an einer eher phänomenologischen, nahe an der Erfahrung angesiedelten Art von Wissenschaft wiederbelebt – wie die von Goethe vorgeschlagene, für welche die Idee der «Metamorphose» zentral ist. Und man kann zu dem Schluß kommen, daß wenigstens in den Humanwissenschaften die Suche nach mechanischen Gleichförmigkeiten sich als Sackgasse erwiesen hat. Organismen versteht man besser als Prozeß, Rhythmus und Wandel. Dort sieht es wenigstens so aus, als ob die Wissenschaft das Prinzip der Metamorphose viel ernster nehmen müsse, als es bisher geschah. Auf längere Sicht gesehen wird man diese Umstellung auch im kosmologischen Denken vornehmen müssen – wie Clark geäußert hat und Rudolf Steiner es bereits verwirklichte.

Eine naheliegendere Schwierigkeit besteht darin, daß Paulus hier haltmacht und im dunkeln läßt, *was* seiner Meinung nach verwandelt werden wird, um in die Auferstehungsexistenz des Menschen einzugehen. Der Versuch, in seinen anderen Briefen darüber Aufschluß zu finden, führt nur in weitere Ungewißheit. Es erscheint unmöglich, ihn festzulegen. Sein Standpunkt wechselt oft – je nach den verschiedenen Umständen, auf die er sich bezog.

Wir können nicht einmal sagen, ob er erwartete, daß die Verwandlung der Dinge sehr schnell oder als ein langsamer Prozeß geschehen würde. In einem Brief an die Gemeinde in Thessalonike deutet er beispielsweise an, daß die apokalyptischen Ereignisse einschließlich der *parousía*, der erneuerten Gegenwart des Herrn, alle zu seinen Lebzeiten stattfinden würden:

> Denn er selbst, der Herr, wird, wenn der Befehl ertönt, wenn die Stimme des Erzengels und die Posaune Gottes erschallen, herabkommen vom Himmel, und zuerst werden die Toten, die in Christus gestorben sind, auferstehen. Danach werden wir, die wir leben und übrigblieben, zugleich mit ihnen entrückt werden auf den Wolken in die Luft, dem Herrn entgegen.[37]

Paulus geht hier mit «Imaginationen», lebendigen geistigen Bildern um, die jedoch in dem, wie sie die ätherische Leiblichkeit schauen lassen, von jeglicher Nähe zu den «aufstehenden Leichen» frei sind. Und doch fällt es schwer, damit die Aussicht auf Vorgänge zu vereinbaren, die nach dem «Epheserbrief» lange Zeit – «Generation um Generation» – andauern sollen. Einige Gelehrte haben daraus geschlossen, daß die Vorstellungen des Paulus sich geändert hätten und daß der «Epheserbrief» seine späteren Ansichten darstelle, während der Thessalonicherbrief sehr früh sei. Aber die theoretische Chronologie läßt zu wünschen übrig, da es keine unabhängigen Kriterien gibt, an denen man sie überprüfen kann. Andere nehmen es einfach als gegeben hin, daß Paulus manchmal spekulierte, daß er Vorstellungen so weit trieb, wie es ging, und die Angelegenheit dann im Geheimnisvollen und Andeutungshaften beließ. Einige der neu entdeckten Schriften von Nag Hammadi, in denen paulinische

Vorstellungen recht häufig erscheinen, ermutigen aber zu einer ganz anderen Betrachtungsweise.

Sie helfen uns zu erkennen, daß die verschiedenen Berichte des Paulus sich klarer auf eine bestimmte, «esoterische» Auffassung beziehen, als es zunächst erscheint. Wenn er zu den Korinthern sagt: «Siehe, ich sage euch ein Geheimnis», dann gibt er damit nicht zu verstehen, daß er nun zur «Spekulation» übergehen werde; vielmehr bezieht er sich auf einen Teil seiner «Weisheit für die Eingeweihten». Seine Vision war nicht auf spekulative Annahmen gegründet, sondern auf das, was er auf dem Weg nach Damaskus geschaut hatte. Sie wurzelte in der Tatsache, dem «primären Phänomen» der Auferstehung Christi.

Wir können uns insbesondere auf eine Stelle im *Philippusevangelium* stützen. Dieses ist natürlich kein Zeugnis aus einer der paulinischen Gemeinden, sondern der Ausdruck eines Christentums, das auf apostolischen Überlieferungen und auf gnostischen Mysterienvorstellungen gründet, welche Philippus und seine Anhänger recht stark betonten. Wir haben darin jedoch den deutlichen Einfluß der Lehren Jesu und das noch bewahrte Wissen um seine Mysterienhandlungen erkannt. Es wurde aber in Antiochia geschrieben, und da dieses als Ausgangsort für den Großteil der Mission in Syrien und Kleinasien diente, wäre es überraschend, wenn dieses Evangelium nicht Anzeichen eines Interesses an den Vorstellungen des Paulus zeigen würde. Es finden sich in der Tat einige Anspielungen auf das Denken des Paulus, die zeigen, daß er – obwohl seine Version des Christentums nicht zu der in Syrien vorherrschenden wurde – die christlichen Kreise dort beeinflußte. Die Philippuschristen zeigten ein wohlwollendes Interesse. Ganz in Übereinstimmung mit seiner abgeänderten Mysterienlehre will das *Philippusevangelium* die Vorstellungen des Paulus, insbesondere die zur Auferstehung, aufnehmen.

Spruch 23 geht dieses Thema an. Die Strukturierung der Vorstellungen und nicht zuletzt das bekannte Zitat zeigen, daß er aus dem Zentrum paulinischen Denkens zur Frage der Auferstehung stammt: Er beginnt mit der uns vertrauten Zurückweisung derer, die «genau wie sie jetzt sind» zurückkommen wollen und sich ohne den physischen Leib aus Fleisch und Blut unvollständig fühlen würden:

> Einige fürchten sich davor, nackt aufzuerstehen. Deshalb wollen sie im Fleisch auferstehen. Sie wissen nicht, daß diejenigen, die das Fleisch tragen, die Nackten sind, diejenigen, die sich (anschicken), sich zu entkleiden, die Nichtnackten sind. ‹Fleisch (und Blut wird) das Reich Gottes nicht ererben können.› Welches ist dieses, das nicht erben wird? Das, welches auf uns ist.

Der Auferstehungsleib ist nicht das physische Fleisch und Blut. Hinter den hier benutzten Ausdrücken stehen die paulinischen Begriffe vom «alten» und «neuen» Menschen oder Adam; schließlich waren es Adam und Eva, die aus der Gnade fielen und bemerkten, daß sie nackt waren in ihren fleischlichen Leibern. Die Vorstellung vom «Ausziehen» weist auf das «Ablegen» des Leibes hin; dies geschieht offensichtlich im Kontext der Taufe, bei der wir am Tod und an der Auferstehung Christi teilnehmen. All dies ist durch und durch paulinisch.

Trotz der Ablehnung des «Aufstehens von Leichen» und trotz des gnostischen Hintergrundes von Teilen des *Philippusevangeliums* werden jedoch keine Zugeständnisse an die gnostische Auffassung gemacht, daß der Körper aufgegeben werden müsse. Stattdessen finden sich Parallelen zu jüdischen Schriften, welche die Furcht davor erwähnen, daß man «nackt» auferstehen könnte – worin vermutlich der Hintergrund für Paulus' eigenes Denken über diesen Aspekt der Auferstehung sichtbar wird. In dem, was nun folgt, wird auf leiblicher Ganzheit, dem Erhalten des spirituellen Wesens der Körpererfahrung, bestanden:

> Welches aber ist dagegen das, das erben wird? Es ist das (Fleisch) Jesu und sein Blut. Deshalb sprach er: ‹Wer mein Fleisch nicht essen und mein Blut nicht trinken wird, hat kein Leben in sich.› Was ist es? Sein Fleisch ist das Wort, und sein Blut ist der Heilige Geist. Wer diese erhalten hat, hat Nahrung und hat Trank und Kleidung.

Die Auferstehung ist nun direkt auf Christus und das archetypische Ereignis in der Geschichte konzentriert. Nicht das physische Fleisch und Blut sind mit Christus vereinigt worden. Sie werden als äußerer Ausdruck des menschlichen Seins betrachtet. Was den gefallenen Menschen angeht, so drückt sich sein leibliches Wesen äußerlich im vergänglichen Fleisch aus; nun aber enthüllt der Mensch sogar im äußerlichen Ausdruck seines Leibes das Wort (*logos*). Das Blut des gefallenen Menschen war das Mittel seines Egoismus, seines sich in den Mittelpunkt stellenden Bewußtseins; nun soll es zum Ausdruck seiner geistigen Bewußtheit werden, zum Heiligen Geist.

Die Idee vom Wort als dem Wesentlichen, der übersinnlichen Wahrheit eines Bezeichneten, fand sich häufig in der antiken Philosophie. Und doch liegt in der Anspielung darauf hier etwas Spezifisches, was im letzten Teil des Spruches entwickelt wird. Auf der Grundlage des «wesentlichen» Fleisches und Blutes – anstatt ihrer physischen «gefallenen» Verkörperungen – hat der Autor entschieden die gnostische Ansicht zurückgewiesen und fährt nun damit fort, näher zu definieren, was er als das tatsächliche Wesentliche des Leibes betrachtet:

> Ich tadle die anderen, die sagen: ‹Es wird nicht auferstehen.› Dann sind beide im Unrecht. Du sagst: ‹Das Fleisch wird nicht auferstehen.› Aber sage mir: ‹Was wird auferstehen, damit wir dich ehren?› Du sagst: ‹Der Geist im Fleisch und auch dieses Licht ist im Fleisch.› Aber auch dieses ist eine Sache, die im Fleisch ist, denn was immer du sagen wirst, du sagst nichts außerhalb des Fleisches. Es ist nötig, in diesem Fleisch aufzuerstehen, da alles in ihm ist.

Die Vorstellungen des Paulus liefern immer noch den Bezugsrahmen. Er hatte von einem «geistigen Leib» gesprochen und davon, daß der Getaufte «Licht» werde. Aber nun wird der «*logos*, der im Fleisch ist» als Lösung für dieses Problem vorgeschlagen. *Logos* scheint hier eine sehr spezielle Bedeutung zu haben. Können wir herausfinden, welche das ist?

Der Begriff *logos* wurde bei den stoischen Naturphilosophen – oder Wissenschaftlern, wie wir sie heute nennen sollten – geläufig. Um ihre Auffassung von *logos* zu verstehen, müssen wir unserer Betrachtung des Bewußtseins vom Körper im Judentum eine kurze

Untersuchung der Vorstellungen hinzufügen, die sich in der griechischen Welt entwickelt hatten. Denn das griechische Denken war auch – viel später, als man erwarten möchte – zu einer Vorstellung von der Leiblichkeit oder, sehr allgemein ausgedrückt, des Leibes gelangt. Der Begriff *logos* wurde in der Tat dazu benutzt, die charakteristische Gestalt oder physische Struktur eines Dinges zu bezeichnen. Anders als Platon oder Aristoteles, für welche die Gestalt eines Dinges wirklich eine «Idee» im Denken war, dachten die Stoiker, die den Begriff vorwiegend benutzten, man könne die Gestalt eines Gegenstandes in physikalischen, oder besser gesagt, mathematischen Begriffen (als Ausdehnung und Anziehung im Raum) beschreiben. Wenn man die älteren griechischen Philosophen liest, ist es schwer – aber wichtig – sich klarzumachen, wie weit sie von modernen Annahmen entfernt sind. Diese stoischen Philosophen trafen zum Beispiel die klare Unterscheidung zwischen subjektiv und objektiv, dem «Verstand» und der «Welt-da-draußen» erst ein oder zwei Jahrhunderte vor Christus. Die Dichotomie von «Form» und «Materie» bei den klassischen Philosophen stimmt keineswegs mit unserer modernen Unterscheidung überein, sondern verläuft quer durch sie hindurch. Daher reicht die Annahme gegenständlicher Körper im modernen Wortsinn nur bis zu den Stoikern mit ihrer protowissenschaftlichen Haltung zurück.

Für die Stoiker war die mathematische Struktur eines Gegenstandes sein *logos*, was lateinisch sprechende Philosophen mit *ratio* übersetzten: ein Satz festgelegter Proportionen wie im gegenwärtigen Gebrauch dieses Wortes in der Mathematik. Man konnte den menschlichen Körper auf diese Weise beschreiben, wie es zum Beispiel der stoische Schriftsteller Seneca tat; und es ist bemerkenswert, daß man schon in der Antike die Namen von Paulus und Seneca oft miteinander verband. Er erkannte, daß Menschen trotz großer Unterschiede in tatsächlicher Größe und Gewicht nach recht regelmäßigen Proportionen gebaut sind. Natürlich verändert sich jedes Individuum in seiner physischen Gestalt durch Wachstum, Altern und so weiter; und doch behält es unabhängig von den sich verändernden Bestandteilen seines Körpers eine gewisse strukturelle Regelmäßigkeit bei. Das war sein *logos.* Wenn Paulus also eine «wissenschaftliche» Beschreibung brauchte, die den Körper dem jüdischen

Körpergefühl entsprechend nicht nur als Materie, sondern als wesenhafte Gestalt erfaßte, hätte er diese sicher im stoischen *logos* finden können.[38]

Der Begriff des *logos* ermöglicht es dem Autor von Spruch 23, die Auferstehungslehre des Paulus sehr genau und zusammenhängend darzustellen. Das eigentliche Wesen der Leiblichkeit besteht nicht in ihrer stofflichen Zusammensetzung, dem buchstäblichen Fleisch und Blut. Oder, um das Argument einen Augenblick lang in heutigen Begriffen auszudrücken: Man sollte Fleisch und Blut wirklich nach ihrer Funktion im Lebewesen definieren – die chemischen Substanzen in ihnen ändern sich ständig. Durch ihr Funktionieren im Organismus aber drücken sie den lebendigen Geist aus. Nach unserem Autor sind Christus und der Heilige Geist mit «Fleisch und Blut» dieser Definition vereinigt worden, so daß das Fleisch des Menschen zum Ausdruck Christi geworden ist und sein Lebensblut zu dem des geistigen Selbst. Was für das Funktionieren dieser Elemente des menschlichen Wesens wichtig ist, sind nicht die gegenwärtig im Körper befindlichen Substanzen, sondern es ist die funktionelle Wirklichkeit der menschlichen Gestalt, seine andauernde *ratio* oder sein *logos*. Die Lehre von der Auferstehung wird überraschend klar. Wenn der Mensch auf eine höhere Ebene des Seins emporsteigt, wird er nicht mehr stofflich sein – aber er wird immer noch ein lebendiges, ja sogar ein leibliches Wesen sein, da der «*logos*, der im Fleisch ist» der Ausdruck seines von Christus durchdrungenen Lebens sein wird.

War die Lehre vom *logos* das «Mysterium», das Paulus im Korintherbrief erwähnte? Meiner Meinung nach wird die Wahrscheinlichkeit, daß es so war, durch zwei Dinge zu einer Gewißheit.

Eines davon ist die überraschende Genauigkeit, mit der diese Lehre mit Rudolf Steiners Schilderung der esoterischen, den Feststellungen der Korintherbriefe zugrundeliegenden Auffassung übereinstimmt. Steiner nannte das nicht-stoffliche Gestaltprinzip des physischen Körpers das *Phantom*. Es gelang ihm und seinen Anhängern, die lebendige, funktionelle Realität des Körpers in viel genaueren wissenschaftlichen Begriffen zu definieren, als dies natürlich in der Antike möglich war. Sie haben die Vorstellung von der *Gestalt*, die von deutschen Denkern seit Goethe entwickelt wurde, erweitert und stellen in vielerlei Hinsicht die Avantgarde der Entwicklung der jüngsten «holistischen» Wissenschaften dar. Biologen wie C. H. Waddington haben ebenfalls den Trend der Wissenschaft zum Verständnis komplexer Systeme und Strukturen bemerkt, die nicht direkt von den sie konstituierenden Stoffen abhängig sind. Die klassische Frage des Materialisten: «Woraus besteht es?» erscheine allmählich immer unwichtiger, versichert er, besonders im Falle von Organismen, obwohl organische Systeme offensichtlich chemische und andere Eigenschaften zur Bildung einer Struktur benutzen. Es ist Rudolf Steiner gelungen, seine Gestaltauffassung vom Körper mit seiner weitreichenderen Vorstellung von der Evolution zu einem Ganzen zu verbinden. Aber er behauptete auch, daß die Phantomauffassung in ihren wesentlichen Zügen im esoterischen paulinischen Christentum begriffen und gelehrt worden sei. Eine solche Vorstellung macht die Unterscheidung des Paulus zwischen dem Leib und den stofflichen Bestandteilen des leiblichen Lebens voll verständlich – und sie wird auf schlagende Weise durch die Entdekkung des *Philippusevangeliums* mit seiner von Paulus beeinflußten Auferstehungslehre bestätigt. Verbunden mit der Entwicklungsperspektive gibt es uns die einzigartige Gelegenheit, die Möglichkeit einer Verlängerung der leiblichen Existenz des Menschen tatsächlich zu verstehen. Rudolf Steiner bietet, in moderne Begriffe gefaßt, eine solche Art der Betrachtung, und es bietet sie gleichfalls – in anfänglicher Ausdrucksweise – ein Dokument, das die zweite Bestätigung der paulinischen Mysterienlehre bildet.[39]

Der *Rheginosbrief* ist eine weitere in der Sammlung von Nag Hammadi gefundene Schrift; man bezeichnet sie manchmal nach ihrem Inhalt mit dem Titel *De Resurrectione*. Es ist ein kurzer Brief von einem unbekannten und namenlosen Verfasser an den ebenso unbekannten Rheginos. Er versucht, gewisse Probleme beim Verstehen der christlichen Lehre vom Wesen der Auferstehung zu klären, und als die Dokumente von Nag Hammadi der Öffentlichkeit erstmals als «gnostische Bibliothek» vorgelegt wurden, behaupteten einige, er sei das Werk eines valentinianischen Gnostikers oder gar des bedeutenden Häretikers Valentinos selbst. Wir haben jedoch festgestellt, daß die für die Bibliothek verantwortlichen Gnostiker tatsächlich mehrere Bücher besaßen, die nicht selbst gnostischen Ursprungs waren. Obwohl es höchst «spirituell» war, leugnete das *Thomasevangelium* die Auferstehung des Leibes nicht – bis die Gnostiker die entsprechenden Stellen ausmerzten. Im Falle des *Rheginosbriefes* bemerkten die Gelehrten allmählich, daß es darin in Wahrheit nur einen kurzen Abschnitt gab, in dem spezifisch valentinianische Begriffe verwendet wurden, und der trug alle Anzeichen einer späteren Einfügung. Im übrigen waren sie von dem «fundamental christlichen Hauptanliegen» der Schrift überrascht. Bezüglich des Auferstehungsleibes, mußten sie zugeben, bot der Brief eine überraschend «getreue Interpretation des paulinischen Standpunkts – getreuer sogar als diejenige vieler Ketzerbestreiter des frühen Christentums!»[40]

Die Auffassung, der Brief sei valentinianisch, lebt noch fort – aber es gibt entscheidende Argumente dagegen. Zum Beispiel wird die grundlegende christliche Geisteshaltung nicht mit dem Begriff der *gnosis*, sondern wie bei Paulus mit demjenigen der *pistis*, des Glaubens, beschrieben. Die Lehre des Valentinos verband Erlösung ausschließlich mit *gnosis*. Des weiteren wird Christus in dem Brief mehrfach als «der Herr» bezeichnet. Aber zu dem, was wir von den Valentinianern wissen, gehört die Eigenheit, daß sie Christus nicht bei diesem Namen nennen wollten, wahrscheinlich, weil es ihn mit dem «Herrn» des Alten Testaments in Verbindung brachte. Ein Überblick über die Schriften der Valentinianer zeigt, daß sie es vermieden, diese Bezeichnung zu benutzen – außer in Zitaten oder auszulegenden Stellen, wo es unvermeidlich war.[41] Die Bekräftigung «Jesus ist der Herr» war in den paulinischen Kirchen zu Hause. Die Beweislage deutet somit stark darauf hin, daß der Brief von einem Anhänger des Paulus geschrieben wurde; und wie wir sehen werden, ist seine Grundhaltung nicht gnostischer Natur, sondern diejenige eines Pauluschristen. All dies macht den esoterischen Charakter des Werkes um so bedeutungsvoller. Ja, es verspricht, ein wenig mehr vom paulinischen «Mysterium» zu enthüllen.

Hinsichtlich der Auferstehung des Leibes bestätigt die Lehre des *Rheginosbriefes* die paulinische Anschauung, die das *Philippusevangelium* in ihren Grundzügen wiedergibt, und die Vorstellungen werden hier auch vor einem ähnlichen Hintergrund entwickelt. Das grobe Fleisch und Blut gehören zu dem Teil des menschlichen Wesens, erklärt der Autor, der zwangsläufig «dem Gesetz des Todes» unterliegt. In ihrer Stofflichkeit kann man diese auch schon als «tot» beschreiben, während sie noch dem lebendigen Organismus angehören. Was lebendig ist, ist nicht die sichtbare Substanz der Glieder des Menschen, sondern es sind die «lebendigen Glieder» – die lebende Gestalt, die das Evangelium als einen «*logos* im Fleisch» beschreibt, die menschliche *ratio* oder das *Phantom* des esoterischen Christentums Steiners. Und gerade von diesen lebendigen Gliedern oder der unsichtbaren Gestalt spricht der Brief im Zusammenhang mit der Auferstehung:

> Gib niemand Anlaß, daran zu zweifeln ... werden also die sichtbaren Glieder, die tot sind, nicht gerettet werden, denn (nur) die lebendigen Glieder, die in ihnen existieren, würden auferstehen.[42]

Und um auch die leiseste Möglichkeit auszuschalten, die Zeilen über das Auferstehen der höheren Glieder des Menschen *aus* dem physischen Leib mit gnostischer Vorstellung zu verwechseln, betont der Verfasser weiterhin, daß diese «lebendigen Glieder» im Leib immer in ein «Fleisch» gekleidet sind und sein werden.

Allerdings kann er sich auch einen Zustand der Präexistenz vorstellen, in dem der Mensch noch kein «Fleisch empfangen» hatte:

> Denn wenn du nicht im Fleisch existiert hast, so erhieltest du Fleisch, als du in diese Welt eintratst. Warum sollst du (dann) nicht Fleisch erhalten, wenn du aufsteigst zum Äon?[43]

Die physische Leiblichkeit des Menschen drückt sich äußerlich in einem «Fleisch» aus, das seiner seelischen und geistigen Natur hinzugefügt wird. Wenn er durch die Auferstehung in die ewige, unvergängliche Welt aufsteigt, bleibt er doch ein leibliches Wesen. Sein «Fleisch» wird jedoch der Wirklichkeit der «lebendigen Glieder» angemessen sein, die über die verwesliche Substanz, die sie im irdischen Zustand umgibt, hinaus erhöht worden sind. Das *Philippusevangelium* sprach ebenfalls von einem «Fleisch, in dem alles existiert» – sei es auf einer niedrigeren (physischen) oder einer höheren Ebene. Die Lehre von der Auferstehung ist tatsächlich in beiden Darstellungen im wesentlichen identisch.

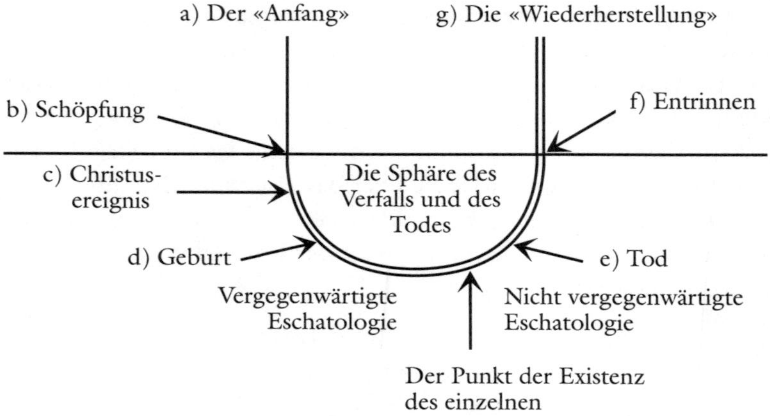

Abb. 3: Die Struktur der Zeit in der Anschauung des Rheginosbriefes.

a) Der «Anfang»: Der präexistente Zustand der Vollkommenheit des Pleroma. In diesem Zustand befanden sich das «All», der Erlöser, Emanationen und der potentielle «Kosmos». Von diesem Punkt verläuft die Zeitlinie abwärts, womit der Fall in einen niederen Zustand bezeichnet ist.
b) Schöpfung: Der Beginn der Existenz des «Kosmos». Die Schöpfung entspricht dem Beginn der kosmischen Zeit.
c) Christusereignis: Der entscheidende Abstieg des Erlösers in die kosmische Zeit und sein Sieg (innerhalb der kosmischen Zeit) über den Tod. Dieses Ereignis ist von entscheidendem Einfluß auf alles Folgende, daher die Doppellinie.
d) Geburt: Der Anfang des «Lebens» des einzelnen innerhalb der kosmischen Sphäre. Der einzelne war im «All» präexistent, wurde aber erst innerhalb der kosmischen Sphäre von Tod und Verfall zur identifizierbaren Person. – Wir unterteilen die Zeitlinie der Einzelperson nochmals, um den Punkt der gegenwärtigen Existenz anzuzeigen, das heißt den Punkt, von dem aus unser Verfasser die Dinge betrachtet. Die Unterteilung befindet sich an einem Punkt, der dem Tod näher ist als der Geburt, sie zeigt damit die Spannung zwischen «schon» und «noch nicht» und betont die Bedeutung des «schon».
e) Tod: Das Ende des Lebens der Einzelperson, der Beginn des Aufstiegs.
f) Entrinnen: Der Punkt, an dem der Erwählte durch Auferstehung und Aufstieg die kosmische Existenzebene verläßt.

Der *Rheginosbrief* unterscheidet sich jedoch vom *Philippusevangelium* dadurch, daß er eine kurze und doch vollständige Behandlung des Themas Auferstehung darstellt, während wir in letzterem nur ein kurzes eingeschobenes Fragment einer Lehre haben. Der Brief enthüllt weit mehr von dem umfassenderen christlichen Vorstellungsrahmen. Die Dimension der Zeit ist von besonderem Interesse, da sich die Zeitstruktur, die in dem Brief ins Auge gefaßt wird, wesentlich von der typischen gnostischen «Rückkehr zum Anfang» unterscheidet. Der Mensch hat vielmehr durch sein Heraustreten aus seiner geistigen Präexistenz und sein Hinabsteigen in die Inkarnation offensichtlich etwas gewonnen, er hat eine neue Entwicklungsstufe erreicht, und die irdische Daseinsform in einem physischen Leib, in die er eingetreten ist, begleitet ihn in seiner weiteren Entwicklung. Der Prozeß ist vorwärtsgerichtet und nicht umkehrbar, ist nicht der gnostisch-mythische Umweg – wie man in dem von Malcolm Peel entworfenen Diagramm sehen kann, der ausführlich über diesen Text gearbeitet hat (siehe Abb. 3). Im übrigen geht diese Betrachtungsweise auch über die jüdische Auffassung von der Auferstehung hinaus, nach der Gott die historische Bedingung des Menschen bestätigt und vollendet. Für das Judentum ist der Körper – und die Schöpfung allgemein – eine unmittelbare Manifestation des ursprünglichen Aktes des Schöpfers. Für den christlichen Denker hat die geschaffene Gestalt vorläufigen Charakter und muß im Lauf der Zeit vergeistigt und von ihrer irdischen Substanz gereinigt werden. Es entsteht eine völlig neue Auffassung von der «Verwandlung»

---

g) Die «Wiederherstellung»: Das letzte Ziel, auf das sich die Zeitlinie der Erlösung zubewegt. Mit der Parabel läßt sich zeigen, daß die Wiederherstellung mit dem wiederhergestellten Pleroma endet und damit im wesentlichen auf derselben Ebene, auf der der Anfang stattfand. Dennoch unterscheidet sich die Wiederherstellung insofern vom Anfang, als die Erwählten jetzt einen identifizierbaren Auferstehungsleib haben, den sie vorher nicht hatten; außerdem ist der «Kosmos» ausgeschlossen, der am Anfang inbegriffen war.

(Diagramm und Erläuterungen nach M. L. Peel, The Epistle to Rheginus.)

oder Metamorphose. Und sie wird in der Tat zur zentralen Aussage dieses Dokuments:

> Die Auferstehung ist die Offenbarung dessen, was ist, und die Verwandlung der Dinge und ein Übergang zur Neuheit. Denn die Unvergänglichkeit kommt herab auf das Vergängliche.[44]

An diesem kritischen Punkt muß festgehalten werden, daß alle grundlegenden Vorstellungen und Begriffe paulinisch sind. Paulus sagte, daß wir alle «in einem Mysterium» verwandelt werden sollen, er sprach vom Übergang ins «Neue», er stellte das Dilemma vom vergänglichen Fleisch und Blut der unvergänglichen Herrlichkeit des «geistigen Leibes» gegenüber.

Die Lehre von der Auferstehung des Leibes im *Rheginosbrief* ist also folgende: Die unsichtbaren, im sichtbaren Fleisch verborgenen, lebendigen Glieder des Menschen sollen vor dem Gesetz des Todes gerettet und bei der Verwandlung des Menschen offenbart werden. Der «neue Mensch» wird nicht nur seine existentielle Ganzheit behalten, sondern sein ganzes Wesen auf eine weitere Ebene der Evolution anheben. Es gibt vieles, was in seiner letzten Bedeutung ein «Mysterium» bleibt; aber es liegt eine klare Auffassung zugrunde, die eng mit den wichtigsten Ideen des Paulus verbunden ist und die nicht der Autor des Briefes erfunden hat, obwohl sie in seinen eigenen Worten ausgedrückt sein mag. Eine identische Anschauung wurde nämlich mit anderen Worten vom Autor des paulinischen Bruchstückes im *Philippusevangelium* entworfen. Die beste Erklärung für diese Zusammenhänge ist, daß die oben dargelegte Ansicht nicht eine durch «Spekulation» gewonnene spätere Weiterentwicklung der Anschauung des Paulus darstellt, sondern daß sie auf den Apostel selbst zurückgeht. Wenn der *Rheginosbrief* oder das *Philippusevangelium* die Vorstellung erfunden und einander beeinflußt hätten, dann könnten wir eine genaue Übereinstimmung der Begriffe und eine Übernahme von Vorstellungen erwarten. Stattdessen haben wir den Eindruck, daß beide eine ältere Lehre jeweils aus ihrer Sicht erklären.

Und dennoch sind beide Dokumente etwas später entstanden als die Paulusbriefe. Es muß noch bewiesen werden, daß die im

Rheginosbrief vorgefundene Anschauung auf die Zeit des Paulus oder in ihre Nähe zurückdatiert werden kann. Aber dies können wir tun, und zwar bezeichnenderweise dadurch, daß wir uns dem größeren Rahmen zuwenden, in den diese Vorstellungen gehören.

Der *Rheginosbrief* erwähnt nicht nur eine Auferstehung des Leibes. Er erörtert gleichzeitig eine psychische oder «seelische» Auferstehung, die innerlich erfahren wird, sowie eine pneumatische oder «geistige» Auferstehung. Ihre Grundlage ist die dreiteilige Anthropologie des Paulus mit ihren Hauptbegriffen Leib, Seele und Geist.

Da der allgemeine Hintergrund des ganzen Werkes die Auffassung des Paulus vom Sterben und Auferstehen des Christen mit Christus ist, muß sich sein Verfasser natürlich mit der Frage beschäftigen, was geschieht, wenn ein Mensch ans Ende seines Lebens gelangt, das heißt, wenn er stirbt. Natürlich glaubt er, daß der Geist des Menschen nach dem Tod des Leibes weiterlebt. Er weist darauf hin, daß einige Philosophen auch zu diesem Schluß gekommen seien. Trotzdem versichert er, dies sei nicht grundsätzlich ein Gegenstand für die intellektuelle Diskussion: «Denn es ist der Standpunkt des Glaubens, mein Sohn, und nicht der Überzeugung: Wer tot ist, wird auferstehen.» Die philosophische Vorstellung von der «Unsterblichkeit», so mögen wir einwenden, ist kaum die des «Aufstehens», das heißt der Auferstehung; aber das sagt der Autor auch nicht. Er sieht, daß Christi «Sieg über den Tod» bedeutet, daß die Situation des Menschen im Leben nach seinem irdischen Tod verwandelt worden sein muß.

Judenchristen drückten ihre Einsicht in diesen Vorgang so aus, daß sie sich Christi Abstieg in die Hölle und seine Erscheinung vor den Patriarchen vorstellten; aber das hätte für die heidnischen Anhänger des Paulus kaum einen Sinn ergeben. Der Verfasser des Briefes beschreibt trotzdem auf seine Art die verwandelte Situation derer, die seit dem Mysterium von Golgatha in Christus gestorben sind. Denn das ist die Frage des Glaubens an die Bedeutung der von Christus bewirkten Wandlung. Der Schreiber glaubt, daß diejenigen, «die den Menschensohn gekannt haben» und an ihn «geglaubt» haben, nach ihrem Tod himmelwärts gezogen werden. Die Charakterisierung der Getauften als «Licht» durch Paulus liegt dieser Analogie zugrunde:

> … sind wir Strahlen von jenem, und wir werden umfaßt von ihm bis zu unserem Versinken, das heißt unserem Tod in diesem Leben. Wir werden von ihm zum Himmel gezogen wie die Strahlen von der Sonne, ohne durch irgend etwas zurückgehalten zu werden. Das ist die geistige Auferstehung, die die seelische verschlingt ebenso wie auch die fleischliche.[45]

Welchen Punkt wir auch immer in der Entwicklung unseres leiblichen, äußeren Lebens oder unseres inneren, seelischen Lebens erreicht haben, im Tod werden wir in eine höhere Sphäre entrückt. Diese Lehre unterscheidet sich um einiges von derjenigen der Kirche im Mittelalter, die philosophische Begriffe der Griechen von Unsterblichkeit auf höchst unbefriedigende Weise mit einer jeglicher Entwicklungsperspektive ermangelnden Vorstellung vom «Aufstehen von Leichen» am Jüngsten Tag verband.

Vielleicht noch interessanter als die geistige Auferstehung – das Hereinwirken Christi in die nachtodliche Sphäre – ist, daß im Brief darauf beharrt wird, daß die Kraft der Auferstehung bereits jetzt in der Seele am Werk ist. Die Seelenhaltung eines Christen ist schon vom Christusereignis berührt, und die getaufte Seele weiß, daß sie gestorben und auferstanden ist. Wenigstens in der inneren Wahrnehmung ist sie dem Tod begegnet und hat ihn überwunden:

> Denn wenn der, der sterben wird, von sich selbst weiß, daß er sterben wird – selbst wenn er viele Jahre in diesem Leben zubringt, wird er doch dahin gebracht –, warum betrachtest du dann nicht dich selbst als auferstanden und als (schon) dahin gebracht?[46]

Dies ist die «psychische Auferstehung», und sie hat im Seelenleben bereits stattgefunden – im Gegensatz zu der zukünftigen Verwandlung des Leibes oder des geistigen Lebens nach dem Tode.

Der *Rheginosbrief* zeigt, daß frühchristliche Auffassungen von der Auferstehung – wenigstens bei den Anhängern des Paulus – weitaus feiner und klüger waren als die bizarre Lehre von den auferstehenden Leichen, die die Kirche später vertrat. Der Abschnitt über die «psychische Auferstehung» ist auch von historischer Bedeutung. Denn die Vorstellung, die Auferstehung habe bereits stattgefunden, treffen wir auch im Neuen Testament und in einem Paulus zugeschriebenen Brief an. Zwei Faktoren komplizieren die Angelegenheit jedoch. Erstens enthält die Stelle eine heftige Ablehnung solcher Lehre; zweitens gehört der Brief, in dem sie vorkommt, zu einer Gruppe von Briefen, von denen wir die stärksten Beweise dafür haben, daß sie nicht wirklich von Paulus stammen.

Der zweite Brief an Timotheus gibt vor, von Paulus geschrieben, ja eine persönliche Mitteilung zu sein. Im Gegensatz zu dem Interesse an sozialen und Gemeindefragen in den anderen Briefen zeigt er den Apostel sehr besorgt um jene, die wie Phygelus und Hermogenes «sich von mir abgewandt haben», das heißt um jene, die von seiner Lehre abgewichen sind. Er enthält einen Hinweis auf

> Hymenäus und Philetus, die von der Wahrheit abgeirrt sind und sagen, die Auferstehung sei schon geschehen, und bringen einige vom Glauben ab.[47]

Die Lehre von der seelischen Auferstehung, die wir im *Rheginosbrief* finden, war also zur Zeit des zweiten Timotheusbriefes bekannt und mit den Namen zweier Lehrer, Hymenäus und Philetus, verbunden.

Zu der Zeit, als der zweite Brief an Timotheus abgefaßt wurde, wenn nicht sogar früher, führte diese Lehre zu Mißverständnissen unter den Christen – oder wenigstens erschien es einigen so. Natürlich können wir nicht sicher sein, daß Hymenäus und Philetus alle anderen Anschauungen lehrten, die dem Rheginos erläutert werden. Da sie jedoch beide Schüler des Paulus waren (bevor sie «von der Wahrheit abirrten»), wäre ihr Ausgangspunkt gleicherweise die Lehre des Apostels von der Auferstehung gewesen. Der *Rheginosbrief* zeigt, wie die Idee von einem bereits erfahrbaren «Auferstandensein» aus einem durch und durch paulinischen Vorbild entstehen und gleichzeitig mit der Erwartung einer leiblichen und einer geistigen Auferstehung existieren kann. Es ist daher sicherlich falsch anzunehmen, Hymenäus und Philetus hätten die anderen Aspekte der Auferstehungslehre des Paulus fallengelassen. Wenn man ihren ursprünglichen Hintergrund vor ihrer Abweichung – falls es wirklich eine solche war – in Betracht zieht, ist das äußerst unwahrscheinlich.

Die Frage nach ihrer Rechtgläubigkeit im Sinne der paulinischen

Auffassung des Christentums ist für den Schreiber des zweiten Briefes an Timotheus entscheidend.

Und in der Tat ist es die andauernde Besorgnis um Rechtgläubigkeit, die den anderen Standpunkt des Verfassers verrät. Er ist nicht Paulus, der neue Pfade und Gemeinden erforscht, sondern ein Glaubensfestiger, wie wir ihn nennen können, aus der nächsten oder übernächsten Generation. Die meisten Gelehrten sind sich darüber einig, daß er auch den ersten Brief an Timotheus und den Brief an Titus schrieb, vielleicht um das Ende des ersten Jahrhunderts, etwa sechzig Jahre nach Paulus. Diese kleine Gruppe von Schriften wird manchmal als «Pastoralbriefe» bezeichnet, und sie wurden von einigen Christen von Anfang an als Fälschungen abgelehnt.[48] Die Schwierigkeit, die Geistesverfassung zu verstehen, die einen frommen Mann der Kirche dazu veranlassen konnte, Briefe im Namen des Apostels Paulus zu fälschen, hindert einige immer noch daran, die Fälschung zuzugestehen. Die Beweise auf sprachlicher Ebene und die «Verfestiger-Mentalität» des Verfassers scheinen jedoch entscheidend zu sein. Außerdem kann unser neuer *Rheginosbrief* auch einige Antworten auf diese Fragen geben.

Betrachten wir zum Beispiel die Versicherung des «Glaubensfestigers»: «Dieses Wort ist gewißlich wahr»; betrachten wir die Hinweise auf diejenigen, die Paulus verlassen haben oder von seiner Lehre abgewichen sind. Es ist offensichtlich, daß in den paulinischen Kirchen eine gespannte Lage, wenn nicht gar eine Krise, entstanden war. Es herrschte Unsicherheit, der Glaube war «zerstört» worden. Der Verfasser des zweiten Timotheusbriefes schreibt im Auftrag einer hohen kirchlichen oder kirchenorientierten Stelle und versucht, eine auf den Lehren des Paulus beruhende Orthodoxie festzusetzen. Am wichtigsten ist aber, daß die Krise offensichtlich interner Art ist. Es werden keine Außenseiter erwähnt, kein Anbeten falscher Götter, kein Zurückfallen in alte oder ein Abweichen in gnostische Lehren. Der Glaubensfestiger muß zugeben, daß die Ansicht seiner Gegner auf Personen zurückgeht, von denen man weiß, daß sie eng mit Paulus selbst verbunden waren. Er kann nicht den Trumpf des Ketzerjägers ausspielen, der behauptet, die «falschen» Lehren seien eine neue Erfindung, und sie der reinen, ursprünglichen Orthodoxie gegenüberstellen. Daher hat er nur eine wirkliche Alternative: Er muß zugeben, daß die Lehren aus der Zeit des Paulus stammen, dann aber behaupten, der Apostel habe sogar zu seiner Zeit gegen sie gekämpft und sie verdammt.

Das Ende des ersten Jahrhunderts mag also eine der vielen inneren Krisen der sich ausdehnenden Kirche gesehen haben. Vielleicht waren die komplizierten, intelligenten, esoterischen Lehren «unter den Eingeweihten» schon zu schwierig für einige der gewöhnlichen Gemeindemitglieder; oder man konnte gewisse Elemente in ihnen einseitig oder falsch verstehen, was dann ja auch geschah. Es entstand eine starke Bewegung für kirchliche Autorität, und sie fand nur zu bald heraus, daß die wirklichen Feinde im eigenen Lager standen. Diese setzten jedoch nur die inneren Lehren des Apostels Paulus und seiner Anhänger wie Hymenäus und Philetus fort. Die Versuchung, eine «fromme Fälschung» zu begehen und sie aus dem Munde des Apostels zu verdammen, muß sehr groß gewesen sein. Und wir sehen aus den «Pastoralbriefen», daß jemand dieser Versuchung auch tatsächlich nachgab. Wir müssen hinzufügen, daß die Täuschung wirkte. Trotz der Zweifel, die manche an ihrer Echtheit hatten, wurden sie ins Neue Testament aufgenommen. So gelangen wir also zur einzigen wirklichen Erklärung für die Fälschung der Briefe im Namen des Paulus. Sie wurden – vom Standpunkt des Glaubensfestigers gesehen – fabriziert, um die paulinische Überlieferung vor sich selbst zu schützen. Dieses Argument funktioniert nur, ergibt nur einen Sinn, wenn sich die zu bekämpfende Position tatsächlich im Inneren der Überlieferung befand – alle anderen Vermutungen lassen die Fälschung als zu ungeheuerlich und unglaubwürdig erscheinen. Der *Rheginosbrief* paßt zu den Belegen von der paulinischen Überlieferung vor ihrer Reinigung und Einverleibung in die Kirche, das heißt zu der, wie sie von Hymenäus, Philetus und ihren Anhängern gelehrt wurde. Und sie erhielten, wie sogar der Glaubensfestiger zugibt, die «Wahrheit» ursprünglich von Paulus selbst.

All dies spricht dafür, daß die im *Rheginosbrief* dargelegten Anschauungen von der Auferstehung sich auf das gründen, was Paulus esoterisch lehrte. Durch die hier zum Ausdruck kommende Sensibilität für das Wirken des Christusimpulses in der Seele, im Leben nach dem Tode und in der zukünftigen Evolution des Menschen fällt ein beträchtliches Licht auf die scheinbaren Widersprüche in den echten Briefen des Paulus – zum Beispiel an den Stellen, wo er manchmal zu sprechen scheint, als habe die Auferstehung schon begonnen oder würde sich noch zu seinen Lebzeiten vollziehen, was zu einem veränderten Bewußtsein führt (die Vision von Christus «in den Wolken im Himmel»); während er ein andermal eine lange Folge von kommenden Zeitaltern voraussieht, die in einer vollständigen körperlichen Verwandlung des Menschen gipfelt. Diese unterschiedlichen Betrachtungsweisen bedeuten keine Meinungsänderung; sie enthüllen verschiedene Aspekte einer Lehre, die zum Teil esoterisch blieb – verschiedene Teile eines Rades, dessen Nabe verborgen blieb. Oder sie war es wenigstens, bis die im *Rheginosbrief* erhaltene dreiteilige Auferstehungslehre den Geist des Apostels in seiner ganzen Tiefgründigkeit und wissenschaftlichen Reichweite zu zeigen begann. Die Lehre von der Auferstehung drückt die tiefsten Überzeugungen des Christentums aus und verlangt eine kosmische und «evolutionäre» Sicht des Menschen und der Welt. Diese kosmische Vision wird von noch weiteren Gesichtspunkten aus in dem anderen großen Ausdruck einer Persönlichkeit im Evangelium dargestellt – durch den als «Johannes» bekannten Verfasser. Gleichzeitig steht im Mittelpunkt des Denkens beider, daß der Kern der kosmischen Vision das Reifen der freien Individualität des Menschen ist. Man kann keinen besseren Übergang vom einen zum anderen wählen als eine Untersuchung des Kernstücks der Botschaft, das Paulus und Johannes miteinander gemein haben. Für beide stellt die christliche Verkündigung eine kosmische Vision dar, die aber auch eine grundlegend menschliche Bedeutung hat – sie ist das Evangelium der Liebe.

Das Evangelium der Liebe

Obwohl Paulus nie ein Buch schrieb oder ein Dokument diktierte, das den Titel «Evangelium» trug, dürfen wir von einem paulinischen Evangelium sprechen, das der Apostel durch seine Briefe und Reden verkündete. Er benutzte das Wort in seiner ursprünglichen Bedeutung als der Verkündigung eines Königs, besonders bei der Thronbesteigung des Kaisers oder Königs. Es ist die Ankündigung eines glücklichen Wandels oder einer neuen Ära. Denn, so verkündet er, die alten Schranken zwischen Gott und dem Menschen können durch die Tat Christi niedergerissen werden.

Das Gesetz hatte seine historische Rechtfertigung, indem es das Gefühl der ethischen Individualität des Menschen nährte; als Rahmen für ein religiöses Bewußtsein hatte das Gesetz aber zu unlösbaren Widersprüchen geführt. In der neuen Welt und dem neuen Bewußtsein war alles erlaubt. Schuld und Verdammung nach den Kategorien des Gesetzes existierten für die Nachfolger Jesu Christi nicht mehr. Sie waren in juristischem Sinne «freigesprochen», der Prozeß gegen sie wurde eingestellt, da man das Gesetz als ungeeignetes Instrument erkannt hatte. Das ist das glänzende juristische Argument des Paulus im Römerbrief. Das ethische Selbst soll der Vorrichtung entwachsen sein, die es ihm erlaubte, die ersten Schritte zu machen. Und unsere Untersuchungen haben die christliche Verwandlung des Selbst bestätigt, die es zu einem Mittel der göttlichen Offenbarung macht und ihm die Gewißheit seiner Autonomie gibt, die mit dem Wissen seiner eigenen Unendlichkeit einhergeht. Ihm ist alles erlaubt.[49]

Ist das Evangelium daher libertinistisch? Nein, denn das würde bedeuten, immer noch nach Kategorien zu urteilen, die nicht tiefer gehen als das Gesetz. Die Kraft, durch die das christliche Selbst seine Gedanken und Handlungen ordnet, ist vielmehr die Liebe.

Paulus ist davon überzeugt , daß die neue Selbstwahrnehmung es dem Menschen durch die Teilhabe an dem «Begrabenwerden und der Auferstehung» Christi, einem selbstlosen Opfer, ermöglicht, seine Neigung zu selbstsüchtigem Egoismus zu überwinden. Der Mensch kann seinen Mitmenschen helfen – nicht, weil das Gesetz es verlangt, sondern um der Liebe willen, die aus seinem tiefsten Selbst fließt. Und in diesem Sinne handelt der Mensch gleichzeitig aus dem Gott in seinem Inneren. Die absolute, von außen auferlegte Forderung des Gesetzes nach ethischem Verhalten mußte in dem unvollkommenen Menschen unweigerlich das Gefühl der Schuld hervorrufen: und dieses Schuldempfinden war sein Bewußtsein davon, anders zu sein als Gott. Indem er jedoch aus Liebe handelte, soweit der Mensch das erreichen konnte, handelte er im Bewußtsein seiner Übereinstimmung mit dem Gott, dem «Christus in mir». Wenn Paulus daher in seinem berühmten «Hohelied» der Liebe diese der juristischen Mentalität gegenüberstellt, die eine Liste über Fehler führt, und aufzeigt, wie die spirituellen Gaben nur einen Wert haben, wenn sie anderen in Liebe dargeboten werden, drückt er das eigentliche Wesen des christlichen Evangeliums aus:

> Die Liebe ist langmütig und freundlich, die Liebe eifert nicht, die Liebe treibt nicht Mutwillen, sie bläht sich nicht auf, sie verhält sich nicht ungehörig, sie sucht nicht das Ihre, sie läßt sich nicht erbittern, sie rechnet das Böse nicht zu, sie freut sich nicht über die Ungerechtigkeit, sie freut sich aber an der Wahrheit; sie erträgt alles, sie glaubt alles, sie hofft alles, sie duldet alles.
> Die Liebe hört niemals auf, wo doch das prophetische Reden aufhören wird und das Zungenreden aufhören wird und die Erkenntnis aufhören wird. Denn unser Wissen ist Stückwerk, und unser prophetisches Reden ist Stückwerk. Wenn aber kommen wird das Vollkommene, so wird das Stückwerk aufhören.
> Als ich ein Kind war, da redete ich wie ein Kind und dachte wie ein Kind und war klug wie ein Kind; als ich aber ein Mann wurde, tat ich ab, was kindlich war.
> Wir sehen jetzt durch einen Spiegel ein dunkles Bild; dann aber von Angesicht zu Angesicht. Jetzt erkenne ich stückweise; dann aber werde ich erkennen, wie ich erkannt bin.

Das Evangelium der Liebe ist vor allem kein oberflächlicher Aufruf, «nett zueinander zu sein». Im Gegenteil, es ist die Botschaft von einer außerordentlich anspruchsvollen Vision vom Selbst, von seiner Macht, über sein Schicksal und seine Welt zu entscheiden. In seinen tieferen Auswirkungen führt es direkt zum «Reifen» der kindlichen Menschheit durch die Einweihung, wie das Ende der Aussage des Paulus zeigt. Das Selbst muß sich dem Tod darbieten und auf seine Wiedergeburt durch Liebe vertrauen. Es ist die Botschaft von der äußersten Freiheit jenes Selbst und von der Anstrengung des Bewußtseins, die zur Beurteilung jeder Situation notwendig ist, nicht anhand eines Stereotyps, sondern durch ein liebevolles Verstehen der individuellen Umstände. Es ist ein Entschluß, aus den tiefsten Quellen dieses Selbst zu denken und zu handeln, und die Überzeugung, daß so zu handeln bedeutet, aus Christus und daher aus Gott zu handeln. Und in ebendiesem tiefsten Sinne sprach Johannes (oder derjenige seiner Schüler, der den ersten Johannesbrief auf der Grundlage seiner Lehre schrieb) die Worte: «Gott ist Liebe.» Nicht daß Gott Liebe verlangte, und nicht einmal, daß er sie verleiht. Sondern absolut, «von Angesicht zu Angesicht» – « ist Gott Liebe».[50]

Wir können nicht behaupten, wir seien in den Jahrhunderten des Christentums mit dem Versuch, aus einem Christusbewußtsein der Liebe zu leben, sehr weit gekommen. Der Zusammenhalt der Gesellschaft beruht noch weitgehend auf den Verpflichtungen durch das Gesetz, und in zwischenmenschlichen Beziehungen wird die Liebe immer noch von Faktoren wie Familienbanden, Eigeninteresse, Autorität und so weiter eingeschränkt. Wir haben offenbar noch kaum eine andere Möglichkeit auch nur in Betracht gezogen. Dies ist etwas, worauf wir in unserem letzten Kapitel zurückkommen werden – in einem Zusammenhang, der die Bedeutung des «noch kaum» verständlicher macht.

In der Antike war diese Botschaft mit Sicherheit bestürzend neu. Jesus und die Apostel bildeten eine einmalige und beispiellose «Gemeinschaft der Liebe». Und die Christen benutzten den Begriff für Liebe, *agape*, in einer erweiterten Bedeutung, für die es keine früheren Parallelen gab. Die pythagoräischen Gemeinschaften hatten ein Band der «Bruderschaft», waren jedoch schwerlich nach demselben

Prinzip organisiert, und die Ähnlichkeiten mit der christlichen Gemeinschaft, der *communio*, sind hauptsächlich äußerlicher Art. Die Griechen hatten eine Konzeption von der Liebe als Selbstverwirklichung entwickelt, die ihr eher eine kosmische als eine persönliche Bedeutung gab. Nach Aristoteles ist es die Liebe, welche die Unvollkommenen sich ändern und wachsen läßt, da sie die erst teilweise in ihnen enthüllte «Gestalt» lieben und ersehnen. Die Liebe des Menschen zu dem, was höher ist, läßt ihn auch wünschen, er möge besser werden. Aber Liebe ist hier im wesentlichen «Verlangen», *eros* – sei es auch nach Höherem. Sie ist das Bestreben aller Dinge, zum Himmel aufzusteigen. Die Geste des Sich-Umwendens, um den Zurückgebliebenen zu helfen, die Worte Jesu, der Menschensohn sei gekommen, um zu dienen, oder die Geste der Fußwaschung an seinen Jüngern – all das fehlt jedoch im klassischen Geist. Es ist nicht Liebe, sondern «Freundschaft», die gegenseitige Unterstützung und Bestätigung zweier edler unabhängiger (männlicher) Wesen, welche sich die ethische Unterstützung der antiken Philosophen verdient hat. Die Mysterien teilten diese Haltung im göttlichen Bereich. «Denen, die aufsteigen, reicht Gott eine Hand», hieß es. Aber die nach unten gerichtete oder zurückschauende Liebe für die Zurückgebliebenen entstand erst im Christentum.[51]

Die christliche Liebe mit ihrer unbegrenzten Geltung entsprach der Entdeckung des christlichen Selbstbewußtseins. Ihre Lehre wurzelt in dem Wesen und der Gegenwart Jesu, wie er in allen Überlieferungen dargestellt wird. Wir werden sehen, daß sie sich im Christentum des Johannes in besonderer Weise auf den «Jünger, den Jesus lieb hatte» bezieht, der «das Gebot der Liebe» aufzeichnete, welches das Gesetz ersetzen sollte. Das «Gebot» stellt die Art von Paradox dar, die man sonst eher bei Paulus als bei Johannes findet. Denn natürlich kann man niemandem befehlen zu lieben. Darum geht es gerade. Und dennoch ist dieses Gebot das einzige, das in der neuen Welt, die sich dem christlichen Bewußtsein eröffnet hat, gelten kann. Sowohl bei Johannes als auch bei Paulus stehen die Entwicklung des Individuums und kosmische Ereignisse in außerordentlich enger Beziehung zueinander. Das Vierte Evangelium spricht auf seine eigene Art vom «Wendepunkt der Welt»; aber den Ausgangspunkt, die kosmische Evolution zu begreifen, bilden die neue Kraft und die neuen Anforderungen an das Selbst des Menschen. Dementsprechend wäre es ein Irrtum anzunehmen, wir hätten die johanneische Lehre der Liebe begriffen, wenn wir ihre kosmische Bedeutung nicht verstehen. Die Form des Vierten Evangeliums als solche stellt eine einzigartige Verkapselung des Persönlichen und des Kosmischen in einer unergründlichen Meditation dar. Aber um das zu verstehen, müssen wir zunächst seinen Ursprung und Kontext in der frühchristlichen Welt betrachten.

12
DAS JOHANNES-EVANGELIUM

Der «Jünger, den Jesus lieb hatte» – so spricht «Johannes», der Verfasser des Vierten Evangeliums, von einem, dessen Erfahrung das Wesentliche seiner eigenen Beziehung zu Christus erfaßt; von einem, dessen Erfahrung er so direkt und intim beschreibt, daß es schwer fällt, nicht anzunehmen, er meine mit ihm sich selbst.

Ich sage «der Verfasser des Vierten Evangeliums», «Johannes» und «der Jünger, den Jesus lieb hatte» so vorsichtig und mit Erklärungen, weil man sich darüber im klaren sein muß, wie wenig wir – außer aus den inneren Mustern und Bezügen des Evangeliums selbst – über den Autor wissen. Wohl nahmen die Kirchenväter grundsätzlich an, «Johannes» sei Johannes, der Sohn des Zebedäus und Bruder des Jakobus. Aber es gibt keine historischen Beweise, die eine solche Annahme stützen, hingegen vieles, was sie unglaubwürdig macht. Theologen haben verschiedene andere «Johannesse» vorgeschlagen, um diesen Problemen zu entgehen; aber wir geben am besten zu, daß wir tatsächlich kein unparteiisches Zeugnis darüber besitzen, wer dieses Evangelium schrieb.[1] Anstatt alle Personen der frühchristlichen Welt durchzugehen, die den Namen Johannes tragen, könnten wir uns den Ergebnissen der Geistesforschungen Rudolf Steiners zuwenden, die in eine vollkommen andere Richtung weisen. Diese wird jedoch, wie sich herausstellt, in weitem Umfang durch die im Vierten Evangelium selbst enthaltenen Beweise und durch eine bemerkenswerte Parallele im *Geheimen Markusevangelium* bestätigt. Was die Identität des Autors mit dem «Jünger, den Jesus lieb hatte» angeht, so wird diese vor allem durch den vorherrschenden Grundton dieses Evangeliums getragen, das ebenso tiefgehend wie die dringliche Botschaft des Paulus das «Evangelium der Liebe» verkündet.

Jedem, der die vier kanonischen Evangelien, das heißt, die in der Bibel überlieferten, liest, muß sofort auffallen, daß dem Vierten Evangelium eine andere Methode zugrunde liegt als den anderen dreien. Matthäus und Lukas greifen zurück in die Zeit vor dem Leben und Lehren Jesu, um seine Abstammung und seine Geburt darzustellen; Lukas geht sogar bis zu Adam, dem Sohn Gottes, zurück; Johannes aber führt uns gleich in die Mysterien Gottes ein, bevor die Welt begann. Außerdem spricht sein Jesus später erfüllt von dem unmittelbaren Wissen von seiner kosmischen Bedeutung. «Ich bin das Licht der Welt!» sagt er an einer Stelle, und er erklärt sein Wesen und seine Bedeutung in Reden, die sich deutlich von der Tradition des *maschal* unterscheiden, dem kraftvollen Spruch, dem Bild oder Gleichnis, das wir aus Jesu Lehre an anderer Stelle kennen. Man kann den außerordentlich nachdenklichen, meditativen Grundzug dieses Werkes nicht übersehen und ebensowenig die Art, in der das zum Teil aus anderen Evangelien bekannte Material angeordnet worden ist, um die innere Bedeutung der Ereignisse aufzuzeigen. Wir dürfen daraus nicht den voreiligen Schluß ziehen, daß es die Geschichte verzerre oder in den Tatsachen unzuverlässig sei, obwohl es dessen weithin angeklagt wurde. Die moderne Richtung der Forschung hat Johannes zunehmend sowohl in seiner Überlieferung der Fakten als auch bezüglich seiner geistigen Einsichten für verläßlich befunden. Es gehört zu unserem ganzheitlichen Verständnis des Christentums, daß der eigentliche christliche Geist Wert sowohl auf innere als auch auf faktische Wahrheit legt und beide Seiten sogar miteinander gleichsetzt und als unteilbar betrachtet.

In dieser Hinsicht gehört das Johannesevangelium zu den zentralen Äußerungen des Christentums, und wir dürfen alle Versuche ignorieren, es in irgendeiner Richtung zu etwas Randständigem, «Gnostischem», zu erklären. Trotz seiner ungewöhnlichen Stilmerkmale besitzt es gewisse Berührungspunkte mit den anderen kanonischen Evangelien, welche die Kirche akzeptierte. (Und wir wissen ja, daß die anderen Evangelien etwas verändert wurden, als sie von der Orthodoxie in Gebrauch genommen wurden.) Die Verwendung des Ausdrucks «sich erinnern» mit der besonderen Bedeutung, auf die wir im Lukasevangelium aufmerksam wurden, lenkt zum Beispiel unsere Aufmerksamkeit direkt auf die Art und Weise, in der die Ereignisse des Lebens und Todes Christi Träger dieser Botschaft sind. Gleichermaßen erinnert die Rede «wenn ihr in meinem Worte bleibt» an den «Dienst des Wortes», welcher der Wiedererschaffung des Evangeliums in literarischer Form durch Lukas zugrunde liegt. Bei Johannes besteht die Wirkung jedoch nicht so sehr darin, daß lebendige «Imaginationen», die *autoptischen* Bilder der christlichen Propheten und Apostel, hervorgerufen werden. Die hervorstechende Eigenschaft des Vierten Evangeliums ist vielmehr diejenige der unmittelbaren Gegenwart Christi, was der Erfahrung der *epopteia* in den Mysterien näherkommt. Die wirkliche Gegenwart Christi ist zum Beispiel darin fühlbar, wie der Autor vom Zitieren der Worte Jesu ohne scharfe Brüche zu seinem eigenen meditativen Kommentar übergeht. So wird es in dem von Oscar Cullmann gegebenen Bericht klar, daß «der Evangelist es sich auf Grund dieser Überzeugung, vom Parakleten in dieser Erinnerung geleitet zu sein, erlauben kann, auch die Reden Jesu von sich aus über das hinaus weiterzuführen, was der Inkarnierte gesagt hat ... Der Auferstandene spricht *durch* den Evangelisten. Durch ihn setzt er die Lehre fort, die er während seiner Inkarnation erteilt hat.»[2] Dieses Phänomen wird weit über den von Lukas erreichten Punkt hinaus vertieft und verstärkt, so daß wir in der Tat den Unterschied dadurch ausdrücken können, daß wir sagen, Lukas stelle primär das autoptische, Johannes dagegen das epoptische Evangelium dar.

Die Analogie zu Lukas verweist auf einen ersten tastenden Schritt zur Erhellung des Hintergrunds des Vierten Evangeliums. Die Verwandtschaft mit dem lukanischen «Erinnern» deutet auf einen Ursprung außerhalb des regulären Judentums (vergleiche Kapitel 7) unter hellenistischem oder orientalischem Einfluß. Die Art, in der dieses Vierte Evangelium sich auf «die Juden» bezieht, bestätigt seine Stellung außerhalb, obwohl es nicht bedeuten muß, daß die «Kirche» zur Zeit des Verfassers eine feststehende Organisation war, die man mit der «Synagoge» vergleichen konnte. Anhänger der esoterischen Taufsekten zum Beispiel konnten die regulären jüdischen Gruppen auf ähnliche Weise als «die Juden» bezeichnen. Weitere

Hinweise auf den Hintergrund dieses Evangeliums stammen aus seinen offensichtlichen Verbindungen mit dem Markusevangelium – besonders jetzt, da das *Geheime Markusevangelium* weitere johanneische Materialien aus dem ursprünglich alexandrinischen Evangelium ans Licht gebracht hat. Jene Züge des Johannesevangeliums, die viele dazu verführt haben, es als «gnostisch» zu bezeichnen, könnten einen Sinn ergeben, wenn es mit dem Markusevangelium das geistige Umfeld gemeinsam hätte, welches Rudolf Steiner bereits als einen Hintergrund aus gnostischen Vorstellungen beschrieben hatte. Wenn man einmal die problematische Frage danach beiseite läßt, ob der Verfasser des Johannesevangeliums das Markusevangelium kannte und als Quelle benutzte, wird – bei allen Unterschieden – eine gewisse geistige Verwandtschaft zwischen den beiden Evangelien offenbar. Das Johannesevangelium gleicht manchmal auch überraschend deutlich hermetischen Schriften oder der heidnischen Gnosis aus Alexandria.[3] Und doch bilden im ganzen die heiligen Schriften der Mandäer doch noch näherliegende Parallelen, die uns nach Syrien oder Palästina zurückverweisen. Das Zeugnis des *Philippusevangeliums* von einem dem Mandäismus nahestehenden sakramentalen Christentum fügt einen weiteren Beweis hinzu und wirft etwas Licht auf die im Vierten Evangelium angedeuteten Rituale und Sakramente, was im Falle eines alexandrinischen Ursprungs auch wieder einiges besagen will. Allgemein betrachtet können wir ziemlich sicher sein, daß die Verbindungen zwischen dem Johannesevangelium und dem Markusevangelium weiter zurückliegen – in den gnostischen Neigungen der Taufsekten. Gnostisches Denken und die Lehre von der *metanoia* kamen ja aus Syrien nach Alexandria. Entgegen der einst herrschenden Ansicht zeigen die Belege aus der Sprache und der Ideengeschichte, daß das Johannesevangelium sehr wohl in esoterischen Kreisen in Palästina selbst und zu Lebzeiten eines Anhängers Jesu entstanden sein könnte.[4]

So ist zum Beispiel die Sprache des Evangeliums schwerlich das literarische Griechisch von Alexandria. Es ist ein seltsames und doch wirkungsvolles Griechisch, das oft idiomatische Ausdrücke des Aramäischen benutzt. Manche Gelehrte haben angenommen, sein Verfasser müsse aramäisch gedacht, aber griechisch geschrieben haben; andere schlossen, das unserem Evangelium zugrundeliegende

Dokument sei tatsächlich in Aramäisch verfaßt worden. Es ist sogar möglich, daß die Anmerkungen des Herausgebers am Ende von Kapitel 21 des Evangeliums, die in der Pluralform «wir» geschrieben sind, von denen stammen, die es ins Griechische übersetzten; sie hätten dann zugleich bezeugt, daß sie wußten, wer das Original geschrieben hat.

Sicher ist folgendes: Das Johannesevangelium konnte mit seiner aufallenden «Verschiedenheit» von den anderen Evangelien, seinen geistigen Qualitäten und seinem Gefühl der unmittelbaren Gegenwart Christi von der organisierten Kirche nur unter großen Schwierigkeiten akzeptiert werden. Für viele stellte es eine Bedrohung der Autorität der Überlieferungen dar, die von den zwölf Jüngern stammten. Es war spürbar, daß es dazu nicht gehörte, obwohl die Bedürfnisse der Kirchenautoritäten später alle anderen Erwägungen über den Haufen warfen und ihm einen Stammbaum gaben, der es mit Johannes, dem Sohn des Zebedäus, verband. Und doch untergrub seine auf unmittelbare Verbindung mit Christus gegründete Spiritualität eindeutig die hierarchische Struktur der Kirche, und wir haben Beweise für die Kampagne zu seiner Diskreditierung – insbesondere um die Zeit im zweiten Jahrundert, als die visionären Anhänger des Montanus sich als für die Kirchendisziplin unzugänglich erwiesen. Man begann einen Feldzug gegen das Evangelium mit der Behauptung, es stamme von dem Gnostiker Kerinthos, und setzte einige ziemlich geschmacklose Geschichten über den angeblichen Konflikt zwischen «Johannes» und Kerinthos in einem öffentlichen Bad in Kleinasien in Umlauf. Jene Christen, die der speziell johanneischen Lehre anhingen, wurden, wie wir in einem früheren Kapitel gesehen haben, aus der Kirche hinaus und in die Gesellschaft von Gnostikern und «Häretikern» hineingedrängt, als die offizielle Synthese der orthodoxen Überlieferungen Pflicht wurde.[5] Daher kommt es, daß man eine Anzahl von Zügen des johanneischen Christentums nun in der Gesellschaft gnostischer Lehren finden kann, so zum Beispiel im *Apokryphon des Johannes.* Es ist jedoch den frühen Christen zu verdanken, daß die Tiefgründigkeit und Direktheit des Vierten Evangeliums sein Überleben und die Verbreitung seiner Botschaft der Liebe garantiert haben.

Der «Jünger, den Jesus lieb hatte»: Der eingeweihte Lazarus

Die modernen Untersuchungen der Sprache und der Gedankenwelt des Johannesevangeliums zeigen, daß diese mit dem Gefühl von dessen besonderer Nähe zu Christus vereinbar sind. Es ist historisch gerechtfertigt, die in diesem Evangelium enthaltenen Belege als verläßliche Führer zu seinem Verfasser zu betrachten – anstelle der früheren Kirchenüberlieferung, «Johannes» sei der Bruder des Jakobus und Sohn des Zebedäus gewesen. Und das Evangelium enthält äußerst schlagkräftige Beweise.

Die Belege finden sich hauptsächlich im 21., dem letzten Kapitel; aber wir müssen – wegen seiner speziellen Natur – seine Verbindung mit dem übrigen Evangelium kurz untersuchen.

Auf den ersten Blick erscheint es wie ein Anhängsel, da das Evangelium unmittelbar davor deutlich zu einem Ende kommt. Zudem ist es ganz offensichtlich von den Herausgebern angegliedert worden, welche die Anmerkung hinzufügten: «Wir wissen, daß sein Zeugnis wahr ist» – wahrscheinlich, weil sie die engsten Schüler des Evangelisten gewesen waren. Andererseits müssen die Herausgeber es auch deshalb hinzugefügt haben, weil sie es im Hinblick auf die Bedeutung des Evangeliums für wesentlich hielten und besonders geeignet, die Identität des Verfassers und seine Beziehung zu Jesus aufzuklären. Keine einzige Handschrift des Johannesevangeliums ist ohne dieses Kapitel überliefert. Bevor wir uns daher den Gelehrten anschließen, die das Evangelium als Werk aufeinanderfolgender kirchlicher Herausgeber oder Redakteure – also als späte Verwebung sekundärer Überlieferungen – analysieren, sollten wir vielleicht darüber nachdenken, welche Gründe dafür sprechen konnten, das Evangelium mit seinem problematischen zusätzlichen Kapitel zu veröffentlichen.

Sobald wir die Frage nach dem literarischen Ursprung und der Entwicklung des Evangeliums so stellen, stoßen wir jedoch auf ein schwerwiegendes Problem in der Beweislage. Es besteht ein grundlegender Widerspruch zwischen dem Gefühl der Nähe zu Christus in diesem Evangelium und seinem späten Auftauchen in der

Geschichte des Christentums. Da bis zum Ende des ersten Jahrunderts jegliche Spur von diesem Evangelium fehlt, haben die meisten Historiker geschlossen, es sei bedeutend später als die anderen geschrieben worden. Und dann verging noch ein weiteres Jahrhundert, bis die Kirche es für Johannes, den Sohn des Zebedäus, in Anspruch nahm. Diese Tatsachen erhalten jedoch eine ganz andere Bedeutung im Lichte des jüngsten Arguments von B. Rigaux, dieses Evangelium habe sich nur an eingeweihte Christen gerichtet. Es war nie dazu bestimmt, die Massen zu bekehren, wie wir in der Tat aus seinem gesamten Charakter und seiner meditativen Tiefgründigkeit schließen können. Dementsprechend muß man sein Fernbleiben von der äußeren Geschichte nicht als Beweis dafür betrachten, daß es noch nicht entstanden war, sondern dafür, daß es zunächst auf die Kreise der eingeweihten Christen beschränkt blieb.[6] Das Evangelium wurde anscheinend in mündlicher Überlieferung gelehrt. Erst später beschloß man, es zu veröffentlichen und in einem weiteren Kreis zirkulieren zu lassen.

Dieser Beschluß wurde tatsächlich erst nach dem Tod des Evangelisten gefaßt. Das wenigstens ist die naheliegendste Lesart der Hinweise, die das Evangelium selbst enthält. Denn im 21. Kapitel bemühen sich die Herausgeber, die grobe Mißdeutung der prophetischen Worte Jesu zu entkräften, die einige zu der Annahme verleitet hatten, der Evangelist werde nie sterben. (Seltsamerweise sind die Geschichten, die sich um den «unsterblichen» Johannes ranken, äußerst geschmacklos; so zum Beispiel die Vorstellung, wenn man an seinem Grab in Ephesos horche, könne man ihn noch schnarchen hören.) Dies hätten die Worte Jesu nie bedeutet, sagen die Herausgeber, und so weicht der Tod des Evangelisten in keiner Weise von der Wahrheit ab. Die Tatsache, daß keine Fassung dieses Evangeliums ohne das 21. Kapitel überliefert ist, bestätigt, daß es damals zum ersten Mal veröffentlicht wurde. Wir werden sehen, daß das letzte Kapitel in Wirklichkeit ein wesentlicher Bestandteil der Struktur des Ganzen ist. Es mag seltsam erscheinen, daß wir in unserer Erörterung am Ende des Evangeliums beginnen; aber es wird sich zeigen, daß dieses durch seinen sehr ungewöhnlichen Charakter ein höchst notwendiges Licht auf die Mitte und den Anfang wirft.

Warum faßte man also den Beschluß? Warum blieb das Evangelium nicht in den esoterischen Kreisen, für die es bestimmt war? Die Antwort darauf dürfte mit der Richtung zusammenhängen, welche die sich entwickelnde Kirche eingeschlagen hatte. Im zweiten Jahrhundert machte sich allmählich der Zug zur zunehmenden Ausgrenzung derjenigen Christen bemerkbar, die den johanneischen Weg gewählt hatten; sie sollten gemeinsam mit Gnostikern und judenchristlichen «Ebioniten» aus der Kirche gedrängt werden. Die Esoteriker, welche das Vierte Evangelium benutzten, wurden zunehmend vor eine Wahl gestellt. Sie konnten entweder den Versuch aufgeben, die umfassendere christliche Gemeinschaft zu beeinflussen, und ihre wachsende Isolierung akzeptieren; oder sie konnten ihr esoterisches Evangelium veröffentlichen, seine Autorität und Nähe zu Christus beweisen und hoffen, auf diese Weise die geistigere Dimension des Christentums in der Kirche am Leben zu erhalten. Sie wählten letzteren Weg. Und ihr Risiko hat sich gelohnt. Obwohl die vollständige esoterische Überlieferung in Kirchenkreisen bald nicht mehr geduldet war, wurde doch das Evangelium selbst übernommen und bewahrt – mit nicht allzu einschneidenden Veränderungen. Die Erwähnung der sakramentalen Taufe durch Jesus mußte zum Beispiel dadurch wegerklärt werden, daß man eine gegenteilige Anmerkung hinzufügte, die schlicht besagte, er habe nicht getauft. Und das Evangelium mußte Autorität aus dem Kreis der Zwölf erhalten. Dies ist aber ein geringes Opfer für die historische Entscheidung, die uns vor dem Verlust des Vierten Evangeliums bewahrte. Sonst hätten wir vielleicht nie Kenntnis davon erlangt; oder wir wären auf einen Zufall der Geschichte angewiesen gewesen wie denjenigen, der uns unerwartet die Evangelien des Philippus und des Thomas wiedergab.

Auch die Zeit der schwierigen Entscheidungen wirkte sich vielleicht in ein oder zwei nebensächlichen Fällen auf das Vierte Evangelium aus. Oscar Cullmann hat die Situation des «johanneischen Kreises» in der stürmischen Zeit nach der Einnahme Jerusalems durch die römischen Armeen erhellt. Die Esoteriker versuchten gerade zu jener Zeit, mit größeren Gruppen Kontakt aufzunehmen, insbesondere mit denjenigen unter den Judenchristen, die eine esoterische Richtung vertraten, den Nachfolgern der Essener und der *Ebionim.* Zu keiner Zeit muß die Aufgabe, Richtung und Führung der Christenheit zu bestimmen, verzweifelter erschienen sein. Viele Christen flohen aus Judäa über den Fluß nach Transjordanien, und genau dort lokalisiert Cullmann einen Kontakt zwischen dem johanneischen Kreis und den Judenchristen. Auf diese Art können wir am besten erklären, wie es dazu gekommen ist, daß von den Essenern abgeleitete Vorstellungen im Vierten Evangelium auftauchen, obwohl es seinem Geist und Ursprung nach von dem umgeformten Legalismus der «ebionitischen» Christen weit entfernt ist.[7] Wahrscheinlich wurde ebenfalls zu dieser Zeit die Geschichte von der «Ehebrecherin» in das Evangelium eingefügt, die ursprünglich in das *Hebräerevangelium* oder den judenchristlichen Prototypus des Matthäusevangeliums gehörte. Die besondere Verbindung mit den Samaritanern, die in anderen Teilen des Evangeliums manchmal aufblitzt, mag auch auf die ruhelose Zeit nach dem jüdisch-römischen Krieg zurückgehen.

Und dennoch ist das Evangelium größtenteils deutlich das Werk eines Verfassers, der Jesus in Zeit und Raum nahe war. Allgemein deuten Ähnlichkeiten mit der Esoterik der jüdischen, gnostischen oder alexandrinischen Christenheit eher auf das gemeinsame Vorbild, aus dem sie entstanden, wie wiederum Cullmann betont hat. Als die Herausgeber endlich beschlossen, das Evangelium zu veröffentlichen, taten sie dies mit nur geringen Veränderungen von ihrer Seite.

Auf diese Weise rückt die Problematik des letzten Kapitels deutlicher in den Blick. Vielleicht bestand einmal ernsthaft die Möglichkeit, das Werk in einer Form zu veröffentlichen, die mit dem 20. Kapitel endete. Jedenfalls wäre es völlig falsch anzunehmen, daß der Stoff, der auf die mündliche Übermittlung des Evangelisten zurückging, nicht bereits in einer höchst organisierten Form hätte existieren können, wie wir es aus der Geschichte der mündlichen Überlieferung im Judentum und den dem *Thomasevangelium* und anderen Evangelien zugrundeliegenden Überlieferungen kennen. Und daher wäre es auch ganz falsch, das Material des 21. Kapitels als eine «freischwebende» Überlieferung zu betrachten, die von den Herausgebern eingefangen und am Ende des Evangeliums verankert wurde. Es entsprach sicher einem Teil der Lehre des Evangelisten für seine Jünger. Papias, der ein «Hörer» des Evangelisten gewesen sein mag, drückte seine verhältnismäßig geringe Meinung von geschriebenen Texten im Vergleich zu dem aus, «was sich durch mündliche Rede dauernd lebendig hält», an die man sich erinnert, wie es der Apostel selbst verlangt hatte.[8] Das mündlich überlieferte Evangelium wird lange vor seiner Niederschrift eine «dauernd lebendige» Struktur gehabt haben. Ein mündliches Stadium mag jedoch gleichzeitig die anscheinend «falsche Anordnung» einiger Episoden – gemessen an Grundsätzen der schriftlichen Form – erklären, welche die Entwicklung der Ideen unterbricht.

Das 21. Kapitel war trotz der Tatsache, daß die eigentliche Geschichte mit dem vorangegangenen Kapitel abgeschlossen ist, ein wichtiger Bestandteil des Evangeliums – es war nämlich der Teil, in dem der Verfasser seinen Zuhörern seine Identität gemäß dieser Geschichte offenbarte. Wenn man also das Evangelium ohne das letzte Kapitel veröffentlicht hätte, hätte man es seiner geistigen Grundlage, der Quelle seiner erstaunlichen Kraft, beraubt. Wie Rudolf Steiner es verstand und anhand seiner Geistesforschung aufzeigen konnte, offenbart es, daß sein Verfasser Lazarus war.

Wir müssen die Schritte, die diese Behauptung rechtfertigen, sorgfältig prüfen. Wir müssen wieder mit dem 21. Kapitel beginnen. Dort wird der «Jünger, den Jesus lieb hatte» tatsächlich zweimal erwähnt. Beim ersten Mal ist er im Boot auf dem See Tiberias und erkennt den auferstandenen Christus. Er sagt zu den anderen Jüngern, welche die Gestalt am Ufer noch nicht erkannt haben – sogar Petrus: «Es ist der Herr!» Dann, im weiteren Verlauf des Kapitels, folgt er Petrus. Dieser dreht sich um und befragt Jesus über ihn. Jesus antwortet mit den prophetischen, rätselhaften Worten:

> Wenn ich will, daß er bleibt, bis ich komme, was geht
> es dich an? Folge du mir nach.

Diesem fügten die Herausgeber die Anmerkung an, Jesus habe nicht sagen wollen, der Jünger werde nie sterben. Weiterhin sagen sie, sie hätten den Inhalt des Evangeliums von diesem «Jünger, den Jesus lieb hatte» erhalten. Die Versicherung «der dies aufgeschrieben hat» darf vielleicht nicht zu eng verstanden werden: Wahrscheinlich handelte es sich um Notizen zur Unterstützung des Gedächtnisses wie diejenigen, die dem Markusevangelium zugrunde lagen. Ferner teilen sie uns mit, der «Jünger, den Jesus lieb hatte» sei derjenige gewesen, «der auch beim Mahl an seiner Brust gelegen und gesagt hatte: ‹Herr, wer ist es, der dich verrät?›».

Diese Auskunft ermöglicht uns eine Rekonstruktion mit weitreichenden Folgen, wenn wir sie in Gedanken klar nachvollziehen. Die Herausgeber erhielten den Schlüssel zum tieferen Verständnis vom Verfasser, der ihnen am Ende der Erklärung des Evangeliums enthüllte, daß er selbst der «Jünger, den Jesus lieb hatte» war. Ich will damit nicht sagen, daß sie dachten, der Verfasser könne daher alles selbst verbürgen, was er beschrieb. Das trifft nicht ganz zu, denn der «Jünger, den Jesus lieb hatte» tritt nur in der zweiten Hälfte des Evangeliums auf, so daß sie (und wir) immer noch annehmen müßten, daß alle Mitteilungen über das Leben und geistliche Amt Jesu aus der Überlieferung abgeleitet seien. Der «Jünger, den Jesus lieb hatte» ist jedoch Zeuge für spätere Ereignisse. Beim letzten Abendmahl liegt er an Jesu Brust und fragt ihn, wer ihn verraten würde; und er ist fast sicher der anonyme Jünger, der Petrus nach der Festnahme Jesu in den Palast des Hohenpriesters bringt.[9]

Aber das ist nur ein Bruchteil der Bedeutung, die das Evangelium dadurch erhält, daß der Evangelist ganz am Ende seines Werkes seine Identität offenbart. Der Schüler erkannte nun, daß die Stimme, welche die Ereignisse des Lebens und Lehrens Jesu erzählte, von einem diesem sehr nahestehenden Jünger kommt. Und doch war die Auswirkung der Offenbarung weitaus größer. Denn in ihrem Licht war der Schüler des Evangelisten gezwungen, den ganzen Zusammenhang dessen, was er erfahren hatte, nochmals zu prüfen. Man könnte für das Evangelium zu Recht in Anspruch nehmen, daß es eine *avantgardistische* literarische Methode verwendet. Man muß es zunächst ein zweites Mal lesen. Dann bemerkt man, wie seine Bedeutung in ihrem ganzen Ausmaß erst von dem Kapitel freigesetzt wird, das in der Mitte steht: Kapitel 11. Es ist das Kapitel von der sogenannten «Auferweckung des Lazarus».

Der Anfang der Geschichte wirkt vertraut, und doch enthält er ein Element, das wir zuvor vielleicht übersehen haben:

> Es lag aber einer krank, Lazarus aus Bethanien, dem Dorf Marias und ihrer Schwester Martha. Maria aber

> war es, die den Herrn mit Salböl gesalbt und seine Füße mit ihrem Haar getrocknet hatte. Deren Bruder Lazarus war krank. Da sandten die Schwestern zu Jesus und ließen ihm sagen: ‹Herr, siehe, der, den du lieb hast, liegt krank.›

An seiner Identität kann es keinen Zweifel geben. Der Wortlaut des letzten Satzes identifiziert ihn für Jesus – und für uns – genügend. Rudolf Steiner führte aus: «Und dasselbe Wort ‹den der Herr lieb hatte› wird uns immer später von Johannes gesagt – oder sagen wir besser – von dem Verfasser des Johannesevangeliums; denn der Name ‹Johannes› wird nicht benutzt.»[10] Wir wissen von den Herausgebern, daß der «Jünger, den Jesus lieb hatte» als Autorität hinter diesem Evangelium stand. Wenn wir durch das Evangelium zurückblicken, finden wir dies durch seine besondere Rolle bestätigt. Und wir kommen zu einer weiteren überraschenden Entdeckung. Er ist gleichzeitig Lazarus.

Im 11. Kapitel wird noch zwei weitere Male auf den, welchen Jesus liebte, angespielt; wir brauchen dies aber nicht mehr zu betonen. Für jeden Schüler des Vierten Evangeliums geht die Enthüllung, daß Lazarus dessen Verfasser ist, jetzt weit über die Frage nach dem Augenzeugen und der Autorität hinaus. Das Evangelium stammt von einem, der durch das Eingreifen Jesu die Mysterien des Lebens und des Todes direkt erfahren hat:

> Als er nun hörte, daß er krank war, blieb er noch zwei Tage an dem Ort, wo er war; danach spricht er zu seinen Jüngern: ‹Laßt uns wieder nach Judäa ziehen!› … und danach spricht er zu ihnen: ‹Lazarus, unser Freund, schläft; aber ich gehe hin, ihn aufzuwecken!›… Jesus aber sprach von seinem Tod, sie meinten aber, er rede vom leiblichen Schlaf. Da sagte es ihnen Jesus frei heraus: ‹Lazarus ist gestorben, und ich bin froh um euretwillen, daß ich nicht dagewesen bin, damit ihr glaubt. Aber laßt uns zu ihm gehen!› Da sprach Thomas, der Zwilling genannt wird, zu den Jüngern: ‹Laßt uns mit ihm gehen, daß wir mit

ihm sterben.› Als Jesus kam, fand er Lazarus schon vier Tage im Grabe liegen …
Abermals wurde Jesus in seinem Innersten ergriffen und kam zum Grab. Es war aber eine Höhle, und ein Stein lag davor. Jesus sprach: ‹Hebt den Stein weg!› … Da hoben sie den Stein weg. Jesus aber hob seine Augen auf und sprach: ‹Vater, ich danke dir, daß du mich erhört hast. Ich weiß, daß du mich allezeit hörst, aber um des Volkes willen, das umhersteht, sage ich es, damit sie glauben, daß du mich gesandt hast.› Als er das gesagt hatte, rief er mit lauter Stimme: ‹Lazarus, komm heraus!› Und der Verstorbene kam heraus, gebunden mit Grabtüchern an Füßen und Händen, und sein Gesicht war verhüllt mit einem Schweißtuch.

Vieles bleibt am Tod des Lazarus, ebenso wie am «Wunder» seiner Auferweckung, zunächst geheimnisvoll. Nun aber teilt sich die Kraft dieses Ereignisses unvermeidlich dem gesamten Evangelium mit und macht dieses in einer gewissen Hinsicht zu einem höchst persönlichen Zeugnis, von dem man sich zuvor keine Vorstellung machen konnte – obwohl es in der universellen, archetypischen Qualität des zentralen Ereignisses auch noch viel mehr als das ist. Auf einer gewissen Ebene können wir begreifen, wie jene, die am Wege standen, jene, die sehen und doch nicht sehen, die hören und nicht verstehen, das Gerücht verbreiten konnten, daß der «Jünger, den Jesus lieb hatte», fortan unsterblich sei.

Die Identifizierung ist so bestimmt, so unzweifelhaft, daß man sich fragen mag, warum sie erst bemerkt wurde, als Steiner das Evangelium untersuchte und moderne Forscher wie F. V. Filson die Hinweise enträtselten.[11] So dicht war der Nebel der Verwirrung, der sich durch die kirchliche Überlieferung von Johannes, dem Sohn des Zebedäus, und die anschließende Jagd nach möglichen Verfassern mit Namen Johannes (als sich herausstellte, daß ersterer es nicht war) darüber gesenkt hatte. Hinzu kam das irreführende Ergebnis der philologischen Forschung des 19. Jahrhunderts, die behauptete, das Evangelium stamme aus dem hellenistischen Judentum und könne daher keinerlei direkte Verbindung zu Palästina oder dem Kreis um Jesus haben. Die modernen Untersuchungen zur Sprache und zu den Vorstellungen des Evangeliums haben uns vom falschen Glauben an letzteres befreit. Indem wir uns vom ersteren befreien, scheint es, als ob wir uns – nach so vielen Jahrhunderten! – zum ersten Mal in der Lage befänden, das Evangelium in seiner wahren Bedeutung zu lesen.

Das Evangelium liest sich unter der Voraussetzung der Identifizierung des Lazarus so kraftvoll, so brillant, daß wir darauf hinweisen müssen, daß diese Voraussetzung unter einem unglücklichen, ja fatalen Mangel leidet. Die Identifizierung beruht auf einer Annahme – und zwar, daß nur ein Mensch als derjenige bezeichnet wird, den Jesus auf diese besondere Art liebte. Wenn sich der Ausdruck auf mehr als einen Menschen beziehen könnte, bricht das Fundament dieses ganzen Gebäudes auseinander. Und im 10. Kapitel des Markusevangeliums begegnen wir in einem ganz anderen Zusammenhang einem reichen Jüngling, von dem ebenfalls gesagt wird, Jesus «liebe ihn».

Dieser junge Mann erscheint von seinem ersten dramatischen Auftritt an als eine völlig andere Person:

> Und als er sich auf den Weg machte, lief einer herbei,
> kniete vor ihm nieder und fragte ihn: ‹Guter Meister,
> was soll ich tun, damit ich das ewige Leben ererbe?›
> (Mark. 10,17)

– bis hin zu dem traurigen Gesicht, das er macht, als er erfährt, daß er alles, seinen großen Reichtum eingeschlossen, aufgeben muß. Er hat nichts mit dem Lazarus des Vierten Evangeliums gemein, und wir sehen ihn auch nicht wieder. Ansonsten wissen wir nur, daß Jesus «ihn lieb hatte».

Natürlich beweist die Stelle bei Markus nicht, daß derjenige, «den Jesus lieb hatte», nicht Lazarus sein könnte – es gibt nur keinen Grund für die Annahme, daß er es sein muß. Die Vorstellung Rudolf Steiners und Filsons hätte nur dann Überzeugungskraft, wenn man zeigen könnte, daß jede Erwähnung eines «geliebten Jüngers» sich auf ein und denselben bezieht – oder mit anderen Worten, daß der reiche Jüngling bei Markus tatsächlich die Gestalt war, die bei

Johannes Lazarus heißt. Vor 1958 schien das eine höchst unplausible Argumentation zu sein. Es war wahrlich keine geringe Entdeckung, als das Jahr 1958 die Bestätigung brachte, daß man die erstaunlichen Einsichten, die Steiner durch seine geisteswissenschaftliche Forschung gewonnen hatte, mit der größten Genauigkeit anwenden konnte.

In jenem Jahr tauchte ein Fragment des *Geheimen Markusevangeliums* auf, das uns zum ersten Mal die ursprüngliche, längere Fassung eines Teils des Textes bescherte. Durch einen überraschenden Zufall entstammt dieses zusätzliche Material dem 10. Kapitel des Evangeliums. Und erstaunlicherweise beschreibt es gerade die Gestalt des reichen Jünglings genauer. Wir haben in einem früheren Kapitel bereits den Bericht über die von Jesus vorgenommene Handlung und den jungen Mann in seinem weißen Taufgewand angeführt. Wir zitieren hier zur Verdeutlichung den ganzen Abschnitt. Das neue Fragment paßt genau in das kanonische Markusevangelium, Kapitel 10 im Anschluß an Vers 34. Nach Vers 22, der vom enttäuschten Verschwinden des jungen Mannes berichtet, gibt Jesus das *maschal* vom Kamel, das durch ein Nadelöhr geht – was völlig unmöglich ist, aber doch «leichter, als daß ein Reicher ins Reich Gottes komme». Er spricht dann vom Zurücklassen des Besitzes und der Verwandtschaft und von seiner eigenen zukünftigen Zurückweisung und Verdammung, welche die Jünger noch nicht vollständig verstehen – genausowenig wie seine Andeutungen bezüglich der Auferstehung. Dann nehmen die Ereignisse eine weitere Wendung. Der «geheime» Abschnitt beginnt:

> Und sie kommen nach Bethanien. Und dort war eine Frau, deren Bruder gestorben war. Und sie kam und fiel vor Jesus nieder und spricht zu ihm: ‹Sohn Davids, erbarme dich meiner.› Die Jünger aber tadelten sie. Und erzürnt (über diese) ging Jesus mit ihr weg in den Garten, wo das Grabmal war; und sogleich hörte man aus dem Grabmal eine laute Stimme; und Jesus trat hinzu und wälzte den Stein von der Tür des Grabmals weg. Und sogleich ging er hinein, wo der Jüngling war, streckte die Hand aus und richtete ihn

auf, indem er ihn an der Hand faßte. Der Jüngling aber blickte auf zu ihm und liebte ihn und begann ihn zu bitten, er möge bei ihm bleiben.
Und als sie herausgegangen waren aus dem Grab, gingen sie in das Haus des Jünglings; denn er war reich. Und nach sechs Tagen beauftragte ihn Jesus; und am Abend kommt der Jüngling zu ihm, nur mit einem Hemd auf dem bloßen Leibe bekleidet. Und er blieb bei ihm jene Nacht, denn es lehrte ihn Jesus das Geheimnis des Reiches Gottes.
Und von dort ging er weg und kehrte an das andere Ufer des Jordans zurück. Dann kamen Jakobus und Johannes, die Söhne des Zebedäus zu ihm.

Und so kehrte der Text in das kanonische Markusevangelium zurück (mit geringen Abweichungen etwas weiter unten). Die Stelle über Jakobus und Johannes ist diejenige, in der Jesus sie fragt: «Könnt ihr den Kelch trinken, den ich trinke, oder euch taufen lassen mit der Taufe, mit der ich getauft werde?» An zwei Dingen gibt es keinen Zweifel. Erstens ist der «Jüngling», der reich ist, derselbe, den wir früher in diesem Kapitel angetroffen haben; Jesus sagte praktisch, er müsse «sterben», um das Reich Gottes zu erlangen, und es wird deutlich, daß dieser das getan hat. Zweitens ist die über ihn berichtete Geschichte identisch mit der Geschichte von Lazarus.[12]

Durch einen detaillierten Vergleich des *Geheimen Markusevangeliums* mit dem Vierten Evangelium lassen sich die Evangelienüberlieferungen beträchtlich erhellen. Die Bestätigung der Geschichte von Lazarus im ursprünglichen Markusevangelium beweist nicht nur entscheidend Steiners Erklärung der Verfasserschaft des «Johannes». Sie bestätigt auch die kraftvoll strukturierte Form des Vierten Evangeliums selbst, das geistig um das Kapitel von der Erscheinung des Lazarus zentriert ist. Es ist kein Zufall, daß die Erweckung des Lazarus im 11. Kapitel steht, dem zehn Kapitel über das Leben und Lehren Jesu vorausgehen und zehn Kapitel über das Letzte Abendmahl und die Passion und Auferstehung folgen. Das erste Kapitel, welches den kosmischen Prolog enthält, unterscheidet sich etwas von den übrigen Kapiteln des ersten Teils – genau wie das letzte mit der Vision vom auferstandenen Christus und dem «Zeugnis» nach dem natürlichen «Ende» von Kapitel 20 auffällt:

(1)	(2-10)	(11)	(12-20)	(21)
Prolog	Jesu Leben und Lehre	Lazarus	Jesu Passion und Auferstehung	Anhang

Die zentrale Stellung, welche die eigene Erfahrung des Lazarus einnimmt, ist in der Tat der Schlüssel zur esoterischen Bedeutung und zu dem Verhältnis der verschiedenen Teile des Evangeliums zueinander und erhellt alle Aspekte seiner Bedeutung und Gestaltung.[13]

Die Strukturparallelen zwischen dem Markusevangelium (einschließlich des Fragments aus dem geheimen) und dem Vierten Evangelium zeigen weiter, daß wir es mit frühen und tiefverwurzelten Elementen in der christlichen Weitergabe des «Wortes» zu tun haben. Die bei Johannes hergestellte Verbindung zwischen den Schwestern des Lazarus, Maria und Martha, und der Episode vom Salben mit Öl zeigt die zugrundeliegende Sorge um das Wohl, die weltlichen und die geistigen «Reichtümer». Die Frage wird aufgebracht, als Maria Jesus mit teurem Salböl salbt – das Geld hätte für die Armen und Bedürftigen verwendet werden können. Im Markusevangelium wird die Frage durch Lazarus selbst, das heißt durch den «reichen Jüngling», aufgebracht. In beiden Fällen wird das Problem auf sehr interessante Weise gelöst: durch die Freiheit von der Macht des Geldes (Besitzes), die es ermöglicht, dem Spirituellen den ersten Platz einzuräumen. Erst dann kann materieller Besitz überhaupt richtig verwendet werden. Selbst anscheinend gute Absichten können sonst nur die geistige Blindheit vergrößern, indem sie den Blickwinkel auf materielle Fragen beschränken und die eigentliche Bedeutung der Dinge verfehlen.

Noch wichtiger ist, daß die Erzählung des «geheimen» Textes den Einweihungscharakter der gesamten Episode hervorhebt – abermals etwas, das von Steiner in seiner Behandlung des Johannesevangeliums erkannt wurde. Und das wiederum erklärt den wichtigsten Aspekt der neuen Interpretation, wie nämlich die im Mittelpunkt stehende Erfahrung, Tod und Wiederbelebung des Lazarus, sich über das ganze Evangelium erstreckt. Sie stützt sich auf das Leben und die Lehre Jesu, über die vor dem zentralen Kapitel berichtet wird, und gipfelt im weltlichen Tod des Jüngers, der seiner Lehre anhing. Dies bedeutet auch, daß die Ereignisse der Passion Christi, die in der zweiten Hälfte des Evangeliums folgen, von Lazarus auf einer höheren Stufe, mit dem Bewußtsein des Eingeweihten erfahren werden. Sie bilden den Inhalt seines wachgerufenen geistigen Schauens, und die Initiation des Lazarus dauert wirklich bis zum Ende des Evangeliums an, als die volle Bedeutung der Ereignisse offenbart wird. Daher kommt es, daß man die gesamte Folge der Kapitel vom zwölften bis ans Ende als eine fortschreitende Initiation bezeichnen kann, die von der alten, in den Mysterien begründeten Taufe zu einer Christusweihe hinführt, die ihre Bedeutung aus dem historischen Tod und der Auferstehung Jesu erhält.

Wir können uns vorstellen, daß die Eingeweihten des «johanneischen Kreises» durch eine Unterweisung im Evangelium zu einer noch tieferen Wahrnehmung des christlichen Mysteriums gelangten. Die Erkenntnis, daß kein anderer als Lazarus die Autorität hinter diesem Evangelium war (Kapitel 21), verwies sie auf das zentrale Mysterium in Kapitel 11 zurück. Man mußte dann aber das gesamte Evangelium neu lesen, indem man von Lazarus aus sowohl zurück als auch vorwärts ging, was die Wirkung des darauf folgenden Christusmysteriums ins Unermeßliche steigerte; und man mußte die Ursprünge der im Herzen des Werkes ausgedrückten Macht über Leben und Tod in Christi irdische Gegenwart zurückverfolgen. Die «Rhythmen» und «Entsprechungen» zwischen den beiden Hälften des Evangeliums, die durch meditative Studien entdeckt wurden, sind daher keine schlauen und abstrakten Versuche, aus den traditionellen Bestandteilen der Geschichte von Christus ein regelmäßiges Muster zu schaffen. Sie entstehen aus dem eigentlichen Wesen der aus erster Hand beschriebenen Ereignisse und aus dem «Mysterium der Deutung», das beim Verstehen der Ereignisse ausgelotet werden muß. Sie sind der «Weg» des Evangeliums, der die Richtung von den «Zeichen» oder Gleichnis-Wirklichkeiten, die auf Erden gewirkt oder gesprochen wurden, zur inneren Wirklichkeit des «Himmelreiches» weist. Christi eigene Methode erhält ihren tiefsten Ausdruck in der einweihenden und «deutenden» Form des Evangeliums.

Die Anspielungen auf eine Initiation im Lazaruskapitel verleihen auch der Reaktion der Jünger Jesu erstmals einen Sinn. Thomas sagt: «Laßt uns mit ihm gehen, daß wir mit ihm sterben.» Dies ist keine persönliche, hysterische Antwort, wie es zunächst scheinen mag, sondern das Verlangen, wie Lazarus tief in das Christusmysterium eingeweiht zu werden. In der Fassung des Markus gibt es eine enge Parallele in dem Bericht von Jakobus und Johannes (beide wissen vom Tod und der Erweckung des Lazarus), die auch «den Kelch trinken und getauft werden» wollen mit Jesu eigener Taufe; das heißt, sie wollen am zukünftigen Mysterium seines Todes und seiner Auferstehung teilnehmen, wie es Lazarus mit seinem durch die Einweihung erhöhten Bewußtsein tun wird.

Ihr geistiger Wahrnehmungssinn ist jedoch noch nicht ausreichend entwickelt. Die Jünger Jesu waren nach dem Fragment eines «unbekannten Evangeliums» (Oxyrhynchos-Papyrus 840)in «lebendigem Wasser» getauft worden. Die Initiation des Lazarus war, obwohl sie auch in einem rituellen Taufakt gipfelte, deutlich etwas Höheres. Sie muß sogar mit Sicherheit als die höchste Initiation betrachtet werden, die Christus in seinem irdischen Amt vollzog.

Nichtsdestoweniger stellt sie eine Ausweitung der mit Jesu eigener Taufe verbundenen rituellen Handlung dar, mit welcher die Überlieferung des Clemens in der alexandrinischen Kirche sie in enge Verbindung brachte. Wenn wir im Johannesevangelium viele Hinweise auf die Einweihung als Hintergrund finden, brauchen wir diese nicht mehr als rückwärtsgerichtete Projektionen der hellenistischen Kirche mit ihren Sakramenten zu betrachten. Moderne Entdeckungen haben nun bestätigt, daß Jesus selbst die Taufeinweihung vollzog. Das Vierte Evangelium erwähnt wiederholt, daß Jesus taufte (trotz der Einfügung im überlieferten Text, die das Gegenteil besagt). Es gibt ein Streitgespräch mit den Jüngern von Johannes dem Täufer wieder, das demjenigen aus dem Matthäusevangelium sehr ähnelt, das wir an anderer Stelle besprochen haben. Die Terminologie ist die vom *nymphios* (Bräutigam) und dem Initiierten, der mit ihm verbunden wird, was an die heidnischen und mandäischen Mysterien von der Reinigung durch Wasser erinnert – und natürlich an Jesu eigenes Mysterium vom «Brautgemach», das sich in Gleichnissen und Riten ausdrückte, die im *Thomas*- und im *Philippusevangelium* noch bekannt sind.[14] Das Vierte Evangelium läßt das Streitgespräch mit den Jüngern des Täufers gleich auf die Episode mit Nikodemus folgen.

Jesus offenbart diesem das Mysterium der Wiedergeburt durch Wasser und Geist. Wir haben diese Stelle in unseren früheren Erörterungen (S. 251) erwähnt und bemerkt, daß sie inhaltlich einem kurzen Dialog im *Thomasevangelium* nahesteht. Dort spricht Jesus jedoch zu einer Gruppe ungenannter Jünger. Ihre Frage entspricht fast wörtlich der des Nikodemus. Und der Zusammenhang – Wiedergeburt beziehungsweise Zu-einem-Kind-Werden – ist identisch. Bei Thomas charakterisiert Jesus die Wiedergeburt als eine Veränderung der Wahrnehmung und die Überwindung der Unterscheidungen in der Seele. Im Johannesevangelium ist sie eine Wiedergeburt und eine Neuorganisation der inneren Erfahrung, eine Erhebung zum Ort des «Geistes».

> Es war aber ein Mensch unter den Pharisäern mit Namen Nikodemus, einer von den Oberen der Juden. Der kam zu Jesus bei Nacht und sprach zu ihm: ‹Meister, wir wissen, du bist ein Lehrer, von Gott gekommen; denn niemand kann die Zeichen tun, die du tust, es sei denn Gott mit ihm.› Jesus antwortete und sprach zu ihm: ‹Wahrlich, wahrlich, ich sage dir: Es sei denn, daß jemand von neuem geboren werde, so kann er das Reich Gottes nicht sehen.› Nikodemus spricht zu ihm: ‹Wie kann ein Mensch geboren werden, wenn er alt ist? Kann er etwa zum zweitenmal in seiner Mutter Leib gehen und geboren werden?› Jesus antwortete: ‹Wahrlich, wahrlich, ich sage dir: Es sei denn, daß jemand geboren werde aus Wasser und Geist, so kann er nicht in das Reich Gottes kommen. Was vom Fleisch geboren ist, das ist Fleisch; und was vom Geist geboren ist, das ist Geist. Wundere dich nicht, daß ich dir gesagt habe: Ihr müßt von neuem geboren werden. Der Wind bläst, wo er will, und du hörst sein Sausen wohl; aber du weißt nicht, woher er kommt und wohin er fährt. So ist es bei jedem, der aus dem Geist geboren ist.›[15]

Das Johannesevangelium trägt somit einen aussagekräftigen Beweis dafür bei, daß der von Jesus im *Thomasevangelium* gelehrte Bewußtseinswandel ursprünglich in einem rituellen Vorgang wurzelte.[16]

Andere Ausdrücke in der Schilderung des Johannes weisen auf eine rituelle Situation hin, wie wir sie aus dem anderen «Mysterienevangelium», dem im Namen des *Philippus,* kennen. Daß «was vom Fleisch geboren ist, Fleisch ist, aber was vom Geist geboren ist, Geist ist», erinnert uns an mehrere Sprüche über die Wiedergeburt aus dem *Philippusevangelium.*[17] Und es ist auch von Bedeutung, daß Nikodemus bei Nacht zu Jesus kommt. Es weist auf die Zeit hin, zu der, wie wir wissen, Jesus seinen Einweihungsritus vornahm ebenso wie im *Geheimen Markusevangelium* und wie in dem von Paulus fortgesetzten Brauch nächtlicher Einweihung. In Übereinstimmung mit der tiefverwurzelten Symbolik von Nacht und Dunkelheit würde dies auch den «unerleuchteten» Zustand der Seele des Kandidaten darstellen. Er kommt, um ins Licht eingeweiht zu werden – das Licht eines höheren Bewußtseins, das in ihm aufsteigen wird. Das *Philippusevangelium* sagt:

> Wenn jemand zum Kind des Brautgemaches wird, wird er das Licht empfangen … Und er (der Äon) ist so, indem er ihm allein offenbar ist, indem er nicht in der Finsternis und in der Nacht verborgen ist, sondern indem er in einem vollkommenen Tag und einem heiligen Licht verborgen ist.

Es ist die intimste Erfahrung der Vereinigung.[18] Die gesamte Szene mit Nikodemus gewinnt dadurch eine bedeutungsvolle Wirklichkeit. Die alte Auffassung, ein zitternder Pharisäer sei im Schutz der Dunkelheit mit einem falschen Bart zu Jesus gekommen, macht einer tiefgründigeren Lesart Platz. Nikodemus kommt bei Nacht, weil er zu der nächtlichen Einweihung bereit ist. Er war auch kein «interessierter» Außenseiter. Aus der Parallelstelle im *Thomasevangelium* dürfen wir schließen, daß er einer von mehreren «Jüngern» war, wenn auch nicht aus dem Kreis der Zwölf. Und er erhält von Jesus eine Mysterienunterweisung über die Wiedererweckung durch einen rituellen Prozeß (bei Thomas: innere Verwandlung). Es ist typisch für den Stil des Johannes, daß er die Geschichte nicht abschließt, sondern als nächstes die Gedanken und Symbole aus der Rede Jesu weiterverfolgt. Wir können jedoch mit Sicherheit annehmen, daß Nikodemus nach seiner Unterweisung tatsächlich eingeweiht wurde.

Die Einweihung des Lazarus im Johannesevangelium ist also vor dem Hintergrund der Einweihungshandlung Jesu überhaupt zu sehen, und sie stellt deren weitreichendste und dramatischste Ausformung dar. Wir sehen darin, daß Jesus selbst die geistige Verbindung zwischen den rituellen Ereignissen und seiner irdischen Bestimmung zum Leiden herstellte. Lazarus war derjenige, der am tiefsten in diese Bestimmung eindrang. Denn obwohl wir darauf bestehen müssen, daß der «Tod» und die «Auferweckung» des Lazarus nicht wörtlich, sondern geistig und im Sinne der Einweihung zu verstehen sind, darf man die Wirklichkeit dessen, was er erlebt, nicht herunterspielen. Um hiervon eine Vorstellung zu gewinnen, seien zwei Einweihungstexte zitiert: einer aus dem antiken Babylonien, der andere aus dem Judäa des ersten Jahrhunderts vor Christus. In beiden führt das Leiden des «Sich-Loslösens von der Welt» durch Ängste, durch Belastungen des Geistes und des Körpers, bis die Krise schließlich durchschritten ist.

Der erste trägt den Titel «Ich will den Herrn der Weisheit preisen» und ist ein Gedicht, das von einem Eingeweihten des Bel Marduk verfaßt wurde, des großen Gottes von Babylon, der das Chaosungeheuer erschlug und der Welt Ordnung gab.[19] Das Gedicht wird im berühmten Tempel zu Babylon enden und davon erzählen, wie der Gott Marduk seinen Eingeweihten vom Tod und der «Unterwelt» errettete. Der Weg führt durch eine akute geistige Zerrüttung. Denn «der Welt zu sterben» bedeutet, alle äußeren Stützen der Persönlichkeit zu verlieren und zu erleben, daß die Welt feindselig wird und dem gequälten Geist keinen Raum zum Atmen mehr läßt. Er beschreibt die peinigenden Symptome:

> Ich, der ich wie ein stolzer Mensch zu gehen pflegte, habe gelernt, unbemerkt vorbeizuschleichen. Obwohl ich ein ehrbarer Mensch war, wurde ich zum Sklaven. Wenn ich durch die Straßen gehe, weist man mit Fingern auf mich; wenn ich den Palast betrete,

> zwinkern Augen. Meine eigene Stadt betrachtet mich als Feind; sogar mein Land ist wild und feindselig. Mein Freund ist zu einem Fremden geworden, mein Gefährte ist eine böse und dämonische Gestalt geworden. In seiner Wut verrät mich mein Kamerad, der mit mir arbeitet, hält ständig seine Waffen bereit. Mein enger Freund hat mein Leben gefährdet. Mein Sklave hat mich in der Versammlung öffentlich verflucht.

Die Feindseligkeit herrscht natürlich in seinem eigenen Geist – mit seiner «Panik und Furcht». Er bildet sich ein, jeder schaue ihn an und verdamme ihn – eine Angst, die aus den Streßbedingungen des modernen Lebens nur zu bekannt ist! Er führt die Auflistung seiner Schwierigkeiten fort und hofft immer noch, daß seine Krise bald vorüber sein möge:

> Ich überlebte bis zum nächsten Jahr; die vorherbestimmte Zeit verstrich. Ich wende mich um, aber es ist schlimm, sehr schlimm; mein Unglück nimmt zu, und ich kann das Rechte nicht finden. Ich rief meinen Gott an, aber er zeigte sein Antlitz nicht, ich betete zu meiner Göttin, aber sie hob ihr Haupt nicht. Sogar der Wahrsager wußte in seiner Wahrsagung nicht die Zukunft zu schauen, und der Traumdeuter konnte mit seiner Mondschau meinen Fall nicht erleuchten.

Alles in seiner Psyche, was von der äußeren Welt abhängig ist, muß geläutert werden, bevor die Wiedergeburt, die Wiederherstellung der Seele auf einer höheren Ebene, beginnen kann. Die zerstörerische Kraft, die ihn heimzusuchen scheint, wird zur Quelle körperlicher Unterdrückung:

> (Alle Krankheiten vereinigten sich) und kamen auf einmal über mich. Sie befielen meinen Kopf, sie umhüllten meinen Schädel; mein Gesicht ist düster, meine Augen tränen. Sie haben meine Halsmuskeln gezerrt und meinen Hals schwach gemacht ... Meine aufrechte Haltung haben sie wie eine Mauer um-

> gestoßen … Meine Augen starren geradeaus, doch sie sehen nichts. Meine Ohren sind offen, doch sie hören nichts. Schwachheit hat meinen ganzen Körper ergriffen, Krankheit hat mein Fleisch überfallen. Steifheit hat meine Arme ergriffen, Schwäche besetzt meine Knie, meine Füße vergessen, wie sie sich bewegen … Der Tod hat sich genaht und mein Gesicht bedeckt.

Er kann nicht einmal auf die Fragen derer um ihn herum antworten. Er lebt tatsächlich in der Welt des Todes.

Der Text ist so persönlich und anschaulich, daß es uns schwerfällt, im Gedächtnis zu behalten, daß diesem Leiden ein rituelles Vorbild zugrunde liegt und der Abschluß im Tempel vorhersehbar ist. Denn der Gott Marduk war einst selbst in Tod und Leiden in der Unterwelt gefangen gewesen, stieg aber siegreich wieder zum Himmel auf. Seine Eingeweihten teilen seinen Tod – und seine Befreiung. Wie im Falle des Lazarus bedeutet das Vorhandensein einer rituellen Form also nicht, daß alles Mummenschanz und Schauspielerei war. Der «Tod» des Lazarus muß eine psychosomatische Krise gewesen sein, die so real war wie die vom Eingeweihten des Marduk lange Zeit davor beschriebene.

Sein Hauptgrund für die Niederschrift des Evangeliums war natürlich nicht die Beschreibung seiner Seele, sondern der Hinweis auf die seiner Erfahrung zugrundeliegende bedeutendere Wirklichkeit Christi. Daher der Unterschied in der Betonung. Wir können aber mit Sicherheit zeigen, daß man sich dieser Art von Initiationsqualen in Palästina kurz vor der Zeit Christi unterzog, und zwar bei den Essenern. Das Johannesevangelium hat meiner Ansicht nach keine engere Beziehung zu den Essenern als zu anderen esoterischen Sekten – viel bedeutender ist zum Beispiel die Beziehung zu den Mandäern. Aber wir müssen im Gedächtnis behalten, daß Jesus einige Zeit in den Zentren der Essener verbracht hatte.

Der essenische «Lehrer der Gerechtigkeit» wendete in seinen in den Schriftrollen vom Toten Meer bei Qumran gefundenen Hymnen dieselben Bilder zur Beschreibung der Initiation an. Er hatte dieselben Qualen durchlitten und die Wiedergeburt erlebt:

Ich bin wie ein Mann der verlassen
im [... Textlücke],
der ohne Zuflucht ist.
Denn es sprießt meine Plage zu Bitternissen
und unstillbarem, unheilbarem Schmerz.
Es schaudert meiner Seele
wie denen, die zur Unterwelt fahren.
Bei den Toten sucht man meinen Geist,
denn mein Leben stieß hart ans Verderben,
und in mir verzagt meine Seele,
Tag und Nacht ohne Ruh.
Es schießt auf wie brennendes Feuer, verhalten in meinen Gebeinen,
Jahr um Jahr frißt seine Lohe,
daß von Zeit zu Zeit mehr es erschöpfe die Kraft
und das Fleisch von Frist zu Frist schwinde.
Es fliegen Wogen auf mich zu,
und meine Seele ist verstört zum Verenden.
Fort aus meinem Leibe ist meine Kraft,
und mein Herz fließt hin wie Wasser,
es schmilzt dahin wie Wachs mein Fleisch,
und meiner Hüften Kraft verfällt dem Entsetzen.
Mein Arm ist aus dem Gelenke gebrochen,
unmöglich ist es, die Hand zu bewegen.
Mein Fuß steckt in einer Fessel gefangen,
und meine Knie wogen wie Wasser.
Unmöglich ist es zu schreiten,
kein Schritt gelingt meinem Tritt.
... Die Zunge, die Du meinem Mund stark geschaffen,
verbraucht ist sie und geschwunden.
Unmöglich ist's, zu erheben
die Stimme ...[20]

Die Hymnen sind erfüllt von solchen schrecklichen Erlebnissen, und es handelt sich unmißverständlich um die persönliche Stimme des Lehrers – auch wenn wir grundsätzlich rituelle Texte vor uns haben. Und es sind in der Tat Danksagungshymnen, denn die Qualen bilden alle ein Vorspiel zum Erwachen durch die Einweihung – für das «neue Wort» Gottes, das der unwürdigen Kreatur geschenkt wird und sie erneuert. Es sei noch einmal gesagt: Die Krise ist real und sogar physischer Art; aber sie wird vollständig geheilt und gipfelt im Ritual vom Wiederherstellen, der Wiedergeburt.

Man kann die Erfahrung des Lazarus verstehen, wenn man sie vor dem Hintergrund der Einweihung sieht. Gleichzeitig macht es der Zusammenhang besonders im *Geheimen Markusevangelium* klar, daß Jesus seinen Lieblingsjünger in das Mysterium seiner eigenen zukünftigen Passion einweihte. Der zugrundeliegende Mythos war nicht mehr derjenige der urtümlichen Schöpfung, sondern der eines bevorstehenden historischen Ereignisses. Er versuchte dies auf dem Weg nach Bethanien den anderen Jüngern und danach Jakobus und Johannes zu erklären. Der Lieblingsjünger «wartete» schon auf die Erfüllung des irdischen Mysteriums – es scheint, als spreche Christus später von ihm als von einem, der auf die Erfüllung des himmlischen «wartet». Himmlische und irdische Mysterien sind miteinander verwoben, und sie werden beide nur durch die Ereignisse des Evangeliums vollständig. Die Stelle im *Geheimen Markusevangelium* schildert uns das Ritual der Taufe bei Nacht, die seinen Geist auf einer höheren Ebene heilte und wiederherstellte – auf der geistigen Ebene des «Reiches Gottes». Erhielt Lazarus, wie so viele Initiierte, nach seiner Initiation einen neuen Namen? Die ursprüngliche Form von Johannes ist Johannan: «Gott ist gnädig gewesen». Er wäre angemessen für einen, dessen Leiden nicht ein bloßer Tod war, sondern der die Herrlichkeit Gottes in Christus durch seine Christuseinweihung offenbart hatte.

Wir können, so glaube ich, noch tiefer in die rituelle Taufe und besonders in ihre kosmische Bedeutung eindringen. Zunächst aber müssen wir uns dem Evangelium aus einer anderen Richtung nähern, indem wir uns dem «Prolog» im 1. Kapitel zuwenden.

Das Mysterium des «Prologs»

Im Anfang war das Wort,
und das Wort war bei Gott,
und das Wort war Gott.
Dieses war im Anfang bei Gott.
Alles ist durch dasselbe geworden,
und außer durch dieses ist nichts geworden.
Das Gewordene war in ihm Leben.
Und das Leben war das Licht der Menschen.
Und das Licht scheint in der Finsternis,
aber die Finsternis hat es nicht ergriffen.

Es ward ein Mensch, gesandt von Gott.
Sein Name war Johannes. Er kam zum Zeugnis,
auf daß er zeuge von dem Lichte
und daß alle durch ihn glauben sollten.
Er war nicht das Licht, sondern er sollte zeugen
von dem Licht.
Das wahre Licht, das alle Menschen erleuchtet,
kam in die Welt.
Er war in der Welt.
Und die Welt ist durch ihn geworden,
aber die Welt erkannte ihn nicht.
Er kam in das Seine, aber die Seinen nahmen ihn
nicht auf.
Allen, die ihn aufnahmen, gab er Macht,
Kinder Gottes zu werden,
denen, die an seinen Namen glauben;
sie sind nicht aus Blut noch aus dem Willen des Fleisches
noch aus dem väterlichen Willen des Mannes,
sondern von Gott geboren.

Das Wort ward Fleisch,
und schlug sein Zelt unter uns auf.
Und wir sahen die Herrlichkeit seiner Offenbarung,

eine Herrlichkeit, offenbart als des einzigen aus dem Vater Hervorgegangenen,
voller Gnade und Wahrheit.

Johannes zeugt von ihm und ruft:
Dieser war es, von dem ich gesagt habe:
Der nach mir kommt, ist vor mir gewesen;
denn er war eher als ich.
Aus seiner Fülle haben wir alle empfangen Gnade um Gnade.
Denn das Gesetz ist durch Moses gegeben;
die Gnade und die Wahrheit aber ist durch Jesus Christus geworden.

Niemand hat Gott je mit Augen geschaut.
Der eingeborene Sohn,
welcher im Sein des Vaters beschlossen ist,
er ist es, der ihn deutet.[21]

Der Anfang des Vierten Evangeliums unterscheidet sich auffallend von dem aller anderen, seien sie kanonisch oder nicht. Mit seiner eindringlichen, verdichteten und mysteriösen Sprache und zugleich mit seiner Direktheit und Kraft des Ausdrucks enthält es in einem einzigen Bewußtseinszustand ausgedehnte kosmische Realitäten (die ursprüngliche Welt, die Welten des Lebens und Lichtes) und Ereignisse der jüngsten Geschichte (das Amt des Täufers). Es verbindet weit entfernt liegende universelle Ursprünge mit inneren Veränderungen, die nun in der Seele einiger weniger in der Menschheit geschehen – derer, zu denen das Licht als zu den «Seinen» kam. Lukas hatte seine autoptische Sicht bis zurück auf Adam, den «Sohn Gottes» ausgedehnt. Die johanneische *epopteia* zieht den Schleier von noch ungeheureren Perspektiven zurück, für welche die natürliche Schöpfung und die Entstehung des Lebens und Bewußtseins nur Episoden sind.

An der einen oder anderen Stelle in der Übersetzung habe ich – um der Untersuchung willen – die Fremdheit der Sprache durchscheinen lassen; in jedem Fall mehr, als ein redlicher Übersetzer es wagen könnte. Auf diese Weise wird die hieroglyphenhafte, esoterische Qualität der Sprache des Prologs spürbarer. Es wird auch deutlich, daß hinter dem Griechischen Bedeutungsnuancen liegen, die nur im Licht eines zugrundeliegenden semitischen (aramäischen?) Textes zu erschließen sind. So wird zum Beispiel in dem seltsamen Ausdruck «und schlug sein Zelt unter uns auf» das griechische Wort für «Zelt» (*skene*) als Verb gebraucht. Man kann sich verschiedene Gründe für diesen ungewöhnlichen Ausdruck vorstellen, so eine recht passende Andeutung des kurzen Verweilens auf Erden oder eine Anspielung auf das von den alten Israeliten durch die Wüste getragene Zelt oder «Tabernakel», in dem sie die Gegenwart Gottes spürten. Viel fesselnder aber ist für diejenigen, die ein Ohr für semitische Sprachen haben, das Entstehen eines Lautmusters, das Gottes «Herrlichkeit» oder «Lichtglanz» bedeutet: *Schechina*. Die Herrlichkeit wurde oft fast als ein getrennt existierendes göttliches Wesen betrachtet, als die Verkörperung der «Einwohnung» oder «Anwesenheit» Gottes in der Welt, und mystisch mit dem Tempel oder dem wahren Ort des Gottesdienstes assoziiert. Die seltsame Ausdrucksweise des Prologs würde den gründlicheren Studenten jüdischer Spiritualität darauf hinweisen, daß Jesus die Offenbarung der *Schechina* auf Erden war.[22]

In diesem außergewöhnlichen Abschnitt des Evangeliums sind viele weitere Feinheiten enthalten; sie fallen dann auf, wenn wir sie in ihren richtigen Kontext stellen können. Es hat sich indessen trotz aller Anstrengungen der modernen Forschung als überraschend schwierig gezeigt, den genauen Hintergrund gerade des Prologs herauszufinden. Er liegt sicherlich in frühen jüdisch-esoterischen und nicht, wie man lange dachte, in späteren hellenistisch-kirchlichen Kreisen. Das eigentliche Wesen der hinter dem Prolog stehenden Gedankenwelt ist aber schwer zu erhellen – einfach weil es nirgends in der antiken Literatur wirkliche Parallelen zu seiner Sprache und Ausdrucksweise gibt. Verschiedene Funde – die Schriftrollen vom Toten Meer, die Bücher der Samaritaner, die mandäischen Dichtungen – haben Generationen von Forschern in Aufregung versetzt und versprochen, das Vierte Evangelium zu erhellen. Aber die folgende Generation hat unweigerlich bemerkt, wie Parallelen übertrieben werden mußten, um das zu bedeuten, was sie bedeuten sollten; und die Analogien im Denken stellten sich gewöhnlich als nur sekundär in ihrer Erklärungskraft heraus. Dies kann jedoch bei dem Werk, das ich gleich nennen werde, nicht der Fall sein. Denn darin fand man zum allerersten Mal Ausdrücke, die fast wörtlich mit einigen im Prolog identisch sind. Und der Charakter des Werkes unterscheidet sich in Struktur und Form gleichzeitig genügend vom Evangelium, um einerseits offensichtlich unabhängig und von der Evangelienüberlieferung unbeeinflußt zu sein und andererseits dennoch in wichtigen Kriterien genügend Analogien zu besitzen, um viel Licht auf ihren gemeinsamen Hintergrund zu werfen. Dieses Werk heißt *Die dreigestaltige Protennoia*. Es tauchte in der Bibliothek von Nag Hammadi auf und wird gewöhnlich als eine «gnostische Offenbarungsrede» bezeichnet.

Der schöne griechische Titel – *Trimorphe Protennoia* – könnte in umständlichem Deutsch etwa so ausgedrückt werden: «Über die dreifache Form der Erscheinung des ersten göttlichen Gedankens». Die Schrift stellt in der Tat eine dreigestaltige Offenbarung dar. Jede der drei Offenbarungen für einen ungenannten Visionär ist wiederum dreigestaltig. Der Erste Gedanke (im Griechischen femininen Geschlechts) zeigt sich in verschiedenen Aspekten des spirituellen und kosmischen Lebens. Derjenige, der uns besonders interessiert, ist die Offenbarung als Wort, die hauptsächlich im dritten Hauptteil des Traktats geschieht. Wie die Forschungen erkennen lassen, ist diese Folge visionärer Erscheinungen sicher keine bewußte Nachahmung des Vierten Evangeliums. Wenn wir die Hauptzüge der dritten Offenbarung wiedergeben, werden wir jedoch bald mehr als nur eine flüchtige Ähnlichkeit feststellen. Zunächst einmal ist das Wort eng mit der Schöpfung verbunden; die hier erwähnte «Mutter» bezieht sich wahrscheinlich auf den Geist Gottes, der aus der Bibel bekannt ist und im Hebräischen feminines Geschlecht hat. Die folgenden Auszüge werden einen engen Vergleich mit dem Inhalt des Prologs erlauben. Ich gebe nur die eindrücklichsten Stellen wieder, aber in ihrer richtigen Reihenfolge:

> Ich bin das Wort ... Ich wohne im unbefleckten Licht.
> Und ein Gedanke offenbarte sich wahrnehmbar

durch den großen Ton der Mutter ... Und der Ton war von Anfang an in den Fundamenten des Alls.
(Das Wort) ist ein verborgenes Licht, das lebendige Frucht hervorbringt, das lebendiges Wasser hervorquellen läßt aus der unsichtbaren, unberührten, unermeßlichen Quelle – die unnachahmliche Stimme der Herrlichkeit ... der Herrlichkeit des aus Gott Hervorgegangenen.
Und ein drittes Mal offenbarte ich mich ihnen in ihren Zelten als das Wort, und ich offenbarte mich ihnen in einer Gestalt wie der ihren. Und ich trug ihrer aller Kleidung, und ich verbarg mich selbst in ihnen. Und sie erkannten den nicht, der mir die Kraft gibt.
Und ich verbarg mich in ihnen, bis ich mich meinen Brüdern offenbarte. Und keiner von ihnen erkannte mich, obwohl ich es bin, der in ihnen (den Mächten der Welt) wirkt.
Ich bin das Licht, das das All erleuchtet. Ich bin das Licht, das sich freut in meinen Brüdern. Denn ich kam herab in die Welt der Sterblichen wegen des Geistes, der in dem zurückgeblieben ist, was herabgestiegen war ... von der arglosen Sophia.
Ich verbarg mich in ihnen, bis ich mich in ebendiesen meinen Gliedern offenbarte. Und ich belehrte sie über die unaussprechlichen Bestimmungen ... Dies sind die Herrlichkeiten, erhabener als jede Herrlichkeit; sie, die da sind die fünf Siegel ... Wer die fünf Siegel ebendieser Namen besitzt, der hat ausgezogen die Kleider der Unwissenheit, und er hat angezogen strahlendes Licht.
Und ich verkündete ihnen die fünf unaussprechlichen Siegel, damit ich in ihnen sei und auch sie in mir seien. Ich habe Jesus angezogen. Ich trug ihn weg von dem verfluchten Holz und versetzte ihn in die Wohnungen seines Vaters.[23]

Die Erwähnung Jesu am Ende wirkt ein wenig wie eine Einfügung ebenso wie die anderen gelegentlichen Erwähnungen Christi. Wir dürfen nach der Verbindung zum Christentum nicht an diesen Stellen suchen. Sie liegt vielmehr in den tiefgründigen Vorstellungen über das Wort – das sich als Licht und Leben manifestiert und im Universum wie auch in den «verborgenen» Tiefen der Seele zu entdecken ist –, die den Hintergrund einer besonderen Form des frühen Christentums bilden, namentlich denjenigen des Johannesevangeliums.

Daß die *Dreigestaltige Protennoia*, obwohl sie in ihrer endgültigen Form eine gnostische Offenbarung ist, den Quellen des Christentums und der jüdischen Esoterik nahesteht, kann man weiterhin auch aus dem Gebrauch des Wortes «Zelt» sehen, der genau demjenigen im Prolog entspricht. Der Übersetzer ins Griechische, aus dem die in unserem Besitz befindliche koptische Fassung abgeleitet ist, begriff, daß es einen Hinweis auf eine «Offenbarung» darstellte, das heißt, die Offenbarung der *Schechina*, die mit dem göttlichen Wort gleichgesetzt wird. Die «Offenbarung in den Zelten» wirkt aus dem gleichen Grund seltsam wie «schlug sein Zelt unter uns auf»: Sie setzte eine Sensibilität für verborgene Bedeutungen in einer semitischen Sprache voraus.

Viele andere Züge des Textes beschwören die Sprache und das Denken des Vierten Evangeliums herauf. Wenn das Wort als eines beschrieben wird, das «lebendiges Wasser hervorquellen läßt, aus der unsichtbaren, unberührten, unermeßlichen Quelle» und das «lebendige Frucht hervorbringt», dann werden unsere Gedanken vom Prolog ins 4. Kapitel des Evangeliums vorangeschickt. Dort verspricht Jesus der Samariterin «lebendiges Wasser» und sagt: «Wer aber von dem Wasser trinken wird, das ich ihm gebe, den wird in Ewigkeit nicht dürsten, sondern das Wasser, das ich ihm geben werde, das wird in ihm eine Quelle des Wassers werden, das in das ewige Leben quillt.» Wir erkennen in dem «lebendigen Wasser» dasjenige der Einweihung und Leben daher als die Frucht einer inneren Wiedergeburt. Die *Dreigestaltige Protennoia* und der Prolog verweisen beide gleichermaßen auf die kosmische Bedeutung und den Ursprung des Mysteriums. In ersterer ist von der «Quelle» gesagt, sie sei die «unnachahmliche Stimme der Herrlichkeit … der Herrlichkeit des aus Gott Hervorgegangenen» – wodurch die Bilder vom «Wasser» eine Rückbindung an die Welt des Prologs, die «Herrlichkeit seiner Offenbarung, eine Herrlichkeit, offenbart als des einzigen aus dem Vater Hervorgegangenen» erhalten.

Als nächstes taucht das Motiv vom verborgenen Wort oder Licht auf, welches die Menschen noch nicht begriffen haben, obwohl es in ihnen verborgen war und darauf wartete, daß sie es erkannten. Es war auch vor den Mächten der Welt verborgen, obwohl es das Licht ist, welches das All erleuchtet. Es offenbart sich jedoch denen, die seine «Glieder» oder seine «Brüder» oder einfach «die Meinen» sind – «die Seinen» nach dem Evangelium. Wir erkennen hier viele Anspielungen auf die christlichen Einweihungspraktiken, die unabhängig davon aus Paulus bekannt sind, der sie, wie wir argumentiert haben, direkt aus denen Jesu entwickelte. Bei Paulus treffen wir auch auf die Vorstellung, «Glieder» Christi zu sein, der daher im «Epheserbrief» als kosmischer Mensch auftritt. Die Auffassung der *Dreigestaltigen Protennoia*, daß das Wort «ihrer aller Kleidung trug», stimmt des weiteren mit der paulinischen Symbolik vom Körper als Gewand überein. Von jenen, die durch das Wort eingeweiht sind, heißt es in der gnostischen Offenbarungsrede, sie hätten «ihre Kleider der Unwissenheit ausgezogen und angezogen strahlendes Licht», genau wie Paulus davon sprach, daß die Getauften zu «Licht» würden. Wir dürfen daher festhalten, daß die Entdeckung des geheimen Hintergrundes des frühen Christentums die zugrundeliegende Einheit der verschiedenen sich entwickelnden Strömungen aufzeigen hilft; und in der Tat werfen einige Teile der *Dreigestaltigen Protennoia* (besonders die zweite Offenbarung) ein ebenso überraschendes Licht auf das Denken des Paulus in den Korintherbriefen, wie letzteres seinerseits auf das Johannesevangelium. Der Ton des gnostischen Werkes ist andererseits deutlicher johanneisch. Daher möchte es scheinen, als hätten die paulinischen und johanneischen Kreise weiterhin die gleichen esoterischen Praktiken und Symbole benutzt, wenn auch zweifellos mit einigen Veränderungen. Die letzte Andeutung vom Kommen des Wortes – «damit ich in ihnen sei und auch sie in mir seien» – ist stark johanneisch in ihrem Charakter.

Mit dem Ausdruck «ich bin das Licht, das das All erleuchtet» (vergleiche das johanneische «Ich bin das Licht der Welt») bewegen wir uns ganz in den Bereich der Kosmologie, der kosmischen Ereignisse, die dem Drama der menschlichen Erneuerung zugrunde liegen. In der *Dreigestaltigen Protennoia* findet sich der bedeutende gnostische Mythos von Sophia, der Weisheit Gottes, die in den Strudel der Materie hinabstieg und dort wie unzählige Funken in den Seelen der Menschen verstreut ist. Wenn diese zum Leben entfacht werden, kann der «Funke» der Sophia in uns den höheren Menschen gebären, der dadurch ein Gegenstand der Erkenntnis (*gnosis*) wird. Lag ein Mysterium dieser Art dem Denken des Prologs zugrunde? Wird die Mutter Jesu in dem Evangelium deshalb nie mit Namen genannt, sondern nur geheimnisvoll angedeutet – weil damit ausgedrückt werden soll, daß seine wirkliche, seine himmlische Mutter die «arglose Sophia» ist?[24] In den judenchristlichen Evangelien nannte Jesus sich «Sohn des Heiligen Geistes» – die drei weiblichen Hypostasen Muttergeist, *Schechina* und gnostische Sophia scheinen an der in unseren Quellen offenbarten göttlichen Welt der Vorbereitung auf das Mysterium beteiligt.

Rudolf Steiner interpretierte die Anfangsverse des Vierten Evangeliums genau in der Weise, welche die *Dreigestaltige Protennoia* nun nahelegt. Für ihn waren Wort, Leben und Licht präexistente Welten, die der Erdenschöpfung vorangingen. Es empfiehlt sich, in diesem Zusammenhang auf unsere Rekonstruktion des «Diagramms der Ophiten» zurückzublicken, das die gnostische Version einer alten Kosmogonie wiedergibt (siehe S. 97). Sicherlich spielt das Johannesevangelium auf irgendeine Fassung dieses Weltbildes an, und die Kosmologie in der *Dreigestaltigen Protennoia* entstammt einem ähnlichen Hintergrund. So wurde der Prolog tatsächlich in den beiden frühesten Kommentaren zum Johannesevangelium interpretiert – von Ptolemaios und Herakleon, zwei Gnostikern des zweiten Jahrhunderts und Anhängern des Valentinos. Ihre Auslegung enthält zugegebenermaßen ein gewisses Maß an besonderer Fürsprache für das spezifisch valentinianische kosmologische System; aber wir können nun erkennen, daß sie grundsätzlich authentische Quellen zur Deutung des Prologs bevorzugten. Herakleon hat fürwahr eine komplizierte Theologie des Wortes, der Stimme und des Echos zur Beschreibung dessen, wie sich der göttliche Gedanke äußerlich als Ton kundgibt, was in umgekehrter Anordnung dem Pfad der

Jüngerschaft entspricht, der durch das Echo (die äußere Schale des Tons) zur Stimme und hinauf zum Wort steigt. Er hat offensichtlich eine Lehre gekannt, die den Aussagen in der *Dreigestaltigen Protennoia* sehr glich, in der das Wort sich aus dem Gedanken entwickelt, um sich dann wahrnehmbar im Ton des Muttergeistes zu offenbaren, und schließlich vom Eingeweihten als die «unnachahmliche Stimme» vernommen wird. Dieser Prozeß ist eine Geschichte der Ereignisse von Urbeginn, wobei die aufeinanderfolgenden «Äonen» der kosmischen Entwicklung zur Entstehung der jetzigen Erde führen. Herakleon bezieht dies aber auch auf die jüdische Prophezeiung und Johannes den Täufer. Man bemerke in diesem Zusammenhang, daß es im Johannesevangelium der Täufer ist, der die Worte der *Protennoia* wiederholt: «Ich bin die Stimme».[25]

Wir werden in Kürze versuchen, diesen kosmischen Vorstellungen – oder wenigstens einigen von ihnen – auf etwas detailliertere Weise eine Bedeutung abzugewinnen. Es soll jedoch gleich betont werden, daß sie in keinem Sinn des Wortes «Spekulationen» sind. Wenn sie nicht mit modernen Spekulationen über den Ursprung des Kosmos übereinstimmen, dann kommt das daher, daß wir Gegensätzliches vergleichen. Eine «Kosmologie» geht aus dem Prolog und der *Dreigestaltigen Protennoia* hervor als eine Art der Beschreibung, vielleicht als ein Mittel, dem Eingeweihten selbst Erfahrungen verständlich zu machen, durch die er in der Einweihung gegangen ist. Sie stellt einen Versuch dar, auf der Grundlage solcher Erfahrungen die Beziehung zwischen der physischen und der geistigen Welt auszudrücken – während es das Anliegen der modernen Wissenschaft ist, von gegenwärtigen Bedingungen des Universums ausgehend, die zu ihrer Schaffung notwendigen materiellen Gesetze auszurechnen. Die mit der Einweihung in Zusammenhang stehende Kosmologie geht Fragen an, die aus dem Bereich der Physik herausgehalten werden müssen, welcher die Erfahrungen fehlen, auf die sie sich gründet. Einige Wissenschaftler würden letztere gewiß weit von sich weisen. Viele andere sind sich jedoch dessen bewußt, daß es solche Erfahrungen gibt, und empfinden die Notwendigkeit, ein vollständigeres Bild anzustreben, das sie einschließen könnte. Und wir haben wiederholt gesagt, daß auf lange Sicht gesehen eine vollständige Bewußtseinsgeschichte und eine Geschichte der «objektiven» Welt sich als verschiedene Aspekte eines Ganzen herausstellen müssen.

Zunächst wollen wir also bei der Bedeutung der kosmischen Lehre in bezug auf die Einweihung verweilen. Denn wir können in der *Dreigestaltigen Protennoia* in der Tat beträchtlich mehr über die ihr zugrundeliegenden esoterischen Vorgänge entdecken.

Die Offenbarungen entstehen nämlich nicht aus dem Nichts. Sie werden im Rahmen eines Rituals erlangt. Maddalena Scopello hat die Umrisse des Ritus rekonstruiert, und wir können diesen nach der Phase, die sein Endstadium und Ziel darstellt, den «Ritus der Verherrlichung» nennen. Seine Wiederentdeckung aus diesen alten Texten könnte sich als der bedeutendste Aspekt des gesamten Fundes von Nag Hammadi herausstellen. Sie analysiert ihn in fünf grundlegenden Stadien:

Unterweisung in den Mysterien
Investitur
Waschung oder rituelle Reinigung in «lebendigem Wasser»
Inthronisierung
Verherrlichung

Es ist verlockend, diese Stadien mit den im Text erwähnten «fünf Siegeln» gleichzusetzen, den «unaussprechlichen Riten» der Mysterien. Ich neige aber dazu, dies für einen Irrtum zu halten. Es ist wahrscheinlicher, daß die «Siegel» fünf verschiedene Sakramente darstellen, von denen dieses nur eines ist. Offensichtlich befinden wir uns hier in der Nähe der Überlieferungen, die auf das *Thomas-* und das *Philippusevangelium* eingewirkt haben, in denen fünf Sakramente erwähnt werden – oder auch in der Nähe der Mandäer. Die Aufnahme des Rituals in einen fünfteiligen Kanon ist wahrscheinlich eine sekundäre Entwicklung und sagt uns mehr über die Gruppe, die den Ritus übernahm und ihn den Gnostikern in einer der *Dreigestaltigen Protennoia* zugrundeliegenden Form übermittelte, als über den ursprünglichen Hintergrund. Die Gnostiker, die ihn benutzten, waren eng verwandt mit jenen esoterischen Täufergruppen, die auf verschiedene Arten das Thomaschristentum und das Philippuschristentum übernahmen. Die Benutzer der *Dreigestaltigen Protennoia* übernahmen das Christentum gleichfalls in einem späten Stadium, was die gelegentlichen Hinzufügungen, in denen Jesus erwähnt wird, beweisen. Der eigentliche Ritus geht jedoch mit Sicherheit auf eine Zeit vor diesen sekundären Entwicklungen zurück.[26]

Wir wollen nun also den Ablauf des Ritus untersuchen, der sich hinter der Licht- und Worttheologie der *Dreigestaltigen Protennoia* erkennen läßt.

Dieser verlangt erstens eine vorausgehende Periode ausführlicher Unterweisung. Sonst könnten die Erfahrungen, die sich so sehr vom gewöhnlichen Leben unterscheiden, kaum erfaßt oder verstanden werden. Das Licht schiene unverstanden in der Finsternis.

Dann folgt eine Investitur. Wir wissen aus dem Text, daß ein «Ausziehen» der alten Kleider der «Unwissenheit», der früheren Identität, stattfand. Der Kandidat wird auf die Taufe vorbereitet und muß nackt kommen, bis auf ein weißes Tuch um den Leib, welches symbolisch für Erneuerung und Unschuld und Licht steht; dies stellt seine Investitur dar und entsprach spirituell zweifellos dem Erscheinen der «Krone aus Licht», der Aura oder dem Glorienschein um seinen Kopf. Daher rührte die alte königliche und priesterliche Sprache, die noch benutzt wurde.

Darauf folgt die Taufe selbst, ein reinigendes Untertauchen in das «lebendige» oder fließende Wasser eines Flusses. Das wiederum führt zur Inthronisierung, die abermals auf die ursprünglichen Einweihungen der Könige im alten Vorderen Orient und auf das innere «Königtum» zurückverweist, das später sein spirituelles Gegenstück darstellte. Aus der übereinstimmenden Handhabung bei Paulus wissen wir, daß dies weiterhin ein zentrales Symbol der Initiation blieb.

Und schließlich folgt die Verherrlichung, die zweifellos der Vorstellung des Paulus davon entspricht, daß der Eingeweihte zu Licht wird, was hier mit der «Herrlichkeit» des himmlischen Lichtes gleichgesetzt wird. Denn das Bewußtsein des Eingeweihten ist nun empfänglich für die Offenbarung der kosmischen Vorgeschichte des Wortes, des Lebens und des Lichtes. Die «Verherrlichung» ist natürlich im Johannesevangelium von großer Bedeutung, bezieht sich da jedoch auf das Mysterium von Golgatha und den tiefsten Sinn des Christentums für die Menschheit und die Erde. Wie diese kosmischen und irdischen Bedeutungen miteinander verwandt sind, werden wir bald zu verstehen versuchen. Zunächst wollen wir aber die allgemeine Form des Ritus betrachten.

Wir sind im Verlauf unserer Untersuchungen bereits auf einen solchen rituellen Vorgang gestoßen. Er entspricht nämlich genau dem Ritus, den Jesus an dem Jüngling im Fragment des *Geheimen Markusevangeliums* vornahm. Und wir wissen auch, daß dieser Jüngling kein anderer als Lazarus ist, der Verfasser des Vierten Evangeliums! Kurz gesagt, wir können schwerlich umhin, den bedeutsamen Schluß zu ziehen, daß der Prolog unmittelbar aus der Einweihung des Lieblingsjüngers in die himmlischen Mysterien hervorgegangen ist, aus der Einweihung, die Jesus selbst vollzogen hatte.

Hier haben wir also eine weitere erstaunliche Bestätigung für den Aufbau dieses Evangeliums im Sinne einer Einweihung vor uns. Das irdische Ereignis vom Tod und von der Wiedererweckung des Lazarus nimmt den Mittelpunkt der Erzählung ein. Der diesem folgende und es vollendende Einweihungsritus bildet den Inhalt des kosmischen Prologs und stellt das Kommen Christi und die Erfahrung des Lazarus in einen ewigen und universellen Rahmen.

All dies zeigt, wie ungeheuer tief Rudolf Steiners Einsicht in das Wesen des Vierten Evangeliums war. Und einige seiner Erläuterungen bringen weitere Erhellung. Er verbindet den Ritus der Einweihung des Lazarus sehr eng mit Johannes dem Täufer. Das ist ein weiterer, noch wichtigerer Grund dafür, daß der eingeweihte Lazarus den Namen Johannes annahm. Rudolf Steiner erklärt, daß Lazarus von der Zeit an in gewisser Weise ein neuer Johannes war, dessen Vision diejenige des alten vervollständigte. Deshalb ist der Inhalt des Prologs mit Hinweisen auf den Täufer durchsetzt. Wenigstens in dieser Hinsicht stimmen Steiners Forschungen mit denen Rudolf Bultmanns überein, der ebenfalls den Inhalt des Prologs als aus der Sphäre des Täufers stammend betrachtete – obwohl er noch nicht in der Lage war, den zugrundeliegenden «Ritus der Verherrlichung» zu entdecken.[27] Wenn der von Jesus durchgeführte Ritus nun also im Kreis um den Täufer entstanden ist, ergibt nicht nur seine Verwandtschaft mit den esoterischen Taufsekten (einschließlich einiger indirekter Verbindungen zu den Essenern) einen Sinn; sondern wir werden ein weiteres Mal auf Jesu eigene spirituelle Erfahrung bei seiner Taufe durch Johannes zurückverwiesen. Steiner verglich diese Erfahrung mit dem, was in früheren Mysterien geschehen war, deren Ziel es war, den Menschen mit dem «Makrokosmos», den Mächten des spirituellen Universums, zu vereinigen. «Denn wenn man die Seele, die nach der Johannestaufe im Jordan in Christus Jesus war, ins Auge faßt», sagt er, «dann finden wir dasselbe ... Solange die Menschen denken, diese Seele sei auf einen einzigen menschlichen Körper beschränkt, fielen sie einer Illusion zum Opfer. In Wahrheit ist diese Seele alle Räume durchdringend und aus allen Räumen heraus wirkend. Für den in der Sinneswelt befangenen Menschen stellt sie sich so dar, als wenn sie durch den Leib des Jesus von Nazareth wirkte.» Und er betont, daß «wir das Universelle des Kosmos durch den Leib des Jesus nach der Jordantaufe zu sehen haben». Dieses war deutlich auch die Erfahrung des Lazarus während dessen, was das Vierte Evangelium wiederholt als seine «Verherrlichung» beschreibt und was der kosmische Prolog widerspiegelt.[28]

Wir haben in unseren früheren Untersuchungen gesehen, daß der «Brautgemach»-Taufritus, dem sich die Jünger Jesu unterzogen, das große Ereignis im Jordan in vielerlei Hinsicht widerspiegelte und die Grundlage für die paulinische und andere Taufweihen bildete. Wir haben vermutet, daß die «höhere Einweihung», die an Lazarus vorgenommen wurde, eine Ausweitung oder fernere Ausarbeitung des Ritus darstellte, den wir nun als den Ritus der Verherrlichung bezeichnen können. Diese Ansicht scheint bestätigt zu werden. In diesem einzigen Fall nahm Jesus den höchsten Ritus der Initiation vor, der aus Kreisen um den Täufer stammte – jenen Ritus, der in konzentrierter Form die Summe des prophetischen Wissens des Täufers und das Fundament seiner Botschaft bildete. Danach war Lazarus selbst eine Art neuer Johannes. Aber Jesus bezog den Tod und die Wiedergeburt auch auf sein bevorstehendes Schicksal, auf den leidenden Menschensohn. Seine «Verherrlichung», die vom Johannesevangelium genau als solche beschrieben wird, waren seine Kreuzigung und sein Tod.

Paradoxerweise sorgte er so gerade dafür, daß die Art der Einweihung, die er an Lazarus vornahm – die höchste Form des Taufritus – fortan veraltet war. Man konnte die in ihr enthaltene Einsicht in die geistigen Welten später durch das Verstehen des Mysteriums von

Golgatha erlangen, eine historische Realität voller spiritueller Bedeutung – oder ein zur Tatsache gewordener Mythos. «Es sollte gleichsam der Schlußpunkt gemacht werden mit der alten Form der Einweihung. Aber es sollte ein Übergang gemacht werden von der alten in die neue Zeit! Für den Übergang sollte jemand noch einmal auf die alte Art eingeweiht werden, aber in die christliche Esoterik. Das konnte nur der Christus Jesus selbst tun – und es sollte der Einzuweihende jener sein, der da Lazarus genannt wird.»[29]

Es war kein jäher Übergang. Wir wissen, daß die Überlieferung des *Geheimen Markusevangeliums* im Vierten Evangelium die Taufweihe in Alexandria lange Zeit beeinflußte (siehe S. 133 ff.). Es fand aber eine eindeutige Verlagerung statt, die bereits im Vierten Evangelium selbst begonnen hatte. Wir werden sehen, wie diese in der Erzählung des Evangeliums bewirkt wird. Zunächst müssen wir aber versuchen, die «kosmische» Bedeutung des Wissens genauer zu begreifen, das der Jünger, den Jesus lieb hatte, zu vermitteln hat; dazu müssen wir einen bestimmten Ausdruck gründlicher untersuchen.

Das Mysterium des «Pleroma»

«Aus seiner Fülle haben wir alle empfangen Gnade um Gnade», heißt es im Prolog.

Das Wort für «Fülle» im Griechischen des Originals ist *pleroma*; noch einer von den Ausdrücken, die im Zusammenhang des Evangeliums – und auch an anderen Stellen im frühchristlichen Denken – eine besondere Bedeutung zu besitzen scheinen. Übersetzern und Kommentatoren ist es selten gelungen, dies deutlich zu machen. Es entsteht üblicherweise der Eindruck, dieses Wort beziehe sich vage auf die überwältigende Fülle des Wesens oder der Liebe Gottes; selten wird auch nur angedeutet, daß es eine sehr genaue Vorstellung hervorrufen soll. Rudolf Steiner hingegen erklärte nachdrücklich: «Nur der kann es (das Johannes-Evangelium) verstehen, der da weiß, daß man in den alten Mysterien von dem Pleroma oder der Fülle als von etwas ganz Bestimmtem gesprochen hat.»[30]

Wir dürften nicht irregehen, wenn wir – als Vorarbeit zur

Sicherung dieser Bedeutung – bemerken, daß die «Fülle» in der biblischen Überlieferung mit den Vorgängen der Schöpfung verbunden wird. So zum Beispiel in Psalm 24:

> Jahwes ist die Erde und was sie erfüllt,
> der Erdkreis und die ihn bewohnen.
> Er ist es, der sie auf Meere gegründet,
> sie festgefügt über Fluten.

Und in Jeremias 23,24 finden wir: «‹Bin ich es nicht, der Himmel und Erde erfüllt›, spricht der Herr.» Der Prolog nimmt also die Verbindung mit der Schöpfungsgeschichte in Übereinstimmung mit seiner Beschwörung des «Anfangs» auf – der Wirklichkeit des Wortes im Urbeginn – und läßt dies durch den Gebrauch des Wortes *pleroma* aufklingen. Bevor wir aber versuchen, die Bedeutung und Entwicklung dieser Vorstellung zu erhellen, können wir eine parallele Untersuchung heranziehen, die von der Verbindung des Prologs mit dem Lukas- und dem Markusevangelium ausgeht. Denn das Johannesevangelium selbst sagt uns, was wir aus der «Fülle» des göttlichen Wortes erhalten haben:

> Allen, die ihn aufnahmen, gab er *exousia*,
> Kinder Gottes zu werden.

Der Begriff der *exousia* wird es uns erlauben, ein tieferes Verständnis der «Fülle» zu erlangen.

Die Standardlexika zum Neuen Testament übersetzen *exousia* ganz richtig mit «Vollmacht». Das Verb, von dem es abgeleitet ist, hat die Bedeutung «es steht frei, es ist erlaubt». Es ist das Wort, das Paulus benutzt, um das «freie» christliche Bewußtsein zu bezeichnen, dem «alles erlaubt ist», ohne sich auf ein äußeres ethisches Kriterium beziehen zu müssen. Im Griechischen hat es aber auch die Bedeutung von «es ist möglich, steht in meiner Macht», so daß wir genausogut übersetzen könnten: «Er ermöglichte es ihnen / gab ihnen Macht, Kinder Gottes zu werden». Damit ist indes die Bandbreite der Bedeutung dieses Begriffes noch nicht erschöpft. Die Andeutung geistiger «Macht» im Begriff *exousia* ist nämlich viel weitreichender, wie wir aus einer Untersuchung seines Gebrauchs im Lukasevangelium sehen können. Und dies wiederum wird zeigen, wie unangemessen die Wiedergabe durch die Lexika als «Vollmacht» ist, welche üblicherweise als dem rabbinischen Gebrauch entsprechend aufgefaßt wurde. Tatsächlich sind die Analogien eher im Bereich der antiken Magie zu suchen. Und hinter beiden sind noch viel ältere, vorderorientalische Auffassungen von religiöser «Macht» zu erkennen.

R. M. Hull hat in einer höchst interessanten Monographie über die Evangelien und Magie die enge Verbindung zwischen *exousia* und verwandten Auffassungen (magischer) Macht wie *dynamis* und Gnade, *charis,* in den magischen Texten der Spätantike festgehalten.[31] Wenn auch der Kontext sich unterscheidet, so ist im Prolog das Geben von *charis* («Gnade um Gnade») doch in irgendeiner Weise mit dem Empfangen von *exousia* verbunden. Hull untersuchte dann, wie *exousia* im Lukasevangelium gebraucht wird, wo es mehrere Male vorkommt. Die «Vollmacht», mit der Jesus seine Botschaft verkündete, erzeugte Erstaunen, ja manchmal Feindseligkeit unter den Menschen, die ihn sahen und hörten. Hull weist darauf hin, daß die Reaktion der Menschen unmöglich mit einer Interpretation der *exousia* als einer quasi-rabbinischen Erlaubnis zum Predigen zusammenpaßt. Wie konnte sie nur so viel Unruhe verursachen? Das Umfeld der Geschichten weist auch auf keinerlei Streitigkeiten mit religiösen Autoritäten hin, die Jesus nicht an ihren Privilegien teilhaben lassen wollten. Die *exousia* tritt stattdessen fast immer im Zusammenhang mit dem Austreiben von Dämonen auf. Oft wird bei Lukas, wie in den magischen Texten, zusammen mit ihr die *dynamis* erwähnt; beide beziehen sich auf eine übernatürliche «Macht», die durch Jesus wirkt – manchmal unter seiner Kontrolle, manchmal aber ohne seinen Willen. Diese «Macht», so Hull, «ist besonders bei der Dämonenaustreibung wirksam und wird dann oft, wie etwa bei Lukas 4,36, mit der *exousia* verbunden ... Diese Macht wird an anderer Stelle als «die Macht des Herrn» beschrieben, wobei der Herr hier wahrscheinlich Gott ist, der Höchste.» Später im gleichen Evangelium wird sie als die «Macht aus der Höhe» charakterisiert.[32]

In der bekannten Episode von der blutflüssigen Frau im Lukasevangelium sehen wir am besten, wie diese Macht wirkt:

> Und eine Frau hatte den Blutfluß seit zwölf Jahren und konnte von keinem geheilt werden. Die trat von hinten heran und berührte den Saum seines Gewandes; und sogleich hörte ihr Blutfluß auf. Und Jesus fragte: ‹Wer hat mich berührt?› Als es aber alle abstritten, sprach Petrus: ‹Meister, das Volk drängt und drückt dich.› Jesus aber sprach: ‹Es hat mich jemand berührt, denn ich habe gespürt, daß eine Kraft (*dynamis*) von mir ausgegangen ist.› Als aber die Frau sah, daß es nicht verborgen blieb, kam sie mit Zittern und fiel vor ihm nieder und verkündete vor allem Volk, warum sie ihn angerührt hatte und wie sie sogleich gesund geworden war. Er aber sprach zu ihr: ‹Meine Tochter, dein Glaube hat dir geholfen. Geh hin in Frieden!›

Diese Beschreibung kommt der Erfahrung eines Magiers am nächsten. Die Kraft geht ohne seinen Willen von Jesus aus, obwohl er ihr Träger ist. «Magisch» ist auch, daß die Kraft als eine «Ladung» an Energie in seine Kleider übergeht. Sie wirkt jedoch nur bei einer Berührung im Glauben; die übrige drängelnde Menge entzieht die Energie, die *dynamis*, nicht. Jesus betont dies in seinen Worten an die Frau: «Dein Glaube hat dir geholfen». Wieder sind wir versucht, dies mit dem Prolog zu vergleichen: Diejenigen, die *exousia* empfangen können, sind diejenigen, «die ihn aufnahmen», «die an seinen Namen glauben». Wir haben jedenfalls recht, wenn wir mit Hull die Übertragung von Macht als eine Äußerung der *exousia* Jesu ansehen.

Eine Betrachtung des Markusevangeliums ergibt ein grundlegend ähnliches Bild. Indem Hull sich dieses Mal auf die Untersuchungen früherer Forscher stützt, kritisiert er wieder die allgemeine Interpretation der *exousia* als Vollmacht im Sinne der Rabbiner und zeigt, daß sie für die Leser des Markus «eine geheimnisvolle, übermenschliche Macht bedeutete, durch die Dämonen bezwungen und Gebrechen geheilt wurden».[33]

Macht die Kraft, Zeichen zu bewirken, Jesus also zu einem hellenistischen Magier? Wohl kaum. Vielmehr ist bei beiden die Kraft im

Sinne jener alten orientalischen Auffassung von göttlicher Kraft zu verstehen, die durch eine stellvertretende Gestalt, zum Beispiel einen eingeweihten König, wirkt. Hull verweist auf die ägyptischen Vorstellungen, die sich mit dem Gott Amon-Re verbinden, der als der Verborgene-und-Offenbare verehrt wird. Dieser Gott wurde als Quelle von Lebensenergie betrachtet, die das Universum erfüllte. Seine Macht fließt in alles, was sie empfangen will. Am meisten aber erfüllt sie den König, der das lebende Ebenbild des Gottes ist. Sie fließt weiterhin ein in die mit dem König und mit seiner Gestalt verbundenen Gegenstände, wie seine Kleider und Insignien. Die Quelle der Energie im Gott ist unerschöpflich. Daher ist in der Darstellung der Evangelien noch ein weiterer Einfluß zu sehen, der mit den vielen an früherer Stelle genannten Beispielen vergleichbar ist und aus der Mysteriensphäre des antiken «Gottkönigtums» stammt. «Christus ist wie ein Gottkönig; er erleidet keine andauernde Verminderung seiner Energie, weil er direkt vom göttlichen Vater aller unterstützt wird.»[34] Er stellt in der Tat eine erhöhte Verwirklichung des Ideals vom Eingeweihten-König dar (wie der Magier dessen gefallene Personifizierung ist). Hier liegt aber jedenfalls der Ursprung für den Begriff der «Vollmacht» Jesu: es ist diejenige des spirituellen Königs, der durch kosmische Macht herrscht, der mit der schöpferischen, lebenspendenden Energie des Vaters in Verbindung steht und die Mächte des Bösen, des Todes und der Krankheit vertreibt.

Die Analogie zu Ägypten vermittelt uns auch ein anschauliches Bild der Bedeutung, die im Zusammenhang mit der «Verleihung der *exousia*» mit der «Fülle» verbunden wird, aus der jene fließt. Es verweist auf das unbegrenzte Reservoir an Lebensenergie, die das All erfüllt und die die Ägypter als den Gott Amon-Re wahrnahmen, der als Sonne sichtbar, als ätherische, fließende und sich überall erstreckende Macht aber unsichtbar war. Die Psalmen zum Lob der Schöpfung Jahwes zeichnen ein vergleichbares Bild: die Erde und die grenzenlose Fülle von Schöpfungsenergie in dem sie umgebenden Universum. Der Prolog zum Johannesevangelium setzt diese Fülle mit der schöpferischen Macht des Wortes gleich, die in Jesus erschien und die Quelle seiner *exousia* ist, die wiederum uns als Kindern Gottes verliehen ist.

Wie nahe die genannten ägyptischen Vorstellungen der Sprache des Prologs kommen konnten, sieht man aus einer Darlegung im späteren hermetischen Schrifttum. Das «Reservoir» an Lebensenergie wird dort als Einfluß beschrieben, der von den Sternen in den «Schoß» der irdischen Elemente fließt. In der irdischen Welt vermischen sich in dem meisten daraus «Hervorgegangenen» die reinen Kräfte mit dem Bösen. Manchmal jedoch:

> Es mag geschehen, daß unter dem daraus Hervorgegangenen ein Wesen ist, welches aus den reinen Bestandteilen jener elementaren Substanzen ohne jegliche unreine von diesen besteht, und daß jenes Wesen so zusammengesetzt ist, daß es von vollkommener Beschaffenheit ist; so daß Gott selbst sich durch dieses Wesen auf der Erde personifiziert hat.[35]

Das Wesen, in dem die Lebenskräfte vollständig überwiegen, wäre ein «lebendiges Ebenbild», ein «göttlicher König» oder ein Jesus, der gleichermaßen *exousia* besitzt. (Die hermetische Stelle bedeutet natürlich nicht, daß es irgendeine einmalige Inkarnation gibt, die Gott in der Welt «personifiziert».)

Es wäre aber unklug, die Betrachtung dieser Vorstellungen zu eng auf Ägypten zu beschränken. Das Eingeweihten-Königtum war im antiken Orient einschließlich Israels weit verbreitet. Wir haben das Bild von der Fülle in einem jüdischen Psalm gesehen; und die jüdische Frau, die Jesu Kleid berührt, scheint ein volkstümliches Verständnis vom Übernatürlichen vorauszusetzen – oder ist wenigstens in der Vorstellungskraft des Lukas so dargestellt worden. Das Gefühl von Gott als Kraft und vom irdischen Repräsentanten als «Personifizierung» war vielmehr eine derjenigen Vorstellungen, die eine fruchtbare Begegnung zwischen Menschen aus verschiedenen Geistesströmungen förderten, zum Beispiel, wenn die Hermetiker mit den jüdischen esoterischen Täufern in Berührung kamen und durch sie von der *metanoia*, der Taufe, erfuhren. Die Erwähnung der Fülle im johanneischen Prolog stammt sehr wahrscheinlich nicht aus der Hermetik, sondern aus einer parallelen Entwicklung im esoterischen Judentum. Jesu *exousia* gleicht wohl nicht der «Vollmacht» des Rabbi im regulären Judentum; die jüdische Esoterik der Taufsekten schloß jedoch, wie wir wiederholt gesehen haben, Mysterienvorstellungen ein, die aus dem Osten oder älteren in Palästina selbst erhaltenen Auffassungen stammten. Diese glichen oft dem, was wir in der ägyptischen Hermetik vorgefunden haben. Der Gelehrte David Flusser hat aufgewiesen, daß ältere semitische Vorstellungen über eine «Kraft Gottes» und deren irdischen Träger überlebt hatten, die sehr gut auf unseren Fall passen. Es hatten sich anscheinend im Untergrund besonders Sonnenbilder und -vorstellungen innerhalb der grundlegenden Orientierung des Judentums am Mond erhalten. Sie kamen zum Beispiel im Essenismus und in anderen Bereichen, die den Anfängen des Christentums nahestanden, an die Oberfläche.

Flussers Untersuchung konzentriert sich auf einen weiteren Schlüsselbegriff: *doxa* («Herrlichkeit»). Und wieder zeigt das Lukasevangelium interessante Spuren der tieferen Bedeutung hinter solchen Auffassungen. Wir finden sie auch im johanneischen Prolog:

> Und wir sahen die Herrlichkeit seiner Offenbarung,
> eine Herrlichkeit, offenbart als des einzigen aus dem
> Vater Hervorgegangenen.

Flusser beschäftigte sich mit einer außergewöhnlichen Stelle im Lukasevangelium über das «Antlitz» Jesu, über das Herabrufen von Feuer aus dem Himmel und Jesu Empfang durch die Samariter. Er entdeckt dahinter eine alte theologische Auffassung vom «Antlitz» als der Offenbarung der Herrlichkeit eines Gottes – ein weiteres Beispiel für die Offenbarung einer universellen Gottheit durch eine Personifizierung –, so wie die Herrlichkeit im Prolog das Verhältnis zwischen Christus und seinem Vater offenbart. (Das Wort «Person», das wir zur Wiedergabe der hermetischen Vorstellung benutzt haben, bedeutete ursprünglich «Maske» oder das in einem Schauspiel getragene Gesicht.) In der alten, vorjüdischen Religion der Semiten in Palästina wird die Göttin Tanit (oder richtiger Tinnit) mit dem Titel «Antlitz des Baal» beschrieben. Dieser bedeutet, daß sie den Glanz des großen Gottes Baal offenbart und damit dessen Universalität seinen Verehrern auf Erden zugänglich macht. Und auch im Kontext des Neuen Testaments sind «Antlitz», «Bild» und «Glanz» oder «Herrlichkeit» noch auf lebendige Weise miteinander verbundene Vorstellungen.

Flusser dehnt seine Betrachtungen dann auf ein apokryphes Evangelium aus, von dem ein wichtiges Fragment erhalten ist und in dem er auf ähnliche Elemente einer personifizierenden Theologie stößt. Es ist das *Petrusevangelium*, das sehr alt ist und wiederum aus Syrien stammt. Es enthält unseren ältesten nicht-kanonischen Bericht von der Passion Christi, und es stellt vielleicht ein unabhängiges Zeugnis der Überlieferungen über seinen Tod dar, obwohl einige meinen, sein Autor könne die kanonischen Fassungen auch gekannt haben. Seine Bedeutung liegt für unseren Zusammenhang jedoch im Gebrauch eines Begriffes, der die Gegenwart Gottes in Jesus ausdrückt – eines Begriffes, der es uns ermöglicht, den Kreis unserer Untersuchungen zu diesen Vorstellungen zu schließen. Dieser Begriff ist *exousia*. Wenn Flusser recht hat, brauchen wir also nicht über die Grenzen nach Ägypten zu schauen, um zu verstehen, was Jesus meint, wenn er von seiner Macht oder *exousia* spricht. Die ägyptische Version bleibt unschätzbar, weil wir aus ägyptischen Quellen ein vollständiges Bild des Wirkens dieser Macht rekonstruieren können, während wir aus der alten semitischen Religion sehr wenig Zeugnisse haben; solche älteren Mysterienvorstellungen waren aber in Syrien und Palästina weitverbreitet und übten einen unterschwelligen und esoterischen Einfluß auf das jüdische Denken aus.

Es gibt tatsächlich im frühen Christentum Spuren einer an die alten Vorstellungen anknüpfenden Auffassung, daß Jesus das Gefäß für eine solche Macht war. Clemens von Alexandria schrieb eine großartige, deskriptiv-theologische Abhandlung mit dem Titel *Hypotyposeis* (Skizzen), aus der wir, obwohl sie selbst verlorengegangen ist, von späteren Verfassern einige Zitate überliefert haben. Einer von ihnen zitiert eine interessante Stelle, in der Clemens auf eine Unterscheidung zwischen dem göttlichen Wort in seinem ewigen Wesen und dem, was in Jesus erschien, Wert legt. Die Göttlichkeit, welche die Ordnung des Universums aufrechterhält, so Clemens, gab nicht ihre ewige Aktivität auf, um in dem irdischen Körper gegenwärtig zu sein. Es war nicht das Ewige Wort an sich, das «Fleisch geworden ist ... sondern eine Kraft Gottes, eine Art Emanation seines Logos.»[36]

Es entsteht also aus den verschiedenen Quellen, den kanonischen und den apokryphen Evangelien und einigen späteren Nachklängen, ein klares, wenn auch weithin ungewohntes Bild. Was wir für den

Augenblick noch nicht klären konnten, war die Form, welche diese Lehren im Judentum annahmen; diesem Problem wollen wir uns nun zuwenden.

Das Judentum unterschied sich natürlich von allen erwähnten Religionen darin, daß es für die jüdische Vorstellung keine direkte «Personifizierung» Gottes in der Welt geben konnte. Gott hielt einen Abstand zur Welt ein. Wir haben in diesem Buch bereits festgestellt, der Mensch habe seine Freiheit und die Möglichkeit zu vertiefter Innerlichkeit dadurch erhalten, daß er aus der mythischen Weltsicht heraustrat, in der die Götter in allem gegenwärtig waren. Nach Ansicht des Judentums manifestierte die Welt gewiß das Wesen Gottes, denn er hatte sie geschaffen; aber seit dem Anfang hatte Gott sich nicht auf jene Weise gezeigt. Er hatte sich vielmehr auf eine innerlichere Offenbarung im ethischen Selbst und in der Geschichte hin entwickelt, welche die Bedeutung der Handlungen und Beziehungen des Menschen ausdrückt. Infolgedessen war es für die Juden unmöglich, sich einen physischen Menschen vorzustellen – nicht einmal einen von «vollendeter Beschaffenheit» –, der Gott hätte «personifizieren» können. Das hätte gegen den Abstand zwischen Gott und der Welt verstoßen, der für das jüdische Bewußtsein notwendig war. Mit *exousia*, Kraft und so weiter verbundene Vorstellungen konnten daher mit der jüdischen spirituellen Weltsicht nur auf zwei Arten in Einklang kommen: zum einen in Verbindung mit der Schöpfung selbst, dem einen Vorgang, in dem Gott im Reich der Materie tätig war; und zum anderen im Verhältnis zu den Wesen, welche die Kluft zwischen Gott und der Welt bevölkerten und das sonst unüberwindliche Vakuum überbrückten: den «Boten», den Engeln.

Und genau dort finden wir sie. Fast alle besprochenen Begriffe und Konzeptionen tauchen im Judentum in der Form von Engeln auf. So wird die Kraft (*dynamis*) zum Beispiel in der jüdischen Überlieferung ein Engel vor Gott genannt. Der bedeutende Mystikforscher Gershom Scholem hat darauf hingewiesen, daß es sich um eine authentische jüdische Tradition handelt, wenn gesagt wird, Jesus werde aufsteigen «um zur Rechten der *dynamis* zu sitzen». Engelwesen tragen den Titel «Antlitz» und sogar «Der kleine Jahwe» – eine Neigung zur «Personifizierung», die sich fortsetzte und ihren bedeutendsten Ausdruck in der Kabbala fand, der Mystik der mittelalterlichen jüdischen Welt. Die «Glorie» (*kabod*) und sogar die *schechina* besitzen Epiphanien in Engelsgestalt. Und, was am wichtigsten ist, wenn wir auf den Begriff *exousia* treffen, bezieht er sich wieder auf Engelwesen, insbesondere auf diejenigen, welche die Welt schufen. Wenn der Einwand erhoben wird, es sei doch sicher Gott gewesen, der die Welt geschaffen hat, dann vergißt man dabei, daß gerade hier, in der Schöpfung, die alten Auffassungen von der «Personifizierung» gelten: Gott «personifizierte sich» in diesen sieben Engeln oder Exousiai, die im Anfangskapitel der Genesis mit dem Plural Elohim (wörtlich: «Götter») bezeichnet werden.[37]

Auf diese Weise nähern wir uns noch auf einem weiteren Weg dem Prolog und seiner neuen Fassung des «Im Anfang», des Urbeginns, auf den sich alle diese Vorstellungen innerhalb des jüdischen Denkens beziehen. Und noch genauer: Wir kehren zu einem Prolog in der Umgebung einer esoterischen Engellehre zurück.

Es wäre faszinierend, die Entstehung dieser kosmologischen Visionen aus der mystischen oder esoterischen Interpretation des «Schöpfungswerks» im Judentum zu verfolgen. Die Schöpfung war, zusammen mit der Thronwagenvision des Hesekiel, ein ausdrücklich «esoterisches» Thema, das nur unter denjenigen erörtert werden durfte, die «das Verständnis hatten» (siehe S. 23f.). Und die bloße Erwähnung der Engel konnte gefährlich sein. Die sieben Exousiai beziehen sich offensichtlich auf die sieben Tage der Schöpfung, an denen sich Gott jeden Tag in einem anderen Aspekt offenbarte. Wir werden sehen, daß er für jeden Aspekt einen anderen Namen haben kann, und diese Namen würden, da die Wochentage im babylonischen Denken auf die sieben Planeten zurückgehen, gemeinsam die Totalität des kosmischen Wesens Gottes – oder anders gesagt: die Fülle – offenbaren. Wie wir feststellen, benutzen gnostische und andere frühchristliche Schriften, die sich mit Kosmologie beschäftigen, den Begriff Fülle (*pleroma*) tatsächlich auf diese Weise. Und so erklärte auch Rudolf Steiner in seiner Besprechung des Johannesevangeliums den Begriff Fülle.[38] Mit Hilfe der modernen Forschung und der Funde ist es möglich geworden, den Hintergrund des Begriffs aufzudecken und zu zeigen, warum er im esoterischen Judentum (wahrscheinlich einschließlich des Kreises um Johannes den Täufer) seine dort vorliegende Form annimmt.

Durch einen dieser Funde können wir uns, wenigstens mit einiger Wahrscheinlichkeit, der Form weiter nähern, welche diese Lehre in den esoterischen Kreisen annahm, die das Johannesevangelium benutzten. Denn im *Apokryphon des Johannes* haben wir eine gnostische Offenbarung vor uns, die anscheinend einige echte Überlieferungen im Namen des Johannes enthält. Sie wurden in einem sekundären Stadium aufgenommen, denn grundsätzlich ist dies ein Buch mit einer rein gnostischen Lehre. Es geschah zu einer Zeit, als Johannes – mit Vorbehalten – von der Kirche anerkannt worden war; denn hier soll er der Sohn des Zebedäus sein. Als Ergebnis dieser Vermischung schreibt das *Apokryphon* in der uns vorliegenden Form Johannes, dem Sohn des Zebedäus, eine höchst gnostische Offenbarung zu, pfropft dieser aber Lehren auf, die in Wirklichkeit johanneische Lehren widerspiegeln, die aus der gleichen Quelle stammen wie das Vierte Evangelium. Eine komplizierte Situation! Und natürlich kann man nicht immer feststellen, was woher kam oder wie es von seiner neuen Umgebung beeinflußt worden ist. Aber einer der Züge dieser Schrift existierte fast sicher in einem jüdischen Kontext – mit einer von der vorliegenden gnostischen sehr verschiedenen Bedeutung. Vermutlich gelangte er mit den anderen johanneischen Elementen in das *Apokryphon*.

Es findet sich dort eine Aufzählung der «Herrscher» der sieben Planeten. Sie haben nicht die üblichen astrologischen, sondern seltsame esoterische Namen.

Mond	Athoth	=	?
Merkur	Eloaios	=	Elohim
Venus	Astaphaios	=	Luzifer
Sonne	Jao	=	Jahwe
Mars	Sabaoth	=	Zebaot (Gott) der Scharen
Jupiter	Adoni	=	Adonai (Herr)
Saturn	Sabbataios	=	Shabbatai

Der seltsame Name Athoth bleibt rätselhaft, aber die Übersicht zeigt, daß alle anderen Namen für die Herrscher in Wirklichkeit jüdische Namen für Gott sind, die in der Bibel und in rabbinischem Schrifttum vorkommen. Eloaios ist eine Umschreibung von Elohim (wörtlich: «Götter»), Jao von Jahwe, dem heiligsten göttlichen

Namen, der hier auch mit der Quelle des Lichts verbunden wird, das von den anderen Körpern reflektiert wird. Sabaoth oder Zebaot, was «der Scharen» bedeutet, ist ein weiterer Titel, der in der Bibel oft für Gott verwendet wird, und Shabbatai gibt «den Siebten» wieder, das heißt den Gott des siebten Planeten oder des Sabbat (siebten Tages). Man halte auch fest, daß Satan-Luzifer als Mitglied der himmlischen Schar erscheint, genau wie im Buch Hiob des Alten Testaments, und in Übereinstimmung mit älteren jüdischen Vorstellungen.[39]

Die sieben Planeten sollen also mit anderen Worten die verschiedenen Aspekte offenbaren, in denen Gott sich den Menschen gezeigt hat. Diese Botschaft war für die Gnostiker nicht annehmbar. Für sie stellten die Planeten die wirkenden Kräfte der kosmischen Unterdrükkung – Zeichen der Zwänge der Natur – dar, die dem Geist des Menschen Widerstand leisteten. Die gnostische Lehre macht diese Wesen daher zu bösen Dämonen. Das war jedoch kaum die ursprüngliche Bedeutung dieses Schemas. Daß es den Aspekt des Anschuldigers, Satans, einschloß, unter dem Gott den Menschen für seine Sünden zur Verantwortung zog, zeigt, daß es grundsätzlich die Vorstellung ausdrückte, Sünde sei ein Element des grundsätzlich guten Kosmos – und nicht, daß der Kosmos im Gegensatz zum Geist von Grund auf schlecht sei. Es stellt eine Art frühes kabbalistisches System dar, in dem den göttlichen Namen Sphären (griechisch: *sphaira*; im Hebräischen der Kabbala: *sefira*) zugeordnet sind.

Des weiteren erfahren wir aus dem *Apokryphon des Johannes* etwas äußerst Wichtiges über das System, und zwar, daß die Sonne in einem besonderen Verhältnis zu den übrigen Mächten stand. Sie schloß ihrer aller Wesen in sich ein, wie das von allen Planeten reflektierte Licht auch in Wirklichkeit das Licht der Sonne ist. Der Name für die Sonne in diesem System ist Jahwe; und dieser Entsprechung liegt ein Verständnis jenes Augenblicks in der Genesis zugrunde, wenn am Ende des ersten Kapitels der bis dahin für Gott benutzte Name Elohim durch den zuammengesetzten Namen Jahwe-Elohim ersetzt wird, was bedeutet, daß Jahwe fortan die Totalität der Schöpfung enthält oder deren göttlichen Mittelpunkt und Grund bildet. Wenn wir nach einem Begriff suchen, um dies zu beschreiben, dann kann es nur die Fülle, das *pleroma*, sein. Und wenn Johannes andeutet, in Christus offenbare sich die Fülle, so verleiht er seiner Überzeugung Ausdruck, daß nicht nur einer der schöpferischen Aspekte der kosmischen Gottheit in diesem gegenwärtig war, sondern der Sinn des Ganzen für die zukünftige Geschichte. Die Bedeutung Christi kommt der Ganzheit und dem geistigen Impuls der Schöpfung gleich.

Es ist interessant, daß *pleroma* in der gnostischen Literatur selbst mit einer positiven Bedeutung überlebt hat. Sowohl hinter dem jüdischen als auch dem gnostischen Gebrauch müssen wir letzten Endes eine weitere Verbindung mit den Mysterien des Iran sehen. In der zoroastrischen Kosmologie finden wir nämlich die archetypischen Bilder des Ohrmazd und seiner sechs «wohltätigen Unsterblichen» oder Schöpfungsgeister. In den zoroastrischen Texten heißt es, Ohrmazd sei einer dieser Schöpfungsgeister und doch gleichzeitig auch die Ganzheit. Wir haben die seltene Gelegenheit, an dieser Stelle anschauliche Beweise aus frühchristlicher Zeit heranzuziehen. Unter den Mosaiken der Markuskirche in Venedig findet sich eine Darstellung der Ereignisse in der Genesis. Jeder «Tag» der Schöpfung erscheint als ein Engelwesen, und am Ende der Abfolge sehen wir Gott im Zentrum mit je drei Engeln zu beiden Seiten, eine Anordnung, die spezifisch iranisch ist. Wir wissen, daß das Bild aus einem Christentum stammt, das viel älter ist als das Venedig des dreizehnten Jahrhunderts; denn J. B. Trapp weist darauf hin, daß die Serie «eine erstaunlich getreue Übersetzung der Illustrationen aus einer sehr frühen Handschrift – der *Cotton-Genesis* – ist. Sie ist eine unserer ältesten vollständig illustrierten Handschriften des Alten Testaments; ein Codex aus dem fünften oder sechsten Jahrhundert, der vielleicht in Alexandria entstand.»[40] Die darin enthaltenen Vorstellungen gehen sogar noch weiter zurück.

Der Begriff der «Fülle» wurde also in jüdisch-esoterischen und johanneischen Kreisen in Verbindung mit einer Engellehre und mit dem «Schöpfungswerk» aufgefaßt. Wie paßte die Gestalt des Christus zu all dem?

Der Prolog zeigt zusammen mit der Feststellung des Clemens von Alexandria in den *Hypotyposeis*, daß Jesus als Verkörperung der Fülle betrachtet wurde. Die Fülle der Schöpfung war nicht in ihrer kosmischen Realität als das ewige göttliche Wort in ihm auf Erden gegenwärtig, sondern als die *exousia*, die «Macht Gottes» oder das aus dem Wort Hervorgegangene, worin sich die siebenfältige Ganzheit spiegelte. Die Fülle war den Juden früher durch Jahwe und sein Schöpfungswerk widergespiegelt worden. Nun wurde die «Personifizierung» Gottes als Engel in Jesus verwirklicht. Die Auffassung von Christus als Engel war in der Tat im frühesten Christentum tief verwurzelt, wo sie aus dem esoterischen jüdischen Hintergrund entstand und, wie wir gesehen haben, eine umfassende und höchst ausdrucksvolle Theologie entstehen ließ. Gott personifizierte sich in den höchsten Engelwesen, den Exousiai, und dann, nach der Taufe durch Johannes, in Jesus.

Die *Ebionim*, die sich von den Essenern ableitenden Judenchristen, bewahrten dieses Wissen noch. Sie lehrten, wie es von einem der Kirchenväter festgehalten wurde,

> daß Jesus aus menschlichem Samen gezeugt und auserwählt wurde und so durch Erwählung Sohn Gottes genannt wurde; Christus sei von oben auf ihn gekommen in der Form einer Taube (das heißt bei der Taufe). Sie sagen, er sei nicht von Gottvater gezeugt, sondern daß er geschaffen wurde, wie die Erzengel, aber bedeutender als diese.[41]

Der Kirchenvater, der von ihnen berichtet, versteht ihre Vorstellungen kaum mehr. Die Erwähnung von Engeln, die wie die sieben Erzengel, aber bedeutender sind als sie oder höher in der Hierarchie stehen, deutet mit Sicherheit auf die Exousiai.

Damit wird die Wirklichkeit der Inkarnation Gottes keineswegs abgeleugnet, sondern auf dazwischenliegende Stadien der «Personifizierung» hingewiesen. Tatsächlich lehrten einige Christen, Christus habe sich nacheinander auf der Leiter der absteigenden Ordnung der Engel personifiziert und schließlich zuletzt den Zustand des Menschseins erreicht.

Als Fußnote dürfen wir weitere Spuren der Theologie von der Macht anmerken, zum Beispiel in jenen erstaunlichen und einem Labyrinth gleichenden Visionen eines frühchristlichen Propheten unter dem Titel *Der Hirte des Hermas*, in denen ein Großteil der Symbolik sieben Engel betrifft, deren Wirken sowohl Schöpfung als auch Erlösung, den Aufbau der sichtbaren Welt und der unsichtbaren Ordnung der Kirche zu umfassen scheint; ferner in einem als sehr früh eingeschätzten und recht esoterischen Traktat *Von den dreierlei Früchten des christlichen Lebens*, in dem Gott aus dem himmlischen Feuer sieben Engel erschafft und einen von ihnen (vermutlich den Sonnenengel) dazu bestimmt, seinen Sohn darzustellen oder einfach sein Sohn «zu sein». Hier personifiziert Gott sich wieder in einem Engelwesen oder einer Exousia. Damit wird nicht verleugnet, daß es Gott ist, der gegenwärtig ist, sondern – gerade umgekehrt – er ist gegenwärtig «nur» als Engel! Die Abhandlung scheint auch zu versichern, daß der Sohn ewig existiert, bevor noch einer der Engel «erwählt» wird. Man hat die in ihr vertretenen Vorstellungen mit einer christlichen Inschrift in Milet verglichen, in der sieben «Erzengel-Äonen» erwähnt wurden. In den *Dreierlei Früchten* wird Christus auf ähnliche Weise als Äon, als eine himmlische Macht, dargestellt: «Er ist das Ganze und auch einer der sieben Teile.»[42]

Der «Lieblingsjünger» und seine kosmische Erfahrung haben uns in eine weitgehend unbekannte Welt kosmologischen Denkens eingeführt. Wenn sie heutzutage notwendigerweise dunkel und weit entfernt scheint, müssen wir uns vergegenwärtigen, daß dieses die Art und Weise war, von bestimmten tatsächlichen Erfahrungen zu sprechen, und nicht eine beliebige Spekulation, und daß es die Bewegung der spirituellen Erfahrungen zwischen der irdischen Welt und dem Göttlichen konkret und detailliert ausdrückt; das Dogma von der Inkarnation stellt eine spätere stereotype und verfestigte Form dieses Denkens dar. Das kosmologische Denken kann uns in die Erfahrungen derjenigen zurückversetzen, die fühlten, wie in der Gegenwart Christi «kosmische Ereignisse» und Veränderungen geschahen.

Das ist vielleicht das Entscheidende. Für das jüdische Bewußtsein hatte das Wirken Gottes in Geist und Materie mit der Schöpfung aufgehört. Die seit der Schöpfung existierende Welt war nur ein Produkt, das die Bühne für die Aufführung der menschlichen Geschichte freigab. Aber die Bilderwelt und Engellehre zur Schöpfung im Prolog sprechen eine neue, nüchterne Wahrheit aus: Gott ist wieder in der physischen Welt wirksam. Dies stellt jedoch keine Rückkehr zu einem mythischen Bewußtsein, sondern einen weiteren Schritt vorwärts dar. Gott ist in einem bestimmten historischen Wesen und einer einzigartigen Folge von Ereignissen gegenwärtig.

Diese Wiederentdeckung des geistigen Wirkens Gottes in der Welt der Materie, praktisch einer «neuen Schöpfung», stellte in gewisser Hinsicht die christliche Entdeckung dar. Bei Paulus eröffnete es den Blick auf die zukünftige Evolution des Menschen und die Metamorphose des Auferstehungsleibes zu einem Körper der Herrlichkeit. Wie der Verfasser des Vierten Evangeliums seine kosmische Vision und rituelle Einweihung mit den Ereignissen dieser einzigartigen Geschichte verschmilzt, die in ihrer menschlichen Intensität tragisch, in ihren kosmischen Auswirkungen aber schöpferisch ist, muß den Gegenstand unserer letzten Abschnitte bilden.

Das Mysterium von Golgatha

Jedes der Evangelien sieht die Passion Christi auf seine eigene Art. Jedes hat seine eigene implizite Theologie, und wir suchen vergebens nach einer Darstellung der «bloßen Tatsachen». Die Ereignisse der Passionswoche sind – mehr als jeder andere Teil des Lebens Jesu – in den Herzen aller Christen seit dem frühesten Stadium der Überlieferung mit unergründlicher Bedeutung befrachtet. Man muß sich bewußt machen, daß die Isolierung der «bloßen Tatsachen» auch wiederum eine Interpretation, noch dazu eine seltsam beschränkte, darstellen würde. «Tatsachen» sind ihrerseits nur Abstraktionen aus der Welt der sozialen und spirituellen Erfahrung des Menschen. Und moderne Philosophen haben behauptet, reine Objektivität sei ein Fluchtpunkt und kein Erkenntnisideal: Wenn man einen Gegenstand ganz ohne Standpunkt charakterisieren wollte, bedeutete das, daß man in Wahrheit gar nichts über ihn aussagt.

Das Vierte Evangelium stellt eine besonders reiche Interpretation dieses zentralen Mysteriums dar, und anstatt zu versuchen, uns den Weg zur Fata Morgana der «wirklichen Geschehnisse» zu bahnen, tun wir besser daran, so tief wie möglich in seine Sicht einzudringen. Denn schließlich stellt es die historische Erfahrung eines Menschen dar, der den Ereignissen nahe und eng in sie verwickelt war. Noch mehr als die anderen Evangelien steigert das Vierte die historische Wirklichkeit zu etwas mythisch Kraftvollem – wobei wir gleichzeitig sicher sein dürfen, daß sein Verfasser sich historischer Genauigkeit sehr verpflichtet fühlte. Ohne die getreue Wiedergabe der historischen Ereignisse könnte die «Wahrheit», die er verkündet, nicht existieren – obwohl sie natürlich über die Beschränkungen der Zeit und des Ortes hinausgeht, in denen die Wahrheit sich äußerte.

Auf der umfassendsten Ebene fällt diese Verpflichtung mit dem Gehorsam Christi gegenüber seinem Vater, dem Gott der Geschichte, zusammen. Es ist der Gehorsam, der die mythische Dimension des Christusereignisses davor bewahrte, sich von der Geschichte loszusagen, sich abzutrennen und dadurch nur eine Rückkehr zu den antiken Mysterien zu sein. Es ist der äußerste Gehorsam gegenüber einer Hauptbedingung der historischen Wirklichkeit: dem Tod.

Der Lieblingsjünger erlebt die Ereignisse des Abendmahls, der Gefangennahme, der Verurteilung und der Kreuzigung Jesu mit überwältigender Intensität – mit einem höheren Bewußtsein, das durch seine Einweihung möglich geworden war. Den kosmischen Inhalt seiner Einweihung, das «Mysterium des Reiches Gottes», verkörperte er im Prolog, und dieser umfaßte die Überlieferung vom Leben Jesu bis zu dem Augenblick, in dem der Jünger selbst seine Lebens- und Todeserfahrung hatte: die Auferweckung des Lazarus. Seine Einweihung war jedoch mit der kosmischen Vision noch nicht vollendet. Jesus gab der «alten Einweihung» eine neue Richtung, indem er sie mit seiner eigenen Bestimmung verband: der des leidenden Menschensohnes auf Erden. Der Jünger findet die Wirklichkeit seiner kosmischen, mythischen Erfahrung in dem, was im zweiten Teil seines Evangeliums berichtet wird.

Daher rührt die berühmte «johanneische Ironie». Denn der Jünger sieht auf zwei Ebenen: Er sieht, wie die Ereignisse stattfinden, und sieht die Motive und Standpunkte derer, die an ihnen beteiligt sind; er sieht aber auch, wie diese in der Erfüllung eines Planes, einer Wirklichkeit gefangen sind, die sie selbst nicht begreifen. Wenn der Hohepriester vorschlägt, daß ein Mensch um des Volkes willen geopfert werden solle, meint er damit, daß die politische Lage dadurch beruhigt werden könne, indem man sich Jesu entledigt. Johannes aber sieht, daß dieser eine Mensch wahrhaftig um des Volkes willen in den Tod geht – in einer viel tieferen Bedeutung, als sie der Hohepriester sich vorstellen kann. Ein Großteil der Darstellungskraft des

Evangeliums und damit seiner Kraft, auf uns zu wirken und uns zu verwandeln, stammt aus dieser «Einweihungs»-perspektive der doppelten Bedeutung oder Ironie der irdischen Geschehnisse. In den anderen Schriften, die uns unter dem Namen des Johannes überliefert sind, wie den *Johannesakten* oder dem *Apokryphon des Johannes*, klaffen die beiden Ebenen oft auseinander. Die *Johannesakten* stellen zum Beispiel dar, wie Johannes während der Kreuzigung eine Vision Christi in seiner Herrlichkeit in der geistigen Welt hatte; die Juden und Römer werden verspottet, weil sie unter der Illusion leiden, ein göttliches Wesen könne dadurch getötet werden, daß man es an ein Kreuz nagelt. Wir erkennen, wie in der johanneischen Einflußsphäre entstandene Lehren von einem grundlegenden gnostischen Dualismus angezogen wurden. In der authentischen johanneischen Fassung ist dies jedoch nicht der Fall. Wenn Jesus im Vierten Evangelium sagt: «Die Welt sieht mich nicht, aber ihr (die Jünger) seht mich», dann meint er damit nicht, daß er auf einer geistigen Ebene existiert und alles andere Illusion ist. Ironie in ihrer visionären johanneischen Bedeutung ist nur vorhanden, weil in der Welt tatsächlich die Wahrheit aufgeführt wird – und die Welt sie dennoch nicht sieht. Die Ironie setzt in der Tat die Identität der irdischen Geschehnisse mit ihrer ewigen Bedeutung voraus.

Daher kommt es, daß, wie C. H. Dodd bemerkt hat, tatsächliche oder spirituelle Folgen, die nach landläufiger Meinung aus den Passionsereignissen entstanden, in der Sicht des Johannes in Wirklichkeit mit diesen verschmolzen. Die Sprache, die er zur Schilderung des Todes und der Auferstehung benutzt, ist diejenige, die an anderen Stellen im frühen Christentum für die Himmelfahrt und die Wiederkunft benutzt wurde. Die Ereignisse der Letzten Tage *folgen* nicht auf die Kreuzigung; bei Johannes liegt ein «kaum wahrnehmbarer Unterschied» zwischen ihnen. «Der Tod Christi *ist* sein Aufstieg zur Rechten des Vaters; und die Rückkehr zu den Jüngern nach seinem Tod, die eng verbunden, wenn nicht gar gleichgesetzt ist mit dem Erscheinen des Heiligen Geistes, *ist* seine Wiederkunft.»[43] Dies verweist auf den Einweihungscharakter der historischen Erfahrung des Johannes. Seine Einweihung erhält ihre wahre Bedeutung an der Stelle des «kaum wahrnehmbaren» Unterschiedes zwischen der himmlischen und der irdischen Wahrheit.

Dodd weitet seine Interpretation der zweiten Hälfte des Evangeliums aus, indem er es direkt mit der Einweihung verbindet. Von den «Abschiedsreden» an sieht er eine enge Analogie zu den hermetischen Mysteriendialogen. Das weist, wie wir jetzt wissen, nicht auf einen hermetischen Einfluß hin, sondern bedeutet vielmehr, daß die Hermetiker ihre Inspiration aus derselben jüdisch-iranischen *gnosis* und ihren Taufriten bezogen und daher einen gemeinsamen Hintergrund mit dem Evangelium hatten. Jesu eigene esoterische Praxis war natürlich die unmittelbare Umgebung: «Man kann die ‹Abschiedsrede› als aus der Überlieferung entstanden betrachten, welche die esoterische Lehre ... der synoptischen Evangelien darstellte; in anderer Hinsicht sind sie analog zu hellenistischen Quellen von der Art des *Poimandres* und *De Regeneratione.* Das heißt, sie stellen einen Dialog über die Einweihung in das ewige Leben durch das Wissen um Gott dar, der mit einem Gebet oder einem Hymnus endet, der selbst das letzte Stadium der Einweihung bildet.» Die Szene, als Jesus den Jüngern die Füße wäscht, ist ausdrücklich eine Reinigung, die Dodd an das Herabsteigen des himmlischen Menschen im *Poimandres* erinnert: «Zwar spricht der *Poimandres* von einem ‹Fall› und Johannes von einem Akt der Herablassung – aber es besteht eine wirkliche Analogie in den Vorstellungen.» Der Unterschied zeigt den radikalen Wandel in der Einstellung gegenüber historischen Ereignissen! Die Analogie wird jedoch durch ähnliche Wirkungen und die Reinigungsformeln im Traktat *De Resurrectione* bestätigt. Dodd schöpft die Bedeutung des Ganzen vor allem aus den Worten am Kreuz, die den Höhepunkt markieren: «Die Einweihung ist vollendet (*tetélestai*)!» Er weist darauf hin, daß dieser Ausdruck, den die Umstehenden ironischerweise als «Es ist vollbracht / zu Ende» verstanden, in den Mysterien gebraucht wurde. «Mit diesem Wort sagt der neueingeweihte Tat in der hermetischen Schrift *De Regeneratione* Dank für seine Wiedererschaffung ... (Christi) Tod wird daher hier zur Vollendung des Opfers erklärt und als das Mittel zur Wiedererschaffung des Menschen oder seiner Einweihung in das ewige Leben betrachtet.»[44]

Wiederum kommt aber die bemerkenswerteste Erkenntnis zur Bedeutung des Evangeliums als Einweihung von Rudolf Steiner, und sie paßt mit den Funden des *Geheimen Markusevangeliums* und der *Dreigestaltigen Protennoia* bis in überraschende Einzelheiten zusammen.

Steiner bezog sich ebenfalls auf die Einweihungserfahrungen, die den Bildern zugrunde liegen, die uns in der zweiten Hälfte des Evangeliums vor Augen treten. Er betonte, daß die Bilder nicht das Wichtige seien – es ist schließlich sehr einfach, durch Suggestion oder anderen Druck auf die Psyche vergleichbare Visionen hervorzurufen. Die Bilder sind nur von Wert, wenn sie als Ausdruck innerer Erlebnisse und in einer Folge entstehen, die den Vorgang der im Neophyten stattfindenden Verwandlung aufzeigt. Und dann, so Steiner, sieht der christliche Eingeweihte wirklich das in Visionen, was im Johannesevangelium auf der Ebene der Geschichte wiedererscheint. Er charakterisiert sodann die sieben Phasen der Einweihungserfahrung und die sie ausdrückenden Bilder.

1. *Die Fußwaschung*. Die hier vorherrschende Stimmung ist Demut. Christus selbst nimmt im Evangelium eine Handlung des sich Herabneigens vor – die christliche Entsprechung zu dem, was früher in den Mysterien als «Fall» empfunden worden war. Der Neophyt erkennt, daß er bezüglich seiner höheren Entwicklung von all den «niedrigeren» Wesen abhängt, die ihn umgeben: von Pflanzen und Tieren, die ihn ernähren, von der Erde, die den Boden abgibt, auf dem er steht. Wenn dieses Gefühl in der christlichen Einweihung so stark kultiviert wurde, daß es sich in einem äußeren «Symptom» zeigte, so sagt Steiner, dann hatte der Kandidat wirklich das Gefühl, als umspüle Wasser seine Füße.
2. *Die Geißelung*. Die zweite Stufe handelt von der Wahrnehmung von Leiden und Schmerzen. «Du mußt dir vorstellen, wie es wäre, wenn alle möglichen Schmerzen und Leiden der Welt herantreten an dich, empfinden, wie es wäre, wenn du ausgesetzt wärest dem Ansturm aller möglichen Hindernisse, und du mußt dich in das Gefühl versetzen, daß du aufrecht stehen mußt, wenn auch alles Elend der Welt an dich herankommt!» Die Wahrnehmung, die aus der intensiven Kultivierung des zweiten Stadiums resultiert, ist «das Gefühl, man werde von allen Seiten geschlagen», und die Vision der Geißelung.
3. *Die Dornenkrönung*. Der Neuling mußte sich als nächstes

«Spott und Hohn» aussetzen. Beschimpft und verspottet, erfuhr er sowohl das Verschwinden seines niederen Egoismus als auch die Stärke seiner Überzeugungen, die nicht von außen unterstützt wurde, sondern aus seinem tieferen Selbst kam. «Wenn er sich darin eingelebt hatte, hatte er etwas wie Stiche im Kopf, und als astrale Vision erlebte er die ‹Dornenkrönung›.»

4. *Die Kreuzigung*. Weitere Übungen führten eine wichtige Erfahrung herbei. Der Neuling begann, seinen Körper als fremd zu erfahren, als einen trägen äußeren Gegenstand wie ein Stück Holz. «Er verbindet sein Ich nicht mehr mit seinem Leibe.» (Vergleiche Spruch 56 im *Thomasevangelium*: «Wer die Welt erkannt hat, hat einen Leichnam gefunden; und wer einen Leichnam gefunden hat, dessen ist die Welt nicht würdig.») Die Vision vom «toten» Leibe vertieft sich zum Bild von der Kreuzigung, und als äußeres «Symptom» zeigen sich die Blutmale.
5. *Der mystische Tod*. «Durch die Gefühle, die man den Schüler auf dieser Stufe erleben läßt, erlebt er etwas, was sich ihm so darstellt, als ob sich in einem Augenblick vor alles physisch Sichtbare ein schwarzer Vorhang stellt und als ob alles verschwände … Man erlebt dann, daß man hinuntertauchen kann in die Urgründe des Bösen, des Schmerzes, des Kummers und Leides … Hat man das erlebt, dann ist es, wie wenn der schwarze Vorhang zerreißt – und man sieht hinein in die geistige Welt.»
6. *Die Grablegung und Auferstehung*. Nachdem der Aspirant in seiner inneren Erfahrung in der dunklen Erde begraben war, ändert sich seine Erfahrung langsam. Sein Bewußtsein erweitert sich zu einer kosmischen Gestalt und vereinigt ihn mit dem ganzen Leib der Erde. «Sein Leben hat sich erweitert zu planetarischem Leben.»
7. *Die Himmelfahrt*. «Das siebente Gefühl kann man mit Worten nicht beschreiben. Man nennt sie (diese Stufe) die ‹Himmelfahrt› oder die völlige Aufnahme in die geistige Welt.»[45]

Rudolf Steiners Beschreibungen vermitteln den Eindruck authentischer Einweihungsmethoden und spiegeln zum Teil von den Mysterien her bekannte Szenarien wider. Sie helfen uns, viele Aspekte der Einweihung zu verstehen, so zum Beispiel, warum sich Riten um

Reinigungen mit Wasser bildeten (1) und warum sie manchmal mit körperlichen Prüfungen und Qualen verbunden waren (2, 3), obwohl es sich hier eher um die seelische Prüfung des «Todes für die Welt» handelt. Wir wissen von Mysterien wie denen von Eleusis, daß die Stufe der Verspottung (3) oft sogar öffentlich aufgeführt wurde. Erfahrungen des trägen, seelenlosen Körpers und des Abstiegs in die Unterwelt wurden besonders anschaulich in den Mysterienriten des Vorderen Orients (4, 5) dargestellt, wo das Ziel ein «kosmisches Bewußtsein» und eine Vision der geistigen Welt war, wie sie Steiner andeutet (6, 7). Gleichzeitig entspricht Steiners Bericht genau den Ereignissen des Vierten Evangeliums in den Passionskapiteln: die schrecklichen Leiden des Verrats, der Gefangennahme (Geißelung und Verspottung, die Dornenkrönung), der Kreuzigung, des Todes, die Auferstehung und das Gefühl der Allgegenwart Christi, der zu den Jüngern zurückkehrte, gipfelnd im Rätsel der Himmelfahrt. Diese Ereignisse hatten für den Lieblingsjünger die Bedeutung einer Einweihung. Es überrascht sehr, wie Steiners Charakterisierung des zugrundeliegenden geistigen Vorgangs im Lichte der modernen Entdeckungen den Elementen entspricht, die wir jetzt aus dem Ritus der Verherrlichung kennen – aus dem *Geheimen Markusevangelium* und der *Dreigestaltigen Protennoia*.

Es gibt auch gewisse Unterschiede. Und diese haben wiederum ihre Bedeutung. Wir müssen nämlich den sieben Stufen eine achte Vorstufe hinzufügen, und zwar die «Unterweisung in den Mysterien», welche die Abschiedsreden im Evangelium darstellen. C. H. Dodd hat ihr Stattfinden beim letzten Abendmahl mit einer hellenistischen Initiation gleichgesetzt und angemerkt, daß der Inhalt dieser Reden im Grunde mit dem der «esoterischen Lehren» in den anderen Evangelien übereinstimmt, die den Jüngern abseits oder insgeheim mitgeteilt wurden.

Darauf folgt die Ablution oder Waschung, die das zweite Stadium des Ritus widerspiegelt, dem sich der Lieblingsjünger unterzog. Hier, im 13. Kapitel des Johannesevangeliums, ist es zunächst eine persönliche Geste. Trotzdem erhält es im Bewußtsein des Evangelisten die Bedeutung eines Rituals, und er umgibt das Ereignis sogar bis in die Wahl der bedeutenden Einzelheiten hinein mit einer rituellen Atmosphäre:

> Da stand er vom Mahl auf, legte sein Obergewand ab und nahm einen Schurz und umgürtete sich. Danach goß er Wasser in ein Becken und fing an, den Jüngern die Füße zu waschen.

Dieses Bild stammt direkt aus der Welt der Taufeinweihung. Und seine Bedeutung gleicht derjenigen der paulinischen Taufe: Teilhabe an Christus. «Wenn ich dich nicht wasche», sagt dieser Jesus-Täufer, «so hast du kein Teil an mir.»

Das Vorbild der Einweihung wird dann in den tatsächlichen Ereignissen nach und nach aufgeführt. Jesus kündet dies selber an – wir müssen nur erst lernen, seine Sprache zu verstehen. «Jetzt ist der Menschensohn verherrlicht», spricht er, als er aus dieser Szene zu seiner Gefangennahme und Kreuzigung in die Nacht hinausgeht. Er hatte gelehrt, daß Einweihung für seine Jünger eine Einweihung in das Mysterium seiner Bestimmung bedeutete. Im erhöhten Bewußtsein des Lieblingsjüngers hat sich seine Lehre nun erfüllt.

Die eigentliche «Verherrlichung» hat jedoch noch mehrere Stufen. Steiner erkannte die Qualen der Geißelung und Verspottung Jesu nach seiner Gefangennahme als weitere Erfahrungen des Neophyten. Der Einweihungsschüler muß durch diese Gefühle des Leidens und der Beschimpfung gegangen sein. Steiner wies mit Bedacht und nachdrücklich darauf hin, daß wir hier nicht die Einweihung Jesu, sondern die Enthüllung eines Initiationsvorgangs miterleben, der später als historische Tatsache für alle Menschen Bedeutung haben würde.[46] Zu der Art, wie das Evangelium über diese Qualen berichtet, ist auch festzustellen, daß sie «ironisch» auf eine Königseinweihung deutet. Nach seiner Geißelung erhält Jesus ein purpurnes Gewand und eine «Krone» aus Dornen. Diese Ironie weist wieder auf das höhere Bewußtsein des Johannes hin: Jesus hat dadurch, daß er sich unter Leiden und Verspottung geistig aufrecht halten kann, wahrhaftig die Attribute eines Königs verdient. Der schrecklichste Aspekt der ganzen Episode ist, daß keiner der daran Beteiligten die Realität dessen erkennt, was er tut. Eine geistige Wirklichkeit wird zur Tatsache, damit alle sie sehen können, und sie sind dennoch blind. Nur in der geistigen Sicht des Evangelisten findet eine wahre Investitur statt.

In den Berichten der Evangelien von der Kreuzigung sind bezeichnenderweise die geschmacklosen Übertreibungen vermieden, die wir aus der späteren christlichen Frömmigkeit kennen. Ursprünglich findet sich keine Betonung der physischen Leiden Jesu, so schrecklich sie auch gewesen sein müssen. Die Stimmung geht vielmehr über das Persönliche hinaus. Wenn wir geneigt sind, sie «tragisch» zu nennen, so deshalb, weil wir in den Evangelien dieses Gefühl einer größeren, überpersönlichen Macht haben. Es gibt eine höhere Notwendigkeit – die aber nicht, wie in der griechischen Tragödie, gegen den Willen der Protagonisten handelt. Jesus akzeptiert sie vollständig im Gehorsam gegenüber seinem Vater, der Macht der Geschichte selbst. Durch das erhöhte Bewußtsein des Evangelisten werden im Vierten Evangelium materielle und geistige Notwendigkeit in «kaum wahrnehmbarem Unterschied» zusammengefügt, so daß das Ereignis von Golgatha zu einer auf Erden stattfindenden geistigen Wahrheit wird. Ein Vorgang mit «mythischer» Resonanz wird zu einer Quelle der Geschichte. Für den Evangelisten ist das Ereignis die Verwirklichung dessen, was er in seiner Einweihung erlebt und erfahren hat. Aus den vielen, bereits in früheren Teilen des Evangeliums verstreuten Hinweisen wissen wir, daß diese Kreuzigung nichts anderes als die Verherrlichung ist: die «Erhöhung» des Menschensohns, wie sie an anderer Stelle genannt wird, womit ein Begriff benutzt wird, der die Position bezeichnet, in der ein Stern oder Planet seine stärkste Wirkung hat. Andererseits verschmilzt die kosmische Offenbarung der Herrlichkeit Christi vollständig mit dem Geschehen auf Erden.

Was hat es dann mit der Auferstehung und der Himmelfahrt auf sich? Nach Steiners Hinweisen bedeuten diese die Verwandlung des Bewußtseins, seine «Planetarisierung». Wir kennen diese Erfahrungen aus den Mysterien des alten Vorderen Orients, insbesondere aus der kosmischen Einweihung des Herrschers. Bei seiner Inthronisierung erklomm der geweihte König die Ebenen der kosmischen Realität in sieben Stufen und erhielt die planetarischen Symbole universeller Macht, bevor er seinen Thron erreichte. Wir haben kosmische Inthronisierungen nicht nur in den Überlieferungen des Philippus, sondern auch bei Paulus angetroffen, im «Epheserbrief», wo die Eingeweihten «mit Christus inthronisiert» werden, ein Ausdruck, den wir als «himmlisch» interpretiert haben. Diese letzten Stufen des Christusmysteriums können wir ebenfalls in ihrer tiefsten Bedeutung als «Inthronisierung» oder Einsetzung der kosmischen Herrschaft Christi bezeichnen.

Die Ereignisse des Evangeliums verweisen also wirklich auf die Stufen der Einweihung des Lieblingsjüngers. Es ist aber von entscheidender Bedeutung, genau festzuhalten, was geschehen ist. Die irdischen Vorgänge haben nicht einfach ein transzendentes Vorbild widergespiegelt oder sind in einem nicht-irdischen Paradigma aufgegangen. Der alte Mysterienritus der Verherrlichung sah die Inthronisierung vor der Reinigung durch die Taufe. Und die Verwandlung des Bewußtseins oder die «Inthronisierung» führte den Neophyten ursprünglich in kosmische Sphären, wo er dann durch die Teilhabe am himmlischen Glanz «verherrlicht» wurde. Im Johannesevangelium aber behalten irdische Vorgänge ihre eigene Gültigkeit und erzwingen eine Änderung der Reihenfolge. Die Investitur folgt nun auf die Reinigung im Wasser. Und Priorität erhält nun die irdische Verherrlichung am Kreuz – der Mensch braucht nicht mehr in kosmische Höhen aufzusteigen, um die Quellen des geistigen Lichtes zu finden, sondern er findet sie im Mysterium von Golgatha. Der Mysterienritus wird gänzlich umgekehrt. Man könnte in der Verlagerung des Bedeutungsschwerpunktes eine Verschiebung sehen, die in der weiteren Entwicklung des christlichen Geisteslebens eine Rolle spielen wird – und zwar eine, die vom Taufritus weg zu dem Sakrament der Gegenwart Christi in der Materie, zur Eucharistie, hinführt. Die kosmische Dimension bleibt erhalten. Aber im Johannesevangelium folgt sie nun aus der Bedeutung des Ereignisses auf Erden – ebenso wie für Paulus ein Bewußtseinswandel in der irdischen, menschlichen Welt begann und sich von dort zu den kosmischen Herrschern des Universums ausbreitete.

Menschwerdung und Verherrlichung

Was wir durch das geistige Schauen des Evangelisten geschehen sehen, ist ein Vorgang der Inkarnation. Ein himmlisches Mysterium unterwirft sich immer weiter den irdischen Bedingungen, bis hin zur Kreuzigung. Der Rest des Evangeliums widerspricht nicht dem im Prolog festgelegten Verlauf der Ereignisse. Der Erlöser widerspricht ihm nicht, indem er sich als Erscheinung herausstellt, wie die Gnostiker gesagt hatten. Durch die Tendenz zur «Personifizierung» wird schließlich eine starke Inkarnationsperspektive impliziert (die natürlich eine Vorstufe der späteren ausführlichen Inkarnationstheologien ist). In der Vorstellung des esoterischen Judentums hatte sich diese Tendenz bis auf die Welt der Engel erstreckt; Johannes aber bricht die Bande des jüdischen Bewußtseins und dehnt die wirkende Gegenwart der göttlichen *exousia* bis in die irdische Existenz aus. Das widerspricht der Betrachtung der Vorgänge als einer Einweihung nicht. Die Vorstellung, daß Initiation und Inkarnation unvereinbar seien, ist eine unglückliche falsche Auffassung der Kirche; und das Vierte Evangelium teilt diese nicht.

Die Vorstellung von der Inkarnation, die wir hier finden, ist nicht die buchstäbliche der orthodoxen Väter – die Ansicht, die zu Recht den Spott des Nestorius erntete: «Gott ist nicht ein drei Tage altes Baby.» Die Botschaft des Evangeliums besteht nicht darin, daß Gott beschloß, geboren zu werden, in gewissen kleinen Dörfern aufwuchs und sich dann einer überraschten und ungläubigen Welt verkündigte, wie einige uns glauben machen wollten. Was wir bei Johannes vor uns haben, ist ein Begreifen des Vorgangs, durch den irdische Ereignisse eine besondere geistige Bedeutung erhalten. Dieser Vorgang erstreckt sich nicht nur auf Jesu Geburt, sondern auch auf die Ereignisse seines Lebens und Amtes, bis hin zu dem «kaum wahrnehmbaren Unterschied», an dem die Kreuzigung zugleich und ihrem innersten Wesen nach die Verherrlichung ist, in der das Spirituelle und das Irdische vollkommen eins werden. Die Bedeutung von Emil Bocks Werk für die Theologie liegt in seiner Beschreibung des Lebens Jesu aus diesem Blickwinkel, wobei er von bestimmten Darstellungen Rudolf Steiners ausging.[47] In dem Vorgang, wie er ihn begreift, haben wir eine sowohl tiefgründige wie verständliche authentisch biblische Inkarnationslehre vor uns.

Er fand den Hinweis darauf tatsächlich im Johannesevangelium, bezieht sich aber auch auf die anderen Evangelien.[48] Wir können kurz eine Stelle betrachten, die auf die breitere Überlieferung verweist, innerhalb derer das Vierte Evangelium einen Sonderfall darstellt. Die Worte, die Jesus am Kreuz spricht, werden in jedem der Evangelien auf eigene Weise behandelt, aber wir können mit dem Johannesevangelium die Formulierungen vergleichen, die sich bei Matthäus, Markus und Petrus finden. Die von ihnen wiedergegebenen Worte gleichen, wie ich sie verstehe, in ihrer Bedeutung der des johanneischen «Es ist vollbracht/ Die Einweihung ist vollendet».

Markus mag historisch am exaktesten sein, denn er gibt Jesu Worte in Aramäisch wieder, zweifellos jener Sprache, in der sie gesprochen wurden:

> Und zu der neunten Stunde rief Jesus laut:
> ‹*Eloi, eloi, lama sabachthani?*›, das heißt übersetzt:
> ‹Mein Gott, mein Gott, warum hast du mich verlassen?›

Matthäus, dem besonders an der Erfüllung der alttestamentlichen Prophezeiungen liegt, vernimmt in diesen Worten den von Psalm 22 angeschlagenen Ton und gibt diesen in seinem Evangelium in der richtigen hebräischen Form wieder: «*Eli, Eli*»; im übrigen ist sein Zeugnis identisch mit dem von Markus. Das Gefühl des Verlassenseins, das Jesu Worte vermitteln, war für Christen immer ein Problem, da es, oberflächlich betrachtet, nicht zu der Vorstellung von der Inkarnation Gottes paßt. Wir können uns seiner Bedeutung aber wiederum mit der Hilfe Rudolf Steiners nähern.

Lange bevor uns der Nag-Hammadi-Fund in der *Dreigestaltigen Protennoia* den Ritus der Verherrlichung wiederschenkte, gelang es ihm, den Widerhall einer älteren Formel in den Worten Jesu zu entdecken. Zur Kreuzigung erläuterte Steiner: «Das Geistige verläßt nun den physischen Leib und damit auch dasjenige, was als Göttliches mitgenommen worden war. Auf die Trennung des Inneren des Christus Jesus von diesem Göttlichen in der physischen Natur, darauf hat der Schreiber des Matthäus-Evangeliums den Blick gerichtet.

Und die alten Mysterienworte, die da lauteten immer, wenn die geistige Natur des Menschen heraustrat aus dem physischen Leib, um schauen zu können in der geistigen Welt: Mein Gott, mein Gott, wie hast du mich verherrlicht! – er ändert sie dahin, daß er sagt, hinschauend auf den physischen Leib: ‹Mein Gott, mein Gott, warum hast du mich verlassen?›»[49] Es kommt hier darauf an, sich genau zu vergegenwärtigen, was Steiner *nicht* sagt. Er sagt nicht, Jesus habe sich sterbend mit den sterblichen Überresten am Kreuz identifiziert und darüber geklagt, daß ihn seine Göttlichkeit verlassen habe. Ganz im Gegenteil. Mit seinem schwindenden Bewußtsein sieht Jesus, daß sich die göttliche Kraft, die durch ihn gewirkt hat und die «Zeichen», Heilungen und Exorzismen bewirkte, nun vollständig mit dem physischen Körper vereinigt hat. Der Tod trennt seinen «geistigen» Teil – sein Bewußtsein – von ihm, und dieser spricht vom Verlassenwerden. Er stirbt, läßt aber in der physischen Welt die Realität der Verherrlichung zurück. Was früher «auf spirituellem Wege» erreicht wurde, das heißt außerhalb des physischen Leibes, ist nun in jenem physisch-historischen Akt seines Todes, in dem Leib am Kreuz, erreicht worden.

Die Lehre Rudolf Steiners gibt genau das wieder, was wir im «kaum wahrnehmbaren Unterschied» des Johannesevangeliums entdeckt haben: daß der Tod am Kreuz der letzte Punkt auf der Bahn der Inkarnation ist. Die göttliche Herrlichkeit tritt hier vollkommen in das physische Ereignis, den leiblichen Tod ein. Und genau dies stellt, mit den neuen Begriffen der christlichen Sichtweise, gerade die Verherrlichung dar, die einst durch Erfahrungen außerhalb des Körpers in der Initiation erreicht wurde. In der Art, wie diese Worte an die Außenwelt gelangen, liegt eine johanneische Ironie. Die am Kreuz Versammelten hören einen Schrei der Verlassenheit, der einem «Es ist alles zu Ende» gleicht; diejenigen aber, die den Widerhall der Mysterien auffangen, wissen, daß dies die Vollendung des Einweihungsvorgangs bedeutet, der zu einem Ereignis auf Erden geworden ist. «Die Einweihung ist vollendet.» Man kann die göttliche Wirklichkeit nun in der physischen Welt finden.

Eine interessante Bestätigung kommt auch aus dem *Petrusevangelium*, unserem frühesten apokryphen Passionsevangelium. Sie zeigt, daß die Worte als Verweis Jesu auf das Engelwesen verstanden wurden, das er auf Erden «personifiziert» hatte. Ob dies nun ein unabhängiger Beleg für die Passion ist oder nicht – es zeigt, wie das früheste Christentum die göttliche Gegenwart in Jesus verstand, die er am Kreuz anrief. David Flusser weist darauf hin, daß die Auffassung als solche daher nicht häretisch ist.[50] Das *Petrusevangelium* gibt diese Worte folgendermaßen wieder:

> Und der Herr schrie auf und rief: ‹Meine Kraft,
> o Kraft, du hast mich verlassen!›

Die Anrede «*Eloi*» sollte einen der *Elohim* oder *Exousiai*, der Engelautoritäten, welche die Schöpfungsgeister sind, anrufen. Sie stellten die Fülle dar, aus der Jesus seine Kraft oder «Gnade» empfing. Man kann völlig zu Recht von einer «Inkarnation» dieser Kraft sprechen, obwohl es sich hier nicht um die Auffassung von der Inkarnation handelt, die aus der späteren Kirche bekannt ist.

Im *Petrusevangelium* fehlt das Gefühl, Christus habe die Kreuzigung irgendwie vermieden und den Körper Jesu zum Sterben zurückgelassen. Wir haben es mit dem Wirken einer göttlichen Engelskraft in Jesus zu tun. Von Rudolf Steiner und aus dem Johannesevangelium haben wir gelernt, daß der Tod am Kreuz nicht das Ende, sondern die Erfüllung jenes Inkarnationsvorgangs war. Wir müssen lernen, durch die Worte «Es ist vollbracht» hindurch die Mysterienworte «Die Einweihung ist vollendet» zu hören – und statt des schrecklichen Schreis des Verlassenen den Jubelruf: «Wie hast du mich verherrlicht!»

EPILOG

DER JÜNGLING IM LEINENGEWAND ERSCHEINT WIEDER

Wenn ich will, daß er bleibt, bis ich komme, was geht es dich an?

Das johanneische «Ich bin»

Wenn es mir gelungen ist, auch nur ein wenig von der geistigen Reichweite und gestaltenden Kraft des Johannesevangeliums zu vermitteln, dürfte nun offenkundig sein, daß dieses auf einer nicht zu übertreffenden Höhe der Imagination eine bestimmte Verschmelzung erreicht: eine Verschmelzung von persönlicher Bestimmung und kosmischer Vision. Das Kernstück der Einweihung des Lieblingsjüngers wird von der Perspektive des kosmischen Prologs und der Auferstehungsvision des 20. Kapitels eingerahmt. Sein Mysterium des Todes und der Wiedergeburt ist gleichzeitig Universalgeschichte, das einmalige Ereignis von Golgatha in seiner irdischen Unmittelbarkeit und die verwandelnde spirituelle Erfahrung des Verfassers selbst. Jeder dieser Aspekte erlangt seine eigene Gültigkeit, und doch verschmelzen sie alle zu einer einzigen Offenbarung. Es ist die gleiche Verbindung, die auch in vielen anderen frühchristlichen Schriften mit einbezogen, angedeutet oder gesucht wird. Ihre Elemente sind mit mehr oder weniger Spannung in alle christlichen Texte eingegangen, die wir in diesem Buch besprochen haben, seien sie nun apokryph oder nicht, Evangelien oder pseudepigraphische Offenbarungen. Seine privilegierte Stellung in der Nähe Christi ist ein gradueller, kein qualitativer Unterschied zu anderen Erkenntnissen im frühen Christentum.

Von Jesus, um den die apokalyptische Metamorphose Tatsache zu werden begann, bis zu Paulus, für den die Ereignisse der Auferstehung durch Einweihung (Taufe) teilweise «gegenwärtig» waren, betrat die spirituelle Realität, die mit dem Kommen des Menschensohnes als drohende Apokalypse oder Weltende wahrgenommen wurde, die Sphäre des zeitgenössischen Bewußtseins der frühen Christen. Ein Anhänger des Paulus, der den Meister in seiner *Abhandlung über die Auferstehung*, dem *Rheginosbrief*, erläuterte, spürte die Verwandlung im Bereich der Seele – die «psychische Auferstehung», die bereits im Bewußtsein geschehen war. Für ihn jedoch lag die «spirituelle Auferstehung» noch im «Jenseits»; der Mensch betrat es erst, wenn er sein Leben und diesen Kosmos verließ. Für Johannes bedeutete andererseits der «kaum wahrnehmbare Unterschied» zwischen dem Irdischen und dem Spirituellen, daß man die tiefste Offenbarung oder Apokalypse, die letzte Bedeutung der Dinge, direkt in der Sphäre des bewußten Selbst auf Erden findet. Als Philippus nach der Vision Gottes fragt – der letzten Realität –, sagt Jesus zu ihm (nach Johannes):

> So lange bin ich bei euch, und du kennst mich nicht,
> Philippus? Wer mich sieht, der sieht den Vater.

Die Jünger verstehen dies noch nicht; erst der Tod und die Auferstehung werden es ganz zur Tatsache machen.

Und wenn der johanneische Christus zu den Jüngern über seine Bedeutung spricht, dann tut er dies mit dem außergewöhnlichen «absoluten» Gebrauch der Worte «Ich bin». Solch eine Formel ähnelt äußerlich der in heidnischer Aretalogie (eines Gottes Verkündigung seiner göttlichen Kräfte und Taten) üblichen. Aber es gibt nichts in der heidnischen Welt, das mit den Sprüchen vergleichbar wäre, in denen «Ich bin» selbst zum Subjekt des Satzes wird. Der dem «heiligen Menschen» zugemessene geistige Wert, die geistige Individualität im frühen Christentum, findet bereits im Vierten Evangelium ihre Apotheose. Das Evangelium stellt eine Offenbarung des Göttlichen in der Sphäre des Ichs, des Geistselbstes, der Erscheinung Gottes als das göttliche «Ich bin» dar. Durch seine Einweihung wird Johannes mit seinem bewußten Selbst zum Träger der Offenbarung.

Rudolf Steiners Verständnis der Bewußtseinsentwicklung ermöglicht es uns, den johanneischen Beitrag zum Christentum in eine historische Perspektive zu stellen und darin den Höhepunkt eines Prozesses zu erkennen, der sich lange entwickelt hatte. Dies ist auch die Perspektive des Prologs. Die dem Evangelium zugrundeliegende Einweihung stellt auch die schrittweise erreichte Verlagerung dar von den alten kosmischen Mysterien – als das Leben des Menschen durch Muster aus Rhythmus und Ordnung im Makrokosmos bestimmt und durch einen eingeweihten König vermittelt wurde – auf ein Mysterium hin, das vollständig die Sphäre des individuellen «Ich bin» betreten hat. Es ist in die Sphäre der Freiheit eingetreten. Dabei hat das Selbst aber entdeckt, daß es nicht in der Art des antiken Eingeweihten-Königs fortfahren kann, der ein weiser Herrscher über sein Volk und das Zentrum von dessen Bewußtsein war. Es muß die Rolle eines Dieners annehmen. Der individualisierte Mensch ist auf eine Weise für Egoismus anfällig, welche die archaische Menschheit nicht befallen konnte. Das Leben als Individuum bringt Versuchungen und die Möglichkeit größeren moralischen Irrtums ebenso mit sich wie neue positive Leistungen. Die Kraft, mit Hilfe derer es seine Selbstsucht überwinden muß, ist die Liebe. In der Liebe offenbart sich Gott dem individualisierten, selbstbewußten Menschen, genau wie er sich der antiken, noch-nicht-selbstbewußten Menschheit als Macht und weise Ordnung offenbarte.

Die Verwandlung durch die Einweihung – das Werk der Mysterien – ist ihrerseits durch die Geschichte verwandelt worden. Die Geschichte mußte daher zu einem inneren Bestandteil des Bildes werden – im Gegensatz zu den alten Mysterien mit ihren zeitlosen Mythen.

Das Christentum kann demzufolge als der geistige Ausdruck einer Entwicklung betrachtet werden, die sich von den großen theokratischen Kulturen des antiken Orients an durch Jahrtausende hindurch verfolgen läßt. Einen solchen Evolutionsbegriff kann man daher als unsere moderne Fassung der so häufig falsch verstandenen Lehre von der Präexistenz und der Inkarnation des göttlichen Wortes ansehen. Es ist die Geschichte davon, wie das Bewußtsein des Menschen, seine Beziehung zu den natürlichen und den geistigen Welten sich entwickelte und die kosmischen Muster, die den alten Menschen bestimmt hatten, in die neue Organisation des christlichen Selbstbewußtseins eintraten. Das Christentum ist unter den Weltreligionen von einmaligem Wert, weil es die Religion ist, deren Botschaft darin besteht, daß diese Geschichte der Individualisierung ihrerseits eine spirituelle Bedeutung besitzt. Sie ist das zum Menschen gewordene kosmische Wort, der Logos. Daraus sollte nun nicht geschlossen werden, daß keine anderen Arten religiöser Erfahrung wahr und wertvoll waren (und sind). Vielmehr können sie uns Aspekte religiöser Wahrheit in Erinnerung rufen, die von den historischen Zwängen des orthodoxen Christentums in den Hintergrund gedrängt wurden. Ich habe versucht aufzuzeigen, daß das Christentum ursprünglich weiter gespannt war und sich mit religiösen Strömungen sowohl des Ostens als auch des Westens überschnitt. Die kosmischen Religionen des Ostens können jedoch kein Licht auf den christlichen Weg werfen – wie ich ihn nennen möchte –, der in den letzten Jahrtausenden im weitesten Sinne die treibende Kraft hinter der «Entwicklung des Selbst» in der westlichen Menschheit gewesen ist, einschließlich seines Einflusses auf die östlichen Kulturen in umgekehrter Richtung. Nur das Christentum bietet ein spirituelles Verständnis des intensiven Bewußtseinslebens des modernen Menschen und seines Strebens nach der Macht, seine Welt zu verändern. Und daher kann nur das Christentum eine überzeugende Alternative zur weltlichen, atheistischen Erklärung des modernen Bewußtseins bieten, die so laut und lärmend verkündet wird – sogar innerhalb einiger Kirchen.

Wenn der christliche Weg so ist, wie ich ihn beschrieben habe, dann kann er selbstverständlich in seiner Bedeutung nicht auf die westliche Menschheit beschränkt sein – ja nicht einmal auf die Menschheit als ganze. Er ist wichtig für das gesamte Wesen der Welt, in der wir leben. Hier tun sich beträchtliche Folgen für eine weitsichtigere Ökologie auf, auf die das *Philippusevangelium* hinweist, wenn es sagt, daß wir darüber hinausgehen können, Dinge als «Werke» unserer Arbeit zu behandeln, indem wir sie nämlich zu «Kindern» machen, denen wir einen Teil unseres Wesens widmen. Diese im Christentum in vielen Formen vorkommende Lehre bedeutet, daß dasjenige, was zunächst als Veränderung unseres Bewußtseins begriffen wird, letzten Endes als Wandel im Wesen der Welt zu betrachten ist. Um es zu verstehen, brauchen wir jenes verwandelnde oder «metamorphe» Denken, das über das bloße Suchen nach Festgelegtem und regelmäßigen Gesetzen hinausgeht und den christlichen Weg nur als eine Facette einer bedeutenderen Realität offenbaren würde, an der wir und unsere bewußt erfahrene Welt – und vielleicht auch andere Welten – teilhaben. In den Mysterien und unter den frühen Christen fand man hierfür einen Ausdruck in den Kosmologien von Göttern und Engeln, in der Fülle (*pleroma*) und der göttlichen «Personifizierung» der schöpferischen *exousia*. Wir müssen lernen, ihre fremde Sprache zu verstehen und sie in wissenschaftlich genauerer, zeitgemäßer Weise zu formulieren.

Die johanneische Vision beinhaltet die Eigenschaft einer «Ironie», die aus der gleichzeitigen Wahrnehmung des Spirituellen und des Natürlichen entsteht. Eine Ironie dieser Art spielt eine so große Rolle in der Geschichte des frühen Christentums, daß sie hier nicht unerwähnt bleiben darf. Es ist die unerwartete Verkehrung des ursprünglichen Christentums in einen kaiserlichen Kult nach nur wenigen Jahrhunderten. Nach all dem, was über das Christusbewußtsein gelehrt worden war, ist es wahrhaftig eine Ironie, daß die Religion den byzantinischen Kaiser so schnell als den Statthalter Christi auf Erden, als die Quelle der durch seine Höflinge hierarchisch absteigenden Macht annehmen sollte, die im Himmel durch die abgestuften Ränge der Heiligen reflektiert wurde! Die Geschichte, die hinter dieser Wandlung steht, ist komplex und traurig – und nicht der Gegenstand dieses Buches. Und dennoch wäre es irreführend, das gewaltige Ausmaß der Abweichung vom ursprünglichen christlichen Geist, den wir untersucht haben, zu verschweigen, denn dadurch würde unsere heutige Beziehung zum christlichen Bewußtsein und zur christlichen Überlieferung verfälscht.

Das frühe Christentum verlor im Übergang zum mittelalterlichen keineswegs alle wesentlichen Züge; viele der neuen christlichen Werte schimmerten noch durch. Aber die enge Wechselbeziehung zwischen dem individuellen Reifwerden und der kosmischen Vision verschwand – wodurch der Rahmen und der Zusammenhalt des neuen Bewußtseins untergraben wurde. Die Invasionen der Barbaren brachten weithin eine Rückkehr zu feudaler Hierarchie, Unterwerfung unter einen Herrn, Verlust der Dynamik des Selbst mit sich. Und dennoch kann man sagen, daß im mittelalterlichen Geist ein christlicher Widerhall erhalten bleibt. Man muß sich nur völlig von der Auffassung distanzieren, das «Zeitalter des Glaubens» hätte den maßgeblichen Ausdruck des Christentums dargestellt. Das war mit Sicherheit nicht der Fall. Um das eigentliche Wesen des Christentums zu finden, müssen wir zum ursprünglichen Phänomen zurückkehren. Neue Entdeckungen und spirituelle Erkenntnisse machen es uns heute bis zu einem gewissen Grad möglich, dies zu tun. Dann können wir ohne Beschränkung durch historische Überlieferungen die vielen historischen Ausdrucksformen des Christentums als das erkennen, was sie sind. Es wäre falsch, das Mittelalter als eine Perversion des Christentums abzutun, aber noch falscher, es mit dem Ausdruck des Geistes zu verwechseln, den wir in Christus und seinen Jüngern finden.

Wichtige Stadien im Übergang vom frühen zum mittelalterlichen Christentum seien nachfolgend kurz angeführt.

1. *Der Kampf gegen die Gnostiker.* Die Notwendigkeit, die christliche Sicht auf das bewußte «Ich bin» zu konzentrieren, und die Schwierigkeit, die kosmische Vision in ihrer neuen Konfiguration in diesen Prozeß mit hineinzunehmen, führten bald dazu, daß viele Kirchenväter die kosmische Vision ganz ausschlossen – aus Furcht davor, daß diese ihrerseits in den Händen radikaler Gnostiker den irdischen und historischen Aspekt des Selbst ausschließen würde. Panikreaktionen sind nie empfehlenswert. Dieser Kampf der ersten Jahrhunderte, der als Antwort auf die gnostische Herausforderung zu einem Überdenken der Kosmologie hätte führen können, bewirkte eine Rückkehr zur jüdischen «Schöpfungslehre» und zum Alten Testament. Es kam zu entscheidenden Veränderungen in der Einstellung. Die frühere Offenheit für eine Vielfalt von Lehren schwand dahin. Während die frühen Christen Unterschiede geduldet hatten, solange ihnen der Sinn für die Bedeutung Christi gemeinsam war, zeigten sich viele Männer der Kirche nach der «gnostischen Krise» nur dann dazu bereit, eine Ansicht von der Bedeutung Christi zuzulassen, wenn diese mit ihren eigenen Vorstellungen übereinstimmte. Ein Wendepunkt war zweifellos der Versuch des dualistischen Theologen Markion um 140 nach Christus, eine eigene separatistische Kirche zu gründen. Obwohl er kein Gnostiker

war, hatte er viele Vorstellungen, die denen der Gnostiker ähnelten. Angesichts dieser Bedrohung verstummte die Kirche, anstatt sich auf eine auf geistiger Ebene geführte Auseinandersetzung einzulassen. Ein folgenschwerer Strukturwandel vollzog sich. Das frühe Christentum hatte einige gnostische Elemente eingeschlossen, die sich grob dahingehend definieren lassen, daß der Mensch durch inneres Wachstum und Entwicklung zum Wissen vom Geist «emporsteigen» kann. Die «orthodoxe» Kirche verwarf den Gnostizismus vollständig; was blieb, war eine einseitige, «absteigende» Hierarchie der Autorität, die von einem «Absoluten» an der Spitze durch die Ebenen der Gemeinde hinabsickert. (Entsprechend kann man sagen, daß der extreme Gnostizismus unter dem Problem litt, daß er die durch einen inneren Aufstieg erreichte Erfahrung schätzte, sich aber nie in der Geschichte gründen konnte, welche die gemeinsame Erfahrung der umgebenden Gesellschaft bedeutet.)

2. *Die Invasionen der Barbaren.* Die Gesellschaft, in der sich das Christentum während der ersten Jahrhunderte verbreitete, wurde ihrerseits durch die Veränderungen stark erschüttert, die von der großen Anzahl von Stämmen wie der Goten, Wandalen und Wisigoten ausgingen, die sich über die zivilisierte römische Welt ergossen. Man hat treffend gesagt, daß dieses Heranbranden von Barbaren in Wirklichkeit eine Mischung aus einer Invasion und einem Goldrausch war. Schlachten wurden ausgetragen; aber die Eindringlinge stammten aus Provinzen am Rande des Reiches. Sie strebten in Wirklichkeit nach besseren Handelsplätzen und griffen nach den Zentren der Macht – einschließlich Roms selbst, das 410 nach Christus an die Goten fiel. In der Folge machten sie selbst den Versuch, Römer zu sein und ihrerseits das Reich zu regieren. Sie übernahmen auch auf ihre eigene Art enthusiastisch den christlichen Glauben. So änderte sich der Charakter des Reiches, und der Charakter des Christentums wandelte sich ebenfalls. Die Volksmassen, die den christlichen Glauben in den darauffolgenden Jahrhunderten annahmen, stammten nicht von den Kulturen des Mittelmeerraumes ab, die Jahrtausende spiritueller Entwicklung hinter sich hatten. Sie kamen in wörtlichem Sinne direkt aus der Vorgeschichte: aus Kulturen, die auf mündlicher Überlieferung und Stammesgliederungen beruhten. Sie besaßen keinerlei Ansatz jenes entwickelten Bewußtseins, wel-

ches das Kommen des Christusbewußtseins als die vollständige «Erlösung» zu erfahren vermochte, als den dringend notwendigen Ausdruck eines Selbst, das am Beginn eines neuen inneren Lebens angelangt war. Sie interpretierten das Evangelium dementsprechend. Luzifer wurde zu einem bösen Feudalherren, der seinem Herrn nicht gehorcht hatte und nach ihren Gesetzen bestraft wurde. Christus wurde zu einem guten Anhänger des Feudalsystems, der Gehorsam, Loyalität und Zufriedenheit mit dem Schicksal lehrte. Das mittelalterliche Christentum entstand, als diese in Stämmen organisierten Erben der römischen Welt eine eigene Kultur ausbildeten. Man muß sich klarmachen, daß die Voraussetzungen, unter denen sie entstand, sich sehr von der Welt unterschieden, in der Jesus lebte.

Wir heute sind die Erben des Europas unserer mittelalterlichen Vorfahren. Vieles ist seitdem geschehen; aber seltsamerweise hat das Christentum irgendwie nicht mit der modernen Geschichte Schritt gehalten. Das ist wenigstens meiner Meinung nach der grundlegende Eindruck, den viele Menschen vom christlichen Denken haben, besonders in jüngster Zeit. Es hat versucht, vieles der modernen wissenschaftlichen Weltsicht Entsprungene zu schlucken, ohne es jedoch verdauen zu können, und sich dem anzupassen, was es in dieser Weltsicht vorfindet. Der Theologe von heute wagt es kaum, die materialistische «Wahrheit» des Wissenschaftlers in Frage zu stellen, sondern glaubt, sie einfach akzeptieren zu müssen. Er mag Zusätzliches zu äußern haben, kaum aber ein geschlossenes Weltbild. Rudolf Steiners spirituelles Überdenken wissenschaftlicher Erkenntnisformen bildet eine der wenigen wirklichen Ausnahmen. Dieses Resümee könnte deprimierend sein. Aber ich möchte die Sache anders wenden.

Uns ist heute die Möglichkeit gegeben, die Welt und die spirituelle Bedeutung der Anfänge des Christentums auf eine Weise wiederzuentdecken, über welche die Anführer der Reformation noch nicht verfügten und die unserem mittelalterlichen Erbe völlig entgegengesetzt ist. Ich möchte dies mit dem früher erwähnten Gefühl in Verbindung bringen, daß wir bezüglich des «Evangeliums der Liebe» noch ganz am Anfang stehen. Denn es könnte sein, daß sich unsere Kultur nach der langen Zeit der Invasionen von

Barbaren allmählich wieder der Entwicklung des Selbst, dem inneren Erwachen, nähern kann, dem sich das Christentum in der frühesten Phase seiner Geschichte widmete. Wir haben viele Jahrhunderte gebraucht, und wir haben dabei zweifellos viel an gemeinsamer Erfahrung gewonnen. Vielleicht war es zu viel erwartet, daß ein so großer Sprung in einem Anlauf hätte bewältigt werden sollen. Dies mag aber erklären helfen, warum wir das Gefühl haben, daß das früheste Christentum von so außerordentlicher Bedeutung für die moderne Situation des Menschen ist. Rudolf Steiner hat auf die Verwandtschaft unseres Zeitalters mit den ersten christlichen Jahrhunderten hingewiesen. Die Herausforderung des Materialismus heute, auf die Steiner mit einer christlichen, einer «Michaelsbotschaft» antwortete, könnte der Ursprung einer neuen Apokalypse sein. Er erklärte auch – und das macht meiner Meinung nach die eigentliche Bedeutung der jüngsten Funde und des von ihnen enthüllten Bildes aus, das uns so viel direkter anspricht als das mittelalterliche Erbe –, daß wir ganz am Anfang des Christentums stehen, nicht an seinem Ende.

Der Jüngling im Leinengewand erscheint wieder

Johannes wird mit seinem bewußten Selbst zum Träger der Offenbarung; desgleichen andere christliche Propheten und «Diener des Wortes», wenn auch auf weniger urbildhafte und vollständige Weise. Ohne die Einmaligkeit unserer Beziehung zum Christusbewußtsein zu beeinträchtigen, muß doch der Lieblingsjünger stets einen besonderen Platz im Herzen des Wirkens des christlichen Geistes einnehmen. Als der «Jüngling im Leinengewand» ist er der Brennpunkt der Kraft, die durch Christus wirkte; und als Imagination hat er andauernde Bedeutung für das weitere In-Erscheinung-Treten jener Kraft – für die Vollendung des christlichen Prozesses, der im wesentlichen noch vor uns liegt.

Wir wollen kurz zusammenfassen, was wir in unseren verschiedenen Untersuchungen in den Evangelien des Markus und des Johannes, in den Visionen des *Hirten des Hermas* und durch Rudolf Steiner über ihn in Erfahrung gebracht haben.

Wir sind ihm zum ersten Mal bei der Gefangennahme Jesu begegnet. Eine mysteriöse, nur schwer verständliche Gestalt, ein Jüngling, der sein Leinengewand zurückläßt und nackt vom Ort der irdischen Verdammung und des Todes Jesu flieht. Was vielen als unerklärliche, unbedeutende Einzelheit in der Geschichte erschien, wurde – wie wir herausfanden – durch Rudolf Steiners Hinweis verständlich, daß der Jüngling im Markusevangelium ein zweites Mal in Erscheinung tritt.: Am Grab, nachdem der Stein weggerollt worden ist, erblicken die Frauen, die nach Jesu Körper suchen, voller Staunen einen Jüngling in einem weißen Gewand.

Steiners Erklärung dessen, was dieser Jüngling bedeutet, stellt sich als Teil einer Anzahl von in den Evangelien eng miteinander verbundener Vorstellungen heraus. Sie hängt zum Beispiel mit seinem erstaunlich genauen Bericht über die Ursprünge des Markusevangeliums zusammen. Das wiederum bestätigt in allen Einzelheiten seine Auffassung vom Johannesevangelium und der Auferweckung des Lazarus. Was Steiners Beitrag aber um so bedeutender macht, ist die Tatsache, daß die Funde aus neuerer Zeit nicht nur seine Beobachtungen bestätigen, sondern auch in einigen Fällen erklären, was er selbst erst vorsichtig zu erhellen versucht oder im dunkeln gelassen hatte. Erkenntnisse, die weit hergeholt erscheinen mochten, als Steiner sie zu Beginn des Jahrhunderts seinen Zuhörern vorstellte, sind nun durchsichtiger geworden. So hätte man etwa leicht die Identität der zwei «Jünglinge» bei Markus in Frage stellen können. Und was sollte man von Steiners Idee halten, daß der Jüngling den «kosmischen Impuls» des Christus darstelle? Erst im Licht von Texten wie dem *Geheimen Markusevangelium* und der *Dreigestaltigen Protennoia* aus dem frühen esoterischen Christentum findet seine Ansicht volle Bestätigung.

Wenn der Jüngling den «kosmischen Impuls» Christi darstellt, müßten wir zugeben, daß Steiner es völlig im unklaren ließ, warum die Imagination des «Impulses» die Gestalt eines Jünglings im weißen Gewand annehmen sollte. Eine gewisse Bestätigung konnte man aus dem Wiedererscheinen des Jünglings im *Hirten des Hermas* ableiten, wo er Hermas in die Welt der kosmischen Visionen führt und deren Bedeutung erklärt. Der wahre Schlüssel zu dem von Rudolf Steiner halb enthüllten Mysterium trat erst mit der Entdeckung des *Geheimen Markusevangeliums* zutage – dem unterdrückten esoterischen Teil des ursprünglichen Evangeliums. Denn dort begegnen wir dem Jüngling, den Jesus in die Geheimnisse des Reiches Gottes einweihte, als er in der Nacht zu ihm kam, nur mit einem Leinentuch bekleidet, um in das kosmische Bewußtsein getauft zu werden. Wir haben geschlossen, daß er die kosmische Vision Christi empfing, die durch Jesus wirkte. Dies stimmte mit dem Zeugnis des Hermas überein, wonach der Jüngling sogar als der «Engel der *metanoia*», der «Verwandlung des Geistes» durch die Einweihung bezeichnet wurde. Und es erklärte endlich vollständig, warum die kosmische Imagination die Form eines zu Taufenden annahm, einer Gestalt in einem weißen Gewand auf der bloßen Haut, die das Wissen von den himmlischen Geheimnissen empfing.

Dank unseres letzten Kapitels können wir die Identifikation nun eine Stufe weiter führen; denn wir haben die Geschichte vom Jüngling als diejenige des Lazarus erkannt. Er war der reiche Jüngling, der für die Welt «starb» und wiedererweckt und wiedergeboren wurde durch die Gegenwart Jesu; er war auch der «Jünger, den Jesus lieb hatte», der Verfasser des Vierten Evangeliums; und wir haben entdeckt, daß der Inhalt seiner kosmischen Einweihung in dem Prolog ausgedrückt ist, der vom präexistenten Christus-Wort in den Äonen des Lebens und Lichtes spricht und davon, daß das Wort in der irdischen Geschichte Fleisch geworden ist. Als Lazarus-Johannes ist der Jüngling der bewußte Träger der kosmischen Offenbarung und derjenige, der ihre irdische Bedeutung erklärt. Durch ihn wurde Christus wirklich verherrlicht.

Somit bildet der Lieblingsjünger in seiner spirituellen Bedeutung die Grundlage für die kosmische Imagination. Man darf dies natürlich nicht mit seiner physischen Gegenwart in bestimmten Teilen der Geschichte verwechseln. Seine kosmische Initiation durch Jesus selbst schuf eine neue Imagination von der spirituellen Kraft Christi: einer Kraft, die christlichen Sehern und Propheten wie Markus und Hermas erschienen ist. Und zweifellos haben wir hier auch die wahre Bedeutung jenes anderen Geheimnisses um den Lieblingsjünger vor uns. Dies ist mit Sicherheit die spirituelle Wahrheit, die dem unbeholfenen Gerücht, daß «dieser Jünger nie sterben würde», zugrunde lag.

Folgendes hatte Jesus tatsächlich gesagt:

> Wenn ich will, daß er bleibt, bis ich komme, was geht es dich an?

Mit diesen Worten erwidert er Petrus, dem Anführer der Zwölf. Und es geschieht in der «visionären» letzten Szene des Vierten Evangeliums. Äußerlich gesehen stellt sie einen Fischzug und ein Wunder dar, einen physikalisch unmöglichen Vorgang. Die Erfahrung hat aber in Wirklichkeit die Qualität einer Traumvision und eines Aufwachens innerhalb des Traumes. Das Meer, auf das die Jünger sich bei Nacht begeben, scheint der dunkle Ozean zu sein, dem sich das wache Selbst im Schlaf hingibt; das Wunder des Fischfangs ist das Aufsteigen der unbewußten Geheimnisse in das Halbdunkel des Traumbewußtseins. Die bedeutungsvolle Zahl 153 mag symbolischer oder kosmologischer Natur sein; jedenfalls weist sie auf die Entdeckung verborgenen Wissens hin. Daß Jesus «am Ufer» und «in der Morgendämmerung» erscheint, ist äußerst wichtig. Es deutet auf eine Veränderung gegenüber den Erscheinungen «auf dem Wasser» hin, die in den anderen Evangelien beschrieben werden. Er erscheint nun, indem er vom «Ufer» der wachen Tageswelt aus in den Schlaf leuchtet.

Die Vision schließt mehrere Jünger ein. Die seltsame Wiederholung des Frage-und-Antwort-Spiels zwischen Jesus und Petrus läßt immer noch auf einen traumähnlichen Zustand schließen. (Ob dadurch gleichsam der dreifache Verrat des Petrus ausgewogen wird?) Die Aufforderung an Petrus «Weide meine Lämmer» bestätigt ihn als den Hüter der Gemeinde. Die zusätzliche Gegenwart des Lieblingsjüngers deutet jedoch auf eine parallele Strömung des Christentums hin, die weniger die Gemeinde als vielmehr die individuelle Vision betrifft; und in der Tat erscheint, wie wir wissen, der Jüngling im Leinengewand denjenigen, die durch die Krise ihrer eigenen inneren Entwicklung nach Geisterkenntnis streben.

Ein solches Christentum kann nicht organisiert, kann nicht von den Hütern der Gemeinde in die Hand genommen werden. Es steht aber auch nicht wie der radikale Gnostizismus im Gegensatz zur Gemeinde und ihrer Geschichte. Es ist da und wartet auf diejenigen, welche die notwendige Stufe der Individualisierung im Geistigen erreichen.

Die Imagination vom Jüngling im Leinengewand hat durch die Erkenntnisse Rudolf Steiners eine bemerkenswerte Wiederkehr erlebt. In seinem Werk haben die Verwirklichung des «johanneischen» Individuums und vor allem die Art der Gemeinschaft, die es braucht und bereichert, im Mittelpunkt gestanden. Es ist wirklich eine Ironie, daß Steiner bisweilen als antisozialer, «gnostischer» Denker gebrandmarkt wurde. Keiner erkannte die soziale Bedeutung der individuellen Erkenntnis mehr an als er, keiner sah klarer, daß das Wachwerden für die Gemeinschaft nicht dem transzendenten spirituellen Wert des Selbst widerspricht. Die «johanneische» Imagination ist eine weitere Entwicklung aus der Gemeinde heraus, aber nicht von ihr fort. Sie hat wahrhaftig «gewartet», und sie stellt uns eine Frage. Sie fragt, ob ein Stadium in der Menschheitsentwicklung erreicht worden ist, das die in einem Selbstbewußtsein gründende Anschauung des Geistigen ermöglicht, welche die Imagination darstellt. Schon die Anerkennung einer solchen Möglichkeit ist in sich ein Anfang im Einklang mit der johanneischen Formel: «Siehe, es kommt die Stunde ...» Die Imagination stellt das Bindeglied zwischen der Individualisierung des Menschen und dem kosmischen, universellen Prozeß dar. Hierin liegt meiner Ansicht nach die zentrale Frage für das Christentum der Gegenwart und der Zukunft.

ANMERKUNGEN

Kapitel 1

1 Don Cupitt, «One Jesus, many Christs?», in: S. Sykes/J. P. Clayton (Hg.), *Christ, Faith and History,* Cambridge 1972, S. 137.

2 Oscar Wilde, *De Profundis.* Dt. Übersetzung in: O. Wilde, *Briefe*, Hamburg 1966.

3 1. Kor. 2,6.

4 Markus 4,10-12.

5 Markus 4,34.

6 Von M. Dibelius. W. Wrede hat als erster auf das Motiv des «Messiasgeheimnisses» im Markusevangelium aufmerksam gemacht (*Das Messiasgeheimnis in den Evangelien*, Göttingen 1901).

7 Johannes 6,44-46.

8 E. Käsemann, *Jesu letzter Wille nach Johannes 17*, Tübingen 1971, S. 17f. Die Vorstellung von einem gnostischen Hintergrund für das Johannesevangelium war auch Rudolf Bultmann wichtig.

9 Siehe insbesondere: O. Cullmann, *Der johanneische Kreis*, Tübingen 1975, S. 85f. und S. 97f.

10 Matthäus 11,27; die Version des Lukas findet sich Luk. 10,22. Andere Stellen in den synoptischen Evangelien, die für das Thema «esoterische» Lehre von Bedeutung sind: Matth. 9,35–10,40; Mark. 6,7-11; 8,31-33; 9,30-50; 10,32-45; 13,5-23,26,27; 14,18-21,26-31; Luk. 9,1-6; 10,1-16; 12,2-12.

11 1. Kor. 2,6-8.

12 W. Schmithals, *Die Gnosis in Korinth. Eine Untersuchung zu den Korintherbriefen*, Göttingen 1956, S. 67ff.

13 2. Kor. 12,2-4. In Paulus' Schriften tritt «Mysterien»-Terminologie besonders auffällig in Erscheinung, zum Beispiel in: Eph. 1,13 und 6,19; Kol. 1,28; 4,3.

14 *Mischna Hagiga*, II,1. Zu den «Himmlischen Mysterien» und zur esoterischen Tradition im rabbinischen Judentum s. die detaillierte Untersuchung von C. Rowland, *The Open Heaven*, London 1982.

15 I. Gruenwald, *Apokalyptic and Merkavah Mysticism*, Leiden 1980, S. 86ff.

16 *Plutarchs ausgewählte Biographien*, übers. von Ed. Eyth, Stuttgart 1854, S. 11f.

17 Apuleius, *Metamorphosen oder Der Goldene Esel* XI, 23, übers. von R. Helm. Siehe die interessante Erörterung dieser Erfahrungen bei R. Steiner, *Die Mysterien des Morgenlandes und des Christentums*, Rudolf Steiner Gesamtausgabe (nachfolgend abgekürzt GA) Bibliographie-Nr. 144, Dornach [3]1960. Eine sehr nützliche Anthologie von Zeugnissen antiker Kulte mit Erläuterungen liegt nun vor von M. W. Meyer, *The Ancient Mysteries. A Sourcebook*, New York 1987. Gegen die Auffassung, die Mysterien hätten das frühe Christentum beeinflußt, wurde immer eingewandt, die heidnischen Orakel, Mysterien und so weiter seien gerade zu der Zeit im Verfall begriffen gewesen, als sie ihren größten Einfluß ausgeübt haben mußten (vgl. Plutarchs *Niedergang der Orakel* und andere Werke). Kürzlich hat R. Lane Fox mit *Pagans and Christians*, Harmondsworth 1986, jedoch gezeigt, daß in den ersten beiden Jahrhunderten des Christentums die heidnischen Aktivitäten zunahmen. Wertvolle Information zu diesem Thema bietet auch W. Burkert, *Antike Mysterien. Funktionen und Gehalt*, München 1990.

Kapitel 2

1 Gemeinderegel XI.
Die beste englische Übersetzung ist G. Vermes, *The Dead Sea Scrolls in English*, Harmondsworth 1987. Es ist wichtig, die 3. Auflage zu benutzen, da sie viele zuvor unzugängliche oder nicht veröffentlichte Schriftrollen enthält. Die beste englischsprachige Einführung in die Entdekkung und den Inhalt der Texte von Qumran ist Vermes, *The Dead Sea Scrolls*, Cleveland, Ohio 1978.
Deutsche Übersetzungen und Einführungen:
H. Bardtke, *Die Handschriftenfunde am Toten Meer*, Berlin [3]1961. M. Burrows, *Die Schriftrollen vom Toten Meer*, München [3]1960. A. Dupont-Sommer, *Die essenischen Schriften vom Toten Meer*, Tübingen 1960. E. Lohse, *Die Texte aus Qumran*. Hebräisch und deutsch, Mün-

chen [4]1986. J. Maier, *Die Texte vom Toten Meer*, Bd. 1: Übersetzung, Bd. 2: Anmerkungen, München/Basel 1960. J. Maier/K. Schubert, *Die Qumran-Essener*, München/Basel [2]1982.

2 Es ist durchaus legitim, den Essenismus inhaltlich als eine *Gnosis*, ein göttliches Wissen, zu bezeichnen. Zu der Rolle, die ein solches Wissen im essenischen Denken spielte, siehe die Kommentare von Devorah Dimant in M. E. Stone (Hg.), *Jewish Writings of the Second Temple Period*, Assen und Philadelphia 1984, S. 538 sowie S. 483 ff. zur allgemeinen Einführung in die Qumrantexte. Die Essener verstehen Gnosis jedoch vor dem Hintergrund der biblischen Überlieferung; Gnosis wird zum Gnostizismus, wenn sie völlig im Zentrum des religiösen Bewußtseins steht und frühere Traditionen umstößt oder von Grund auf neu wertet.

3 Den Anschauungswandel hat Martin Hengel zum Abschluß gebracht mit seinem eindrucksvollen Werk *Judentum und Hellenismus* (Tübingen 1966), das in allen ausführlich belegten Einzelheiten zeigt, in welchem Ausmaß das Judentum in der Zeit zwischen dem Alten und dem Neuen Testament – und der Essenismus stellt einen bedeutenden Teil dieses Judentums dar – von griechischem und griechisch-orientalischem Denken und Mystizismus durchdrungen war.

4 Die vollständige Sammlung der Codices ist nun veröffentlicht: J. Robinson (Hg.), *The Nag Hammadi Library in English*, Leiden 1977. Die beste Einführung in den Gnostizismus im allgemeinen und die Entdeckung von Nag Hammadi im besonderen ist K. Rudolph, *Die Gnosis*, 3., durchges. und erg. Aufl., Göttingen 1990. Immer noch aufregend und voller faszinierender Informationen ist das Buch des Forschers, der an Ort und Stelle war, als der Codex gefunden wurde: Jean Doresse, *Secret Books of the Egyptian Gnostics*, New York 1960.
Eine Gesamtübersetzung der Nag-Hammadi-Texte ins Deutsche liegt zur Zeit noch nicht vor. Von A. Welburn zitierte Passagen aus einzelnen Traktaten werden – falls nicht anders vermerkt – nach der von ihm angegebenen englischen Textfassung übersetzt. Hinweise auf deutsche Übersetzungen finden sich jeweils in den Anmerkungen. An Quellensammlungen in Auswahl seien vorab genannt: W. Foerster, *Die Gnosis*, Bd. 1: *Zeugnisse der Kirchenväter*, unter Mitarbeit von E. Haenchen und M. Krause, Zürich 1979; Bd. 2: *Koptische und mandäische Quellen*, eingel., übers. u. erl. von M. Krause und K. Rudolph, Zürich 1971; Bd. 3: *Der Manichäismus*, unter Mitwirkung von J. P. Asmussen eingel., übers. und erl. von A. Böhlig, Zürich 1980. W. Schultz, *Dokumente der Gnosis*, Jena 1910. Nachdruck mit Aufsätzen von G. Bataille und

H.-C. Puech, München 1986; Angaben zu weiterführender Literatur und Übersetzungen der einzelnen Nag-Hammadi-Schriften findet man in dem obengenannten Buch von K. Rudolph.

5 Helmut Köster, in *The Nag Hammadi Library*, S. 117; s. auch Köster, *Einführung in das Neue Testament*, Berlin/New York 1980, S. 480 f. und S. 586 ff. Eine nützliche Einführung in das Thomasevangelium geben: R. M. Grant/D. N. Freedman, *The Secret Sayings of Jesus*, London 1960; deutsch: *Geheime Worte Jesu*, Frankfurt/Main 1960. Diese Ausgabe enthält eine Übersetzung des Thomasevangeliums.

6 Luk. 1,1.

7 R. Steiner, *Bausteine zu einer Erkenntnis des Mysteriums von Golgatha*, Vortrag v. 27.3.1917, GA Bibl.-Nr. 175, Dornach ^{3}1961, S. 158.

8 *Thomasevangelium*, Spruch 13. Verschiedene Ausgaben dieses Evangeliums haben eine unterschiedliche Numerierung der Sprüche (logia); wir benutzen das System aus *The Nag Hammadi Library in English*. Die betreffende Lehre war wahrscheinlich eine esoterische Exposition von Jesaja 28,10; s. Grant/Freedman, *Geheime Worte Jesu*, S. 128 f.

9 Die ältere Ausgabe dieser Werke von R. H. Charles ist jetzt definitiv ersetzt durch die beiden von J. H. Charlesworth herausgegebenen Bände *The Old Testament Pseudepigrapha*. Vol. I, *Apocalyptic Literature and Testaments*, London 1963; Vol. II, *Expansions of the Old Testament, Wisdom, Philosophical and Poetic Literature*, London 1985. Ein wichtiger Kommentar zu vielen der Apokryphen und Pseudepigraphen findet sich in M. E. Stone (Hg.), *Jewish Writings of the Second Temple Period*, Assen und Philadelphia 1984. Ausgaben in deutscher Übersetzung mit Erläuterungen: E. Kautzsch, *Die Apokryphen und Pseudepigraphen des Alten Testaments* in Verbindung mit anderen übersetzt und hrsg., 2 Bde, Tübingen 1900. *Altjüdisches Schrifttum außerhalb der Bibel*, übers. und erl. von P. Riessler, Freiburg und Heidelberg ^{5}1984. Einführung: L. Rost, *Einleitung in die alttestamentlichen Apokryphen und Pseudepigraphen einschließlich der großen Qumranhandschriften*, Heidelberg 1971.

10 C. H. Dodd, *The Interpretation of the Fourth Gospel*, Cambridge 1953, S. 449.

11 Siehe Grant/Freedman, *Geheime Worte Jesu*, S. 22 f. Unentbehrlich ist die umfangreiche Sammlung neutestamentlicher Apokryphen mit detaillierten Untersuchungen zu ihrem Zusammenhang und den ihnen zugrundeliegenden Überlieferungen, von E. Hennecke und W. Schneemelcher (Hg.), *Neutestamentliche Apokryphen*. Bd. 1, *Evangelien*, Tübingen ^{6}1990; Bd. 2, *Apostolisches, Apokalypsen und Verwandtes*, Tübingen ^{5}1989.

12 Clemens, *Adumbrationen* und *Johannesakten* zitiert in Hennecke/Schneemelcher, Bd. 2, 3. Aufl. 1964, S. 126 u. S. 152. Siehe auch die Bemerkungen Rudolf Steiners, *Aus der Akasha-Forschung. Das Fünfte Evangelium*, Vortrag v. 18.11.1913, GA Bibl.-Nr. 148, Dornach [3]1980, S. 150 ff.

13 R. Steiner, *Das Christentum als mystische Tatsache und die Mysterien des Altertums*, GA Bibl.-Nr. 8, Dornach [9]1989, S. 153.

14 Siehe W. Bauer, *Rechtgläubigkeit und Ketzerei im ältesten Christentum*, Tübingen 1934. Dies ist vor kurzem bestätigt worden, so zum Beispiel durch H. Köster, *Einführung in das Neue Testament*, S. 528: «... es ist doch deutlich, daß eine sehr mannigfaltige und keineswegs einheitliche Ausbreitung des Christentums in den ersten Jahren und Jahrzehnten nach dem Tode Jesu stattfand.» Die Vielfalt der Auffassungen von Jesus und seiner «Titel» in dieser Entwicklungszeit ist ein deutlicher Beweis gegen die jüngst von Sheehan populär gemachte Annahme, daß Jesus nach seinem Tod systematisch als der Sohn Gottes verkündet und zu etwas gemacht worden sei, das er nie selbst beansprucht hatte zu sein. Wäre das der Fall gewesen, so sollten wir erwarten, daß ein oder zwei bestimmte Auffassungen von Jesu Göttlichkeit die Grundlage für alle späteren Entwicklungen gebildet hätten. Aber das finden wir ganz und gar nicht vor. Stattdessen herrschte ein weitverbreitetes Gefühl der überwältigenden «göttlichen» Manifestation durch Jesus und die Ereignisse seines Lebens und Todes vor – ja sogar ihrer «kosmischen» Bedeutung –, aber eine klare und alleingültige Grundlage zu ihrem Verständnis gab es erst sehr viel später.

15 Siehe M. Hornschuh, «Die Apostel als Träger der Überlieferung» in Hennecke/Schneemelcher, *Neutestamentliche Apokryphen*, Bd. 2, 3. Aufl. 1964, S. 41–52. Sehr gut dargestellt auch von J. Daniélou, «Les Traditions secrètes des Apôtres» in: *Eranos Jahrbuch* 31(1962) S. 199–215.

16 Siehe Colin Wilson, *Rudolf Steiner. The Man and his Vision*, Wellingborough 1985, S.114–116; deutsch: *Rudolf Steiner: Verkünder eines neuen Welt- und Menschenbildes*, München [2]1987, S. 127–130. Es ist nicht eben glücklich, daß Wilson gerade am Material zu Artus und Tintagel R. Steiners Aussagen auf ihre Genauigkeit hin überprüfen will. Er weist Steiners Darstellung zurück zugunsten dessen, was dort damals «tatsächlich» geschah. Indes ist unter Historikern keine der Versionen über den «historischen» Artus und seine Verbindung zu bestimmten Orten allgemein für überzeugend befunden worden.

17 So zum Beispiel in der «*Pelican*» *History of Christianity*. Noch selt-

samere und vollkommen unbegründete Darstellungen der Philosophie Steiners findet man in Standardnachschlagewerken, sogar in solchen von generell hoher Qualität. Eine kuriose Zirkelsituation führt dazu, daß fast alle ernsthaften Darstellungen Steiners von «Insidern» verfaßt sind; es besteht aber kaum eine Berechtigung zur Kritik daran, daß man auf diese Bezug nimmt, solange die Darstellungen von «Außenseitern» auf derart mangelhafter Information beruhen, unvollständig sind und den intellektuellen Anstand missen lassen. Die Situation ist eher traurig als böswillig. Wie kommt es zum Beispiel, daß ein so tiefschürfender Religionsforscher wie Mircea Eliade sich weigert, der Anthroposophie irgendeine Bedeutung zuzugestehen, und ihr die «initiatorische» Form des Freimaurertums gegenüberstellt, von welchem er annimmt, es sei das einzige moderne Initiationswissen, das «soziale Realität» erreiche. Das Netz des sozialen Freimaurertums ist tatsächlich groß. Aber das stille, im allgemeinen unaufdringliche Wirken der Anthroposophie in Erziehung, Medizin, Landwirtschaft und auf anderen Gebieten zeigt eine soziale Gesinnung, die weit tiefer vordringt und die – wenigstens in diesem Jahrhundert – viel weiter reichende Ergebnisse hervorgebracht hat.

18 R. Steiner, *Bausteine zu einer Erkenntnis des Mysteriums von Golgatha*, S. 160.

19 Owen Barfield, *Saving the Appearances. A Study in Idolatry*, New York 1965; deutsch: *Evolution – Der Weg des Bewußtseins. Zur Geschichte des europäischen Denkens*, Aachen 1991, ist ein sehr anspruchsvoller, aber die Mühe lohnender Entwurf einer völlig neuen Untersuchungsmethode zur Semantik, Wissenschaft und Bewußtseinsgeschichte. Auch eine Behandlung der ausgesprochen theologischen Dimension fehlt nicht.
Von Steiners Anhängern unternommene theologische und historische Arbeiten zum Christentum werden in Anmerkungen zu diesem Buch erwähnt werden. Viele kommen aus den Kreisen der Christengemeinschaft, einer Bewegung für religiöse Erneuerung, die seit ihrer Gründung 1922 durch Friedrich Rittelmeyer auf Rudolf Steiner geblickt hat. Die Christengemeinschaft hat jetzt Kirchen und Gemeinden in vielen Ländern.

Kapitel 3

1 A. Caquot, «Pour une étude de l'initiation dans l'ancien Israel», in C. J. Bleeker (Hg.), *Initiation*, Leiden 1965, S. 121. Zum Thema allgemein siehe: I. Engnell, *Studies in Divine Kingship in the Ancient Near East*, Uppsala 1945; H. Frankfort, *Kingship and the Gods*, Chicago 1948; A. R. Johnson, *Sacral Kingship in Ancient Israel*, Cardiff 1955; detaillierte Untersuchungen von verschiedenen Forschern finden sich in: *La Regalità Sacra/The Sacral Kingship*, veröffentlicht als Supplement zur Zeitschrift *Numen*, Leiden 1959.

2 Zitiert bei F. W. Borsch, *The Son of Man in Myth and History*, London 1967, S. 97f.

3 F. W. Borsch, a.a.O., S. 110. Die vollständigste Untersuchung der Psalmen unter dem Gesichtspunkt ihrer Aussage über die alten Rituale ist diejenige von S. Mowinckel, *Psalmenstudien II*, Kristiania 1922.

4 Vgl. die interessante Studie von J. Morgenstern, «The King-God among the Western Semites», in: *Vetus Testamentum* 10 (1960) 138ff; Rudolf Steiner, *Die Tempellegende und die Goldene Legende*, GA Bibl.-Nr. 93, Dornach 1979.

5 Für einen allgemeinen Überblick s. R. Steiner, *Initiations-Erkenntnis*, GA Bibl.-Nr. 227, Dornach [3]1982 und *Die Weltgeschichte in anthroposophischer Beleuchtung*, GA Bibl.-Nr. 233, Dornach [4]1980; ebenfalls Owen Barfield, *Saving the Appearances*, New York 1965. – Dt. *Evolution – Der Weg des Bewußtseins*, Aachen 1991.

6 1. Samuel 9, 9.

7 Jeremia 1,4; zum Wesen der *nabiim* in Israel siehe Steiner, *Das Markus-Evangelium.*

8 R. Steiner, *Mysterienwahrheiten und Weihnachtsimpulse. Alte Mythen und ihre Bedeutung*, Vortrag vom 6.1.1918, GA Bibl.-Nr. 180, Dornach [2]1980, S. 171. Steiners Sicht des Alten Testaments steht derjenigen, den die jüdische Tradition mit ihrer Betonung der *thora* einnimmt, näher, als die radikalere (moderne) Auffassung vom alten Testament als Heilsgeschichte. Zu einer strengen Kritik des modernen Ansatzes siehe G. Fohrer, *Theologische Grundstrukturen des Alten Testaments*, Berlin 1972, S. 42ff.

9 Siehe Steiner, *Das Markus-Evangelium*, Vortrag vom 16.9.1912, GA Bibl.-Nr. 139, Dornach [5]1976, S. 32ff.

10 *Testament des Levi*, 8,3-10.

11 Die Essener und die jüdischen «Chassidim» allgemein unterstützten sicher die Makkabäer zur Zeit des Aufstandes gegen die Seleukiden und

ihre Anhänger in Israel. Einige Forscher glauben jedoch, die Essener hätten sich schnell gegen die Hasmonäer gewandt, wobei sie ihre Schlußfolgerungen auf eine Interpretation der Datierung des Lehrers der Gerechtigkeit und des «Bösen Priesters» auf ca. 150 vor Christus stützten. Das Vorhandensein des *Testaments des Levi* in Qumran wird jedoch unter diesen Umständen praktisch unerklärlich. Die Ergebnisse der geisteswissenschaftlichen Forschungen Steiners andererseits sprechen für eine Datierung des Lehrers der Gerechtigkeit, die näher an 100 vor Christus liegt. Wenn die Essener die hasmonäischen Priesterkönige eine beträchtliche Zeit lang weiter unterstützten – bis zur Zeit des Alexander Jannaeus (103–76 v.Chr.) –, dann ist die Entdeckung dieses Testaments in Qumran natürlich und weist auf diese Verbindung hin. Steiner bezog sich auf die Tätigkeit eines bedeutenden essenischen Lehrers um 100 vor Christus Der Inhalt seiner Lehre war, wie er ausführt, in Form einer «Beschreibung der Ritualien der alten Mysterien-Bücher» geschrieben (R. Steiner, *Das esoterische Christentum und die geistige Führung der Menschheit*, Vortrag vom 18.11.1911, GA Bibl.-Nr. 130, S. 152). Diese Beschreibung, so nehme ich an, existiert nun dank dem Fund von Qumran. Es ist die *Gemeinderegel*, welche Vermes auf ca. 100 vor Christus datiert. J. T. Milik ist der Ansicht, die älteste Form des Dokumentes gehe auf den Lehrer der Gerechtigkeit zurück; andere, wie zum Beispiel D. C. Allison, glauben, daß nur eines oder wenige Teile davon auf ihn zurückgehen. In ihrer uns erhaltenen Form besteht sie aus: einer Beschreibung des Vorgangs der Einweihung in die Essener-Sekte (I – IV); der eigentlichen «Regel» der Gemeinde (V – IX); und weiterem Material einschließlich der Hymne (X – XI), die von den Eingeweihten rezitiert wurde. Siehe D. Dimant in Stone u. a., *Jewish Literature of the Second Temple Period*, S. 497–502, bes. S. 501 Anm. 86 und S. 502 Anm. 92. Vgl. auch Vermes, S. 61–80.

12 «Iamblichos», *De Mysteriis*, III 7. (Die Identität dieses Autors mit dem neuplatonischen Philosophen Iamblichos ist höchst unsicher.)

Zu den Essenern s. T. H. Gaster, *The Scriptures of the Dead Sea Sect*, London 1957, S. 30f. Zu den Mandäern s. Lady E. S. Drower, *The Mandeans of Iraq and Iran*, Oxford 1937. Während ich dies schreibe, muß leider gesagt werden, daß wohl die meisten noch existierenden Mandäer als Opfer der Verfolgung im Iran und im iranisch-irakischen Krieg untergegangen sind.

Zum Aufstieg der Taufsekten s. J. Thomas, *Le mouvement baptiste en Palestine et Syrie*, Gembloux 1935; Borsch, *The Son of Man in Myth and History*, S. 199ff.

13 Dies ist die Ansicht von Gelehrten wie Böhlig, Widengren, Rudolp u.a. Vgl. Steiner, *Das Matthäus-Evangelium*, GA Bibl.-Nr. 123, Dornach [6]1978.

14 Lindsay, *The Origins of Alchemy*, London 1970. Die antiken Verweise auf Legenden um Zarathustra und sein Wiedererscheinen bei griechischen und römischen Autoren (mit einem wichtigen Abschnitt über syrische Legenden) wurden gesammelt von J. Bidez/F. Cumont, *Les Mages Hellénisés*, Paris 1937–38; Reprint 1973.

15 A. Böhlig, «Jüdisches und Iranisches in der Adamapokalypse des Codex V von Nag Hammadi» in seinem *Mysterion und Wahrheit*, Leiden 1968. Zu weiteren Details sowie der Identifizierung der Traditionen, die hinter den einzelnen Inkarnationslegenden stehen, siehe Welburn, «Iranian Prophetology and the Birth of the Messiah: The Apokalypse of Adam», in W. Haase/H. Temporini (Hg.): *Aufstieg und Niedergang der römischen Welt*, Teil II, Bd. 25.4, Berlin/New York 1988, S. 4752–4794.

16 Die von R. C. Zaehner in *Zurvan, A Zoroastrian Dilemma* (Oxford 1955) vertretene Theorie über den Platz Zurvans in der iranischen Religionsgeschichte bleibt kontrovers. Es wird jedoch von allen Forschern zugestanden, daß zervanitische Lehren vom 6. Jahrhundert an vorhanden sind. Vgl. Steiner, *Das Matthäus-Evangelium*, Vortrag vom 2.9.1910, GA Bibl.-Nr. 123, Dornach [6]1978, S. 35ff. Er scheint den Zervanismus als eine «esoterische» Lehre innerhalb des Zoroastrismus, nicht als eine andere Religion zu betrachten. Eine ähnliche Ansicht vertreten beispielsweise R. N. Frye und M. Boyce.

17 *Gemeinderegel* III – IV (Vermes, S. 64f.). Die Verbindung mit iranischen Lehren wurde von K. G. Kuhn hergestellt und ist allgemein akzeptiert worden; s. insbes. die Bemerkungen von Hengel, *Judentum und Hellenismus*, Tübingen 1969, S. 417ff.; D. S. Russell, *The Method and Message of Jewish Apocalyptic*, London 1964, S. 257ff.

Kapitel 4

1 Rudolf Steiner, *Aus der Akasha-Forschung. Das fünfte Evangelium*, GA Bibl.-Nr. 148, Vortrag vom 5.10.1913, Dornach [2]1975, S. 68.

2 a.a.O., Vortrag vom 6.10.1913, S. 77 ff.; die dort über Hillel wiedergegebene Geschichte findet sich im Talmud, Traktat Sabbat 30b.

3 Jesu Danksagungshymne: Matth. 11,25f.; Luk. 10,21.

4 Besprechung der Danksagungshymne von David Flusser in M. E. Stone (Hg.), *Jewish Writings of the Second Temple Period*, Assen und Philadelphia, S. 566f.

5 C. H. H. Scobie, «John the Baptist», in: Matthew Black (Hg.), *The Scrolls and Christianity*, London 1969, S. 58.

6 R. Steiner, a.a.O., Vortrag vom 5.10.1913, S. 69.

7 *Barnabasbrief* 18 in: K. Wengst, *Didache (Apostellehre), Barnabasbrief, Zweiter Klemensbrief, Schrift an Diognet.* Eingel., hrsg., übertragen u. erläutert. Darmstadt 1984, S. 187; vgl. *Didache* 1, a.a.O., S. 67. Den Einfluß der Essener auf das frühe Christentum hat Daniélou herausgestellt in seiner *Théologie du Judéo-Christianisme*, Torunai 1958 (engl.: *The Theology of Jewish Christianity*, London 1964).

8 R. M. Grant, *Gnosticism and Early Christianity*, New York 1966, S. 39. Für diejenigen, die Grants Buch kennen, mag hinzugefügt sein, daß meine Darstellung des Gnostizismus etwas mehr mit der seinen gemeinsam hat, als es zunächst erscheinen mag. Der Hauptunterschied ist, daß ich einen schrittweisen Prozeß der Trennung und Teilung aufgrund sich entwickelnder gegensätzlicher geistiger Haltungen sehe, während Grant den Bruch als eine Reaktion auf ein einziges katastrophales Ereignis, nämlich die Zerstörung Jerusalems durch die Römer, sieht.

9 Siehe bes. Steiners Vorträge über *Das Matthäus-Evangelium* und zur Unterscheidung zwischen Gnostizismus und «esoterischem Christentum»: *Die Apokalypse des Johannes*, GA Bibl.-Nr. 104, Dornach ^{6}1979 S.30 ff.

10 Synesios von Kyrene, zitiert bei Jean Doresse, *Secret Books of the Egyptian Gnostics*, New York 1960, S. 298 f. Doresse unterstützt die Gleichsetzung mit Qumran; s. auch Hans Jonas, *The Gnostic Religion*, Boston 1963, S. 307 f. Die archäologischen Belege aus Qumran wurden unter dem marktwirksamen Titel *The Search for Sodom and Gomorrha*, Kansas 1962, veröffentlicht.

11 Borsch, *The Son of Man in Myth and History*, S. 99. Siehe die Untersuchung von G. Widengren, *The King and the Tree of Life in Ancient Near Eastern Religion*, Uppsala 1951. Zur Sethlegende s. E. C. Quinn, *The Quest of Seth for the Oil of Life*, Chicago 1967.

12 Gemeinderegel XI.

13 *Sacred Book of the Invisible Great Spirit* in der Nag Hammadi Library, Codex III, 60,9-18 und 55,10-12. Man beachte, daß das Heilige Buch einen weiteren Titel hat: *Ägypterevangelium.* Es ist jedoch nicht das berühmte apokryphe ägyptische Evangelium, dessen Fragmente gelegentlich von Rudolf Steiner erwähnt wurden.

Deutsche Übersetzungen: A. Böhlig, *Das Ägypterevangelium von Nag Hammadi (Das Heilige Buch des Großen Unsichtbaren Geistes)*, Göttinger Orientforschungen VI/1, Wiesbaden 1974; H. M. Schenke, «Das Ägypter-Evangelium aus Nag-Hammadi-Codex III», in: *New Testament Studies*, Vol. XVI, 1970, S. 196–208 (60, 9-18 wurde nach Schenke zitiert.).

14 Ein Vorschlag von C. J. Bleeker, «The Egyptian Background of Gnosticism», in: U. Bianchi (Hg.), *Le Origini dello Gnosticismo*, Leiden 1967, S. 235. Ptolemaios II., genannt Philadelphos, regierte von 282–246 vor Christus Die tatsächlichen hermetischen Texte, die wir besitzen, stammen aus den Jahren um die Zeitenwende, und viele von ihnen aus späterer Zeit. Hinter ihnen liegen jedoch komplexe «Übersetzungs»-vorgänge – sowohl in wörtlichem Sinn als auch bezüglich modernisierter Vorstellungen –, die zu den Schriften des *Corpus Hermeticum* führen: s. G. Fowden, *The Egyptian Hermes*, Cambridge 1986, S. 45ff. Es gibt keine verläßliche englische Ausgabe des *Corpus*. Scotts Ausgabe (kürzlich nachgedruckt) ist unzuverlässig, sehr veraltet und arrangiert viel vom Text so, daß er zu seinen Theorien paßt. Auf französisch s. A. D. Nock/A. J. Festugière, *Corpus Hermeticum*, Paris 1946–54.

Der echt ägyptische Hintergrund der Hermetik ist jedoch zunehmend bewiesen worden – trotz einer dicken Schicht griechischer Philosophie und der neuen Initiationstechniken aus der jüdisch-iranischen Täuferbewegung. Dies wird bes. im o.a. Buch von Fowden herausgearbeitet. Zu einigen früheren ägyptischen Hermetica, das heißt dem Thoth zugeschriebenen Büchern, als er noch nicht mit dem griechischen Hermes gleichgesetzt wurde s. E. A. E. Reymond, *From Ancient Egyptian Hermetic Writings*, Vienna 1977 – dies sind demotische Texte aus dem 2. und 1. Jahrhundert vor Christus. Ich neige zu der oben geäußerten Ansicht, daß von der Zeit Ptolemaios' II. an Anstrengungen gemacht wurden, hermetische Lehren in einer neuen Form zu entwickeln, wohingegen Frau Reymond eine alternative Theorie vertritt, wonach ein «Leck» in den geheimen Archiven der ägyptischen Tempel auftrat, das zur Veröffentlichung der Hermetica und ihrer Übersetzung ins Griechische führte. Gründe dagegen haben auch eine Auswirkung auf die Hermetik und das Christentum: Bei Philon und Clemens von Alexandria finden wir keine Spur einer Kenntnis der Hermetica, was zeigt, daß die hermetischen Schriften im 1. und 2. Jahrhundert n. Chr. auf geschlossene Kreise von Eingeweihten beschränkt waren und sogar jenen jüdischen und christlichen Autoren unzugänglich waren, die grundsätzlich mit ihnen sympathisiert hätten. Später wurden die Hermetica exoterisch bekannt und als christliche Prophezeiungen aus dem antiken Ägypten gepriesen, so zum Beispiel von Lactantius. Die einzige frühere Ausnahme scheint die eher esoterische, mit Thomas und seinem *Evangelium* verbundene christliche Überlieferung zu sein, welche die Aktivität der hermetischen Mysterien in einer frühen Form christlicher Esoterik zeigt. Siehe dazu ausführlicher Kapitel 10. «Neue» hermetische Schriften, das heißt alte, die lange als verloren betrachtet worden waren, wurden kürzlich in armenischer Übersetzung entdeckt. Sie sind veröffentlicht von P. Mahé, *Hermès en Haute-Egypte*, Quebec 1982, Bd. II. Die astrologischen hermetischen Schriften aus dem 2. Jahrhundert vor Christus sind veröffentlicht in W. Gundel, *Neue astrologische Texte des Hermes Trismegistos*, München 1936.

15 Siehe *On the Eighth and Ninth*, in *The Nag Hammadi Library in English*, S. 292–297, diskutiert bei Fowden, *The Egyptian Hermes*, S. 97ff; und vollständig bei L. S. Keizer, *The Eighth Reveals the Ninth: a New Hermetic Initiation Discourse*, Seaside, California 1974. Dem neuen Diskurs am nächsten von den traditionellen hermetischen Schriften steht *Corpus Hermeticum* XIII mit dem Titel *Über die Wiedergeburt* (*De Regeneratione*). Zum Ruf nach *metanoia* in der Hermetik s. *Corpus Hermeticum* I,28. Die Taufe wird in *Corpus Hermeticum* IV beschrieben.

Eine Überlieferung oder Strömung im frühen Christentum, die durch die Hermetik erhellt werden kann, ist diejenige des Johannesevangeliums – nicht, weil dieses von der Hermetik beeinflußt war (wie es das *Thomasevangelium* zu sein scheint), sondern weil es auf den esoterischen Taufpraktiken gründet, die auch die Hermetiker übernahmen. Zu Ähnlichkeiten s. C. H. Dodd, *The Interpretation of the Fourth Gospel*, Cambridge 1953, S. 10–53.

Deutsche Übersetzungen: «Über die Achtheit und Neunheit», eingeleitet und übersetzt vom Berliner Arbeitskreis für koptisch-gnostische Schriften, in: *Theologische Literaturzeitung* 98, 1973, S. 498–503; «Hermetische Schrift, deren Titel nicht erhalten ist», in: M. Krause/P. Labib, *Gnostische und hermetische Schriften aus Codex II und Codex VI*, Glückstadt 1971, S. 170–184.

16 *Corpus Hermeticum* I,15.

17 Daniélou, zitiert von S. J. Isser, *The Dositheans*, Leiden 1976, S. 198. Die Samaritaner akzeptierten die Bücher Mose, nicht aber das übrige Alte Testament; sie leugneten auch die Echtheit des Tempels in Jerusalem und verehrten Gott auf dem Berg Gerizim in Samaria. Eine kleine Anzahl

findet sich heute noch; zur Zeit Christi waren sie noch zahlreicher als die Juden, und als die Römer Palästina zu einer Provinz des Reiches machten, war es nur natürlich, daß ihr Verwaltungssitz in Samaria sein sollte – statt in dem südlich gelegenen kleinen und unruhigen Tempelstaat Judäa. Dositheos und Simon führten gnostische Vorstellungen in das Samaritanertum ein, und als in späteren Zeiten ihre Zahl abnahm, vereinigten die orthodoxen und die gnostischen Samaritaner ihre Fähigkeiten und schufen die seltsame Mischung aus alttestamentlichen und gnostischen Vorstellungen, welche die heutige samaritanische Lehre darstellt. Siehe John Bowman, *The Samaritan Problem*, Pittsburgh 1975.

18 Simon, *Megale Apophasis*, in: W. Foerster, *Die Gnosis*, Bd. 1, Zürich/Stuttgart 1969, S. 333.

19 Origenes beschreibt dieses Diagramm in seinem Werk *Gegen Celsus* (*Contra Celsum*), Buch VI, 24-38. Bezüglich einer Rekonstruktion s. meinen Artikel «Reconstructing the Ophite Diagram» in der Zs. *Novum Testamentum* 23 (1981) 3, 261–287.

20 Siehe Walter Schmithals, *Die Gnosis in Korinth. Eine Untersuchung zu den Korintherbriefen*, Göttingen 1956. Als wichtiges Handelszentrum mit Land- und Seeverbindungen war Korinth zweifellos für viele aus dem Orient kommende neue religiöse Vorstellungen offen.

Kapitel 5

1 Rudolf Steiner, *Das Matthäus-Evangelium*, Vortrag vom 4.9.1910, GA Bibl.-Nr. 123, Dornach [6]1978, S. 85; *Babylonischer Talmud*, Traktat *Shabbat* 116 a – b.

2 Siehe C. U. Wolf, «The Gospel of the Essenes», in: *Biblical Research* 3(1958), S. 28ff.

3 *Gemeinderegel* V-VI. Deutsche Übersetzungen: siehe 2. Kapitel, Anm. 1.

4 Matth. 18, 15-17.

5 Matth. 5, 43-45; vgl. *Gemeinderegel* I. Zu detaillierten Ähnlichkeiten zum Beispiel in der Methode der Bibelauslegung zwischen Matthäus und Qumran s. Krister Stendahl, *The School of St. Matthew*, Uppsala 1968, bes. S. 35ff. Helmut Köster, *Einführung in das Neue Testament* Berlin/New York 1980, S. 611 meint ebenfalls, daß man von einer Schule sprechen kann, «insofern als Matthäus in diesem Bemühen nicht isoliert dasteht». Meiner Meinung nach gibt die Kenntnis von solch einem ausgedehnten literarischen Hintergrund den Untersuchungen

der Struktur und der Rhythmen des Evangeliums neues Gewicht; s. hierzu besonders Christopher Rau, *Das Matthäusevangelium*, Stuttgart 1976. Zu R. Steiner über den essenischen Hintergrund s. *Das Matthäus-Evangelium*, Vortrag vom 5.9.1910, GA Bibl.-Nr. 123, Dornach [7]1988, S. 98ff.

6 Vermes, *The Dead Sea Scrolls in English*, S. 306–7; vgl. Martin Hengel, *Judentum und Hellenismus*, Tübingen [3]1988, S. 435: «Zu den wichtigsten ‹Erzeugnissen› der antiken Astrologie», kommentiert Hengel, «gehörte gerade das Horoskop eines für die Zukunft erwarteten weisen ‹Weltherrschers›.» Das Horoskop des königlichen Messias wurde, so scheint es, im späten 1. Jahrhundert vor Christus aufgestellt.
Zu Steiners Bemerkungen über die ersten Kapitel des Matthäus s. *Das Matthäus-Evangelium*, Vortrag vom 6.9.1910, GA Bibl.-Nr. 123, Dornach [7]1988, S. 119f. Zum Hintergrund der *Genesis Apocryphon* im essenischen *Jubiläenbuch* und *Henochbuch* einschließlich der Ansichten J. A. Fitzmyers zu deren Verhältnis zu Matthäus s. G. W. E. Nickelsburg in M. E. Stone, *Jewish Writings of the Second Temple Period*, S. 93f.

7 Hieronymus, *De viris inlustribus, 3*. Papias wird bei Eusebios, *Kirchengeschichte III*, 39,16 zitiert. Papias löst auch das Problem des bekannten Einschubs ins Johannesevangelium (im Anschluß an Joh. 7, 52), der Perikope von der Ehebrecherin. Diese ist mit fast völliger Sicherheit die von Papias erwähnte «Geschichte von einem Weib, das wegen vieler Sünden bei dem Herrn verklagt worden sei, und die im Hebräerevangelium stehe» (Euseb., *Kirchengeschichte III*, 39, 17). Dem Vorschlag von H. Waitz folgend, können wir sie im hebräischen Urmatthäus zwischen den Versen 22, 22 und 23 der uns heute vorliegenden griechischen Fassung ansiedeln. H. Waitz/E. Hennecke u. a., «Evangelien. Außerbiblisches über Jesus», in: *Neutestamentliche Apokryphen*, 2. Aufl., Tübingen 1924, S. 11f. u S. 18.
Die anderen auf das *Hebräerevangelium* bezüglichen Zeugnisse der Kirchenväter sind bei Hennecke/Schneemelcher, *Neutestamentliche Apokryphen*, Bd. 1, 6. Aufl., Tübingen 1990, S. 114–147 zu finden, ediert und detailliert besprochen von P. Vielhauer und P. Strecker. Die Zeugnisse sind außerordentlich schwer einzuschätzen; dennoch kann ich Vielhauer in seinem Ansatz nicht folgen. Sein Versuch, drei getrennte judenchristliche Evangelien zu unterscheiden, kann kaum als glücklich angesehen werden. Vielmehr haben wir es wahrscheinlich mit drei aufeinander folgenden Versionen desselben Originals zu tun, dessen einer Sproß natürlich unser kanonisches Matthäusevangelium ist. Um das 4. Jahrhundert n. Chr. waren anscheinend einige Judenchristen zu

einem griechischen Text übergegangen, auf den Epiphanios Bezug nimmt; aber diese griechische Fassung scheint noch esoterisches Material enthalten zu haben, das aus unserem kanonischen Matthäus ausgeschieden ist. Vielhauers Versuch, das esoterische (‹synkretistische›, ‹heterodoxe›) Material aus einem Werk auszusondern, das in enger Verbindung zum Matthäusevangelium stand, dient offenkundig tendenziösen Zwecken, widerspricht jedoch deutlich den Zeugnissen, unter anderem demjenigen des Hieronymus in der oben angeführten Passage. Der Bericht des Hieronymus über Matthäus' Umgang mit dem hebräischen Alten Testament wird gestützt von R. H. Gundry, *The Use of The Old Testament in St. Matthew's Gospel*, Leiden 1967, er argumentiert, daß die Zitate «letztlich bis auf den Apostel Matthäus zurückverfolgt werden können, der sein eigener ‹Targumist› war und sich auf seine eigene Kenntnis der hebräischen, aramäischen und griechischen Textüberlieferungen des Alten Testaments stützen konnte.» *Targum* – «eine Übersetzung der hebräischen Bibel ins Aramäische für den liturgischen Gebrauch in der Synagoge». Ähnliche Erwägungen haben P. Gächter, *Die literarische Kunst im Matthäusevangelium*, Stuttgart 1965, zu dem Schluß geführt, daß der Apostel das Evangelium in hebräischer Sprache verfaßt habe.

8 Zu Steiners Bemerkung siehe *Von Jesus zu Christus*, Vortrag vom 8.10.1911, GA Bibl.-Nr. 131, Dornach [3]1958, S. 110; Hieronymus, *Dialog gegen die Pelagianer*, 2 (der eher impliziert, daß das Evangelium auf Aramäisch geschrieben war!). Zum Hebräischen des ursprünglichen Evangeliums siehe den Artikel von D. Flusser/M. Lowe in: *New Testament Studies* 29 (1983) 1, S. 25–47. Zu dem im *Even Bohan* enthaltenen Text siehe G. Howard, *The Gospel of Matthew according to a Primitive Hebrew Text*, Macon/Georgia 1987, der eine vollständige Übersetzung der hebräischen Fassung sowie eine einleitende Diskussion bietet. Weitere Aspekte des Textes werden in seinem Artikel «A Primitive Hebrew Gospel of Matthew» wiederum in *New Testament Studies* 34 (1988) 1, S. 60–70 erörtert. Zu der Geschichte von Gamaliel und seinem Zitat aus dem Evangelium siehe oben Anm. 1.

9 Matth. 4,1; *Hebräerevangelium* zitiert bei Origenes, Kommentar zum Johannesevangelium II, 12 (und andernorts): s. Hennecke/Schneemelcher, *Neutestamentliche Apokryphen* Bd. I, Tübingen [6]1990, S.146. Zur «Ekstase» vgl. Hesekiel 8,3; Bel und der Drache (ein apokrypher Zusatz zum Buch Daniel) 36.

10 Matth. 7,7 und 11,28 f.; *Hebräerevangelium* zitiert von Clemens von Alexandria, *Stromata* V, 14, 96; vgl. Clem. Alex., *Strom.* II, 9,45;

Thomasevangelium 2; Matth. 7,7 u. 11, 28f. Deutscher Text zitiert nach Hennecke/Schneemelcher, a.a.O. Helmut Köster betont diesen Charakter in den erhaltenen Sprüchen und Gleichnissen Jesu über das «Königreich» (vgl. «Herrschaft»): «Durchweg kommt es in den Gleichnissen darauf an, das Überraschungsmoment herauszuhören; es dokumentiert sich häufig gerade in denjenigen Zügen, die den normalen Lebenserfahrungen nicht entsprechen: Wo gibt es schon einen Landmann, der während der ganzen Zeit des Wachstums nichts tut oder das Unkraut mitwachsen läßt? Oder wo läuft schon ein würdiger Vater seinem mißratenen Sohn entgegen ... Wunder, Geheimnis und Unberechenbar-keit der Gottesherrschaft – davon reden die Gleichnisse.» (*Einführung in das Neue Testament*, Berlin/New York 1980, S. 512.) Siehe dazu auch Kapitel 10.

11 R. Steiner, *Von Jesus zu Christus*, a.a.O.

12 Matth. 2,1-2.

13 A. F. J. Klijn, *Seth in Jewish, Christian und Gnostic Literature*, Leiden 1977, S. 28.

14 Geo Widengren, *Iranisch-semitische Kulturbegegnung in parthischer Zeit*, Köln-Opladen 1960, S. 62ff.

15 *Das Heilige Buch des Großen Unsichtbaren Geistes*, in *The Nag Hammadi Library in English*, S.205. Deutscher Text nach der Übersetzung von Alexander Böhlig, *Das Ägypterevangelium von Nag Hammadi* (Das heilige Buch des Großen Unichtbaren Geistes). Wiesbaden 1974, S. 158.

16 *Hebräerevangelium* zitiert bei Sedulius Scotus, *Matthäus-Kommentar*, in: Hennecke/ Schneemelcher, Bd.1, S. 137.

17 Zum Mithrazismus s. nun R. Merkelbach, *Mithras*, Königstein 1984. Ebenso R. Steiner, *Bausteine zu einer Erkenntnis des Mysteriums von Golgatha*, Vortrag vom 1.5.1917, GA Bibl.-Nr. 175, Dornach [2]1982, S. 341ff.

In diesem Zusammenhang sind die spezifisch mithrischen Elemente in der *Adamapokalypse* wichtig, auf welche Böhlig hingewiesen hat. (A. Böhlig, «Jüdisches und Iranisches in der Adamapokalypse des Codex V von Nag Hammadi», in: *Mysterion und Wahrheit*, Leiden 1968, S. 149–161.) Siehe auch den brillanten Artikel von G. Widengren «The Sacral Kingship of Iran» in: *La Regalità Sacra*, einem Supplement z. Zs. *Numen* (Leiden 1959). Allgemeiner zu den Ähnlichkeiten und Verbindungen zwischen dem Mithrazismus und den syrisch-palästinensischen Täufergruppen vgl. Borsch, *The Son of Man in Myth und History*, S. 81ff. Und siehe unten Kap. 10.

Verbindungen zwischen dem Matthäusevangelium und dem Mithrazismus/Zoroastrismus wurden von R. E. Osborne, «The Provenance of Matthew's Gospel», in: *Studies in Religion* 3 (1973) S. 22–25 festgestellt.

18 R. Steiner, *Von Jesus zu Christus*, a. a. O.

19 Jakobusbrief 2,5; vgl. Matth. 5,3.

20 Epiphanios, *Panarion* XXX, 16; XXX, 3.

21 J. Daniélou, *Théologie du Judéo-Christianisme,* Tournai 1958, S. 69.

22 O. Cullmann, *Die Christologie des Neuen Testaments*, Tübingen 1957, S. 39f.

23 *Hebräerevangelium*, zitiert von Hieronymus, *Jesaja-Kommentar IV* zu Jes. 11,2. Übersetzung nach Hennecke/Schneemelcher, Bd. 1, S. 146. Diese Stelle muß auf unser gegenwärtiges Matth. 3,17 gefolgt sein.

24 Wie Cullmann zeigt, bedeutet die Tatsache, daß das Verständnis des Werkes Christi als Prophetentum vom späteren Christentum aufgegeben wurde, weder, daß es in neutestamentlichen Schriften nicht vorhanden ist, noch, daß seine Folgen notwendigerweise häretisch sind und in Gegensatz zu einer «Inkarnations»theologie gesetzt werden müssen. Eine Auffassung von Jesus als Prophet findet sich zum Beispiel im Johannesevangelium. Siehe Cullmann, a.a.O., S. 11–49.

25 A. Bentzen, *Messias – Moses redivivus – Menschensohn*, Zürich 1948, S. 78.

26 Mary Boyce, *Zoroastrians*, London 1980, S. 99.

Kapitel 6

1 Siehe *Didache*, in: Klaus Wengst, *Didache (Apostellehre), Barnabasbrief, Zweiter Klemensbrief, Schrift an Diognet.* Eingel., hrsg., übertragen und erläutert, Darmstadt 1984, S. 77. Die Mandäer und andere gnostische und esoterische Gruppen verlangten «lebendiges» Wasser, was auch im Johannesevangelium eine große Rolle spielt.

2 Siehe *Jakobusbrief*, in: *The Nag Hammadi Library in English*, S. 32. Vgl. hierzu auch Vielhauer in Hennecke/Schneemelcher (Hg.), *Neutestamentliche Apokryphen*, Bd. 1, Tübingen [6]1990, S. 143. Deutsche Übersetzung: M. Malinine (Hg.), *Epistula Iacobi apocrypha.* Codex Jung F. I^{r} – F. VIII^{v}, Zürich/Stuttgart 1968, S. 95–112.

3 *Dialog des Erlösers*, in: *The Nag Hammadi Library in English*, S. 230. Das Auflegen der Hände und die kosmischen Visionen: S. 234f. Deutsche Übersetzung: B. Blatz, «Der Dialog des Erlösers», in: Hennecke/

Schneemelcher, *Neutestamentliche Apokryphen*, Bd. 1, Tübingen [6]1990, S. 247–253.

4 *Paraphrase des Sem*, in: *The Nag Hammadi Library in English*, S. 322. Deutsche Übersetzung: M. Krause, «Die Paraphrase des Sêem», in: F. Altheim/R. Stiehl, *Christentum am Roten Meer* II, Berlin/New York 1973, S. 2–105.

5 Die Peraten, wie Hippolyt in *Refutatio omnium haeresium* V, 17, 6 über sie berichtet.

6 Meine Bemerkungen mögen übertrieben kritisch erscheinen gegenüber einer Methode, die – wie die Statistik in den Naturwissenschaften – viele höchst intelligente Geister gefangen hält. Die «synoptische Theorie», die letztlich ein Produkt der Sprachwissenschaft war, die das 19. Jahrhundert entdeckt hatte, und aus einem übersteigerten Vertrauen in deren Methoden erwachsen war, ist über ihren Widersprüchen endlos zu Papier reduziert worden. Es ist erfreulich zu bemerken, daß die Forschung kürzlich begonnen hat, sich der Tatsache mehr bewußt zu sein, daß die Theorie den untersuchten literarischen Beziehungen verschiedene Konstruktionen auferlegen kann. Ich will keine Diskussion mit den Theoretikern beginnen; ich werde hier lediglich das Zugeständnis J. A. Fitzmyers, eines der anerkannten Experten auf diesem Gebiet, zitieren, daß das «synoptische Problem» – wenn man es als literarisches Puzzle behandelt – «praktisch unlösbar» sei; «die Belege, die wir zu seiner Lösung haben, sind kaum angemessen.» Joseph A. Fitzmyer, in: *Jesus and Man's Hope*, Pittsburgh 1970, S. 132. Da die synoptische Theorie die behaupteten Beziehungen nicht konkret aufzeigen kann, ist es an der Zeit, Kriterien aus der Geschichte heranzuziehen; und die neuen Entdeckungen erlauben uns das endlich.

7 Rudolf Steiner, *Das Markus-Evangelium*, Vortrag vom 24.9.1912. GA Bibl.-Nr. 139, Dornach 1985, S. 188f.

8 Vgl. Walter Bauer, *Rechtgläubigkeit und Ketzerei im älteren Christentum*, Tübingen 1964, S. 49ff. Diese Ansicht wird übernommen, um die Anfänge des Christentums in Ägypten zu erklären. H. Köster, *Einführung in das Neue Testament*, Berlin/New York 1980, S. 658f. Eusebios gibt die «Information», Markus sei der erste Bischof von Alexandria geworden, was nicht wahr sein kann, da die Kirche in Alexandria bis in viel spätere Zeiten nicht von einem Bischof, sondern von einem Ältestenrat geleitet wurde; und selbst wenn Eusebios recht hätte, so enthält diese Information doch nichts, was Steiner gerade zu dieser Annahme hätte führen können, Markus sei dorthin gegangen, um das Evangelium zu schreiben. Es ist allgemein anerkannt, daß Eusebios «fast

nichts» – wie Harnack es formulierte – anhand seiner Quellen über Alexandria wissen konnte.

9 Es wird weithin anerkannt und ist mit den üblichen analytischen Methoden festgestellt worden, daß dieser Brief echt ist, also von Clemens von Alexandria stammt. Die Behauptung des Briefes, er bewahre einen älteren Originaltext als den, welchen die Kirche für den neutestamentlichen Kanon bearbeitet hatte, hat mehr Widerspruch hervorgerufen, gewinnt aber auch an Boden. So gibt M. W. Meyer zu: «Kürzlich durchgeführte Untersuchungen des geheimen Evangeliums des Markus weisen darauf hin, daß diese Fassung ... tatsächlich älter sein könnte als die in den Kanon des Neuen Testaments aufgenommene.» In: Meyer, *The Ancient Mysteries*, New York 1987, S. 232; siehe auch die dort zitierten Untersuchungen. Auch von J. D. Crossan, *Four Other Gospels*, Minneapolis/Chicago/New York 1985, S. 91ff. wird das Geheime Markusevangelium als die authentische ursprüngliche Form des Evangeliums anerkannt. Text: M. Smith, *The Secret Gospel*, Clearlake, California 1982, S. 15. Deutsche Übersetzung: M. Smith, *Auf der Suche nach dem historischen Jesus*, Frankfurt/M. u.a. 1974. Ich habe hier nicht versucht, mich mit Morton Smiths außergewöhnlichen Ansichten auseinanderzusetzen, sondern werde das Dokument von einem anderen Blickwinkel aus untersuchen. Ein Punkt verdient jedoch Klarstellung, da er wahrscheinlich mit einer weiter verbreiteten Meinung übereinstimmt. Smith hält (S. 142) das im Brief erwähnte «frühere» Buch für das kanonische Markusevangelium, dieses stelle die Originalfassung dar, der in Alexandria esoterisches Material hinzugefügt worden sei. Aus den Worten des Clemens geht jedoch eindeutig hervor, daß dieses «Buch» nur aus Notizen (wörtlich «Gedächtnisstützen») bestand, die Markus wohl bei seinen mündlichen Predigten des bei Petrus gelernten Evangeliums helfen sollten; Petrus selbst hatte offensichtlich ähnliche Notizen benutzt. Es liegt näher anzunehmen, daß Markus sein früheres Material in Alexandria aus solchen Notizen zu einem Evangelium verarbeitete: a) wegen des Charakters des Evangeliums, wie wir später sehen werden; und b) weil Smith offensichtlich durch seine These zu der Argumentation gezwungen wird, daß die esoterischen Elemente – obwohl sie nach seiner eigenen Aussage (Kap. 7) authentisch sind und auf ein Stadium vor den uns überlieferten Texten von Markus und Johannes zurückgehen – in Wirklichkeit aus der ursprünglichen Überlieferung in ein mit unserem Markus identisches Evangelium wiedereingeführt worden seien; dieses nimmt also, als die von esoterischen Elementen gereinigte Version, eine sehr unwahrscheinliche Zwischen-

position ein zwischen der ersten esoterischen Überlieferung und der späteren esoterischen «Erweiterung». Und schließlich gibt es keinen wirklichen Grund, ein aramäisches Original zu erfinden (Smith, S. 412), da die Sprache der Juden und Christen inAlexandria mit größter Wahrscheinlichkeit griechisch war und der literarische Charakter des Markusevangeliums am besten als griechisch zu betrachten ist; gerade Alexandria ist als Ort, an dem Enklaven hingebungsvoller Sprecher des Aramäischen hätten gedeihen können, am wenigsten wahrscheinlich!

10 Richardson, zitiert in Smith, *The Secret Gospel*, S. 64.

11 Basilides, nach dem Bericht des Hippolyt, *Refutatio omnium haeresium* VII, 26, 8. Zitiert nach: *Des Heiligen Hippolytus von Rom Widerlegung aller Häresien*, übers. von K. Preysing, München 1922. Vgl. Steiner, *Das Markus-Evangelium*, Vortrag vom 16.9.1912, GA Bibl.-Nr. 139, S. 41f.

12 Bezüglich der wenigen Reste frühchristlicher Schriften aus Ägypten, siehe Bauer, *Rechtgläubigkeit und Ketzerei*, S. 49ff.; Köster, *Einführung*, S. 658ff.

13 *Apostelgeschichte*, 18,24–19,7. Codex D fügt die bestätigende Information hinzu, Apollos habe seinen christlichen Glauben in seinem Heimatland, das heißt in Alexandria, gelernt. Eine detaillierte Interpretation in einer der unsrigen ähnlichen Richtung wurde von A. Ehrhardt entwickelt, *The Acts of the Apostles: ten lectures*, Manchester 1969. Er identifiziert die Jünger aus Kap. 19 als alexandrinische Christen.

14 So zum Beispiel Johannes 4,2.

15 Markus 14,51-52

16 Markus 16,5; Steiner, *Das Markus-Evangelium*, Vortrag vom 23.9.1912, S. 177.

17 Steiner, a.a.O., S. 176.

18 *Der Hirte des Hermas*, III. Vision, 10. Kap. Zum judenchristlichen Charakter dieses Werkes siehe J. Daniélou, *Théologie du Judéo-Christianisme*, Tournai 1958, S. 46–49. Essenische Elemente werden neuerlich auch von L. W. Nijdendijk, *Die Christologie des Hirten des Hermas* betont, bes. S. 53–66. Dies braucht die ursprünglich von Reitzenstein vorgeschlagene Möglichkeit eines hermetischen Einflusses nicht auszuschließen. Der *Hirte* ist von mehreren Quellen visionärer Weisheit beeinflußt worden, u. a. besonders von den Sibyllen.

19 Smith, *The Secret Gospel*, S. 16f. Der deutschsprachige Text der Zitate folgt der Übersetzung in: Hennecke/Schneemelcher, *Neutestamentliche Apokryphen*, Bd. 1, Tübingen ^{6}1990, S. 92.

20 Smith, *The Secret Gospel*, S. 108.

21 Die guten Manuskripte des Markusevangeliums enden – zu Recht – mit

16,8. Zur gnostischen Fragmentation siehe den ausgezeichneten Aufsatz über «Gnosis and Time» von H.-C. Puech, in J. Campbell (Hg.), *Man and Time* (London/New York 1957).

22 Aus dem mandäischen gnostischen Buch *Ginza*, besprochen bei H. Jonas, *The Gnostic Religion*, Boston [2]1963, S. 75. Zitiert nach der deutschen Fassung von M. Lidzbarski, *Ginza. Der Schatz oder das große Buch der Mandäer*, Göttingen 1925, S. 182.

23 Wolfgang Schenk, «Die gnostisierende Bedeutung des Todes Jesu und ihre kritische Interpretation durch den Evangelisten Markus», in: K.-W. Tröger (Hg.), *Gnosis und Neues Testament*, Berlin 1973, S. 231–243. Eine interessante Interpretation des Markusevangeliums als gnostisches Dokument findet sich auch in dem Artikel J. Schreibers «Die Christologie des Markusevangeliums», in: *Zeitschrift für Theologie und Kirche* 58 (1961) S. 154ff; aber Schreiber nimmt unkritisch an, daß Markus nur einen dem frühchristlichen Gnostizismus entnommenen Mythos reproduziere.

Kapitel 7

1 Die besten Einführungen in diese Periode allgemein sind: Tarn/Griffith, *Hellenistic Civilisation*, London 1966; John Onians, *Art and Thought in the Hellenistic Age*, London 1979. Zur religiösen Perspektive: Franz Cumont, *Die orientalischen Religionen im römischen Heidentum*, Stuttgart [8]1981 (unveränd. Nachdruck d. 3. dt. Aufl., Leipzig 1931). Samuel Angus, *The Mystery Religions and Christianity*, New York 1966.

2 *Thomasevangelium*, Spruch 13. Zitiert nach: Hennecke/Schneemelcher (Hg.), *Neutestamentliche Apokryphen*, Bd. 1, Tübingen, [6]1990, S. 101. Elaine Pagels, *The Gnostic Gospels*, London 1980, S. XXI; deutsch: *Versuchung durch Erkenntnis. Die gnostischen Evangelien*, Frankfurt am Main 1987, S. 17.

3 Siehe Günther Bornkamm, *Mythos und Legende in den Thomasakten*, Göttingen 1933; zu den Geburtslegenden siehe G. A. van den Bergh van Eysinga, *Indische Einflüsse auf evangelische Erzählungen*, Göttingen 1904. Zum Wert der Geschichten über Jesu Kindheit siehe Emil Bock, *Kindheit und Jugend Jesu*, Stuttgart 1956.

4 Ashvaghosha, *Buddhacarita* («Acts of the Buddha») in Conze (Hg.), *Buddhist Scriptures*, Harmondsworth und Baltimore 1959, S. 35f.

Deutsch nach der anhand der tibetischen Textfassung (Original: Sanskrit) geschaffenen Übersetzung Conzes. Eine Übersetzung aus dem Tibetischen ins Deutsche bietet Friedrich Weller, D*as Leben des Buddha von Asvaghosa*, Leipzig 1926. Conzes Übersetzung ist gegenüber letzterer mehr auf flüssige Wiedergabe für den heutigen Leser und auf Allgemeinverständlichkeit ausgerichtet.

5 *Protevangelium des Jakobus* (erstes Evangelium oder vielleicht das Evangelium des ersten Teils des Lebens Jesu) in Hennecke/Schneemelcher (Hg.), *Neutestamentliche Apokryphen*, Bd. 1, Tübingen [6]1990, S. 346. Das Werk geht im wesentlichen ungefähr auf das Jahr 150 n.Chr. zurück und kombiniert anscheinend die kanonischen Erzählungen mit mündlicher Überlieferung, was zu dem Schluß führt (S. 337), daß die Kanonbildung für den Schreiber und seine Leser noch nicht beendet war.

6 Oscar Cullmann in Hennecke/Schneemelcher, a.a.O., S. 352. Das *Kindheitsevangelium des Thomas* (ebenda) geht wahrscheinlich auf das zweite Jahrhundert zurück.

7 Lukas 22,61-62; vgl. Markus 14,72; Matthäus 26,74-75.

8 Vision im Tempel: Lukas 1,11; Erscheinung vor Maria 1,28; Vision des Ananias, Apostelgeschichte 9,10-16; die drei Erzählungen der Vision des Paulus auf dem Weg nach Damaskus 9,3-9; 22,6-13; 26,12-20.

9 P. Vielhauer in Hennecke/Schneemelcher, *Neutestamentliche Apokryphen*, Bd. 2, Tübingen [5]1989, S. 514.

10 Hermes Trismegistos, Fragment eines Diskurses, das von Stobaios, Exzerpt VI in Scott, *Hermetica*, vol. I, S. 419 zitiert wird. Die erwähnten «Bilder» sind die sogenannten «Dekangestirne», Sterngottheiten, die die Vorstellungskraft der Künstler jahrhundertelang fesselten; vgl. Frances Yates, *Giordano Bruno and the Hermetic Tradition*, London 1964, S. 45ff. sowie die vielen Verweise auf «Dekangestirne» im Register.
Zu *autoptes* und *epoptes* siehe Michael Psellos, *Expositio in oracula chaldaica* in Migne, *Patrologia Graeca*, Bd. CXXII, S. 1135. Zur Bedeutung von *autoptes* vgl. Rudolf Steiner, *Das Lukas-Evangelium,* 1. Vortrag, GA-Bibl.-Nr. 114, Dornach [7]1977, S. 17ff. Der Gebrauch überlebte bei den späteren Vätern in dem Begriff *autoptotheia*, der «persönlichen Vision von Gott», die einem Heiligen zuteil wurde.

11 C. H. Talbert, *Luke and the Gnostics*, Nashville und New York 1966, argumentiert, Lukas antworte auf gnostische Strömungen; wichtig ist auch die verwandte Sicht C. K. Barretts. Es ist gelegentlich angenommen worden, Markions Fassung des Lukasevangeliums sei älter als unser «kirchlicher» Text – aber dies ist sehr unwahrscheinlich.

Zu Valentinos und dem Lukasevangelium siehe Irenäus, *Adversus haereses* III, 14,3ff. – deutsch: *Des Heiligen Irenäus fünf Bücher gegen die Häresien*, München 1912 (Bibliothek der Kirchenväter); die Bemerkung des Origenes in seinen *Homilien zum Lukasevangelium*, XVI.

12 *Buddhacarita*, in *Buddhist Scriptures*, S. 36f. R. Steiner, *Das Lukas-Evangelium*, 2. Vortrag, GA-Bibl.-Nr. 114, S. 51; R. Steiner, *Das Christentum als mystische Tatsache und die Mysterien des Altertums,* Kap. Die ägyptische Mysterienweisheit. GA-Bibl.-Nr. 8, Dornach [8]1976, S. 103.

13 Conze, «Buddhism and Gnosis» in: U. Bianchi (Hg.), *Le Origini dello Gnosticismo*, Leiden 1967, S. 651–57. Vgl. Steiner, Das *Lukas-Evangelium.*
Edward Conze bezieht sich besonders auf jene Fassung der Lehre, die sich im Manichäismus findet; die Lehre ist aber bereits im valentinianischen Gnostizismus des Ptolemaios ganz gegenwärtig, wie Irenäus in *Adversus Haereses (Gegen die Häresien)* I, 7,1-2 berichtet und Clemens in seinen *Excerpta ex Theodoto* 58-60 (einem weiteren Schüler des Valentinos). Eine deutsche Übersetzung dieser beiden Berichte ist enthalten in: W. Foerster, *Die Gnosis*, Bd. 1: *Zeugnisse der Kirchenväter*, Zürich [2]1979, S. 185f. und S. 200f.

14 C. H. Talbert, «An Anti-Gnostic Tendency in Lukan Christology», in: *New Testament Studies* 14 (1967-68), S. 270f. argumentiert, Lukas bekämpfe an verschiedenen Stellen die gnostische Ansicht, Jesus habe nur in einem Scheinleib gelitten.

15 Rudolf Steiner, *Das Christentum als mystische Tatsache*, S. 105. Zur Verklärung siehe Lukas 9,28-36; vgl. Markus 9,2-8; Matthäus 17,1-8. Matthäus benutzt wie das *Protevangelium* den Ausdruck «lichte Wolke».

Kapitel 8

1 Zacharias im Tempel: Lukas 1,5ff; die Jünger im Tempel 24, 52-53; das Kind Jesus im Tempel 2, 21-39; bar mitzvah 2, 41-51; Lehren im Tempel 19, 45-47; 21, 37-38; vgl. 22, 53.

2 Oscar Cullmann, *Die Christologie des Neuen Testaments*, Tübingen 1957, S. 84; siehe dazu allgemein das Kapitel «Jesus der Hohepriester», a.a.O., S. 82–107, das auch eine gründliche Diskussion des Hebräerbriefes beinhaltet. Vgl. Rudolf Steiner, *Das Lukas-Evangelium*, Vortrag vom 18.9.1909, GA Bibl.-Nr. 114, Dornach [7]1977, S. 89ff.

3 Siehe Steiner, a.a.O., S. 132f. Diese Lesart der besten Texte wird von den meisten Bibelausgaben wegen theologischer Vorurteile abgelehnt oder in die Anmerkungen verwiesen. Es ist ein zusammenhängendes Zitat des Königsorakels aus Psalm 2,7 und wird in dieser Form von den frühen Kirchenvätern zitiert. Zu der Fassung im *Hebräerevangelium*, s. Hieronymus, *Jesaja-Kommentar*, IV (Hennecke/Schneemelcher, *Neutestamentliche Apokryphen* Bd.1, Tübingen [6]1990, S. 146).

4 Vgl. Steiner, a.a.O., Vortrag vom 18.9.1909, S. 92.

5 *Testament des Simeon* 7,2-3. Eine Übersetzung des Testaments findet sich bei E. Kautzsch (Hg.), *Die Apokryphen und Pseudepigraphen des Alten Testaments*, Bd.2, Tübingen 1900, S. 463–465.

6 *Testament des Naphtali* 5,3-5.

7 *Testament des Levi* 18,1-5 und 9,11. Im Deutschen zitiert nach E. Kautzsch, a.a.O., S. 470f. Zum königlichen Messias, s. *Testament des Juda* 24,1-6.

8 Ausgezeichnet zusammengefaßt von Vermes, *The Dead Sea Scrolls*, Cleveland, Ohio 1978, S. 184ff. Siehe auch K. G. Kuhn: «The Two Messiahs of Aaron and Israel» in K. Stendhal (Hg.): *The Scrolls and the New Testament*, London 1957; und die interessante, wenn auch manchmal mühsame Diskussion durch G. Friederich: «Beobachtungen zur messianischen Hohepriestererwartung in den Synoptikern», in: *Zeitschrift für Theologie und Kirche* 53 (1956) S. 265ff.

9 Hippolyt, *Über den Segen Isaaks, Jakobs und Moses;* die relevanten Texte aus diesen Abhandlungen werden bei L. Mariès «Le Messie issu de Levi chez Hippolyte de Rome», in: *Recherches de Science Réligieuse* (1951), S. 381ff. rekonstruiert und diskutiert.

10 Maleachi 3,1. Ambrosius, *De benedictionibus patriarcharum*, in: Migne, Patrologia Latina, Bd. 14.

11 Aus dem zoroastrischen Buch *Denkart* in Zaehner, *Teachings of the Magi*, London 1975, S. 95f. Die volle Entwicklung dieser Vorstellungen gehört in die Zeit der nachchristlichen Sassanidenherrscher des Iran; aber sie müssen zweifellos in der Zeit der Spannungen zwischen der pan-arischen Religion der Könige und der Reformreligion Zarathustras in der frühen Achämenidenzeit ausgearbeitet worden sein.

12 Vgl. Steiner, *Das Matthäus-Evangelium*, Vortrag vom 7.9.1910, GA Bibl.-Nr. 123, Dornach [6]1978, S. 135ff.; *Von Jesus zu Christus*, Vortrag vom 12.10.1911, GA Bibl.-Nr. 131, Dornach [3]1958, S. 173ff.

13 *Ägypterevangelium* in Hennecke/Schneemelcher, *Neutestamentliche Apokryphen*, Bd. 1, S. 175ff. Erörtert in R. Steiner, *Das Matthäus-Evangelium*, Vortrag vom 6.9.1910, GA Bibl.-Nr. 123, Dornach [6]1978, S. 124f.

14 R. Reitzenstein: *Die hellenistischen Mysterienreligionen nach ihren Grundgedanken und Wirkungen*, 3., erw. u. umgearb. Auflage, Leipzig/Berlin 1927, S. 60. Zum *Baruchbuch* des Justinos oder was davon übrig ist s. Hippolyt, *Refutatio omnium haeresium* V, 26,1–27,5.

15 Hippolyt, *Refutatio*, V, 26,29-31. Im Deutschen zitiert nach der Ausgabe *Des Heiligen Hippolytus von Rom Widerlegung aller Häreseien*, übersetzt von K. Preysing, München 1922.

16 *Testament des Levi* 2,2-6. E. Kautzsch, *Die Apokryphen und Pseudepigraphen des Alten Testaments*, S. 465.

17 *Pistis Sophia* 61,121-122. Deutscher Text nach Carl Schmidt, *Pistis Sophia. Ein gnostisches Originalwerk des 3. Jahrhunderts aus dem Koptischen übersetzt*, Leipzig 1925, S. 89f.

Kapitel 9

1 Markus 15,2ff; Johannes 18,33ff.

2 Oscar Cullmann, *Die Christologie des Neuen Testaments*, Tübingen 1957, S. 87f.

3 Markus 1,12-13. Es gibt parallele und gleichzeitig ausführlichere Fassungen bei Matth. 4,1-11 und Luk. 4,1-13. Zu einer faszinierenden Diskussion der Versuchung siehe U. Mauser, *Christ in the Wilderness*, London 1963.

4 Einen ausgezeichneten Bericht über das Entstehen des griechischen Bewußtseins gibt Barfield, *Saving the Appearances*, S. 96ff. Deutsche Übersetzung: Siehe 2. Kapitel, Anm. 19. Des weiteren H. und H. A. Frankfort, *The Intellectual Adventure of Ancient Man*, Harmondsworth 1949, S. 248ff. zum Übergang von der Mythologie zum rationalen Bewußtsein.

5 Steiner, *Das Matthäus-Evangelium*, Vortrag vom 8.9. 1910, GA Bibl.-Nr. 123, Dornach 1988, S. 161.

6 Siehe Rudolf Bultmann, *Theologie des Neuen Testaments*, Tübingen [9]1984, S. 8ff.

7 Siehe besonders das Werk von F. H. Borsch, *The Son of Man in Myth and History*, London 1967; C. H. Kraeling, *Anthropos and Son of Man*, New York 1927; O. Cullmann, *Die Christologie des Neuen Testaments*, 6. Kapitel. Das «Problem Menschensohn» ist so komplex, daß keine Untersuchung alle Fragen behandelt. Ohne das sehr große Gebiet ganz entfalten zu wollen, möchte ich doch andeuten, daß der

Ausdruck eine Vielzahl von Konnotationen hatte; mit Hilfe einiger von ihnen könnte Jesus den Kern seiner Lehre und die zentrale Idee seines Bewußtseins von sich selbst zum Ausdruck gebracht haben. Die Hauptverweise auf den «Menschensohn» im Neuen Testament finden sich: Matthäus 5,11; 8,20; 10,23; 10,32; 11,19; 12,32; 12,40; 13,37; 13,41; 19,28; 22,44; 24,27; 24,28; 24,30; 24,37; 25,31; Markus 2,10; 2,28; 8,31; 8,38; 9,9; 9,12; 9,31; 10,33; 10,45; 13,26; 14,21; 14,41; 14,62; Lukas 6,22; 7,34; 9,58; 11,30; 12,8; 12,10; 12,40; 17,22; 17,24; 17,26; 17,30; 18,8; 19,10; 21,36; 22,48; 22,69; Johannes 1,51; 3,14; 5,27; 6,27; 6,53; 6,62; 9,35; 12,23; 12,34; 13,31.

8 R. Steiner, *Das Johannes-Evangelium*, Vortrag vom 25.5.1908, GA Bibl.-Nr. 103, Dornach [9]1975, S. 115ff.

9 Borsch, *The Christian and Gnostic Son of Man*, London 1970, S. 110ff.

10 Hippolyt, *Refutatio omnium haeresium* V, 7,33.

11 Siehe die Stellen aus dem *Philippusevangelium* und so weiter, die von Borsch, *Christian and Gnostic Son of Man*, S. 78ff. diskutiert werden.

12 Daniel 7,13-14.

13 1. Henoch Kap. 50-51.

14 Joh. 3,13-15.

15 Markus 8,27-31. Wenn ich den «Menschensohn» mit dem «Messiasgeheimnis» in Verbindung bringe, so folge ich der Forschungsrichtung, die Erik Sjöberg mit seiner Arbeit *Der verborgene Menschensohn in den Evangelien*, Lund 1955, eröffnet hat. Seine ausführlichen Schlußfolgerungen, die den Menschensohn des *Henochbuches* mit den Evangelien verbinden, sind manchmal als fragwürdig bezeichnet worden; sie bleiben jedoch ein wertvoller Ausgangspunkt, der auch mit den hier entwickelten Ansichten übereinstimmt. Ich möchte jedoch betonen, daß Jesus, indem er die eschatologischen Erwartungen des verherrlichten Menschensohnes erfüllte, auf dieser Grundlage dann etwas qualitativ Neues entwickeln mußte, das in der Verwirklichung eines neuen Bewußtseins über die Grenzen des Judentums hinausging. In dieser Hinsicht leidet die Betonung, die Sjöberg auf *Henoch* legt, unter der Neigung von Wissenschaftlern, die Bedeutung eines einzigen Weges zu überschätzen.

Auf der anderen Seite ist die Bedeutung der Stellen über den Menschensohn im *Henochbuch* in jüngerer Zeit wieder hervorgehoben worden von J. H. Charlesworth, *Jesus within Judaism*, London 1988, S. 39ff.; und es gibt eine provozierende neue Arbeit zum Thema von Margaret Barker, *The Older Testament*, London 1987, siehe bes. S. 8–80.

16 Cullmann, a.a.O., S. 153f.

17 T. W. Manson, *The Teaching of Jesus*, Cambridge 1963, S. 214ff. Mansons Darstellung der «Entwicklung» der Lehre nach dem Bekenntnis des Petrus ist kritisiert worden; trotzdem scheint sie grundsätzlich richtig. Sie stimmt auch mit Steiners Auffassung des «esoterischen» Charakters der Ereignisse an dieser Stelle überein: R. Steiner, *Das Markus-Evangelium*, Vortrag vom 20.9.1912, GA Bibl.-Nr. 139, Dornach 1985, S. 123ff.

18 Violet MacDermot, *The Cult of the Seer in the Ancient Middle East*, London 1971, S. 67.

19 Vgl. Eric R. Dodds, *Pagan and Christian in an Age of Anxiety*, London/New York 1970, bes. S. 8ff. Deutsch: *Heiden und Christen in einem Zeitalter der Angst*. Aspekte religiöser Erfahrung von Mark Aurel bis Konstantin,Frankfurt 1985.

20 Paulus, Brief an die Galater 4,3.

21 Peter Brown, *The World of Late Antiquity*, London 1971, S. 102.

22 Vgl. die Schlußfolgerungen, die K. V. Thomas in seiner Studie *Man and the Natural World*, Harmondsworth 1984, S. 300f. zieht. Es finden sich einige höchst zutreffende Überlegungen zu dem Problem der «Verursachung» in bezug auf das Bewußtsein bei Barfield, *Saving the Appearances*, S. 97 und allgemein S. 65ff.

23 Stephen R. L. Clark, *From Athens to Jerusalem: Philosophy and the Care of the Soul*, Oxford 1984, S. 123.

24 Zu einer Darstellung der wichtigsten philosophischen Ideen Rudolf Steiners siehe Barfield, *The Case for Anthroposophy*, London 1970; Rudolf Steiner, *Die Philosophie der Freiheit. Grundzüge einer modernen Weltanschauung*. GA Bibl.-Nr. 4, Dornach [15]1987.

Kapitel 10

1 Diese Entsprechung wurde 1952 von H. C. Puech bemerkt. Die Fragmente sind übersetzt in: Hennecke/Schneemelcher, *Neustestamentliche Apokrypten*, Bd. 1, Tübingen [6]1990, S. 99. Dieser Band enthält auch eine Übersetzung des *Thomasevangeliums* auf S. 98–113. Eine weitere deutsche Fassung des Evangeliums ist enthalten in: R. M. Grant/D. N. Freedman, *Geheime Worte Jesu*, Frankfurt a.M. 1960, wo auch die griechischen Originalfragmente wiederum diskutiert werden (S.42ff. und S. 185ff.).

2 Apostelgeschichte 11,26. Das *Philippusevangelium* ist in der Anthologie *Die Gnosis*, hg. von W. Foerster, Bd. 2, Zürich 1971, S. 95–124 über-

setzt. Nach dieser Übersetzung wird im folgenden zitiert. Sie enthält die nützliche Numerierung der Sprüche, die leider in der *Nag Hammadi Library in English* nicht angewendet wird. Zum «Christ werden», s. Spruch 6 (vgl. 1), 46, 59, 95.

3 *Philippusevangelium*, Spruch 109; vgl. Sprüche 90, 57, 59.

4 *Philippusevangelium*, Spruch 101; Sprüche 67, 69, 82, 86.

5 R. Steiner, «Das Osterfest als ein Stück Mysteriengeschichte der Menschheit», in: *Mysterienstätten des Mittelalters. Rosenkreuzertum und modernes Einweihungsprinzip. Das Osterfest* ..., GA-Bibl.-Nr. 223a, Dornach ^{4}1980, S. 103ff. Zum Mysterienhintergrund des *Philippusevangeliums*, insbesondere zu den mesopotamischen Elementen, s. des weiteren meinen Artikel «The Ancient Near Eastern Background of Gnosticism», in W. Haase (Hg.), *Aufstieg und Niedergang der römischen Welt*, Teil II, Bd. 22 (in Vorbereitung, Berlin u. New York).

6 Zu der rituellen Wiedererlangung des Paradieses, dem kosmischen Aufstieg und so weiter in diesem Evangelium siehe die wichtige Untersuchung von H. G. Gaffron, *Studien zum koptischen Philippusevangelium*, Bonn 1969. Zum «Über-die-Welt-hinausgehoben-Werden» siehe Spruch 10; zum Paradies siehe Sprüche 83, 84, 92 und zu dem Fehler, der, «als er nämlich sprach: ‹Iß dieses und iß dieses nicht!›, zum Anfang des Todes wurde»: Spruch 94. Geistige Freiheit: Spruch 110 (wieder mit Bezug auf den kosmischen Aufstieg). Zur Pflanze des Lebens beziehungsweise dem Baum des Lebens im Paradies s. Sprüche 84 u. 92; zur Pflanze als dem Kreuz s. Spruch 91, in welchem der Zusammenhang des Mysteriums mit dem Ereignis von Golgatha noch enger geknüpft wird. Zu den mesopotamischen Bildern s. das interessante Werk von G. Widengren, *The King and the Tree of Life in Ancient Near Eastern Religions*, Uppsala 1951. Zu Gilgamesch s. *Das Gilgamesch-Epos*, übers. u. mit Anm. versehen von Albert Schott. Neu herausgegeben von W. v. Soden, Stuttgart 1989. Eine Übersetzung des Adapa-Mythos ist enthalten in: *Die Religion der Babylonier und Assyrer*, übertragen u. eingeleitet von Arthur Ungnad, Jena 1921, S. 128 ff.

7 R. Steiner, «Das Osterfest als ein Stück Mysteriengeschichte der Menschheit», a.a.O., S. 131ff. Siehe *Philippusevangelium* Spruch 15, 31, 84 und bes. 93. Zur «chemischen» Verwandlung s. Spruch 35, 36, 43, 51, 54, 66, 115.

8 Zum Unterschied zwischen den niedrigeren und den höheren Stufen s. Spruch 98, wo die Rede ist von «dem Brot und dem Kelch und dem Öl, wenn es auch etwas anderes gibt, das über diese erhaben ist». Die

Bedeutung der Eucharistie für die Philippuschristen ist in den Sprüchen 14, 15, 50, 53, 100, 108 angedeutet.
Zur Einweihung in das Sakrament des Brautgemachs s. Sprüche 60, 66, 67, 73, 76, 77, 121, 122, 124, 125, 126, 127. Die paradiesische Einheit der Geschlechter und die Wiederherstellung der Einheit in Christus Sprüche 71, 78, 79 und so weiter. Die kosmische Dimension des Brautgemachs wird in Spruch 83 erklärt.

9 Die Erfahrung des eigenen Abbildes: Sprüche 75, 105; vgl. 44, 113. Zum «Eingehen durch das Abbild in die Wahrheit»: Spruch 67 und mit Bezug auf die «Engel»-Gegenstücke: Spruch 26. Die Verwandlung der Welt in ein «Kind» wird in Spruch 99 beschrieben; vgl. die Unterscheidung zwischen Werken, Abbildern und Kindern in Spruch 86.

10 Siehe Spruch 108, 127.

11 Spruch 120. Der Menschensohn kommt auch in den Sprüchen 54, 43, 102 vor. Vgl. Borsch, *The Christian and Gnostic Son of Man*, London 1970, S. 78–82.

12 Besonders wertvoll sind die Mysterienunterweisungen des Cyrill von Jerusalem; sie liegen vor unter dem Titel *Lectures on the Christian Sacraments*, hg. von F. L. Cross (mit einer Übersetzungvon R. W. Church), London 1951. In deutscher Übersetzung: *Des heiligen Bischofs Cyrill von Jerusalem Reden der Einweihung. Mystagogische Katechesen*. Übers. von L. A. Winterswyl, Freiburg i. Br. [2]1954. Parallelen zum syrischen Christentum bespreche ich in meinem Artikel «The Ancient Near Eastern Background» (s. oben Anm. 5).

13 *Philippusevangelium*, Spruch 10; *The Thousand and Twelve Questions* (Alf Trisar Suialia) hrsg. u. übers. v. E. S. Drower, Berlin 1960, Nr. 95. Das Werk gehört nicht zur regulären Liturgie der Mandäer, sondern ist eine «geheime Schriftrolle» nur für Priester. Die beste Darstellung der geheimen Weisheit der Mandäer gibt E. S. Drower, *The Secret Adam*, Oxford 1960.

14 Drower, *The Secret Adam*, S. 74–80. Das *Consolamentum* ist bei S. Runciman, *Häresie und Christentum. Der mittelalterliche Manichäismus*, München 1988, beschrieben, der die Nähe zum christlichen Ritual bemerkt, obwohl ihm natürlich das *Philippusevangelium* noch nicht zugänglich war. (Die englische Originalfassung seines Buches erschien 1947.)

15 Analogien zu den Mithrasmysterien habe ich ausführlich in meinem Artikel «The Ancient Near Eastern Background» behandelt. Die Riten sind gut beschrieben in M. J. Vermaseren, *Mithras. Geschichte eines Kultes,* Stuttgart 1965, S. 105ff. Über den Ritus der Weihe zum

Nymphus schreibt Vermaseren auf S. 117: «Womöglich hat man unmittelbar nach der Einweihung des Nymphus das ganze Mithräum hell erleuchtet.» Vgl. Spruch 66, 75, 77, 113, 126, 127. Zu Mithras als dem Gott im Baum s. Vermaseren S. 58f.; Zeremonie des Handschlags mit der Rechten in den Mithrasmysterien, s. a.a.O., S. 111.

16 Die moderne Mithrasforschung hat im heidnischen Mithraskult sowohl einen Kern iranischer Vorstellungen und Praktiken als auch die Übernahme vieler Elemente von außerhalb festgestellt. Zuletzt überschwemmten die hellenistischen Züge alles andere. Eine Rekonstruktion seiner Geschichte ist schwierig, aber im Grunde müssen die Mithrasmysterien eher als ein weiteres Phänomen der Begegnung zwischen Osten und Westen gesehen werden denn als einfache Fortsetzung der archaischen Mithra-Verehrung. Die an seiner Ausbreitung nach Westen beteiligten iranischen Elemente ähneln überraschend denen, die mit den Essenern und Gnostikern in Berührung kamen und somit bereits im Hintergrund des Christentums wirken.
Rudolf Steiner beschreibt die mit den verschiedenen Stufen der Einweihung in die Mithrasmysterien verbundenen spirituellen Erfahrungen, s. bes. *Bausteine zu einer Erkenntnis des Mysteriums von Golgotha*, Vortrag vom 1.5.1917, GA-Bibl.-Nr. 175, Dornach [3]1961, S. 338ff.; siehe auch die interessanten Einzelheiten in *Die Geschichte der Menschheit und die Weltanschauungen der Kulturvölker*, Vortrag v. 8.3.1924, GA-Bibl.-Nr. 353, [2]1988, S. 50ff.

17 Siehe zum Beispiel die zeitlose, mythische Auffassung des Wirkens Christi in Spruch 9 und 81.

18 In den Anmerkungen zu seiner Ausgabe *L'Evangile selon Thomas*, Leiden 1975, bezieht sich J. Ménard 149mal auf Matthäus, 118mal auf Lukas und 85mal auf Johannes. Es scheint daher, als stehe Thomas mit seiner Sicht irgendwo zwischen Matthäus und Lukas (wenn auch näher bei Matthäus). Dieses Verhältnis bedeutet jedoch nicht, daß Thomas die kanonischen Texte kannte – wir haben vielmehr eine unabhängige parallele Überlieferung vor uns; eine Auffassung, die durch die wichtigen Untersuchungen zum *Thomasevangelium* in J. D. Crossan, *Four Other Gospels: Shadows on the Contour of Canon,* Minneapolis, Chicago and New York 1985 bestätigt wird.

19 *Thomasevangelium* Spruch 106 und 108. Der Begriff «Menschensohn» wird weiterhin gebraucht in Spruch 86; vgl. auch Spruch 61. – Sofern nicht anders vermerkt, wird das *Thomasevangelium* im folgenden nach der Übersetzung von H. Quecke zitiert, in: R. M. Grant/D. N. Freedman, *Geheime Worte Jesu*, S. 206–222.

20 Spruch 9 : vgl. Matth. 13,3-8; Mark. 4,3-8; Luk. 8,5-8.
Spruch 20: vgl. Matth. 13,31f.; Mark. 4,30-32; Luk. 13,18f.
Spruch 63: vgl. Luk. 12,16-21.
Spruch 64: vgl. Matth. 22,1-14; Luk. 14,16-24.
Spruch 65: vgl. Matth. 21,33-39; Mark. 12,1-8; Luk. 20,9-15.
Spruch 76: vgl. Matth. 13,45f. Siehe auch Luk. 12,33.
Spruch 96: vgl. Matth. 13,33; Luk. 13,20f.
Spruch 107: vgl. Matth. 18,12f.; Luk. 15,3-7.
Spruch 109: vgl. Matth. 13,44.

21 Spruch 97, zitiert nach Hennecke/Schneemelcher, Bd. 1.
Zu den im *Thomasevangelium* überlieferten Jesusworten bemerkt Köster, sie seien «vielfach in einer Form aufbewahrt, die älter ist als die der synoptischen Evangelien. Das gilt vor allem für die Gleichnisse». H. Köster, *Einführung in das Neue Testament*, Berlin/New York 1980, S. 589.

22 T. W. Manson, *The Teaching of Jesus*, Cambridge 1963, S. 59ff. – Der Bericht über den Feigenbaum Mark. 11,11-14 und seine Beziehung zu dem Gleichnis Lukas 13,6-7 wird bei R. Steiner, *Das Christentum als mystische Tatsache*, GA-Bibl.-Nr. 8, Dornach [9]1989, S. 113f. erörtert.

23 Mark. 4,11. Vgl. die Stelle im *Philippusevangelium*, Spruch 16(b): «Die Wahrheit, die von Anfang an besteht, wird an allen Orten ausgesät, und viele sehen sie, wie sie ausgesät wird. Wenige aber, die sie sehen, ernten sie.» Der Spruch charakterisiert genau die «Kluft» in der Auffassung der Gleichnisse!

24 Spruch 49, vgl. Sprüche 18, 50, 70.

25 Spruch 113, vgl. Sprüche 2, 3, 5, 17, 24.

26 Spruch 111. Zitiert nach Hennecke/Schneemelcher, Bd. 1. Man bemerke, wie die apokalyptische Vision vom Zusammenrollen des Himmels wie eine Schriftrolle durch das Erlangen der Selbsterkenntnis und damit eines stabilen inneren Gleichgewichts ausgeglichen wird. Vgl. Matth. 24,6 (Mark. 13,7; Luk. 21,9) zum Erwählten in der Zeit der Heimsuchung, die vor dem Ende kommen soll.

27 Christopher Rowland, *The Open Heaven. A Study of Apocalyptic in Judaism and Early Christianity*, London 1982, S. 358.

28 Spruch 28. G. Quispel, «The Gospel of Thomas revisited», in: B. Barc (Hg.), *Colloque international sur les textes de Nag Hammadi*, Quebec 1981. Die Hermetik in Edessa wird erörtert in G. Fowden, *The Egyptian Hermes*, Cambridge 1968, S. 203f. Hermes wurde in gewissen christlichen Kreisen als «Prophet Christi» betrachtet, wie wir aus den Schriften des Lactantius sowie entsprechenden bildlichen Darstellun-

gen (zum Beispiel auf dem Fußboden der Kathedrale von Siena, wo er den ebenso prophetischen Sibyllen Gesellschaft leistet) wissen. Hermetische Einflüsse auf die Entwicklung der christlichen Esoterik sind auch in den syrischen Schriften unter der Autorität des Dionysios Areopagita zu finden; vgl. R. Roques, *L'univers dionysien*, Paris 1954, S. 240ff. Die Bedeutung der hermetischen Mysterien für die mittelalterliche Gralsmystik zeigen H. u. R. Kahane, *The Krater and the Grail*, Urbana 1965.

29 *Thomasevangelium* Spruch 19 u. 37.

30 Das Essen toter Dinge: *Thomasevangelium* Sprüche 11, 60; vgl. 7. Bilder: Sprüche 22, 50, 83, 84.
Brautgemach: Sprüche 75 und 64, 104. Zum Kontext des «Viele sind berufen ...» siehe weiter unten.
Zu Jesus als «Bräutigam» vgl. Matth. 9,15 (Mark. 2,19f.; Luk. 5,34f.).

31 F. F. Bruce, *Jesus and Christian Origins Outside the New Testament*, London 1974, S. 150f. zu Spruch 105. – Zu Jakobus dem Gerechten s. Spruch 12.

32 Johannesevangelium 3,3-13; *Thomasevangelium* Spruch 22. Zum Überwinden von Unterscheidungen: *Thomasevangelium* Sprüche 11, 23, 48, 49, 72, 75, 106, 114.

33 Matth. 22,1-14; vgl. Luk. 14,15-24; *Thomasevangelium* Spruch 64 und 75. Die Unterschiede zwischen den Fassungen sind aufschlußreich, und man kann die Unterdrückung der Erwähnung der Taufe und des «hochzeitlichen Gewandes» bei Thomas mit seiner ablehnenden Haltung zum Ritual erklären. Auch bei Lukas ist das Wissen um rituelle Handlungen Jesu erloschen, da er paulinischen und «ekklesiastischen» Kreisen angehört.

34 Diese Formel war in den Mysterien weitverbreitet. Eine andere Fassung steht als Spruch 74 im *Thomasevangelium* und wurde in dieser Form von den Ophiten benutzt. Platon zitiert ihre griechische Form als «Der Thyrsosträger sind viele, der Eingeweihten aber wenige» (Thyrsos = ein ritueller Stab).

35 *Thomasevangelium* Spruch 67. Zitiert nach Hennecke/Schneemelcher, Bd. 1.

36 *Thomasevangelium* Spruch 77; vgl. Matth. 18,20 und *Thomasevangelium* Spruch 30, der in den griechischen Fragmenten mit dem Material von Spruch 77 verbunden ist.

37 Matth. 9,15 (zu Parallelen s.o. Anm. 31).

38 Papyrus Oxyrhynchos 840, übersetzt in Hennecke/Schneemelcher, *Neutestamentliche Apokryphen*, Bd. 1, S. 82. «In der Frühzeit des Christentums», bemerkt Wayne Meeks, «haben Pharisäer anscheinend

bereits den *mikweh*, ein Taufbecken erfunden, das für rein erachtet wurde, wenn es genügend groß und nach der Vorschrift gebaut war, obwohl es stehendes Wasser enthielt.» Siehe sein Buch *The First Urban Christians*, Yale 1983, S.151 und 153. Das Fragment des verlorenen Evangeliums behandelt also ein Problem, das zur Zeit Jesu wichtig war, und erhellt einige Gründe für die in allen Evangelien beschriebenen dauernden Streitigkeiten mit den Pharisäern: Sie lagen in der unterschiedlichen Meinung über die bei den Pharisäern im Zentrum stehende Auffassung von der Reinheit vor Gott. Jesus beharrt darauf, daß der Mensch nur durch eine ganz andere «Tauf»erfahrung in die Gegenwart Gottes erhoben werden kann. J. Jeremias argumentiert (in Hennecke/ Schneemelcher, Bd. 1, 3.-5. Aufl., S. 57), daß man mehrere gegen die Sprache und den Inhalt des Fragmentes vorgebrachte Einwände vernachlässigen könne. «Sie [die Erzählung] ist im Gegenteil ausgezeichnet informiert, weist zahlreiche Semitismen auf ... und steht inhaltlich auf der Höhe des synoptischen Berichtes.»

39 G. R. Beasley-Murray, *Baptism in the New Testament*, London/New York 1962, S. 70 (sowie allgemein S. 67ff.).

40 Mark. 10, 35-40; 10,43-45. Die Stelle aus dem *Geheimen Markusevangelium* fällt zwischen die Verse 34 und 35 des Kapitels 10 im kanonischen Markusevangelium. Vgl. Matth. 20, 20-27. Jesus benutzt eine ähnliche Sprache in Luk. 12,50.

41 Mark. 10,45.

Kapitel 11

1 Philipperbrief 2,6-8. Mehrere Gelehrte deuten die Uneinheitlichkeit im Ton an dieser Stelle nicht als Anzeichen dafür, daß Paulus auf eine eigene Art empfindet, sondern dafür, daß er einen Hymnus über den präexistenten Christus zitiere, und sie entdecken sogar ein Metrum und Versgrenzen. Das Vertrauen in diese Rekonstruktion wird jedoch durch die von ihnen vorgeschlagenen völlig verschiedenen Verse erschüttert. Man kann die Stelle in ihrer vorliegenden Form kaum als Dichtung bezeichnen, obwohl Paulus sehr wohl Zitate aus solch einem Hymnus benutzt und seine Argumente um sie geflochten haben mag. Das Denken bewegt sich in Paraphrasen fort («in göttlicher Gestalt ... Gott gleich zu sein»; «entäußerte sich selbst ... nahm Gestalt an ... ward»; «erniedrigte sich selbst ...ward gehorsam»; «Tod ... Tod am Kreuz»),

als ob Paulus einen Ausdruck nehme, ihn paraphrasiere, um seine Bedeutung aufzudecken und seine Implikationen abzuwägen, und ihn dann bisweilen noch einmal endgültig paraphrasiere, bevor er weitergeht.

2 1. Kor. 14,33-34. Vgl. John Ruef, *Paul's First Letter to Corinth*, Harmondsworth 1971, S. 154f. Zur «uneingeschränkten Beteiligung von Frauen an den Gemeindeämtern in den paulinischen Gemeinden» s. H. Köster, *Einführung in das Neue Testament*, Berlin/New York 1980, S. 574.

3 1. Kor. 11,2-16.

4 Röm. 7,15. Die ganze Stelle analysiert glänzend die vom Gesetz hervorgerufene psychische Spaltung, die wirkliche Qual der Selbstspaltung, mit der man leben muß. Ebenso bemerkenswert ist das historische Bewußtsein des Paulus, daß das Gesetz ein notwendiger Schritt für wenigstens einen Teil der Menschheit war. Dies unterscheidet ihn von jeglicher gnostischen Verdammung des Gesetzes als solchem oder des Gesetzgebers; und entsprechend bleibt auch in seinem Begriff vom Göttlichen die grundsätzliche Einheit unangetastet.

5 Röm. 6,3-4. Die Anerkennung des Mysteriencharakters des paulinischen «Tod und neues Leben» durch die Taufe ist keineswegs neu – s. zum Beispiel Angus, *Mystery Religions and Christianity*, 1925; Nachdruck New York 1966, der S. 295f. die Theorien Kennedys und Macchiaros diskutiert. Die ihnen zur Verfügung stehenden Zeugnisse waren jedoch beschränkt (die Feststellung, der Initiierte «wird wie Christus, aber niemals zu Christus» – S.296 – wird nun zum Beispiel durch das *Philippusevangelium* widerlegt), und sie waren nicht in der Lage, den Hintergrund der Mystik des Paulus zu erklären, wie wir es nun können, sondern sie sprachen nur von Vorstellungen, die «in der Luft» gelegen hätten. Die gegenteilige Auffassung, daß Paulus eine direkte Verbindung zu den heidnischen Mysterien gehabt habe, war zu weit hergeholt. Erst in jüngster Zeit ist die vermittelnde Welt der esoterischen jüdischen und halbjüdischen Sekten zutage getreten. Gründliche Paulusforschungen haben das weite Ausmaß des jüdischen Hintergrunds bestätigt sowie die vielen verschiedenen esoterischen und anderen Strömungen, die diesen ausmachen. Siehe hierzu E. P. Sanders, *Paul and Palestinian Judaism: A Comparison of Patterns of Religion*, Philadelphia 1977 (Dt.: *Paulus und das palästinensische Judentum. Ein Vergleich zweier Religionsstrukturen*, Göttingen 1985); W. D. Davies, *Paul and Rabbinic Judaism*, Philadelphia 1980.Eine breiter angelegte Einführung gibt Günther Bornkamm, *Paulus*, Stuttgart [6]1987; auf den

Gedanken Rudolf Steiners fußt die Darstellung von E. Bock, *Paulus*, Stuttgart 1954.

6 Siehe W. G. Kümmel, *Einleitung in das Neue Testament*, 21., erneut ergänzte Auflage, Heidelberg 1983, S. 310f.

7 Dies hängt natürlich vom persönlichen Urteil ab und ist seit der Zeit des Erasmus in Frage gestellt worden. Der sogenannte «Epheserbrief» ist irgendwie eng mit dem Kolosserbrief verbunden, der wiederum eng mit dem Brief an Philemon verwandt ist. Letzterer stammt unzweifelhaft von Paulus, und der Kolosserbrief ist daher wahrscheinlich ebenfalls echt: s. J. L. Houlden, *Paul's Letters from Prison*, Harmondsworth 1977, S. 124ff., 138. Der «Epheserbrief» überschneidet sich inhaltlich mit dem Kolosserbrief, was viele Forscher zu der Annahme verleitet hat, der längere Brief sei von einem späteren Anhänger des Paulus bearbeitet worden, wobei er Material aus dem Kolosserbrief und anderen Quellen benutzt habe. Man muß jedoch betonen, daß jede über eine Analyse der literarischen Tatsachen hinausgehende Feststellung zwangsläufig eine reine Vermutung ist. Wir haben keine unabhängigen geschichtlichen Belege. Es liegt näher, sich Umstände vorzustellen, unter denen Paulus Material aus einem Dokument, an dem er arbeitete, in einem anderen Brief verwendete, wenn dies passend schien. Eine grammatische Besonderheit in Kol. 2,19 ist sehr schwer aus den Gegebenheiten einer ursprünglichen Fassung zu erklären, ergibt aber einen Sinn, wenn Paulus das Material leicht bearbeitet hat, das er in Eph. 4,15f. benutzte. Im ganzen gesehen gibt es im «Epheserbrief» nichts, was nicht von Paulus sein *könnte*, wenn man die stilistische Verschiedenartigkeit der Briefe in Betracht zieht, die unbestritten von ihm stammen. Der literaturwissenschaftliche Fall, der seine Authentizität bestreitet, bleibt ungelöst. Was den Inhalt anbelangt, so meine ich, daß er gut zu dem paßt, was wir von Jesu eigener ritueller Praxis und der seiner frühesten Anhänger wissen.

8 Eine «Mysterienrede nach der Taufe»: diese Ansicht ist besonders von J. C. Kirby, *Ephesians, Baptism and Pentecost*, London 1968, entwickelt worden; siehe auch den Artikel von G. Schille in der *Theologischen Literaturzeitung* (1957) S. 326ff.

9 Eph. 1,3-14. Zitiert nach der Übersetzung von Jon und Louise Madsen, welche die Atmosphäre und den Ton der Rede mit nie zuvor erreichter Sensibilität wiedergibt; aus: *Galatians, Ephesians, Philippians, Colossians. The Letters of Paul*, hg.v. Stanley Drake, Edinburgh 1984, S. 45f. (Für die deutsche Fassung wurde nach der vom Autor genannten Quelle aus dem Englischen übersetzt.) Die Rede hat anfänglich die Form einer *beraka*, einer Form der Segnung, die aus der

jüdischen Liturgie bekannt ist und wahrscheinlich in christlichen Initiationsreden wie dieser üblich war, wobei offenbleibt, ob Paulus ein Originalbeispiel verfaßt oder ein vorhandenes Muster übernommen hat.

10 L. Cerfaux, «En faveur de l'authenticité des Epîtres de la Captivité», in: *Littérature et théologie Pauliniennes. Recherches Bibliques* 5 (1960) S. 60f. (68).

11 Zum Versiegeln: Eph. 1,13; 4,30. Dieses Ritual scheint auch die Salbung eingeschlossen zu haben, wie wir der Stelle 2. Kor. 1,21 entnehmen: s. Wayne Meeks, *The First Urban Christians*, New Haven/London 1983, S. 151. Der Begriff *mysterion* wird in Eph. 1,9 verwendet. Tod und Wiedererweckung ist ein Motiv, das in 2,5 verkündet wird. Der kosmische Aspekt wird erst in 6,12 voll erscheinen. Die Vorstellung vom Überwinden der Gegensätze, ein weiteres Taufmotiv, ist den besonderen Absichten des Paulus angepaßt, der heidnisch-jüdischen Vereinigung in der christlichen *ekklesia* mit Hilfe von Jes. 57,19 («Friede, Friede denen in der Ferne und denen in der Nähe, spricht der Herr; ich will sie heilen») – Eph. 2,13-18 (die Zitate im Text wurden nach der englischen Fassung übersetzt). Der «Zaun» der Rabbiner war eine ethische Begrenzung um das Gesetz, die aber bereits eine kosmologische Interpretation erfahren hatte.

12 Zur Geburt des «neuen Menschen»: Eph. 3,16. Die Termini «vollkommener Mann»/unreifer: 4,13f. Wiedergeburt als «Kind Gottes Werden»: 5,1. Licht- und Finsternissymbolik wird in 5,8 vorherrschend. *Mysterion* begegnet wieder in 5,32.

13 Wayne Meeks, *The First Urban Christians* S. 157. Zur Nacktheit und dem «Ablegen» des Leibes s. Eph. 4,22; dieselbe Terminologie wird ausdrücklich auf die Taufe angewandt in Kol. 3,9f. und Gal. 3,27; Meeks, S. 155. Zum Wiedererschaffen des Selbst durch die Wirkung des Geistes vgl. die Bemerkungen von Houlden, *Paul's Letters from Prison*, S. 318f. Meeks zeigt wie andere Autoren (siehe oben Anm. 5) die Parallelen zu den Mysterienriten in der griechischen, der hellenistisch-ägyptischen und der jüdischen Religion auf: S. 152f. und S. 238 Anm. 62. Die rabbinische Schule des Hillel sagt: «Wer sich vom Unbeschnittensein trennt» – ein Vorgang, der mit einer Taufe verbunden war –, «ist wie einer, der sich vom Grab trennt».

14 Eph. 2,6; vgl. Kol. 1,5; 1,12; 2,12; 2,20; 3,1-4. – Meeks, a.a.O., S. 155.

15 Eph. 5,14. Deutsch nach der Übersetzung des Neuen Testaments von Emil Bock. – Meeks, a.a.O., S.152. Die meisten Kommentatoren gehen davon aus, daß der «Eid» sich auf die Taufe bezieht, obwohl er nicht näher als solcher bezeichnet wird.

16 W. Schmithals, *Die Gnosis in Korinth. Eine Untersuchung zu den Korintherbriefen*, 3., bearb. u. erg. Aufl., Göttingen 1989, bietet eine detaillierte, weitgehend für Fachkreise bestimmte Untersuchung der gnostischen Anschauungen der Gegner des Paulus. Diese Arbeit ist der erfolgreichste der Versuche von Schmithals, gnostische Vorstellungen in der Umgebung des Paulus zu bestimmen. Vgl. auch seinen Artikel: «Zur Herkunft der gnostischen Elemente in der Sprache des Paulus», in: Barbara Aland (Hg.): *Gnosis. Festschrift für Hans Jonas*, Göttingen 1978, S. 385ff.

17 Kümmel, *Einleitung in das Neue Testament*, S. 322. Der «Epheserbrief» wurde aus dieser Sicht gründlich mit oft faszinierenden Einsichten von P. Pokorny interpretiert: *Der Epheserbrief und die Gnosis*, Berlin 1965. Zu Christus als dem Urmenschen s. Eph. 1,4 und 1,22; 2,15ff.; 4,13ff. Zur «Hochzeit» als einem *mysterion*, das die Syzygie Christi mit der *ekklesia* darstellt: 5,22ff. (Syzygie ist ein gnostischer Begriff für die spirituelle Vereinigung von Wesen in der übersinnlichen Welt, besonders der aus der Gottheit hervorgegangenen Äonen.)

18 Die Stelle über die Kinder des Lichtes und die Kinder der Finsternis in 5,7ff. könnte zum Beispiel direkt aus einem Text der Essener entnommen sein (vgl. Houlden, *Paul's Letters from Prison*, S. 326), was aber nicht bedeutet, daß es so war! Andererseits sind Belege für eine Verbindung zwischen dem «Epheserbrief» und frühen Tendenzen zum «Katholizismus» nicht schwer zu finden (Kümmel, S. 322). Und es ist durchaus gerechtfertigt, sie anzuführen – aber die Auffassung, die sie tatsächlich nahelegen, ist, daß diese verschiedenen Strömungen einmal viel gemeinsam hatten.

19 Eph. 4,15f., übersetzt nach der englischen Fassung. Paulus leitet diese Stelle ein mit dem Hinweis auf den «eingeweihten Menschen» und das Maß «seiner Reife, das davon abhängt, wieviel von der Wesensfülle Christi in ihm ist» (4,13).

20 R. Steiner, *Die Bhagavad Gita und die Paulusbriefe*, Vortrag vom 1.1.1913, GA Bibl.-Nr. 142, Dornach [3]1960, S. 109. Zum Suchenden in bezug auf Krishna oder den orientalischen Lehrer (Enthüller) S. 107f.

21 Meeks, *The First Urban Christians*, S.157.

22 Eph. 6,14-17 (übersetzt nach der englischen Fassung). Hier finden sich weitere Nachklänge aus Jesaja, aus einem Abschnitt, der von dem bereits zitierten nicht allzu weit entfernt ist. Jes. 59,17: «Er zieht Gerechtigkeit an wie einen Panzer und setzt den Helm des Heils auf sein Haupt ...». Vgl. zu dieser Art von Bildern die *Kriegsregel* von Qumran.

23 Eph. 4,8-10 (Deutsch nach der Übersetzung des Neuen Testaments

von Emil Bock). Die richtige Wiedergabe der «tiefsten Regionen, jene der Erde», ohne die diese Stelle unverständlich ist, hatte Calvin bereits erkannt, lange bevor Rudolf Bultmann sie gefordert hatte. Im zweiten Teil dieser Stelle sollte man sich vor der Annahme hüten, Christus habe die irdischen Begrenzungen durchbrochen und dann das Universum erfüllt. Es bedeutet genau das Gegenteil. Die Auferstehung Christi ist Gottes Werk, und die ganze Bewegung des Abstiegs und Wiederaufstiegs ist auf die «gefallene» Welt gerichtet. Hier sind kosmologische Vorstellungen von der Fülle beteiligt, die anhand der Darstellungen des Johannesevangeliums im nächsten Kapitel deutlicher werden.

24 Die «Hochzeit» als die letzte Offenbarung des *mysterion* in 5,22 ist also eine Entwicklung des Paulus aus dem ursprünglichen Ritus, der nun das Verhältnis Christi zu seiner Gemeinde nach der Auferstehung ausdrückt.

25 2. Kor. 12,2-4.

26 T. W. Manson, *The Teaching of Jesus*, Cambridge 1963, S. 234: «Wenn diese Interpretation richtig ist, haben wir in der paulinischen Lehre dieselbe Auffassung vom Menschensohn vor uns wie in der Lehre Jesu – mit nur dem Unterschied in der Orientierung, der sich aus den historischen Tatsachen des Todes Jesu und seiner Auferstehung ergibt. Inzwischen ... hat sich der Menschensohn in der Gestalt Jesu inkarniert. Der Menschensohn ist nicht mehr nur ein religiöses Ideal: er ist in Jesus ganz verwirklicht worden, dem Haupt der neuen Menschheit, und die Menschen sind nun aufgerufen, durch eine Vereinigung mit ihm zu ‹dem Menschen› zu werden. Wenn wir das Leben Jesu untersuchen, sehen wir, wie er zum Menschensohn wird ... durch einen Vorgang der Aussonderung; wenn wir uns der Lehre des Paulus zuwenden, finden wir dieselbe Idee weitergetrieben ... durch einen Vorgang des Einschlusses. Der Weg zum Kreuz ist ein Weg zunehmender Einsamkeit; und an seinem Ende ist Jesus vollkommen allein. Von dem Punkt an gibt es, wenn wir Paulus richtig lesen, zunehmende gemeinschaftliche Teilnahme an dem Leiden Christi. Die Prophezeiung Jesu wird erfüllt: ‹Ihr werdet den Kelch trinken, den ich trinke, und getauft werden mit der Taufe, mit der ich getauft werde›. Dieses Wort konnte nicht zu seinen Lebzeiten erfüllt werden; es wird danach und durch seinen Tod und seine Auferstehung erfüllt.»

27 Eph. 2,14f.: mit einer Anspielung auf Psalm 80,18, der «den Mann deiner Rechten, den Menschensohn, den du dir ließest erstarken» erwähnt. Houlden, *Paul's Letters from Prison*, S.290f.

28 Apostelgeschichte 17,16-32.

29 Siehe R. M. Grant, «The Resurrection of the Body», in: *Journal of Religion* 28 (1948), S. 124ff., 188ff.

30 Vgl. die faszinierende Erörterung vieler dieser Vorstellungen in H. Corbin, *Terre céleste et Corps de Résurrection*, Paris 1960.

31 Die Auffassungen vom «Leib», den Teilen des Leibes und den Aspekten des Wesens des Menschen, wie die antike Welt sie sah, lassen sich nicht leicht zusammenfassen beziehungsweise vollkommen verstehen. Zu den Hebräern im Altertum vgl. die detaillierte Untersuchung von H. W. Wolff, *Anthropologie des Alten Testaments*, München 1973, bes. S. 25ff., S. 59ff. Man sollte den biblischen Gebrauch des Wortes «Leib» nicht in der Annahme voreilig verallgemeinern, daß er immer die ganze Person «bedeute»; vgl. dazu die Untersuchung (mit besonderer Berücksichtigung des Hintergrundes zu Paulus) von R. Gundry, *Soma (Body) in Biblical Theology*, Cambridge 1976. Es ist jedoch sicher möglich, die grundlegenden Einstellungen zum Wesen des Menschen einschließlich des «Leibes» im Judentum mit dem Bewußtsein der iranischen oder griechischen Denker zu vergleichen. Wir haben es hier mit einem empfindlichen Anzeiger für die Bewußtseinsgeschichte zu tun. Ich habe früher darauf hingewiesen, daß das Judentum eine eigene starke Innerlichkeit hervorbrachte, die auf ihre Weise die «ganze Person» aushöhlte, die dem älteren Judentum selbstverständlich gewesen war. Und natürlich gab es Berührungspunkte mit «dualistischer» Anthropologie aus Griechenland und dem Osten, zum Beispiel bei den Essenern. Das wichtigste hier ist jedoch, daß die Verpflichtung der Bibel auf die Ganzheit im menschlichen Wesen die Neigung zu Extremen kontrollierte und sich auf die christliche Lehre von der Auferstehung auswirkte, wobei sie ihrerseits umgeformt und ausgeweitet wurde.

32 Vgl. die Behandlung des *Philippusevangeliums* im vorigen Kapitel zum rituellen Erlangen des Paradieses. Zur essenischen Prophezeiung s. *Das Testament des Levi* 18,10-11 (Übersetzung nach der vom Verfasser zitierten englischen Fassung):

> Und er wird die Tore des Paradieses öffnen;
> er wird das Schwert entfernen, welches seit Adam gedroht hat,
> und er wird den Heiligen erlauben, vom Baum des Lebens zu essen.
> Der Geist der Heiligkeit wird auf ihnen sein.

33 Das «sterbende Tier» (das Yeats in der Neuzeit so einprägsam benutzt hat) ist ein Bild der hermetischen Gnosis, und es taucht im Thomaschristentum wieder auf. Diese Haltung gilt aber allgemein in der Gnosis.

34 1. Kor. 15,50; 15,35-49. Das Prinzip, «Gott aber gibt ihm einen Leib, wie er will» (38) wird durchgehend strikt angewendet, und es wird auch für den zukünftigen Zustand der verwandelten Menschheit unter dem «zweiten Adam» gelten.

35 J. Ruef, *Paul's First Letter to Corinth*, S. XXIV. Vgl. *Philippusevangelium*, Spruch 90, wo anscheinend eine solche Ansicht vertreten wird, wie sie Paulus richtigstellen will.

36 1. Kor. 15,51-53.

37 1. Thess. 4,16f.

38 Seneca, *Naturales Quaestiones* III 29,2 argumentiert, «die *ratio* des zukünftigen Menschen ist bereits im Samen enthalten», und sie enthält sogar schon vor der Geburt das «Gesetz» für den Bart und die grauen Haare. Der gesamte Leib und seine Handlungen sind «im Verborgenen» oder «im Kleinen» als Skizze vorhanden, das heißt als Proportionen, wenn auch noch nicht im Menschen in seiner endgültigen Größe verwirklicht.

39 Die vollständigste Darstellung des *Phantoms* durch Rudolf Steiner ist diejenige in *Von Jesus zu Christus*, Vortrag vom 10.10.1911, GA Bibl.-Nr. 131, Dornach 1958, S. 150f. Thomas Weihs hat in *Embryogenesis*, Edinburgh 1986, Ideen entwickelt zu der Unterscheidung zwischen der genetischen Komponente in der Struktur des Menschen und der allgemeinen menschlichen Gestalt, welche man nicht als genetisch bestimmt betrachten kann. In einem der letzten Abschnitte dieses Buches wies er bereits auf Implikationen für den christlichen Glauben hin (S.127ff.). Dieselbe biologische Sichtweise wendet Ormond Edwards auf Paulus an, indem er die Zeit der Evolution mit der Zeit Christi verbindet: *The Time of Christ*, Edinburgh 1986, S. 176ff.

Steiner war ausdrücklich gegen die neuzeitliche Auffassung, man solle das Verstehen der Natur der Physik überlassen, und die Theologie solle sich auf das beschränken, was die Wissenschaft übrigläßt. Er hätte auch die leere Behauptung der Autoren von *The Myth of God Incarnate* nicht akzeptieren können, das positive Interesse an der physischen Welt im Christentum unterscheide sich in nichts von demjenigen, das bereits im Judentum bestand, und könne daher keine besondere Bedeutung, zum Beispiel für die Vorstellung von der Inkarnation, haben. Er warf der modernen intellektuellen Welt ihr Versagen darin vor, wissenschaftliche Betrachtungsweisen ernstzunehmen, welche die Möglichkeit boten, den Geist in der Materie zu verstehen. Er dachte dabei vor allem an Goethes Methode, die phänomenologischer und weniger spekulativ ist als die konventionelle wissenschaftliche Theorie und die an der

Metamorphose genauso interessiert ist wie an der Gesetzmäßigkeit in der Natur – s. *Bausteine zu einer Erkenntnis des Mysteriums von Golgatha*, Vortrag vom 12.4.1917, GA-Bibl.-Nr. 175, Dornach [2]1982, S. 232–235. Wenn wir es zulassen, daß sich eine Wissenschaft entwikkelt, die methodisch das Physische vom Geistigen trennt, darf es uns kaum überraschen, daß die Ergebnisse nicht die moralische und geistige Bedeutung aufweisen, die wir ihr im Christentum beimessen müssen; und das Christentum kann auch nicht in den Lücken einer materialistischen Weltanschauung überleben. Steiners holistische und phänomenologische Methode hat viele Anhänger gewonnen – in letzter Zeit sogar außerhalb seines eigentlichen Einflußbereiches. Waddingtons populäre Darstellung *Tools for Thought*, St. Albans 1977, zeigt die große Bandbreite einfallsreicherer Betrachtungsweisen, die sich in den Wissenschaften als notwendig erwiesen haben. – Zu Strukturen und Systemen s. a.a.O., S. 48ff.

40 Malcolm L. Peel, *The Epistle to Rheginos*, London 1969, S. 149. Dt.: *Gnosis und Auferstehung. Der Brief an Rheginus von Nag Hammadi*, Neukirchen-Vluyn 1974, S. 156. Die nachfolgenden Zitate aus dem *Rheginosbrief* werden nach der in dieser Untersuchung enthaltenen englischen Fassung Peels in der Übersetzung von W.-P. Funk wiedergegeben. Die kurze valentinianische Einfügung in das Dokument steht in 47,35.

41 Irenäus, *Adversus Haereses* I,1,3.

42 *Rheginosbrief* 47,36 – 48,3; vgl. 1. Kor. 15,50.

43 *Rheginosbrief* 47,4-8. Der iranische Hintergrund des Briefes wird erörtert von J. Ménard, «La Notion de Résurrection dans l'Epître à Rheginos», in: G. Widengren (Hg.): *Proceedings of the International Colloquium on Gnosticism*, Stockholm 1977, bes. S. 126–128, wenn der Autor auch der in der Lehre von der Verwandlung enthaltenen neuen Orientierung, wie sie der Brief vermittelt, nicht genug Gewicht beimißt.

44 *Rheginosbrief* 48,34 – 49,2.

45 *Rheginosbrief* 45,31 – 46,2.

46 *Rheginosbrief* 49,16-23.

47 2. Tim. 2,17. Entscheidende Argumente gegen eine Verfasserschaft des Paulus für die Briefe an Timotheus und Titus in J. L. Houlden, *The Pastoral Epistles*, Harmondsworth 1976, S. 18ff.; W. G. Kümmel, *Einleitung in das Neue Testament*, 21., erneut erg. Aufl., Heidelberg 1983, S. 339ff.

48 E. Pagels, *The Gnostic Paul*, Philadelphia 1975, S. 5.

49 1. Kor. 6,12. Die brillanteste moderne Darstellung von Paulus' Angriff auf das Gesetz ist die von Rudolf Bultmann, *Theologie des Neuen Testaments*, 9., durchges. u. erg. Aufl., Tübingen 1984.

50 Das paulinische «Hohelied der Liebe»: 1. Kor. 13,1-12. Das neue «Gebot der Liebe» ist die Formulierung der johanneischen Überlieferung: Johannesevangelium 13,34. «Gott ist Liebe»: 1. Joh. 4,8.

51 Allen Versuchen, die christliche Liebe durch Ableitung aus früheren Formen zu erklären, ist es nicht gelungen, die ihr innewohnenden Charakteristika und ihre neue Rolle zu erklären. Sie war im wesentlichen eine neue Kraft. Sie war – und ist – nicht «idealistisch», indem sie die Annahme verlangt, die menschliche Natur sei besser, als sie im allgemeinen ist. «Die Liebe ist langmütig und freundlich … sie verhält sich nicht ungehörig» bedeutet in Wirklichkeit, daß der Mensch seiner Natur nach ärgerlich, enttäuschend und oft abscheulich ist. Das Wichtige an der Liebe besteht eben darin, daß sie eine Macht ist, die diese Dinge überleben kann.

Kapitel 12

1 Zum Fehlen wirklicher Beweise in der Überlieferung zu Johannes, dem Sohn des Zebedäus, als Autor dieses Evangeliums vgl. W. G. Kümmel, *Einleitung in das Neue Testament*, S. 209f.; O. Cullmann, *Der johanneische Kreis.* Sein Platz im Spätjudentum, in der Jüngerschaft Jesu und im Urchristentum. Zum Ursprung des Johannesevangeliums, Tübingen 1975, S. 71ff. Diese Tradition läßt sich nicht über das Ende des zweiten Jahrhunderts, über Irenäus und Eusebios (ca. 180 oder 190) hinaus, zurückverfolgen, und das ist wahrscheinlich ein Jahrhundert nach der Abfassung des Vierten Evangeliums. Die Notwendigkeit, Schlußfolgerungen über den Autor auf innere Beweise zu gründen, wurde kürzlich von Vernard Eller in seinem originell geschriebenen Buch *The Beloved Disciple*, Grand Rapids/Michigan 1987, betont. Seine Sherlock-Holmes-Methoden erzielen gute Ergebnisse. Genau die umgekehrte Methode wäre jedoch für den tendenziösen zweiten Teil seines Buches über das Denken des Lieblingsjüngers notwendig gewesen. Hierfür muß das Evangelium im Kontext der Welt seiner Zeitgenossen betrachtet werden; ansonsten kann man der Versuchung nicht widerstehen, eigene Betonungen in das Evangelium hineinzulesen – der Eller erliegt, wenn sich sein Lieblingsjünger als ein Protestant

amerikanischer Richtung herausstellt, der die Sakramente ablehnt und einem Kierkegaardschen Existentialismus zuneigt. Zu den Tatsachen, die der Annahme, Johannes, der Sohn des Zebedäus, sei der Verfasser des Evangeliums, widersprechen, s. Eller, S.44ff.

2 O. Cullmann, *Der johanneische Kreis*, S. 19.

3 Siehe Kümmel, *Einleitung in das Neue Testament*, S. 183ff., zu einer Zusammenfassung des gnostischen und anderer dem Vierten Evangelium zugerechneten Hintergründe. C. H. Dodd hat in *The Fourth Gospel*, Cambridge 1953, alexandrinische Materialien – hermetische Schriften, die griechische Übersetzung des Alten Testaments und die jüdischen Schriftauslegungen des mystischen Philon von Alexandria – gründlich untersucht. Vgl. Steiner, *Das Christentum als mystische Tatsache und die Mysterien des Altertums*, GA-Bibl.-Nr. 8, Dornach [9]1989, S. 155.

4 Dodd, *The Fourth Gospel*, S. 114ff.; Kümmel, S. 200ff. Viele moderne Forscher haben – während sie zugeben, daß Parallelen zwischen diesem Evangelium und den gnostischen Schriften der Mandäer bestehen – darauf hingewiesen, daß letztere in ihrer gegenwärtigen Form jünger sind als das Evangelium; und sie meinen, das Vierte Evangelium sei eher ein Schritt auf dem Weg zum Gnostizismus als ein Zeugnis von dessen Einfluß auf das Christentum gewesen: W. Meeks, «The Man from Heaven», in: J. Ashton (Hg.), *The Interpretation of John*, Philadelphia und London 1986, S. 142. Darin liegt offensichtlich etwas Wahres. Das gnostische Element ist nicht ein systematischer Gnostizismus «außerhalb» des Christentums, sondern ein Element, das in der Synthese des johanneischen Denkens noch zusammengehalten wird und das in der christlichen Gnosis in einseitiger Weise ausbrechen wird. Es ist jedoch aus all dem schwerlich die These aufrechtzuerhalten, daß eine mandäische Gnosis noch in keiner Form existiert habe – der Mandäismus ist (im Gegensatz zur christlichen Gnosis) diejenige Überlieferung, welche solchen Argumenten am meisten Widerstand entgegensetzt. Er entwikkelte sich als eine nicht-christliche, jüdisch-iranische Gnosis und nicht auf der Grundlage eines nach-johanneischen Mythos von Christus, der im Mandäismus nur als Nebenfigur vorkommt und offensichtlich zur Zeit der Begegnung mit der feindseligen christlichen Kirche Eingang fand. Wahrscheinlicher ist es anzunehmen, daß die ersten Schichten der mandäischen Überlieferung ein gutes Zeugnis für den Hintergrund des Vierten Evangeliums bilden; und wir dürfen diesem dann seine Bedeutung für die Art und Weise zugestehen, in der dieser Hintergrund für den christlichen Glauben geformt und gesiebt wurde, was zu den

späteren christlich-gnostischen Häresien führte. In diesem Evangelium führt es jedoch zu einem besonderen und tiefgründigen Christentum. – Syrien wird als Ursprungsort dieses Evangeliums ebenfalls angenommen von H. Köster, *Einführung in das Neue Testament*, S. 616ff. (mit einer Besprechung der gnostischen Analogien). Zum historischen Wissen und der Sprache seines Verfassers s. Cullmann, *Der johanneische Kreis*, S. 20ff. u. S. 26ff.; ebenso E. R. Goodenough, «John a Primitive Gospel», in: *Journal of Biblical Literature* 54 (1945), S.145–183.

5 Köster, *Einführung in das Neue Testament,* S. 637; Hennecke/Schneemelcher, *Neutestamentliche Apokryphen*, I, 3. Aufl., S. 11 (zitiert die Schlußfolgerungen Walter Bauers u.a.); II, 3. Aufl., S. 26. Siehe auch R. E. Brown, *The Community of the Beloved Disciple*, New York 1979, S. 147 ff. Brown kommt zu dem Schluß, daß letztlich zwei Gruppen innerhalb der johanneischen Strömung sich gezwungen sahen, getrennte Wege zu beschreiten. Die eine akzeptierte die von der «Großkirche» auferlegte Autorität und die Zuschreibung des Evangeliums an Johannes, den Sohn des Zebedäus, die andere geriet in die Gesellschaft von Gnostikern, Doketen und weiteren Häretikern. Siehe seinen einleitenden Überblick S. 22–24.

6 B. Rigaux, «Les destinataires du quatrième évangile», in: *Revue théologique de Louvain* 1(1970), S.289ff. (bes. S. 318f.); vorsichtiger, aber in die gleiche Richtung weisend: Cullmann, *Der johanneische Kreis*, S. 84ff.

7 Cullmann, S. 62ff. Nach dem Zeugnis des Evangeliums selbst war der Lieblingsjünger ein Schüler von Johannes dem Täufer – wie wir aber in einem früheren Kapitel gesehen haben (siehe S. 78ff.), bildeten die Verbindungen des Täufers zu Qumran und den Essenern keine direkte Quelle für dessen Lehre. Er kann kaum die von einigen gesuchte Verbindung zum Essenismus darstellen. Zu essenischen Vorstellungen im Evangelium und der übertriebenen Bedeutung, die diesen manchmal beigemessen wird, s. Kümmel, S. 194ff.

8 Papias in Eusebios, *Kirchengeschichte* III, 39,3 in Verbindung mit der Mitteilung des Irenäus in *Adversus Haereses* V, 33,4. Daran ist wahrscheinlich etwas Wahres, da der Ausdruck so gut zu der johanneischen Betonung einer besonderen Form des «Erinnerns» paßt; bei der genauen Interpretation dieser Stelle zeigen sich jedoch einige Probleme (siehe Kümmel, S. 207ff.). Wie wesentlich die Berücksichtigung einer mündlichen Überlieferung für das Verständnis der Ursprünge des Johannesevangeliums ist, wird überzeugend herausgestellt von B. Noack, *Zur johanneischen Tradition*, Kopenhagen 1954.

9 Cullmann, S. 75ff.; vgl. Eller, *The Beloved Disciple*, S. 43ff.

10 Steiner, *Das Johannes-Evangelium*, Vortrag v. 22.5.1908, GA-Bibl.-Nr. 103, Dornach [10]1981, S. 67. Zur Darlegung des ganzen Arguments siehe S. 62ff.; vgl. Eller, a.a.O., S.53ff.

11 F. V. Filson, «Who was the Beloved Disciple?», in: *Journal of Biblical Literature* 68(1949) S. 83ff. Verschiedene Varianten der Theorie versuchen, literarische Vermittler einzuführen (was in der Tat notwendig ist) und diese mit einem «Johannes» aus der Kirchentradition zu verbinden (was wahrscheinlich falsch ist); so führt J. N. Sanders, «Those whom Jesus Loved» in: *New Testament Studies* 1(1954-5) S.29ff. Johannes Markus (der aus anderen Schriften des Neuen Testaments nicht als Verfasser eines Evangeliums bekannt ist) als Überlieferer der Erinnerungen des Lazarus ein; Eller, a.a.O., S. 43f., bringt Johannes den Älteren bei. Spekulativer sind diejenigen, die versuchen, den «Jünger, den Jesus lieb hatte» zu einer «Idealgestalt» zu machen und dem sekundären Verfasser oder einem noch weiter entfernten «Redakteur» die wahre Verantwortung zu geben. H. M. Schenke glaubt, er sei dem Thomas nachgebildet, wie er in den Thomasüberlieferungen erscheint: s. seinen Aufsatz «The Function and Background of the Beloved Disciple in the Gospel of John» in: C. W. Hedrick/R. Hodgson (Hg.), *Nag Hammadi, Gnosticism and Early Christianity*, Peabody, Massachusetts 1986, S. 111ff., bes. S. 122–125. Schenke merkt jedoch selbst an, daß bei dieser Art Rekonstruktion «das Ausmaß des dem Redakteur zugeschriebenen Materials so sehr zunimmt, daß der Evangelist fast verschwindet» (S.117). Mit anderen Worten: wir müssen uns letztendlich zwischen den beiden Folgerungen entscheiden, daß das Evangelium vollständig Fiktion ist oder daß es im Wesentlichen von dem Jünger, den Jesus lieb hatte, stammt und nur mit einem Minimum an literarischer Vermittlung überliefert wurde. Letzteres ist auf Grund der neuen philologischen Erkenntnis der Authentizität der Sprache und der historischen Stellung des Evangeliums vorzuziehen. Oscar Cullmann kommt anscheinend einer Anerkennung des Lazarus als Verfasser sehr nahe, weigert sich aber ohne ersichtlichen Grund, eine endgültige Schlußfolgerung zu ziehen, und zieht einen «anonymen» Jünger vor (S. 80f.). Er kennt die Ansicht Rudolf Steiners (S. 81 Anm. 23). Steiner kannte wahrscheinlich die Theorie, daß Lazarus der Lieblingsjünger des Evangeliums sei, in der Form, die Kreyenbühl vertrat und die er 1900 in einer Arbeit veröffentlicht hatte. Wir brauchen uns nicht mit seinen nicht sehr klaren Vorstellungen in dieser Frage, die auch bei Cullmann (S. 81 Anm. 22) erwähnt werden, zu befassen.

12 Siehe Morton Smith, *The Secret Gospel*, S. 45–62 (deutsch: *Auf der Suche nach dem historischen Jesus*, S. 53–68), wo die Parallelen vollständig aufgeführt werden. Im Deutschen zitiert nach Hennecke/Schneemelcher, Bd. 1, Tübingen [6]1990, S. 92; mit Ausnahme des letzten Satzes, dem Anschluß Mark. 10,35. Vgl. auch Eller, a.a.O., S. 62f.

13 Weitere Gedanken zur Struktur des Evangeliums im Licht des Steinerschen Denkens entwickelt C. Rau, *Struktur und Rhythmus im Johannes-Evangelium*, Stuttgart 1972.

14 Joh. 3,26-29; vgl. Matth. 9,15.

15 Joh. 3,1-8; vgl. *Thomasevangelium* Spruch 22. Ein weiteres Zeugnis zu dem Spruch Jesu findet sich bei Justin dem Märtyrer (der das Vierte Evangelium nicht kannte); er zitiert ihn aus einer Taufliturgie: Justin, *Apologien* I, 61,4-5. Weitere Parallelen zwischen Thomas und dem Vierten Evangelium erörtert Köster, *Einführung in das Neue Testament*, S. 618. Er vergleicht:
Johannes 6,35 – *Thomas* Spruch 28;
Johannes 7,33f. – *Thomas* Spruch 38;
Johannes 7,38 – *Thomas* Spruch 108;
Johannes 8,12 – *Thomas* Spruch 77;
Johannes 8,52 – *Thomas* Spruch 1.

16 Auch das Vierte Evangelium scheint im Vergleich zu dem der rituellen Seite entkleideten *Thomasevangelium* eine frühe Form der Überlieferung darzustellen. Somit wird Schenkes Vorstellung, daß die Thomasüberlieferung einen Einfluß auf das Vierte Evangelium gehabt habe (in *Nag Hammadi, Gnosticism and Early Christianity*, S. 125) nicht bestätigt; es handelt sich offenbar vielmehr um eine Entwicklung der frühen Überlieferung in zwei verschiedene Richtungen.

17 Vgl. Steiner, *Das Johannes-Evangelium*, Vortrag v. 23.5.1908, GA-Bibl.-Nr. 103, S. 98ff. Zu «Was vom Fleisch geboren ist, das ist Fleisch» (Joh. 3,6) vgl. *Philippusevangelium*, Sprüche 1, 60, 102 und besonders 113 und 121.

18 *Philippusevangelium*, Spruch 127.

19 Der babylonische Text heißt «Ich will den Herrn der Weisheit preisen» und ist zugänglich in J. B. Pritchard, *The Ancient Near East. A New Anthology of Texts and Pictures* II, Princeton 1975, S. 148–160.
Eine gute Besprechung dieses Werkes im Kontext des Hintergrunds für das Christentum findet sich in F. H. Borsch, *The Son of Man in Myth and History*, London 1967, S. 177ff.

20 *Hymns of Thanksgiving* 14, in: T. H. Gaster, *The Scriptures of the Dead Sea Sect*, London 1957, S. 166f. beziehungsweise Vermes, *The Dead Sea*

Scrolls in English, Harmondsworth 1987, S. 189 (deutscher Text zitiert nach: J. Maier, *Die Texte vom Toten Meer*, Bd. 1, München/Basel 1960, S. 95f. Zu anderen deutschsprachigen Fassungen vgl. Kap. 2, Anm. 1). Viele ähnliche Stellen kommen in anderen von diesen Hymnen vor.

21 Joh. 1,1-18 (Übersetzung der englischen Fassung des Autors).

22 Dies wurde zuerst von H. H. Schaeder bemerkt in: Reitzenstein/Schaeder, *Studien zum antiken Synkretismus aus Iran und Griechenland*, Leipzig und Berlin 1926, S. 318. Die Konzeption der *Schechina* war ursprünglich eng mit der «Gegenwart» Gottes im Tempel verbunden. Der Begriff hatte sich jedoch schon bei den Mandäern losgelöst; er bezieht sich dort auf die «himmlische Wohnung» eines Wesens in der spirituellen Welt. In der späteren jüdischen Mystik verkörpert die *Schechina* den weiblichen Aspekt des Wesens Gottes, der bis zur Erlösung mit der Menschheit leidet.

23 *Dreigestaltige Protennoia*, Teil III = Kodex XIII 46,5-11; 46,16-21; 47,13-19; 47,22-25; 47,28-34; 49,20-32, (übers. v. John D. Turner in *The Nag Hammadi Library in English*, S. 468–70). [Nach der vom Autor zitierten englischen Fassung ins Deutsche übersetzt. Eine Übersetzung des ganzen Textes bietet G. Schenke, *Die dreigestaltige Protennoia* (Nag-Hammadi-Codex XIII); Berlin 1984.] Es gibt eine vollständige Ausgabe auf französisch von Yvonne Janssens, *La Protennoia Trimorphe*, Quebec 1978. Die «verblüffenden Parallelen» (wie Colpe sie genannt hat) zum johanneischen Prolog wurden von den Mitgliedern des sogenannten *Berliner Arbeitskreises* wahrgenommen; auf einige ihrer Veröffentlichungen werden wir uns im folgenden beziehen. Ihrer Ansicht nach zeugt die *Dreigestaltige Protennoia*, obwohl sie in der gegenwärtigen Form eine gnostische Offenbarung ist, «... von einer älteren Überlieferung, die alt genug ist, um den Prolog beeinflußt zu haben»: J. M. Robinson, «Sethians and Johannine Thought. The Trimorphic Protennoia and the Prologue to the Gospel of John», in: B. Layton (Hg.), *The Rediscovery of Gnosticism*, II, Leiden 1981, S. 643ff. (bes. S. 663). Eine vollständigere Liste von Parallelen: s. S. 658. Janssens bezieht sich interessanterweise auf eine Parallele in den drei Abstiegen des Erlösers im *Apokryphon des Johannes* in Kodex II 30,11 – 31,25 (*The Nag Hammadi Library* S. 115f.; deutsch in: M. Krause/P. Labib, *Die drei Versionen des Apokryphon des Johannes im koptischen Museum zu Alt-Kairo*, Wiesbaden 1962, S. 194ff.), die wieder zeigt, daß in jenem Werk authentische johanneische Materialien eingebettet sind. Hinsichtlich der Beziehung zum Prolog s. G. Schenke (für den Berliner Arbeitskreis): «Die Dreigestaltige Protennoia – eine gnostische

Offenbarungsrede», in: *Theologische Literaturzeitung* 99 (1974), S. 731ff.; C. A. Evans, «On the Prologue of John and the Trimorphic Protennoia», in: *New Testament Studies* 27 (1980–81), S. 395ff.; Y. Janssens, «The Trimorphic Protennoia and the Fourth Gospel», in A. H. Logan/A. J. Wedderburn (Hg.), *The New Testament and Gnosis*, Edinburgh 1983, S. 229ff. (bes. S. 235–42).

24 Vgl. Steiner, *Das Johannes-Evangelium*, Vortrag v. 31.5.1908, GA-Bibl.-Nr. 103, S. 195 ff. (bes. S. 202f.).

25 Joh. 1,23. *Dreigestaltige Protennoia* XIII 42,4: worauf Janssens hinweist in: «*The Trimorphic Protennoia* and the Fourth Gospel», S. 231. Zu den Johannes-Kommentaren des Ptolemaios und des Herakleon, s. W. Foerster, *Die Gnosis*, Bd. 1, Zürich/München [2]1979, S. 191ff. u. S. 214ff. Siehe besonders Herakleon, Fragm. 5, S. 215f. – Steiner, *Das Johannes-Evangelium*, Vortrag v. 19.5.1908, GA-Bibl.-Nr. 103, S. 38ff.

26 M. Scopello, «Un rituel idéal d'intronisation dans trois textes gnostiques de Nag Hammadi» in R. McL. Wilson (Hg.), *Nag Hammadi and Gnosis*, Leiden 1978, S. 91ff. (bes. S. 93). Sie vergleicht die aus den Dokumenten aus Nag Hammadi erschließbaren Riten mit denjenigen im *Henochbuch* und so weiter. Es ist natürlich nicht möglich, den Ritus aus rein literarischen Belegen vollständig zu rekonstruieren: Wir müßten viel genauer wissen, was gesagt und getan wurde. Man kann jedoch viel aus dem «rituellen Abschnitt» zwischen den Versen entnehmen, die wir ihrer Parallelität zu Johannes wegen zitiert haben. Der Offenbarer sagt (*Dreigestaltige Protennoia* XIII 48,15-35):

«Und ich übergab ihn denen, die Gewänder geben: (den Engelwesen) Jammon, Elasso, Amenai; und sie zogen ihm an ein Kleid von den Kleidern des Lichtes. Und ich übergab ihn den Täufern, und sie tauften ihn: Micheus, Michar, Mnesinous; und sie tauchten ihn unter in der Quelle des (Wassers) des Lebens. Und ich übergab ihn denen, die Throne geben: Bariel, Nouthan, Sabenai; und sie gaben ihm einen Thron von dem Throne der Herrlichkeit. Und ich übergab ihn denen, die Herrlichkeit geben: Ariom, Elien, Phariel; und sie gaben ihm Herrlichkeit in der Herrlichkeit der Vaterschaft … Und es wurde ihm gewährt, am (Mysterium) der Erkenntnis teilzuhaben, und (er wurde zu Licht) im Licht.»

Zu einer «Verherrlichung» in den heidnischen Mysterien s. Apuleius, *Die Metamorphosen oder Der goldene Esel* XI,24. Reitzenstein schreibt die Ursprünge des Ritus in einer Passage, wo er bereits heidnische, mandäische und andere Zeugnisse zusammenträgt und mit einer

Erörterung der Schechina verbindet, Syrien zu: *Die hellenistischen Mysterienreligionen*, Leipzig 1927, S. 228f.

27 Steiner, *Das Johannes-Evangelium*, Vortrag v. 22. Mai 1908, GA-Bibl.-Nr. 103, S. 62ff. (insbes. S. 67f.; Bultmann: «The History-of-Religions Background of the Prologue to the Gospel of John», in: Ashton (Hg.), *The Interpretation of John*, S.18ff. (S.33). Es wurden literarkritische Versuche gemacht, die Hinweise auf Johannes den Täufer als «Einfügungen» nachzuweisen und somit den Prolog von ihnen zu reinigen, aber bei reiflicherer Betrachtung würde H. M. Schenke nun zum Beispiel zur Ansicht Bultmanns zurückkehren; Schenke, «The Function and Background of the Beloved Disciple», S.113 (Punkt 3).

28 Steiner, *Weltenwunder, Seelenprüfungen und Geistesoffenbarungen*, Vortrag v. 22.8.1911, GA-Bibl.-Nr. 129, Dornach [5]1977, S. 104. Vgl. den Bericht des Apuleius und die (von Reitzenstein bemerkte) Symbolik des höchsten Himmelsgottes der syrischen Mysterien, dem der Initiierte ähnlich zu werden scheint. Die «Auferstehung» oder «Auferweckung» des Lazarus wird im Vierten Evangelium wiederholt als «Verherrlichung» beschrieben: Joh. 11,4; 11,40. Vgl. 12,23. 12,28.

29 Steiner, *Das Johannes-Evangelium*, Vortrag vom 22.5.1908, GA-Bibl.-Nr. 103, S. 66. Siehe auch *Das Christentum als mystische Tatsache und die Mysterien des Altertums*, Kapitel: Die ägyptische Mysterienweisheit, GA-Bibl.-Nr. 8, Dornach [9]1989, S. 97–110 (insbes. S. 107ff.).

30 Steiner, *Das Johannes-Evangelium*, Vortrag vom 22.5.1908, GA-Bibl.-Nr. 103, S. 79.

31 J. M. Hull, *Hellenistic Magic and the Synoptic Tradition*, London 1974, S. 164 Anm. 50.

32 Hull, a.a.O., S. 106; und s. allgemein S. 106–108, wo auch Parallelen in der Apostelgeschichte erwähnt werden sowie die Stelle im Lukasevangelium 8,43-48, die weiter unten besprochen wird.

33 Hull, a.a.O., S. 164, Anm. 52.

34 Hull, a.a.O., S. 110f.; vgl. Steiner, *Exkurse in das Gebiet des Markusevangeliums*, Vortrag v. 16.1.1911, Dornach [3]1963, S. 110ff. Zum Verhältnis zwischen «Macht» und «Glauben» in der Geschichte aus dem Lukasevangelium und andernorts s. Steiner, *Bausteine zu einer Erkenntnis des Mysteriums von Golgatha*, Vortrag v. 10.4.1917, GA-Bibl.-Nr. 175, Dornach [2]1982, S. 204ff. Hull stützte sich auf die frühere Untersuchung von F. Preisigke, *Die Gotteskraft der frühchristlichen Zeit*, Berlin und Leipzig 1922.

35 Hermetische Lehre, bewahrt von Al-Sharastani (12. Jahrhundert) in Scott, *Hermetica* Vol. IV, Oxford 1936, S. 259f.

36 Clemens, erhalten in: Photios, Die Bibliothek 2,80, zitiert bei D. Flusser: «Lukas 9:51-56 – ein hebräisches Fragment», in: Weinreich, W. C. (Hg.), *The New Testament Age*, Macon, Georgia 1984, S. 165–179 (bes. S. 175f.). Das *Petrusevangelium* wird von Gelehrten wie S. Pines nach Syrien zurückverfolgt; vgl. Köster, *Einleitung*, S. 598. Die erhaltenen Fragmente des Evangeliums sind in Hennecke/Schneemelcher, *Neutestamentliche Apokryphen*, Bd. 1, S. 185–188 wiedergegeben.

37 Steiner, *Die Geheimnisse der biblischen Schöpfungsgeschichte. Das Sechstagewerk im 1. Buch Moses*, Vortrag v. 20.8.1910, GA-Bibl.-Nr. 122, Dornach [6]1984, S. 78ff. (insbes. S. 86ff.). Steiner beruft sich auf die Engellehre aus der Überlieferung im Namen des Dionysios Areopagita (Pseudo-Dionysios), der seinerseits auf Paulus zurückgeht, s. insbesondere Epheser 1,21 und Kolosser 1,16. Daß sein System eine jüdische esoterische Engellehre wiedergibt, wird von der Entdeckung bestätigt, die im sogenannten «Testament des Adam» eingebettet ist: dem Kapitel über die Hierarchien der himmlichen Mächte. Die Exousiai werden dort richtig mit dem Mond, der Sonne und den Planeten (Sternen), das heißt der kosmischen Schöpfung, verbunden. Dieses System ist genau das im Pseudo-Dionysios erhaltene. Siehe S. E. Robinsons Ausgabe in J. H. Charlesworth (Hg.), *Old Testament Pseudepigrapha*, I, S. 989ff., bes. S. 995. (Deutsch in: *Altjüdisches Schrifttum außerhalb der Bibel.* Übers. u. erl. von P. Riessler, Darmstadt [2]1966, S. 1088, bes. S. 1089.) Das Werk ist ursprünglich jüdisch und war vielleicht ein «Midrasch zur Schöpfungsgeschichte» (S. 991).

38 Steiner, *Das Johannes-Evangelium*, Vortrag v. 22.5.1908, GA-Bibl.-Nr. 103, S. 53ff., und Vortrag v. 22.5.1908, S. 78ff. Steiner erwähnt auch die paulinische Form der Lehre und denkt dabei wohl vor allem an den Kolosserbrief. Dort hören wir viel über «Elementargeister der Welt» (2,20) und über das «ganze *pleroma* der Gottheit», das «leibhaftig» in Christus «wohnt» (2,9; vgl. 1,19). Die Erklärung des Paulus wird durch die Anspielung darauf kompliziert, daß diese Dinge von einer gegnerischen Gruppe in Kolossae falsch interpretiert werden. Moderne Gelehrte entwirren diese Angelegenheit anders. Die Crux des Problems ist meiner Auffassung nach, daß die Gegner in Kolossae die jüdische Engellehre akzeptierten, Christus aber einfach als einen der Elementargeister und nicht als die Fülle aller interpretierten. Paulus muß sie dazu überreden, ihre Lehre von den sieben Geistern aufzugeben, weil diese in einer neuen Einheit in Christus gegenwärtig sind. Die Analogie zum «Haupt», so nehme ich weiterhin an, ist der Beitrag des Paulus zur Lösung (vgl. oben S. 273) und nicht etwas, was er, wie oft behauptet,

von den Gegnern übernommen hat. Auf die Bedeutung (und bedauerliche Vernachlässigung) einer Engelchristologie hat kürzlich C. Rowland hingewiesen: *The Open Heaven*, London 1982, S. 112; u. zur Engellehre S. 78ff. Er stellt jedoch nicht die notwendige Verbindung zur Genesis her. Siehe daher zusätzlich die Einführung in die Engellehre der Schöpfungsgeschichte bei J. Daniélou, *Théologie du Judéo-Christianisme*, Tournai 1958, S. 139ff. und 171ff. Zu einer nun als solche erkennbaren gnostischen Fassung dieser Lehre s. oben den Bericht über Simon Magus, S. 93 ff.

39 Siehe meine Artikel «The Identity of the Archons in the *Apocryphon Johannis*», in: *Vigiliae Christianae* 32 (1978), S. 241–54, bes. S. 243–7; und «Reconstructing the Ophite Diagram», in: *Novum Testamentum* 23(1981)3, S.261ff. (263).

40 J. B. Trapp, in J. Broadbent (Hg.), *John Milton: Introductions*, Cambridge 1973, S. 166.

41 Epiphanios, *Panarion* XXX,16.

42 R. Reitzenstein, «Eine frühchristliche Schrift von den dreierlei Früchten des christlichen Lebens», in: *Zeitschrift für die neutestamentliche Wissenschaft* 15 (1914), S.60ff. Zur christlichen Inschrift in Milet s. Deissmann, *Licht vom Osten*, Tübingen 1909, S. 338–344.

43 C. H. Dodd, *The Fourth Gospel*, S. 395.

44 Dodd, a.a.O., S. 401f.; vgl. S. 421, 428.

45 Steiner, *Das Johannes-Evangelium*, Vortrag v. 30.5.1908, S. 183ff., insbes. S. 190–193.

46 Siehe Steiner, *Der Mensch im Lichte von Okkultismus, Theosophie und Philosophie*, Vortrag v. 10.6.1912, GA-Bibl.-Nr. 137, Dornach [4]1973, S. 144ff., insbes. S. 156ff.; eine offensichtliche Korrektur falscher Eindrücke, die durch seine Darstellung der «Initiationsstufen» in den Evangelien enstanden waren.

47 Emil Bock, *Die drei Jahre*. Beiträge zur Geistesgeschichte der Menschheit, Bd. 6, Stuttgart [7]1987, S. 119ff.

48 Bock, a.a.O., S. 80f.

49 Steiner, *Das Matthäus-Evangelium*, Vortrag v. 12.9.1910, Dornach [7]1988, S. 227ff., insbes. S. 243f. Siehe Matth. 27,46; Mark. 15,34.

50 Flusser, a.a.O., S. 176. Zu der Stelle im *Petrusevangelium* s. Hennecke/Schneemelcher, *Neutestamentliche Apokryphen*, Tübingen [6]1990, S. 186.

Nachtrag zu den Anmerkungen

Nach Abschluß der Vorbereitung dieser Ausgabe für den Druck wurde mir eine Untersuchung jüngeren Datums bekannt, auf die hier ergänzend hingewiesen sei, da sie neue Erkenntnisse der Forschung zu einigen wesentlichen Aspekten unseres Themas enthält:

Helmut Köster, *Ancient Christian Gospels*, London und Philadelphia 1990.

Köster weist darauf hin, daß die Betrachtung der «apokryphen Schriften» in Gelehrtenkreisen bis auf den heutigen Tag von Vorurteilen bestimmt wird. Er unternimmt es, in seinem Buch die Frage der Geschichte der frühchristlichen Evangelien-Literatur noch einmal neu zu untersuchen und schreibt: «Das Ergebnis dieser neuen Orientierung war eine Verschiebung des Brennpunktes zur Untersuchung der apokryphen Evangelien hin ... Dieses Buch ist das Ergebnis jener Verschiebung. Es enthält eine ausführliche Behandlung all jener Schriften, aus denen man meiner Ansicht nach mehr über die frühesten Stadien der Geschichte und Entwicklung der Evangelien-Literatur erfahren kann – einer Geschichte, die mit kleineren schriftlichen Sammlungen der Nachrichten über Jesus begann und schließlich zur Abfassung einiger Evangelien führte, zu denen die sogenannten apokryphen Evangelien ebenso zählen wie die Evangelien des neutestamentlichen Kanons.» (S. XXX–XXXI)

Köster bietet eine wichtige Untersuchung zur Bedeutung des Ausdrucks Evangelium, *euangelion,* der in der frühesten Periode des Christentums niemals eine spezielle literarische Gattung bezeichnet, sondern vielmehr die christliche Botschaft (S. 1 ff.). Er stellt fest, daß dieser Ausdruck im Markusevangelium eine ungewöhnliche, absolute Bedeutung erhält und im Grunde genommen mit Christus als dem «Evangelium Gottes» identisch wird. «Dieser Schluß ist stichhaltig trotz der etwas seltsamen Konsequenz, daß Jesus hier derjenige ist, der das Evangelium verkündet, dessen Inhalt sein eigener Tod und seine Auferstehung sind.» (S. 13)

STELLENREGISTER

A. Altes Testament

B. Apokryphen und Pseudepigraphen des Alten Testaments

C. Qumran-Texte (Schriftrollen vom Toten Meer)

D. Rabbinische Schriften

E. Neues Testament

F. Apokryphen des Neuen Testaments

G. Schriften des Nag-Hammadi-Fundes und andere gnostische Schriften

H. Frühkirchliche Schriften

VERFASSERREGISTER (MODERNE AUTOREN)

PERSONEN- UND SACHREGISTER